昆山高新区（玉山镇）村志系列丛书

大渔村志

DAYU CUNZHI

昆山高新区（玉山镇）村志系列丛书编纂委员会 编

苏州大学出版社
Soochow University Press

图书在版编目（CIP）数据

大渔村志/陈忠平主编；昆山高新区（玉山镇）村志系列丛书编纂委员会编. — 苏州：苏州大学出版社，2022.12

（昆山高新区（玉山镇）村志系列丛书）

ISBN 978-7-5672-4175-6

Ⅰ.①大… Ⅱ.①陈… ②昆… Ⅲ.①村史-昆山 Ⅳ.①K295.35

中国版本图书馆 CIP 数据核字（2022）第 240869 号

大渔村志

编　　者	昆山高新区(玉山镇)村志系列丛书编纂委员会
主　　编	陈忠平
责任编辑	倪锈霞
助理编辑	王晓磊
装帧设计	刘　俊
出版发行	苏州大学出版社
地　　址	苏州市十梓街 1 号
邮　　编	215006
电　　话	0512-67481020
网　　址	http://www.sudapress.com
邮　　箱	sdcbs@suda.edu.cn
印　　刷	苏州市深广印刷有限公司
开　　本	787 mm×1 092 mm　1/16　插页 16　印张 37.5(共两册)　字数 631 千
版　　次	2022 年 12 月第 1 版 2022 年 12 月第 1 次印刷
书　　号	ISBN 978-7-5672-4175-6
定　　价	120.00 元(共两册)

版权所有　侵权必究

昆山市地方文献丛书编纂委员会
顾　　问：徐华东　单　杰
主　　任：朱建忠
副 主 任：苏　晔　程　知
成　　员：徐　琳　杨伟娴　何旭倩　谢玉婷

昆山高新区（玉山镇）村志系列丛书编纂委员会
总 顾 问：孙道寻
主　　任：陈青林
副 主 任：孔维华　沈跃新　范洪春　石建刚
委　　员：董文芳　王志刚　龚奕奕　刘清涛
　　　　　毛伟华　陆轶峰

审定单位
昆山高新技术产业开发区管理委员会
昆山市地方志编纂委员会办公室

昆山高新区（玉山镇）村志系列丛书编纂办公室

主　　任：刘清涛

副 主 任：姚　兰　高喜冬　张振华

成　　员：姚　晨　赵赋俊

编纂统筹：苏洪根

编　　务：张国良　金小华　朱小萍　周凤花

《大渔村志》编纂委员会

主　　任：陈忠平

副 主 任：费　哲

委　　员：张国忠　全福元　沈　娟　费　斌　刘　晨
　　　　　季燕捷

《大渔村志》编纂组

主　　编：陈忠平

副 主 编：费　哲

特聘总纂：陈立雄

撰　　稿：顾志明（主笔）　顾建明　周长江

编　　务：张国忠　全福元　肖兴元　陈国良　张银龙
　　　　　费　斌　于松楠

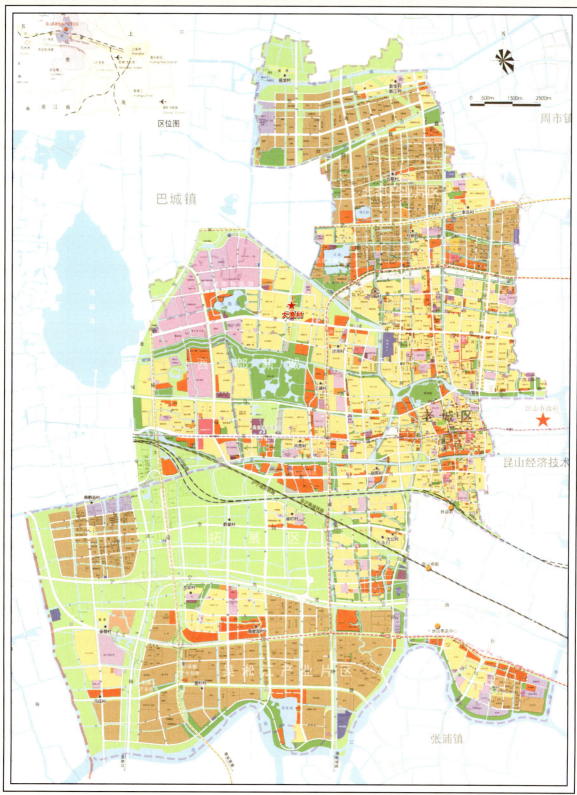

注：①本示意图由昆山高新区规划建设局提供（2020年）
②★表示大渔村在昆山高新区（玉山镇）的位置

昆山高新区（玉山镇）区划示意图

⬆ 大渔湾全景图（罗英，2019年摄）

上 大渔村（2019年，罗英摄）
下 大渔村办公大楼（2019年，罗英摄）

上　大渔新村（2019年，罗英摄）

中　大渔景苑（2019年，罗英摄）

下　斜泾新村一角（2019年，罗英摄）

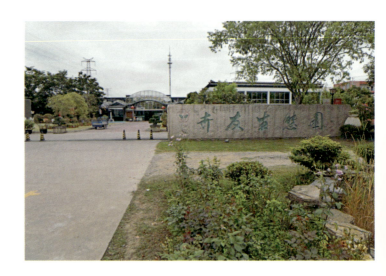

上 大渔会所（2019年，罗英摄）

中 大渔新村公园（2019年，罗英摄）

下 卉友生态园（2019年，罗英摄）

上 大渔垃圾中转站（2019年，罗英摄）

中 顾家宅排涝站（2019年，罗英摄）

下 昆山高新区大渔社区卫生服务站（2019年，罗英摄）

上 昆山高新区西塘幼儿园（虹祺园区）（2019年，罗英摄）
中 昆山高新区小铃铛学前儿童看护点（2019年，罗英摄）
下 昆山高新区西塘实验小学（2019年，罗英摄）

上　大渔村健身器材（2019年，罗英摄）
中　大渔新村公共自行车点（2019年，罗英摄）
下　海绵示范基地（2019年，罗英摄）

上左 昆山市交通运输应急指挥中心（2019年，罗英摄）　上右 昆山市城市绿化工程有限责任公司（2019年，罗英摄）
下左 昆山高新区综合执法局二中队（2019年，罗英摄）　下右 昆山天坤园林景观工程有限公司（2019年，罗英摄）

上左 顾家宅河桥（2019年，罗英摄）　　　上右 虹祺路（2019年，罗英摄）
下左 萧林路（2019年，罗英摄）　　　　下右 斜泾路北段绿化带（2019年，罗英摄）

- 大渔村"两委"班子合影（2019年，罗英摄）
  左起：季燕捷、沈娟、费哲、陈忠平、费斌、刘晨
- 大渔村人居环境"百日攻坚"行动集体合照（2020年，沈娟摄）

🔺 "七一"党课（2017年，费斌摄）
🔻 "七一"重温入党誓词（2018年，费斌摄）

🔼 大渔村第十一届村民委员会选举大会（2013年，管奕雯摄）
◉ 大渔村村民代表听证会（2019年，季燕捷摄）
🔽 大渔村第十三届村民委员会选举大会（2021年，于松楠摄）

上左 2013年"一村一品"文艺汇演（2013年，张银龙摄）　　上右 惠民义诊（2017年，朱琳摄）
下左 2013年新农村文艺展演（2013年，肖兴元摄）　　下右 大渔村消防安全教育（2019年，刘晨摄）

匾

摇篮

米筛

煤油灯

小竹椅

提桶

马桶

立桶

全 老物件——家庭用具（2019年，罗英摄）

锄头

土箕

圆锹

耥

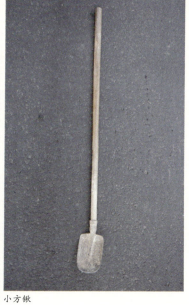
小方锹

挽子

方锹

老物件——生产工具（2019年，罗英摄）

筛

稻床

犁

风车

扁担

草篮

老物件——生产工具（2019年，罗英摄）

江苏省级、苏州市级荣誉

苏州市级、昆山市级荣誉

昆山市级、昆山高新区级荣誉

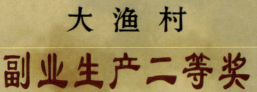

昆山市级荣誉

- 上 2021年8月《大渔村志》一审会议（2021年，于松楠摄）
- 下 2021年12月，大渔村党总支书记陈忠平参加昆山高新区第二批村志联合终审会议（2021年，昆山高新区村志办摄）

上 《大渔村志》编纂领导小组合影（2019年，罗英摄）
左起：全福元、季燕捷、沈娟、费哲、陈忠平、费斌、张国忠、刘晨

下 《大渔村志》编纂工作小组合影（2019年，罗英摄）
前排左起：周长江、费哲、陈忠平、顾志明、顾建明
后排左起：于松楠、全福元、张国忠、肖兴元、张银龙、陈国良、费斌

总　序

　　盛世修志，志载盛世。

　　值此中国共产党第二十次全国代表大会胜利召开的喜庆之年，欣闻"昆山高新区（玉山镇）村志系列丛书"之《庙灯村志》《赵厍村志》《共青村志》《大渔村志》《五联村志》《大众村志》《景村村志》《唐龙村志》8部村志即将付梓。编修乡镇村志是落实国家"十四五"规划纲要，助力乡村文化振兴的一项重要内容，任务艰巨、意义重大。

　　2018年，昆山高新区（玉山镇）启动22个建制村的村志编修工作，为探索新型城镇化发展经验、发展模式、发展道路提供历史智慧和现实借鉴，也是响应国家"学党史、学新中国史、学改革开放史、学社会主义发展史"的生动实践。村落是乡土文化赖以生存的土壤，活态地保存着各种村庄形态、传统民居、传统美食和民俗风情。村庄里的一座座祠堂、一本本家谱、一口口古井、一条条古道，无一不是村落文化的印记。那些反映宗族文化的家风家训、乡规乡约，反映村民声音的方言俚语，反映传统生活方式的手工技艺、民俗节庆等，对生活在这片土地上的村民来说，是难以割舍的精神滋养。

　　史志合一，存史资政。"昆山高新区（玉山镇）村志系列丛书"脉络清晰，内容丰富；既有理论，又有实践；既有历史，又有现实，客观地再现了村民们在伟大历史进程中的奋进足迹和优异成绩。村志作为省、市、县三级志书的延伸和拓展，其丰富多彩的体裁形式在一定程度上体现了盛世修志工作的灵活性、包容性和多样性。

　　修史问道，以启未来。希望"昆山高新区（玉山镇）村志系列丛书"能讲好昆山高新区（玉山镇）乡村振兴的故事，并把昆山高新区（玉山镇）的故事

和智慧传递得更远。同时，在新征程上，我们期待全区广大干部和村民能够持续聚焦乡村振兴，做这一历史伟业的见证者、记录者和传承者。

历史是人民创造的，也是人民书写的。在此，谨向在昆山高新区（玉山镇）发展改革进程中洒下了汗水、奉献了青春的先辈们致以崇高的敬意！向辛勤编纂"昆山高新区（玉山镇）村志系列丛书"的编纂人员表示衷心的感谢！

是为序。

中共昆山市委常委
昆山高新区党工委书记　孙道寻

2022 年 12 月

 # 序

  盛世修志，继往开来。《大渔村志》笔耘三载，终竣付梓。可喜可贺！

  《大渔村志》是大渔村域有史以来的第一部村志，也是大渔村的一项传承文明、惠泽后人的文化工程。《大渔村志》全面、客观地反映了大渔村古往今来的自然、政治、经济、文化和社会生活，集中体现了大渔人坚韧不拔、奋发图强、开拓创新、协调发展的境界和精神。

  大渔村是江南鱼米之乡，历史悠久。早在5000多年前的良渚文化时期，大渔人的先辈们就在这块土地上繁衍生息。一代又一代的大渔人，面朝黄土背朝天，历尽艰辛谋生计。中华人民共和国成立后，在中国共产党领导下，大渔人民不懈努力，斗穷土、治恶水、送"瘟神"、创新路、图富强。特别是改革开放以来，大渔村这块热土更加生机盎然，全村经济和社会事业发生了翻天覆地的变化，逐步建成了全面发展的现代化新农村。大渔村曾荣获"江苏省卫生村""江苏省生态村""苏州市文明村""苏州市先锋村""昆山市文明村""昆山市先锋村"等荣誉称号。

  追溯历史，感慨万千；展望未来，任重道远。为此，大渔村党总支将编纂《大渔村志》列为为民办实事的文化工程。在昆山市地方志办公室、昆山高新区村志编纂办公室和专家的悉心指导以及社会各界人士的大力协助下，经过村志编纂人员的共同努力、艰苦工作，《大渔村志》编纂工作终竣其工。《大渔村志》坚持实事求是原则，立足当代，贯通古今，集思想性、时代性、科学性、地方性于一体，述村域之沿革，叙古今之民情民俗，记干群之奋斗业绩，纳百姓之幸福生活，汲历史之经验教训。我很高兴地为《大渔村志》作序，并真诚地希望广大父老乡亲和一切关心家乡建设的亲朋好友

阅读，以加深对大渔村历史的了解，进而激发乡情、融洽亲情、增进友情，共同努力把家乡建设得更富、更强、更美。

是为序。

昆山高新区（玉山镇）大渔村

党总支部书记、村民委员会主任　陈忠华

2022 年 11 月

凡 例

一、本志以马列主义、毛泽东思想、邓小平理论、"三个代表"重要思想、科学发展观、习近平新时代中国特色社会主义思想为指导，坚持辩证唯物主义和历史唯物主义的立场、观点和方法，遵循实事求是原则，充分记述大渔村的自然、社会和经济等方面的历史和现状。

二、本志纵贯古今，按照详今明古的原则，上限力求追溯事物发端，下限为2019年；大事记下限延至2020年，图照下限延至2021年。

三、本志记述范围以大渔村村域为限，并村前区域和关联单位等均予以记述。

四、本志采用章、节、目编纂体例，横排门类，纵记史实，辅以图、表，以时间为序，以事实为据，以记述为主。全志分概述、大事记、专志和后记等。

五、本志以现代汉语语体文记叙，以志为主，综合运用述、记、志、图、表、传等诸体。

六、本志时间表述，1912年以前使用历史纪年，括注公元纪年，1912年后使用公元纪年。文中未注明世纪的年代均为20世纪。

七、本志人物类内容，坚持生不立传的原则，以人物简介和人物名录入志。

八、本志涉及的文字标点、数字数据和计量单位等，均以国家规定的要求书写。统计数据运用以统计部门为主，保留"亩"等的使用。

九、本志应用的地名、政区、机构和职务等，均以当时的名称为准。在志中首次出现时用全称，并括注简称。

十、本志资料来源于有关志书、档案和镇、村的材料及口述材料等，经考查论证后选用，不再注明出处。

001 /	概述	048 /	第四节　人口
005 /	大事记	048 /	一、人口规模
		049 /	二、人口结构
		053 /	三、人口变化
		055 /	四、人口姓氏

第一章　村情概览

028 /	第一节　建置区划
028 /	一、历史沿革
030 /	二、区位交通
031 /	三、村名起源
031 /	四、撤并建制村
035 /	第二节　自然环境
035 /	一、地貌
036 /	二、河流
037 /	三、气候
044 /	第三节　自然资源
044 /	一、耕地土壤
045 /	二、水资源
046 /	三、动物资源
046 /	四、植物资源

第二章　村级组织

058 /	第一节　中共基层组织
058 /	一、党支部
060 /	二、党总支部
061 /	第二节　行政（自治）组织
061 /	一、高级社
062 /	二、生产大队
064 /	三、村民委员会
065 /	四、村经济合作社
068 /	第三节　群团组织
068 /	一、共青团
069 /	二、妇代会（妇联会）

001

069 / 三、民兵
070 / 四、农民协会
070 / 五、贫下中农协会
070 / 六、老年协会
071 / 七、其他组织

第三章　村庄建设

074 / 第一节　自然村落
074 / 一、自然村落分布
075 / 二、自然村落变迁
106 / 第二节　住宅建设
106 / 一、建设规划
107 / 二、新村建设
107 / 三、动迁安置
108 / 第三节　基础设施
108 / 一、道路
110 / 二、桥梁
113 / 三、水利设施
117 / 四、公共设施
120 / 第四节　生态村建设
120 / 一、绿化建设
121 / 二、河道治理
121 / 三、人居环境治理
122 / 四、污染治理
122 / 第五节　卫生村创建
122 / 一、宣传发动
123 / 二、落实措施
123 / 三、巩固成果

第四章　村域经济

126 / 第一节　经济综合情况
126 / 一、经济总量
128 / 二、集体经济
135 / 第二节　经济体制改革
135 / 一、土地私有制
136 / 二、土地改革
136 / 三、互助组
137 / 四、初级社
137 / 五、高级社
138 / 六、生产大队
138 / 七、家庭联产承包责任制
141 / 第三节　农业
141 / 一、粮油作物
144 / 二、多种经营
146 / 第四节　种植、养殖大户
146 / 一、种粮大户
147 / 二、养殖大户
149 / 第五节　工业
149 / 一、村办企业
151 / 二、私营企业
152 / 第六节　商贸服务业
152 / 一、手工业
153 / 二、商业
153 / 三、餐饮业
154 / 四、租房经济

第五章　村民生活

- 156 / 第一节　收入与支出
- 156 / 一、村民收入
- 157 / 二、村民支出
- 158 / 第二节　生活变迁
- 158 / 一、衣着
- 159 / 二、饮食
- 160 / 三、住房
- 161 / 四、出行
- 162 / 第三节　社会保障
- 162 / 一、社会保险
- 166 / 二、社会救助
- 166 / 三、征地补偿

第六章　教育卫生

- 168 / 第一节　教育
- 168 / 一、私塾学堂
- 168 / 二、学前教育
- 170 / 三、小学教育
- 173 / 四、中学教育
- 173 / 五、成人教育
- 175 / 第二节　医疗卫生
- 175 / 一、医疗机构
- 178 / 二、妇幼保健
- 179 / 第三节　血吸虫病防治
- 179 / 一、查螺灭螺
- 180 / 二、防病治病

第七章　文化体育

- 182 / 第一节　文化
- 182 / 一、文化设施
- 184 / 二、文化团队
- 186 / 第二节　体育
- 186 / 一、体育设施
- 187 / 二、群众体育
- 188 / 三、体育赛事

第八章　精神文明建设

- 192 / 第一节　思想道德教育
- 192 / 一、学雷锋活动
- 193 / 二、"五讲四美三热爱"活动
- 193 / 三、学习社会主义核心价值观
- 194 / 四、志愿者服务
- 197 / 五、法治广场
- 198 / 六、道德讲堂
- 198 / 第二节　精神文明创建
- 198 / 一、文明家庭（户）的创建
- 201 / 二、文明村创建
- 202 / 第三节　村规民约
- 202 / 一、大渔村村规民约
- 203 / 二、大渔村文明公约
- 203 / 三、大渔村家规家训

204 / 第四节 凡人善举
204 / 一、和睦家庭
205 / 二、助人为乐
206 / 三、相濡以沫
206 / 四、敬业奉献
207 / 五、孝老爱亲

第九章 人物荣誉

210 / 第一节 人物传略
211 / 第二节 人物简介
213 / 第三节 人物名录
213 / 一、大渔村入党五十周年党员
214 / 二、大渔村退役军人名录
218 / 三、大渔村教师名录
221 / 四、大渔村医务人员名录
223 / 五、大渔村归国留学人员名录
223 / 六、大渔村村外任职人员名录
224 / 七、知识青年名录
227 / 第四节 先进荣誉
227 / 一、集体荣誉
230 / 二、个人荣誉

第十章 村落文化

234 / 第一节 传统文化
234 / 一、宣卷
234 / 二、堂会
234 / 三、舞狮子

235 / 四、踩高跷
235 / 五、唱山歌
235 / 六、放风筝
235 / 七、打连厢
236 / 第二节 方言俗语
236 / 一、称谓
237 / 二、天文、气象、时间
239 / 三、作物、蔬果
239 / 四、农事、农具
240 / 五、房屋、器皿
241 / 六、工商业
242 / 七、动物、植物
243 / 八、人体、长相
243 / 九、日常生活
244 / 十、衣服与配饰
244 / 十一、饮食烹饪
245 / 十二、行为动作
246 / 十三、人事品性
247 / 十四、娱乐游戏
248 / 十五、事物性状
248 / 十六、其他词组
251 / 十七、歇后语
254 / 第三节 民歌民谣
256 / 第四节 儿童游戏
256 / 一、削水片
257 / 二、打铜板
257 / 三、车铁箍
258 / 四、打弹子
258 / 五、挑绷绷

259 / 六、跳橡皮筋
259 / **第五节　民间手工艺**
259 / 一、制龙
259 / 二、糊纸扎
260 / 三、木器打造
260 / 四、爆炒米
260 / 五、制衣
260 / 六、做蒲鞋
261 / 七、糊鞋底
261 / 八、扎鞋底
261 / 九、结绒线
261 / 十、扎米囤窠
261 / 十一、砌灶头
262 / 十二、钉碗
262 / 十三、补锅子
262 / 十四、箍锅盖
262 / 十五、敲白铁皮

第十一章　习俗礼仪

264 / **第一节　岁时习俗**
264 / 一、春节
264 / 二、元宵节
264 / 三、二月二
264 / 四、清明节
265 / 五、立夏
265 / 六、端午节
265 / 七、七夕
265 / 八、中元节
266 / 九、中秋节
266 / 十、重阳节
266 / 十一、十月朝
266 / 十二、冬至
266 / 十三、腊八节
267 / 十四、送灶日
267 / 十五、除夕
268 / **第二节　生产习俗**
268 / 一、农耕
269 / 二、建房
269 / 三、开业
270 / **第三节　生活习俗**
270 / 一、婚嫁
271 / 二、生育
272 / 三、寿诞丧事
273 / 四、寿终

第十二章　农家美食

276 / **第一节　传统菜品**
276 / 一、炒螺蛳
276 / 二、螺蛳炖酱
276 / 三、螺蛳肉炒韭菜
277 / 四、油煎虾饼
277 / 五、白斩鸡
277 / 六、糟鱼块
277 / 七、红烧东坡肉
278 / **第二节　时令食品**
278 / 一、粽子

278／　二、年糕

279／　三、重阳糕

279／　四、糖芋头、糖山芋

280／　五、腊八粥

280／　六、南瓜饼

280／　七、酒酿饼

281／　八、甜酒酿

281／　九、青团子

第十三章　村民印记

284／　第一节　村民说事

284／　一、农业"三改"

285／　二、耕牛

285／　三、改造"道字圩"

286／　四、农用"三车"

288／　五、草屋

289／　六、米窠

290／　七、泥氹

290／　八、银杏树

291／　九、大蒜

291／　十、万元户

292／　第二节　大渔"第一"

296／　编后记

概　述

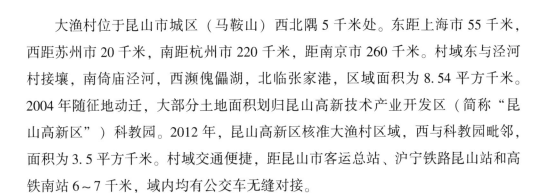

大渔村位于昆山市城区（马鞍山）西北隅5千米处。东距上海市55千米，西距苏州市20千米，南距杭州市220千米，距南京市260千米。村域东与泾河村接壤，南倚庙泾河，西濒傀儡湖，北临张家港，区域面积为8.54平方千米。2004年随征地动迁，大部分土地面积划归昆山高新技术产业开发区（简称"昆山高新区"）科教园。2012年，昆山高新区核准大渔村区域，西与科教园毗邻，面积为3.5平方千米。村域交通便捷，距昆山市客运总站、沪宁铁路昆山站和高铁南站6~7千米，域内均有公交车无缝对接。

现大渔村前身为大渔村、斜泾村、三邻村。2001年8月，昆山高新区建制村撤并调整，大渔村、斜泾村、三邻村合并，组建新的大渔村。2019年年末，大渔村下辖37个村民小组，695户2 566人，村民大都集中居住在大渔新村、斜泾新村。大渔村经济社会得到全面发展，村集体年总收入超千万元，村民人均年收入近5万元。至2019年，大渔村已形成一个环境卫生、交通方便、绿树成荫、美丽宜居的集中居住区。自组建新的大渔村以来，大渔村先后荣获省市县级荣誉28项。

一

大渔村古属吴地。在良渚文化时期，境域已有人类居住，农耕稻作，繁衍生息。秦时期（公元前221—前206），境域属会稽郡娄县。南北朝梁天监六年（507），境域属信义县。梁大同二年（536），境域属昆山县。宋嘉定十年（1217），境域属昆山县积善乡和朱塘乡。明嘉靖三十三年（1554），境域属昆山县积善乡和朱塘乡。清雍正二年（1724），境域属新阳县积善乡和朱塘乡。清末至民国初年，境域属昆山县玉山市和真义乡。1947年年末，境域分属昆山县城北乡和高墟乡。1949年5月昆山解放后，境域分属巴城区城北乡和正仪区高墟乡。1950年1月，境域分属城郊区大渔乡和正仪区黄泥乡。1956年高级农业生产合作社（简称"高级社"）建设时期，境域内有大渔、斜泾和友谊3个高级社并隶属环城区城西乡。1958年9月，政社合一的人民公社始建，境域内3个高级社联建大渔生产大队，隶属马鞍山人民公社。1959年6月，建置区划调整，境域内分建大渔、斜泾和友谊3个生产大队，隶属城北人民公社。1983年6月，政社分设，实行乡、村建制，生产大队改称村民委员会（简称"村"），境域内建大渔、斜泾和三邻（友谊）3个村，隶属城北乡。1990年11月，撤乡建镇实行，境域隶属城北镇。据1990年人口普查，大渔境域3个村常住人口3 023人，其中昆山籍贯人口1 500人，外地人口1 523人，尤以江苏省东台、兴化、盐城、江阴、泰州和阜宁等籍贯人口居多。2000年8月，城北镇并入玉山镇，境域内大渔、斜泾和三邻3个村隶属玉山镇。2001年8月，行政村撤并调整，境域内大渔村、斜泾村和三邻村合并，组建新的大渔村，隶属玉山镇。2012年，玉山镇、高新区区镇合一，大渔村隶属昆山高新区（玉山镇）。

二

大渔村农业生产历史悠久，村民以种植粮食作物为主。中华人民共和国成立前，境域内因地势低洼，生产技术落后，抵御自然灾害和防治病虫害能力低下，农作物产量低而不稳。中华人民共和国成立后，大渔村经过土地改革和农业合作化，基本完成农业社会主义改造，建立了新的生产关系，并通过兴修水利，改革耕作制度，调整作物品种，提高科学种田水平，使农业生产不断发展。20世纪70年代中期开始，境域内副业生产和村（队）办工业发展加快，境域内经济结构逐步改善。1983年，境域实行家庭联产承包责任制，实行分田到户，充分发挥集体经济优越性和农民自主经营积极性，建立双层管理机制，从而保证农业、副业和村办企业在改革中前进。

1962—1999年，境域内3个村（大队）水稻亩产从187.9公斤提高到511.6公斤，三麦亩产从73.3公斤提高到256.2公斤，油菜籽亩产从20.5公斤提高到130.5公斤。以家庭经营为主的副业生产进一步发展，1980年，境域内3个村

（大队）出栏生猪3 213头；1986年，境域内3个村销售家禽4.79万羽。至1992年，境域内3个村先后创办工业企业22家，安置农业劳动力519人，工业总产值达4 831万元。1999年，境域内3个村销售成鱼和鱼苗等水产品达958吨之多。

勤奋的大渔人，充分利用土地资源和农业积累，自力更生，艰苦奋斗，稳定发展基础农业，积极开展多种经营，开拓创办工业经济，把一个单一农业经济村发展为综合经济村。从1962年至2011年的50年间，大渔村村集体经济总量从35.2万元发展为7 897万元，经济效益从21.9万元发展为635万元，村民人均年收入水平从72.4元发展为23 774元。

2019年，大渔村集体总收入为1 179.6万元，纯收益为388万元，村民人均收入水平达到49 104元。

三

大渔村村庄建设历经村民从分散居住到集中居住，交通从闭塞到畅通，设施从无到配套完善。中华人民共和国成立前，大渔村外来垦荒种田者较多，住房分散，村落零乱。境域内道路狭窄弯曲，并且多不相通，交通以水路为主，村民素以舟楫与外界往来。中华人民共和国成立后，随着收入增加，生活水平提高，零乱分散的住房得到有序地规划、整合。20世纪60、70年代，村庄内草房改瓦房、小房变大房，户均住房面积为50～80平方米。改革开放后的80年代，境域内的3个村掀起建造楼房高潮。至1995年，有90%左右的农家都建造了楼房，有的建成别墅式小"洋房"，户均居住面积为120～170平方米。2004年，大渔村域内土地被征用，村民因动迁而自建统一式样的别墅，户均居住面积为280平方米左右。

四

中华人民共和国成立后，境域内兴办学校，普及义务教育，培养了新一代社会主义劳动者。至2019年末，境域内获得大学本科及以上学历的有300多人，在大、中、小学校任教师的有79人，在医院和医疗机构任职的医生、护士有26人。还有退役军人115人，其中参加解放战争的有1人、参加抗美援朝的有5

人、参加对越自卫反击战的有1人。中华人民共和国成立以来，境域内先后有9人任职于副乡（镇）级以上领导岗位。

大渔村民在创造物质财富的同时，为丰富生活内涵，提高生活品质，建设了篮球场、门球场，配置了健身器材，开设图书室和老年人活动室，组织文艺表演队。在村党总支的领导下，大渔村在精神文明建设方面取得了丰硕成果。党员干部中，多人在各级各类评比中获奖。村民中树立起了"和睦家庭、助人为乐、相濡以沫、敬业奉献、孝老爱亲"的先进典型，有4户村民家庭获评昆山市"文明和谐家庭"，有54户村民家庭获评昆山高新区"文明和谐家庭"。2006—2019年，大渔村曾先后获评"江苏省卫生村""江苏省生态村""苏州市文明村""昆山市文明村"等多项省市县级荣誉。

如今，毗邻村域的大渔湾湖畔的智谷小镇，已列为特色小镇，为周边区域营造优越的发展环境，注入了强劲的发展活力。大渔村2 500多名的大渔儿女，将在中国共产党领导下，在大渔村党总支的带领下，在实现中华民族伟大复兴的中国梦的征程中，继续奋斗，开拓未来，创造更加辉煌灿烂的明天。

 # 大事记

秦朝—清朝

秦时期（公元前221—前206），娄县始建，大渔隶属会稽郡娄县。

新始建国元年（9），娄县改为娄治，大渔隶属娄治。

东汉建武十一年（35），娄治变更为娄县，大渔隶属娄县。

南朝梁天监六年（507），析娄县西部为信义县，大渔隶属信义县。

梁大同二年（536），析信义县置昆山县，大渔隶属昆山县。

宋嘉定十年（1217），析昆山县东南之安亭、春申等五乡置嘉定县。大渔隶属昆山县积善乡和朱塘乡。

元元贞元年（1295），昆山县因人口增加，升为昆山州，大渔属之。

明嘉靖三十三年（1554），大渔属昆山县积善乡和朱塘乡。

清雍正二年（1724），析昆山县置新阳县，大渔属新阳县积善乡和朱塘乡。

清道光六年（1826），昆、新两县实行乡、保、都、区、图管理，昆山全境含9区23图，分属昆、新两县。斜泾、大渔属新阳县积善乡第二保二都辖宇区14、15、42图，友谊属新阳县朱塘乡第三保四都辖寒区4、26图。

清光绪十五年（1889），8月20日—10月5日，连日阴雨，水高六尺许，境域内高低田水稻尽沦。当年米价腾贵，每石（1石=60千克）为银四元。

清宣统二年（1910），昆山、新阳两县推行地方自治，废乡、保、都制，改划1个市17个乡。大渔属玉山市和真义乡。

中华民国

1912年，新阳县并入昆山县，全县18界（1个市17个乡）未变。大渔属玉山市和正义乡（真义乡改称正义乡）。

1919年，租用三官堂自然村村民张炳福家房屋，开设南大渔初等小学，校长为焦通，教职人员1人，时有学生35人。

1929年，昆山改划10个区378个乡镇。大渔属第一区（玉山）北漍乡和第八区（淞北）赵家浜乡。

1934年6月，昆山改划8个区65个乡镇。大渔属第一区（鹿城区）北漍乡和第七区（正义区）高墟乡。

1940年，浙江人鲁成祥在大渔中心位置，买地开挖鱼塘，开设鲁家公司，经营水产养殖。

1945年9月，全县改为8个区65个乡（镇）。大渔属第一区（鹿城区）北漍乡和第七区（正义区）高墟乡。

1947年2月，新县制实行，全县划为3个区，8个直属乡镇（含1个示范镇、1个实验乡）。大渔属巴城区北漍乡和张浦区绰墩乡。

12月，青墩、北漍两乡合并，始建城北乡，直属县辖。斜泾、大渔属城北乡，友谊属高墟乡。

1949年，6月20日—8月初，境域雨涝成灾，最高水位3.65米，低田禾稻没顶，半高田行舟割穗。

7月，保甲制废除，区、乡人民政府建立，全县划为6个区、1个镇、26个乡。斜泾、大渔属巴城区城北乡，友谊属正义区高墟乡（中华人民共和国成立后正义改称正仪）。

中华人民共和国

1950年

1月，全县改划小乡，斜泾、大渔属城郊区大渔乡，友谊属正仪区黄泥乡。

是月，王招生任大渔乡乡长。

是月，中共大渔乡支部建立，高阿菊任支部书记。

12月，大渔乡开展土地改革运动，清理地籍，划定成分，没（征）收地主土地、财产（依法没收、分配境域内3户地主的四大财产）。翌年5月，土地改革结束。

冬，境域内有条件的自然村开办农民夜校，组织青年学习文化。

1951年

5月，陆阿生在三官堂自然村组织成立大渔乡第一个农业生产互助组（简称互助组）。该互助组有农户9户31人，土地面积93.62亩。

6月，全县调整区划，斜泾、大渔属巴城区大渔乡，友谊属巴城区黄泥乡。

1952年

9月，石家溇公立初级小学开办，校址在石家溇自然村顾金伯家房屋。

1953年

冬，境域内以联村（自然村合并）为单位，开设夜校冬学班，组织男女青年学习文化知识。

是年，斜泾、大渔、友谊先后组织成立27个互助组，有298户农户参加，占总农户的74.5%。

是年，周家埭自然村沈叙生任正仪区黄泥乡乡长。

1954年

5月18日—7月24日，苏南地区连降暴雨66天，发生百年未遇特大洪灾，河水最高涨至4.03米。境域内大部分田地一片汪洋，阡陌不见。境域组织百余辆"三车"（人力水车、风力水车、牛力水车），日夜排涝。

9月，全县划为8个区111个乡镇。斜泾、大渔属正仪区大渔乡，友谊属正仪区黄泥乡。

1955年

是年，初级农业生产合作社（简称初级社）大发展。当年，境域内有54个互助组，以联村为单位提升组建8个初级社，共有405户农户入社。

1956年

1月，大渔乡转办大渔乡高级农业生产合作社（简称高级社），下辖大渔一社（大渔社）、大渔二社（斜泾社）、大渔三社（庙泾社）。入社农户596户，占总农户的96.44%。

3月，全县实行并区并乡（中乡）。全县划为5个区、5个镇、36个乡。大渔乡、东荡乡和黄泥乡的4、7、8、9、10共5个自然村改划为城西乡。境域内分建大渔高级社、斜泾高级社和友谊高级社。

是月，顾后生任大渔高级社主任，兼党支部书记。

是月，费树堂任斜泾高级社主任，张根生任党支部书记。

是月，肖泉生任友谊高级社主任。

8—12月，全县撤区并乡（大乡）。全县划为5个县属镇、17个乡。大渔高级社、斜泾高级社、友谊高级社划属城北乡。

秋，大渔、斜泾、友谊3个高级社入社农户占农户总数的98%，仅剩个别地主户未入社。境域内基本完成农业社会主义改造，实现土地私有制向集体所有制转变。

冬，大渔、斜泾、友谊3个高级社制定了土地、劳力、耕畜、农具"四固定"，包工、包本、包产"三包"和超产奖励、减产赔偿"二奖赔"制度。

1957年

6月25—28日，平均日降雨量104.4毫米，境域内3个高级社受涝面积达1651亩。当年1030亩秋熟严重减产，有500亩滩涂农田颗粒无收。

9月，友谊初级小学在高头港校舍开课，设1至2年级共2个班级。翌年转至友谊二队新校舍办学。

1958年

1月，上海市卫生局组织40人医疗队，到昆山开展血吸虫病防治工作，历时4个月。其中一组在白窑自然村钱家祠堂内开展治疗，80余人分批接受治疗。

4月，全县划为2个镇、15个乡。斜泾高级社、大渔高级社、友谊高级社属城南乡。

9月，玉山、城南、城北三乡镇合建"政社合一""工农商学兵"五位一体的马鞍山人民公社（简称马鞍山公社）。境域内成立大渔生产大队管理委员会（简称大渔大队），下辖大渔、斜泾、友谊3个生产社，属马鞍山人民公社。

是月，王增龙任中共大渔大队支部书记，王杏根任党支部副书记，肖泉生任大渔生产大队大队长。

12月6日，斜泾、大渔、友谊3个大队派民工参加皇仓泾河拓浚工程。翌年4月20日告竣。工程耗资17.53万元，开挖土方37.15万立方米。

1959年

6月，马鞍山公社撤销，分建城北等3个公社，境域属城北公社，境域内分建大渔生产大队、斜泾生产大队、友谊生产大队。

是月，王杏根任中共大渔大队支部书记，张大和任大渔大队大队长；王增龙任中共斜泾大队支部书记，费树堂任斜泾大队大队长；张水林任中共友谊大队支部书记，肖泉生任友谊大队大队长。

是年，昆山县国营水产场设在境域内的一个分场，划属城北公社，取名城北鱼苗场，顾桃生为首任场长。1978年城北鱼苗场更名为城北水产养殖一场。

1960年

6月9—12日，连日降雨，平均日降雨量达122.2毫米。域内田地受涝严重，全年粮食大减产。其中800多亩滩涂农田颗粒无收。

是年，由于上年粮食歉收，当年又受灾减产，下半年，境域内缺粮、断粮情况凸现，村民只能以瓜菜代粮或野菜充饥，不少村民患上浮肿病、消瘦病。

1961年

春，全县开展县、公社、大队、小队四级算账退赔工作。当时境域内社员被集体占用的房屋及物资的清理、退赔、兑现工作在当年结束。

1962年

3月，全县调整人民公社规模，原城北公社划出白塘、光荣等11个大队，另建新镇公社。境域内有大渔生产大队、斜泾生产大队和友谊生产大队，属城北人民公社。

是月，顾叙生任中共斜泾大队支部书记，费树堂任斜泾大队大队长；王杏根任中共大渔大队支部书记，张大和任大渔大队大队长；李桂林任中共友谊大队支部书记，俞阿寿任友谊大队大队长。

是月，石家溇公立初级小学移址至大渔大队（三官堂沈阿龙家老房子，面积为150平方米），组建城西完全小学，共有1～6年级，组合成3个班级，有教师4人、学生75人。

9月，大渔大队利用老石灰窑厂空闲厂房开办白窑初级小学。

是月上旬，风雨大作，两天共降雨209毫米。大渔大队一队（吴家浜）受西来洪水冲涌，圩堤（东岸）溃决，大渔几成泽国，大队利用水泥船堵决口。实施过程中，社员顾文彩不幸被压在船下致死。当年，有800亩水稻颗粒无收。

秋，大渔大队第十生产队13户家庭不慎遭火灾，其住房、生活用品及粮食等被火烧毁。城北公社提供竹木材料，大渔大队发动各生产队支援稻草，为受灾群众搭建越冬民房。城北公社还提供棉布、棉花胎以及"大碎米"等生活必需品，帮助受灾群众渡过难关。

是年，全县实行三级（公社、大队、小队三级）所有队为基础（小队）的、确立以生产队为基本核算单位的管理体制。当时，境域内有29个生产队，其中大渔大队共12个生产队，斜泾大队共9个生产队，友谊大队共8个生产队。

1963年

9月，大渔大队南窑初级小学在林家浜新建校舍正式开课。

是年，斜泾大队复建石家溇小学，后搬至斜泾大队标准新校舍（大潭泾）。

是年，大渔大队在白窑自然村建造28千瓦电力灌溉排涝站，灌溉面积达850亩。

1964年

6月24—27日，累计下雨67.4小时，雨量达203毫米，境域内水位最高为3.3米。部分农田积水严重，虽经突击排涝，仍有110亩受损严重。

9月，苏州市知识青年先后两批"上山下乡"到境域内，共有59人落户境域内。其中，斜泾大队24人，大渔大队9人，友谊大队26人。

秋，斜泾大队在大渔南站（庙泾站）建斜泾粮食饲料加工厂。

是年，斜泾大队知识青年储雪荣出席江苏省农业先进代表会议。

是年，境域内的3个大队共办起6所耕读小学，有学生103名，其中大渔大队3所，斜泾大队2所，友谊大队1所。

1965年

3月，大渔大队在三官堂河南端（庙泾河）建防洪套闸一座。

5月，友谊大队在师古泾河上（徐家库村东）建造砖混结构拱桥1座。该桥呈南北走向，跨度20米。

7月，大渔、友谊、斜泾3个大队、35个生产队开展清政治、清经济、清组织、清思想的"四清"运动。运动于翌年3月结束。

12月，季桃生任友谊大队大队长。

是年，大渔大队在白窑站建成大渔粮食饲料加工厂。

1966年

8月，境域内各生产队推行"大寨式"评工记分。

是年，张大和任中共大渔大队支部书记，沈老大任大渔大队大队长。

是年，斜泾大队第五生产队由上级援助一台手扶拖拉机。

是年，友谊大队开办友谊粮食饲料加工厂。

1967年

冬，大渔、斜泾、友谊3个大队相继分别成立"三结合"革命生产领导小组，负责大队的日常工作。

是年，斜泾大队红观音堂河南端（庙泾河）建造庙泾圩联合排涝站和套闸。此是境域内第一座专用排涝站。

1968年

11月，境域内3个大队派民工参加张家港（市境河段）拓宽浚深、截弯取直工程。翌年2月11日告竣。

是年，境域内3个大队成立教育革命领导小组，安排贫下中农管理学校。实行大队管理学校体制。

1969年

2月28日，大渔大队革命委员会（简称革委会）成立，张龙扣任革委会主任，张大和、沈老大任革委会副主任。

是月，友谊大队革委会成立，李桂林任革委会主任，马东发任革委会副主任。

是月，斜泾大队革委会成立，王家兵任革委会主任，吴水根、王才泉任革委会副主任。

9月，大渔大队小学移址大渔六队新建校舍，其中，教室有7间，共160平方米，辅助房有80平方米，操场有250平方米，教师有8名，学生有196名。

是年，境域内开展"农业学大寨"活动，结合"四秋"大搞农田整治和农田水利配套相结合的农田基本建设，主要是田块方整化和小型水利配套等内容。这是有史以来第一次农田整治。

是年，斜泾小学、友谊小学又恢复高年级班。

是年，境域内的3个大队先后办起了合作医疗卫生室。各卫生室配有赤脚医生1名。合作医疗卫生室实行队办队管。

1970年

3月，大渔小学试办初中班，有学生2名、兼职教师2名，被称为"戴帽子"初中班。

5月，境域内开始试种双季稻。3个大队组织1~2个生产队先行先试。斜泾大队试种50亩，大渔大队试种70亩，友谊大队试种30亩，亩产提高40~60公斤。

12月21日，境域内各大队派民工拓浚庙泾河工程，翌年1月30日竣工。

是年，境域内各生产队积极发展集体养猪，大搞百头饲养场。

是年，张大和任中共大渔大队支部书记兼革委会主任。

是年，斜泾大队落实安置昆山知识青年20名，采用集中居住、分队劳动的"知青点"管理模式。

1971年

春，境域内3个大队组织力量至浙江引进水花生、水浮莲、水葫芦和绿萍，主要用于猪饲料和农田肥料。

冬，境域内3个大队组织民工参与漕里浜水利血防工程。工程全长1.8千米，翌年1月12日完工。

是年，友谊大队分别在西河南（八队）建14千瓦电灌站，灌溉面积达639亩；在高头港（三、六队）建22千瓦电灌站，灌溉面积达837亩。

是年，王家兵任中共斜泾大队支部书记兼革委会主任。

1972年

1月，马东发任中共友谊大队支部书记兼革委会主任。

2月，沈老大任中共大渔大队支部书记兼革委会主任。

3月，境域内各生产大队废除"大寨式"评工记分方法，恢复定额记工制度。

5月，大渔、友谊、斜泾3个大队重新划分社员自留地，并确认社员对自留地的自主权。

7月，大渔、斜泾、友谊3个大队选拔15名游泳好手参加县举办的"横渡青阳港"游泳活动。

10月，大渔大队创办大渔石灰厂。

11月，大渔大队在林家浜西（九队）建造15千瓦的大渔分站电灌站，灌溉面积达463亩。

是年，斜泾大队在"道字圩"（洼地）开展农田整治，通过削高填低、开挖河道，扩大耕地面积120亩。

1973年

9月，大渔大队白窑小学和南窑小学并入大渔小学。

11月，斜泾大队在马家浜北（五队）建造30千瓦的斜泾北站和套闸，灌溉面积达831亩。

是年，大渔、友谊、斜泾全面推广种植双季稻，其中大渔三队试种100%双季稻，当年水稻亩产超千斤。

1974年

冬，城北公社组织、开挖斜泾大队中心河，河道命名为"前进河"，北起马家浜、南入庙泾河，南北全长2.12千米。

是年，斜泾大队在一队公场边（庙泾河南端）建造15千瓦电力灌溉站，灌溉面积达447亩。同年，在斜泾七队建造25马力（1马力≈0.735千瓦）的机械灌排站，灌溉面积485亩。

1975年

6月24日—7月4日，境域内连降十天暴雨，降雨量达374.5毫米，最高水位达3.42米。境域内3个大队通过封闭闸门，预降水位，昼夜排涝，减少损失。水稻受灾面积达635亩。

9月，大渔大队六队姜太保被推荐至南京邮电学院就读，于1978年6月毕业。

冬，大渔、斜泾、友谊3个大队组织民工参加由城北公社组织的"风雷河"（红星大队）工程。

是年，友谊大队创办友谊综合厂。

是年，境域内3个大队765户家庭全部用上电力照明。

1976 年

冬，大渔、斜泾、友谊 3 个大队组织民工参加由城北公社组织的"东风河"工程。

是年，斜泾小学和友谊小学也开办"戴帽子"初中班。1978 年，以上两个初中班并入大渔初中班。

是年，斜泾大队创办斜泾并铁厂。

1977 年

7 月，城北公社成立合作医疗管理委员会，境域内的合作医疗卫生室由"队办队管"改为"队办社管"。

冬，由城北公社组织，大渔大队实施的"中心河"开挖工程开动。"中心河"被命名为"革新河"，南北全长 3.08 千米。村民习惯称之为"三官堂河"或"大渔中心河"。

是年，姚金奎任中共斜泾大队支部书记。

1978 年

3 月，境域内大队管理学校体制撤销，中心校管理体制全面恢复。

5 月，大渔大队一队创办大渔石棉板加工厂。该厂负责将石棉板加工成保温材料块。1994 年后，转制为村民朱忠仁个人经营。

11 月，大渔大队在大渔中心河南端（庙泾河）建造大渔灌排站和重建大渔南套闸。

是年，境域内 3 个大队的初中班全部并入大渔学校初中部，共有初一、初二年级 3 个班级，学生 150 人。翌年转入城北中学。

1979 年

5 月，境域内 3 个大队贯彻中共中央《关于地主、富农分子摘帽问题和地、富子女成分问题的决定》，对土改时划定的 14 名地主、富农分子摘帽，并对他们的子女重定阶级成分。

9 月，境域内开始对"文化大革命"中造成的冤假错案进行复查，并做好纠错和改正工作。

是月，大渔大队八队邱金洪考取东南大学。

是年，斜泾大队投入 1.6 万元，建造农业供种设施。种子仓库有 6 间，共

120平方米，晒场有250平方米。

是年，大渔大队将石灰窑厂转办为砖瓦厂。

1980年

3月，斜泾、大渔、友谊3个大队先后办起了3所幼儿园。当时入园幼儿81名，分别由李银凤、杨美珍、沈梅珍担任教师。

5月，斜泾大队创办昆山造漆厂。

10月，大渔大队在沙滩头（十、十五队）建造30千瓦大渔西站电灌站，灌溉面积300亩。

是年，境域内3个大队颁发首批18张独生子女光荣证。

是年，大渔大队创办大渔五金厂，后转为大渔完小校办厂。

1981年

8月，连续24天阴雨天气，总降雨量达398.6毫米，日平均气温24.2℃，比常年同月平均气温低3.6℃，日照只有10.3小时。由于多阴雨、低气温、少日照影响水稻生长和发育，境域内当年水稻亩产只有345公斤。

9月，大渔、友谊和斜泾3个大队撤销革委会，恢复生产大队。

冬，红旗路路基筑成，全长7千米，境域内长度为3千米，路基宽8.0～10.5米。1982年10月起，铺建碎石路面，路面宽6～7米；是年11月1日，101路公交车通车，境域内设斜泾南、斜泾北、大渔、白窑4个汽车站。1989年，全线改浇成7米宽的水泥路面。2009年9月15日，101路公交车改为10路公交车。

是年，大渔大队投入2.5万元，建大队种子仓库6间，共180平方米，晒场400平方米，并购置种子精选机等。

1982年

3月，为避昆山县内重名，境域内友谊大队更名为三邻大队。

10月，境域内推行家庭联产承包责任制，即包干到户。实行"三留（留足种子、口粮、饲料粮）、二交（上交集体粮、调拨粮）、一购（完成国家征购任务）"。

夏，大渔大队四队支凤珍在田间劳作时不幸遭雷击身亡。

1983年

1月，黄品林任中共大渔大队支部书记。

是月，大渔三队获江苏省农业先进集体。

3月，沈建明任中共三邻大队支部书记。

6月，政社分设，生产大队改名村民委员会（简称村委会），生产队改名村民小组（简称组）。大渔境域内斜泾村、大渔村、三邻村隶属城北乡。

是月，沈建明任三邻村委会主任。

7月，因联产到劳的需要，斜泾村、大渔村、三邻村都先后办起了化肥、农药供应站（简称肥药站）。

8月，吴理忠任大渔村村委会主任。

9月，境域内全面实行家庭联产承包责任制，即分田到户。以村民小组为单位，按人口数分人均0.5亩口粮田，剩余田按劳动力平均分配责任田，当年度全部落实到户。

10月，三邻村在南窑河（临近大渔14组）建造三邻排涝站和套闸。

11月，大渔村创办村办企业——大渔丝织厂。

是年，斜泾村获评昆山县血防工作"双无（无钉螺、无血吸虫病患者）先进村"。

1984年

3月，三邻村修筑连接虹祺路的三邻路，全长2千米，翌年铺就5米宽的砂石路。

8月，斜泾村创办村办企业——城北日用化工厂。

10月，黄品林任大渔村村委会主任（兼）。

是年，曹克敏任斜泾村村委会主任。

是年，大渔村、三邻村获评昆山县血防工作"双无先进村"。

1985年

2月，沈雪元任三邻村村委会主任。

3月，三邻村在村2组与正仪乡连接处建造防洪闸一座。

4月，三邻村建造三邻路跨南窑河桥一座。该桥跨度为25米，是钢混结构拱桥。1996年改为钢混平桥。

5月,三邻村创办三邻香料厂。

6月,三邻村创办三邻电讯配件厂。

冬,城北乡筑成东起北门二路,过团结河,跨张家港河,穿越泾河村,西接斜泾村的花园公路路基。该路宽8米,全长3.8千米,大渔境域内路段长0.7千米,翌年,筑成泥结碎石路。1988年,该路改成水泥路面,后改成沥青路面。

1986年

9月,大渔完全小学移址至大渔4组新村(大渔中心河西、三邻路东头北侧),新校舍建筑面积达860平方米。

是年,曹克敏任中共斜泾村支部书记,周挺任斜泾村村委会主任。

是年,陈白弟任大渔村村委会主任。

1987年

2月,石建龙任三邻村村委会主任。

4月27—29日,城北乡举办首届农民运动会。斜泾村、大渔村、三邻村分别组织运动员参加比赛。

是年,大渔村开办大渔玻璃制品厂,生产全部出口的医用载玻片。

1988年

6月,黄品林任大渔村村委会主任。

7月,徐建国任中共大渔村支部书记。

是年,姚金奎任中共斜泾村支部书记。

是年,大渔、斜泾、三邻村域内建造楼房进入高潮,共建楼房62幢,建筑面积达10 909平方米,投入资金154.4万元,其中:约有10%的楼房建有水塔,配有卫生间,装有淋浴器;约有3%的楼房建成别墅式样,内部结构类似商品房。

是年,斜泾村高国良获评"江苏省劳动模范"。

1989年

1月,周挺任中共大渔村支部书记。

8月,斜泾、大渔、三邻3个村成立老年协会,并配备了老年人活动室。

是年,三邻村创办三邻塑料厂。

是年,于白妹任斜泾村村委会主任。

是年，斜泾村获评"昆山县农业先进集体"。三邻村获评"昆山县文明单位"。

1990年

5月，丁如山任大渔村村委会主任。

6月21日下午3时许，大渔、三邻（包括新北、新乐）等村遭龙卷风袭击，共坍损房屋98间，倒塌围墙310米，毁坏民用低压线2千米，断电线杆50余根。累计经济损失达25.4万元。

9月，斜泾小学和三邻小学全部并入大渔完全小学。

11月20日，全县撤乡建镇，实行镇管村体制。斜泾、大渔、三邻3个村时属城北镇。

是年，三邻村获评"昆山市精神文明建设先进村"。

1991年

9月26日，斜泾、大渔、三邻3个村组织运动队参加城北镇第二届农民运动会。

10月，三邻村筹建的自来水厂向全村供水，使全村208户受益。1998年连接巴城第三自来水厂。

11月，汪春峰任中共大渔村支部书记，王海凤任大渔村村委会主任。

是年，斜泾村获评昆山市"抗洪救灾先进集体"。

1992年

5月，三邻村开办三邻中间体药物厂。

是月，柳林根任中共大渔村支部书记。

10月，斜泾村2组、10组的大部分农田被辟为城北镇良种繁殖基地，名为"城北科学实验场"，有良种繁殖基地107亩。翌年扩展为180.7亩，其中包括鱼塘25亩。

11月，石建龙任中共三邻村支部书记，孙凤良任三邻村村委会主任。

是年，大渔村开办大渔震中包装厂，张雪东开办天涯纸箱厂。

是年，邱家福任中共斜泾村支部书记。

是年，三邻村获评"昆山市农村双文明先进村"。

1993年

5月，大渔村307户家庭用上大渔村自来水厂的自来水。1999年大渔村自来水厂连接巴城第三自来水厂。

9月，大渔村首建村办农场，流转土地75亩，负责人为陆惠琪。

是年，大渔村、三邻村获评"昆山市农村双文明先进村"。三邻村还获评"昆山市计划生育表彰单位"。

1994年

7月，沈建林任三邻村委会主任。

9月，大渔村浇筑3条4米宽的混凝土路面，路面全长4.8千米，即虹祺路至南窑自然村2.5千米，虹祺路至三官堂自然村南1.5千米，大渔4组新村道路0.8千米。

10月，费林根任大渔村村委会主任。

是年，斜泾、大渔、三邻3个村分别组织实施"三格式"化粪池施工，共配装"三格式"化粪池644只。

是年，斜泾村、三邻村获评昆山市"五有六统一（有健全的组织网络、有固定的服务人员、有配套的农业机械、有完全的水利设施、有规范的管理制度，统一作物布局、统一留种供种、统一机械作业、统一水浆管理、统一防病治虫、统一肥药供应）"农业规模服务一级合格村。

是年，斜泾村、大渔村、三邻村分获昆山市"六有十无"双文明村。

1995年

2月，费林根任中共大渔村支部书记。

3月，钱建明任大渔村村委会主任。

10月，周国华任中共斜泾村支部书记。

是年，大渔村域内通往各村民小组住地的道路全部铺设成水泥路面。

是年，斜泾村195户家庭的饮用水由昆山市自来水厂供水。

是年，斜泾村王文元获评"昆山市劳动模范"。

1996年

3月，斜泾村、大渔村、三邻村开展民间迁坟工作，将村域内坟墓全部迁至城北公墓。

9月，斜泾村对中心河西（9组居住地）道路铺设4米宽、0.4千米长的水泥路面。同时对中心河东岸、虹祺路与民房间空地实施硬化，铺设4.5米宽、

0.8千米长的水泥路面。

10月，昆山市为保护昆山市自来水厂水源河（庙泾河），对处在庙泾河口的大渔、斜泾站闸全部拆除和封堵，在二村的北端（张家港河）分别重建白窑站闸和斜泾北站及防洪闸。

是年，斜泾村、三邻村获评昆山市"六有十无"双文明村。大渔村获评"昆山市经济发展先进村"称号。

1997年

3月，孙凤良任中共三邻村支部书记。

9月，大渔村、三邻村将2 000米长的三邻路铺设成5米宽的水泥路面。

1998年

2月，沈建林任中共三邻村支部书记。

7月，大渔村进行第二轮土地承包。在坚持"三权"分离的前提下，落实到户，确权30年，颁发"承包证"，并规定了今后农村土地流转及承包的操作流程。

1999年

1月，沈建冬任三邻村委会主任。

3月，大渔村开展农业产业化经营推进活动，重点推动"一村一品、一户一优"工作。

是月，大渔、斜泾、三邻3个村推动村办企业全面实行转制。

10月，三邻村对通往各组的道路全部铺设水泥路面，路面宽3.5～4米，总长1.5千米。

是年，城北镇经国家农业部批准成为中华鲟东方养殖研究基地第三养殖点。该养殖点落地斜泾村中心河南端，总投资80.7万元，辟地7.5亩，建成深1.8米、直径10米的养殖池10个；分三批引进中华鲟种苗1 100尾。2000年8月，中华鲟种苗全部被放归长江水域。

2000年

8月，城北镇撤销，并入玉山镇。斜泾村、大渔村、三邻村隶属玉山镇。

是月，斜泾村对中心河西3组和4组的村民居住地道路铺设3米宽、520米长的水泥路面。

12月，张国忠任中共大渔村党支部书记。

2001年

8月，斜泾村、大渔村、三邻村合并，沿用"大渔"村名，组建新的建制村，隶属昆山市玉山镇（昆山高新区）。

8月17日，大渔村召开合并后首次中共党员大会，镇领导宣布大渔村干部组成人员名单。周国华任中共大渔村支部书记，张国忠任村委会主任，沈建冬任村经济合作社社长，全福元任村会计。

9月22日，大渔村举行第七届村民委员会选举大会，张国忠当选大渔村村委会主任。

12月30日，张国忠、张银龙、沈梅珍当选玉山镇第十二届人大代表，并出席昆山市玉山镇第十二届人民代表大会。

是年，大渔村获评"昆山市2001年度双文明（精神文明、物质文明）先进村"。

2002年

7月8日，萧林路向西延伸工程涉及大渔村域18户农户动迁安置。18户农户在斜泾新村自行建造别墅型住房。

2003年

3月21日，大渔村委会召开村域第34组（斜泾9组）动迁户主会议，落实动迁安置有关事项。动迁户在斜泾新村自建别墅型住房。

4月，昆山高新区科教园区的有关动迁工作全面开始，动迁范围涉及大渔村29个村民小组。动迁户在大渔新村自建别墅型住房。

4月24日，玉山镇召开防治"非典"紧急会议。大渔村域防治"非典"工作被列入大渔村村委会村务工作重点。

2004年

12月，大渔村第八届村民委员会换届选举，张国忠当选大渔村村委会主任。

2005年

5月，大渔村同时开工建造1 200平方米大渔新村综合楼、3 400平方米两层门面房、2 300平方米菜场。

11月，周国华任中共大渔村党总支书记。

12月，大渔村因动迁而规划建设的斜泾新村全面完工，建造单体别墅80幢。

是年，大渔村获评"昆山市农村环境综合整治先进单位"。

2006年

9月，赵国华任中共大渔村党总支书记。

11月，大渔村垃圾中转站投入使用。

12月，大渔村因大规模动迁而规划建设的大渔新村全面竣工，共有493户入住。有单体别墅453幢，两层联体房16幢32户，经济房8户。另有两层店面房72间，大渔新村综合楼1 200平方米。

是月，大渔新村居住户全部由昆山自来水厂供水。

是年，大渔村获评"江苏省生态村"。

2007年

10月，大渔村投资250万元建设的大渔新村综合楼投入使用，含幼儿园、医疗卫生服务站、老年人活动中心等。

11月，大渔村举行第九届村民委员会选举大会，张国忠当选大渔村民委员会主任。

12月，顾齐珍当选昆山市人大代表并出席昆山市十五届人民代表大会。

是年，大渔村获评"昆山市先锋村""昆山市民主法治示范村""江苏省卫生村"。

2008年

2月，大渔新村启用专业物业管理公司实施物业管理。

7月，大渔村党总支书记赵国华获评"昆山市优秀共产党员"。

是年，大渔村获评"苏州市2006—2008年创建文明工作先进村"。

2009年

8月，首位大渔村进村大学生管奕雯，任大渔村村主任助理、团支部书记。

10月，大渔村村委会1 900平方米新办公楼破土动工，翌年年底投入使用。

是月，大渔村域内开展第一次全国地名普查工作。

11月，大渔村域内斜泾路沿线800米亮化工程开工，当年使用。

是年，大渔村规划建设的4 600平方米标准厂房，对外租赁创收。

是年，大渔村获评"苏州市建设社会主义新农村示范村""苏州市先锋村"。

2010年

10月，大渔村党组织换届选举，赵国华全票连任中共大渔村党总支书记。

12月17日，大渔村举行第十届村民委员会换届选举，张国忠当选大渔村村民委员会主任。

2011年

4月，大渔村开展域内消亡自然村资料收集工作。

5月，大渔村域内张家港河段2.5千米长的混凝土驳岸工程开工建设。翌年冬季完工。

2012年

4月，费建忠任中共大渔村党总支书记。

5月，大渔村全面开展村庄环境整治工作，重点针对脏、乱、差的村庄环境和拾、收废旧物品租房户进行整治。

是年，大渔新村西北角建成顾家河排涝站（115千瓦），用于大渔村域防汛排涝之用。

是年，大渔村获评"昆山市民兵工作先进单位""昆山市2006—2010年度人口和计划生育工作先进集体""昆山市文明村"。

2013年

7月，大渔村通过"江苏省卫生村"五年一次复查验收。

9月，大渔村党总支换届选举，并分建3个党支部。费建忠任中共大渔村总支部书记，石建龙任党总支副书记，张国忠任党总支副书记、组织委员兼第一党支部书记，全福元任党总支宣传委员兼第二党支部书记，陈忠平任党总支纪检委员兼第三党支部书记，洪惠琴、管奕雯任党总支委员。

12月18日，大渔村举行第十一届村民委员会换届选举，张国忠当选大渔村村委会主任。

是年，大渔村获评"昆山市民兵工作先进单位""苏州市先锋村"。

2014年

6月，大渔村在村办公楼东面辟地750平方米建造大渔村门球场，总投资49万元，年底投入使用。

12月，大渔村集体资产股权固化。大渔村划出注册资本金1916万元，为3472名村民办理3472股固定股权。

是年，大渔村获评"江苏省民主法治示范村""苏州市文明村"。

2015年

6月，大渔村开展第二次全国地名普查工作。

是年，大渔村的斜泾中心河东岸居民住房（包括出租房）的污水截留工程完工。

2016年

1月，大渔新村西侧建成临时停车场，投入10万元。

2月，大渔新村公共厕所改造工程完工，投入8.9万元。

是月，大渔新村联体房漏水维修，维修费5.7万元。

5月，大渔新村雨污分流工程、天然气地下管道铺装工程开工。

10月，大渔村党总支和三个党支部进行换届选举。费建忠任中共大渔村总支部书记，张国忠任党总支副书记、组织委员兼第一支部书记，全福元任党总支宣传委员兼第二支部书记，陈忠平任党总支纪检委员兼第三支部书记，沈娟任党总支委员。

12月，大渔村举行第十二届村民委员会换届选举，张国忠当选大渔村村委会主任。

2017年

1月，大渔村投入8.6万元，在斜泾新村（27组住地）建公共厕所。

5月16日，昆山市副市长金建宏带队，到大渔村开展"六个一"走访慰问，先后访问姚金奎、顾惠明、邵星岐、徐祥狗、陈明等。

5月，大渔新村综合楼西面大厅部分改造成新村会所并投入使用，改造费4.7万元。

7月1日，昆山高新区城市综合管理委员会（简称"管委会"）副主任沈跃新带队，进行"七一"走访慰问周龙林、丁凤兰等。

是月，大渔村投入20万元，对大渔新村各交通路口安装摄像头，并建立门卫监控室。

是年，大渔村实施医疗普惠补助办法，全年享受医疗普惠村民136人，门诊和住院费用补助人民币 48.9 万元。

2018 年

1 月，大渔村投入 7.1 万元，在斜泾新村安装监控网络。

2 月，大渔村投入 10.7 万元，在大渔新村改装高清摄像头，并对门卫监控室升级改造。

9 月，大渔村通过江苏省卫生村复查。

是月，大渔新村开始申请、登记安装到户的天然气管道，共有 490 户办理手续。管道于年底投入使用。

10 月，大渔村启动斜泾新村绿化景观提升工程，投入 9.8 万元。

是月，大渔村投入 8.9 万元，为全村 790 户配备 1 580 个灭火器。

12 月，陈忠平任中共大渔村党总支书记。

是年，大渔村获评"苏州市文明村"。

2019 年

2 月，大渔村投入 8.9 万元，在大渔新村建设 3 个充电棚，设有 48 个充电接口。

3 月，大渔村为改善农村人居环境，自 2018 年年末至 2019 年 3 月，村委会先后对斜泾路村民住宅区环境进行整治，拆除危旧房屋和残垣断壁多处，拆除集体空旧厂房 2 处，各类违章搭建房屋 23 处，各类旱厕、粪坑 18 个，清理私占作菜园的土地 4 500 平方米，清除各类垃圾 500 余吨、水泥砖 7 万余块。

6 月，大渔村组织人员在强安路、玉城南路区域（大渔村标准厂房）拆除违章搭建厂房 22 处，清理面积达 1 100 平方米。

是月，大渔村《大渔村志》负责编写的工作人员到位，展开编纂工作。

10 月，大渔村村委会主任补选，费哲当选大渔村村委会主任。

是月，大渔村党总支下辖的 3 个基层党支部进行换届选举，费斌任第一支部书记，沈娟任第二支部书记，费哲任第三支部书记。

11 月，大渔村村委会结合"263"和"331"整治工作，联合有关部门，对大渔新村、斜泾新村及周边区域整治，清理无证无照经营场所 38 家，其中，早餐店 8 家、小饭店 22 家、小作坊 4 家、废品回收站点 4 家。

是月，大渔村对斜泾新村的道路和化粪池进行改造建设，工程总额达 86

万元。

12月，大渔村投入16万元，在大渔新村东侧建设文体活动性场地，以方便于村民健身锻炼。

是年，大渔村获评"江苏省一村一品一店示范村"。

2020年

1月25日，大渔村成立新型冠状病毒感染疫情防控工作组。村书记陈忠平任组长，村主任费哲任副组长，组织村委会条线干部、社区管理人员、物业管理人员和志愿者形成防控网络，对所涉村庄和社区实行封闭管理。

9月，大渔村村委会投入15.4万元，完成省级法治示范村、法治示范公园、法治长廊建设。

是月，大渔村投入15.3万元，建设斜泾新村停车场。

是月，大渔村投入128万元，在斜泾新村建设封闭式围墙。

是月，大渔村日间照料中心建设工程完工，总计87万元。

11月1日，大渔村全面启动第七次全国人口普查工作，沈娟等5人为普查指导员，费斌等13人为普查员。人口普查工作在前期调查摸底的基础上，进入登记阶段。

12月，大渔新村住户房屋旁的花木、花坛提升工作完工，总计投入33.7万元。

是年，大渔村为村域内178人兑付医疗普惠补助款59.8万元。

第一章 村情概览

大渔村前身为大渔村、斜泾村、三邻村。2001年8月，三村合并，组建新的大渔村，区域面积为8.54平方千米。2004年动迁后，大部分土地面积划归昆山高新区科教园。2012年，区域面积重新界定为3.5平方千米。

大渔村古属吴地，旧属昆山县积善乡和朱塘乡。中华人民共和国成立初期，境域内三村分属昆山县大渔乡和黄泥乡；1956年3月，境域分建大渔、斜泾和友谊3个高级社；1959年6月后，境域内分建3个建制村（大队），直至并村。

大渔村地处太湖流域阳澄湖平原区，自然坡度小，但地势较低，属亚热带过渡地带，全年四季分明，又濒临东海，呈季风性、湿润性、海洋性气候特征。

2019年，大渔村下辖37个村民小组，全村在籍695户，户籍总人口2566人。村民大都在大渔新村、斜泾新村居住生活。

第一节 建置区划

一、历史沿革

大渔村古属吴地。秦时期（公元前221—前206），境域隶属会稽郡娄县。南北朝梁天监六年（507），析娄县西部为信义县，境域隶属信义县。梁大同二年（536），析信义县置昆山县，境域隶属昆山县。隋开皇九年（589），废信义县并入昆山县，境域隶属昆山县。唐天宝十年（751），昆山县治之所从上海淞江县的天马之地昆山（现称小昆山）迁至马鞍山（玉峰）之南。宋嘉定十年（1217），昆山划出安亭、春申等五乡置嘉定县时，境域隶属昆山县积善乡和朱塘乡。明嘉靖三十三年（1554），境域隶属昆山县积善乡和朱塘乡。清雍正二年（1724），分昆山县置新阳县，昆山、新阳两县同城分治7乡18保，境域分属新阳县积善乡和朱塘乡。清宣统二年（1910），昆山、新阳两县推行地方自治，废乡、保、都制，改划1个市17个乡。境域分属玉山市和真义乡。

1912年，新阳县并入昆山县，沿袭清末市乡制，全县18界（即1个市17个乡）未变。1929年，昆山改划10个区378个乡镇，玉山市改为第一区，境域分属第一区（玉山）北灈乡和第八区（淞北）高墟乡。1934年，昆山改划8个区65个乡镇，境域分属第一区（鹿城）北灈乡和第七区（正义）高墟乡。1941年1月，重新恢复8个区65个乡镇，境域分属第一区（鹿城）北灈乡和第七区（正义）赵家浜乡。1942年末，全县改划11个区72个乡镇，境域分属巴城区北灈乡和正义区高墟乡。1945年9月，境域恢复鹿城区北灈乡和正义区高墟乡。1947年2月，新县制实行，全县改划3个区、8个直属乡镇，境域分属巴城区北灈乡和张浦区绰墩乡。1947年12月，全县重新核定改为1个区27个乡镇时，青墩、北滧两乡合并，始建城北乡，直属县辖，境域分属城北乡和高墟乡。

1949年5月13日，昆山解放，同年7月建立人民政权。全县划为6个区27个乡镇，境域分属巴城区城北乡和正仪区高墟乡。1950年1月，全县改划小乡后，境域分属城郊区大渔乡和正仪区黄泥乡。1951年6月，全县调整区划，撤城郊区，改玉山镇为城区。大渔乡划出城区，黄泥乡划出正仪区，两乡划属巴城区。1954年9月，全县改划8个区111个乡镇时，境域内所属的大渔乡和黄泥乡又改属正仪区。

1956年1月始建大渔乡高级农业生产合作社。1956年3月，全县并区并乡（小乡合并成中乡）。境域内分建大渔高级社、斜泾高级社和友谊高级社，隶属环城区城西乡。同年8—12月，全县撤区并乡，全县划为5个县属镇17个乡，境域归属城北乡。1958年4月又并乡，境域改属城南乡。

1958年9月，城北、城南、玉山3个乡镇合建政社合一的马鞍山公社。境域内大渔、斜泾、友谊3个高级社联建大渔大队，生产大队以下设若干个生产队，境域属马鞍山公社。1959年6月，马鞍山公社撤销，城北等3个公社分建，境域内大渔、斜泾、友谊3个生产大队属城北公社。1962年1月，人民公社规模调整。原城北公社划出白塘、光荣等11个生产大队，另建新镇公社。境域内大渔、斜泾、友谊3个大队仍属城北公社。1967年3月，境域各大队成立革命生产领导小组，管理大队事务。1969年2月，境域内大渔、斜泾、友谊3个大队相继成立大队革委会，替代原生产大队主持全面工作。彼时，大渔、斜泾、友谊3个大队革委会属城北公社革委会。1981年9月，革委会撤销，恢复生产大队，境域内3个大队隶属城北公社。

1983年6月，政社分设，复建城北乡。生产大队改名村民委员会（简称村委会），生产队改名村民小组。境域内设大渔、斜泾、三邻3个村，属城北乡。1989年9月28日，昆山撤县建市，乡属未变。1990年11月20日，昆山撤乡建镇，3个村属城北镇。2000年8月，城北镇并入玉山镇，3个村属玉山镇。

2001年8月，大渔村、斜泾村、三邻村合并成一个村，沿用"大渔"为村名，为昆山市玉山镇大渔村。

大渔境域隶属变迁简况表如表1-1所示。

表 1-1 大渔境域隶属变迁简况表

年代	隶属县（市）	隶属乡（镇）	村（境）域名称
秦（公元前 221—206）	娄县		
南北朝梁天监六年（507）	信义县		
后梁大同初年（536）	昆山县		
宋嘉定十年（1217）	昆山县	积善、朱塘	
清雍正二年（1724）	新阳县	积善乡、朱塘乡	
清宣统二年（1910）	新阳县	玉山市、真义乡	
1912 年	昆山县	玉山市、真义乡	
1947 年	昆山县	城北乡、高墟乡	
1950 年	昆山县	大渔乡、黄泥乡	
1956 年	昆山县	城西乡	大渔、斜泾、友谊高级社
1958 年	昆山县	马鞍山公社	大渔大队
1959 年	昆山县	城北公社	大渔、斜泾、友谊大队
1983 年	昆山县	城北乡	大渔、斜泾、三邻村
2000 年	昆山市	玉山镇	大渔、斜泾、三邻村
2001 年	昆山市	玉山镇	大渔村

二、区位交通

大渔村位于昆山城区马鞍山西北隅 5 千米，东与泾河村接壤，南倚庙泾河，西至昆山高新区科教园（大渔中心河），北临张家港，区域面积为 3.5 平方千米。大渔村村民委员会地址位于昆山市斜泾路 383 号。

村域东距上海市 65 千米（虹桥机场 55 千米，浦东国际机场 100 千米），西距苏州古城 20 千米，南距浙江杭州 220 千米，相距南京 260 千米。

村域距京沪铁路（沪宁铁路）昆山站 6 千米，距京沪高铁（沪宁城际高铁）昆山南站和昆山客运总站 7 千米，之间均有公交车连接。村域周边高速公路四通八达，东有昆山市中环高架（西线）萧林路匝道口，可达大渔村域内；西有常嘉高速公路巴城路口，距大渔村委会驻地 2 千米。市内公交：10 路公交车，由昆山站北广场始发，贯通大渔村南北，设有斜泾路站、大渔新村站、白窑站等；19 路、22 路、166 路公交车，途经大渔村，设有斜泾路站；35 路公交车，途经大渔村，设有西塘小学站、大渔新村站和时代文化家园站。同时，张家港河临村而过，水陆交通便捷。

大渔村萧林路斜泾路公交车站（2019年，罗英摄）

三、村名起源

大渔村的村名起源于养鱼。原大渔村域水资源较为丰富，常规渔业养殖较为完整和发达。长久以来，境域内的陆家村、顾家宅、陈家浜、王家宅、杨家甸及三官堂等自然村原住民素有养殖成鱼（俗称大鱼）的传统，在农忙季节务农，在农闲季节养鱼。加之在1940年，浙江人鲁成祥在今大渔中心河中段西侧开设鲁家公司，置地开塘，主要养殖成鱼和部分鱼种，年产成鱼1.05万公斤，更为大渔声名增添口碑。1950年前后，大渔村的养鱼业达到鼎盛。每到冬、腊月时节，村民即干塘起捕，用活水船（俗称鱼船头）装运，销往昆山、嘉定地区的玉山、陆家浜、安定、南翔、嘉定等镇、区。如此年复一年，大渔声名鹊起。中华人民共和国成立以来，大渔人一直用"大渔"为村级建制组织冠名。

四、撤并建制村

（一）大渔村

原大渔村，位于昆山市玉山镇（马鞍山）西北隅5千米，东至斜泾村，南倚庙泾河，西至三邻村，北抵张家港河，村域面积为3.72平方千米，集体耕地面积为2 520亩（1974年）。因域内水系面积较大，养鱼业发达，故取名大渔。村域曾驻有城北镇水产一场、城北镇砖瓦厂。

大渔村前身为大渔生产大队。1956年，大渔高级社成立。1958年，大渔高级社与斜泾高级社、友谊高级社联建大渔生产大队。1959年，境域内分建大渔生产大队。1983年，政社分设，大渔生产大队改为大渔村村民委员会（简称大渔村）。

2000年，全村辖12个自然村，设16个村民小组。全村户籍户有343户，人口有1 095人，耕地面积为1 025亩。全年村级经济净收入为37万元，村民人均收入为5 186元。大渔村先后荣获昆山县血防工作"双无村"、昆山市"双文明建设先进村"、昆山市"六有十无"双文明村、昆山市"经济发展先进村"等荣誉称号。

2001年8月，昆山市玉山镇行政村撤并调整，大渔村、斜泾村、三邻村合并组建新的大渔村。

(二) 斜泾村

斜泾村位于昆山市玉山镇（马鞍山）西北隅4.5千米，东至泾河村，南至庙泾河，西至原大渔村，北抵张家港河，村域面积为2.58平方千米，集体耕地面积为1 955亩（1974年）。因村域内有一条自西南斜向东北方的主要河道，故取名斜泾。村域曾驻有城北镇科学实验场（种子仓库）。

斜泾村前身为斜泾生产大队。1956年，斜泾高级社成立。1958年，斜泾高级社与大渔高级社、友谊高级社联建大渔生产大队。1959年，分建斜泾生产大队。1983年，政社分设，斜泾生产大队改为斜泾村村民委员会（简称斜泾村）。

2000年，全村辖8个自然村，设12个村民小组。全村户籍户有224户，人口有748人，耕地面积为750亩。全年村级经济净收入为40.9万元，村民人均收入为5 226元。斜泾村先后荣获昆山县血防工作"双无村"、昆山县"农业先进集体"、昆山市"六有十无"双文明村等荣誉称号。

2001年8月，斜泾村撤销，并入大渔村。

(三) 三邻村

三邻村位于昆山市玉山镇（马鞍山）西北隅5.5千米，东至原大渔村，南至巴城镇黄泥山村，西临傀儡湖，北至巴城镇龙潭湖村，村域面积为2.24平方千米，集体耕地面积为1 607亩（1974年）。因地处城北、正仪、巴城3乡交界，曾取名友谊。

三邻村前身为友谊生产大队。1956年，友谊高级社成立。1958年，友谊高级社与大渔高级社、斜泾高级社联建大渔生产大队。1959年，分建友谊生产大队。1982年，因避县内重名，友谊生产大队改名三邻生产大队。1983年，政社分设，三邻生产大队改为三邻村村民委员会（简称三邻村）。

2000年，全村辖7个自然村，设9个村民小组。全村户籍户有197户，人口有563人，耕地面积为622亩。全年村级经济净收入为22.8万元，村民人均收入为5 163元。三邻村先后荣获昆山县血防工作"双无村"、昆山县"文明单位"、昆山市"精神文明建设先进村"、昆山市"双文明建设先进村"、昆山市"六有十无"双文明村等荣誉称号。

2001年8月，三邻村撤销，并入大渔村。

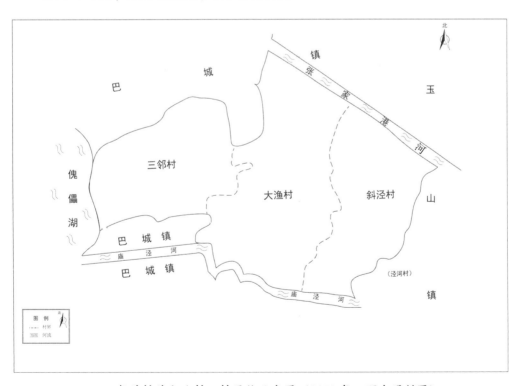

2000年并村前大渔村3村原貌示意图（2019年，顾志明制图）

2019年大渔村图（2019年，大渔村村委会提供）

1980年，大渔境域3个大队分辖37个生产队（也叫小队）；1983年，三村分辖37个村民小组。2001年，三村合并后，大渔村有37个村民小组，并重新编排序号（表1-2、1-3）。

表1-2　1980年大渔境域内自然村与生产队对应表

大渔（大队）		三邻（大队）		斜泾（大队）	
自然村	队别	自然村	队别	自然村	队别
吴家浜	1	师古泾	1、6	红观音堂	1、9、12
白窑、陆家村	2	周家埭	2	西官泾	2
顾家宅、陈家浜	3	徐家库	3	大潭泾	3、8
杨家甸	4、5	李巷浜	4、9	石家溇	4
三官堂	6、7、13、16	西堰头	5	马家浜	5、11
林家浜	8、9	唐泾	7	斜泾	6
沙滩头	10、15	西河南	8	大漊塘	7
南窑	11、14	—	—	东官泾	10
王家宅、鱼地塘	12	—	—	—	—

表1-3　2001年大渔村域内村民小组新、老组号对应表

并村后组号	并村前组号	并村后组号	并村前组号	并村后组号	并村前组号
1	（大渔）1	14	14	27	2
2	2	15	15	28	3
3	3	16	16	29	4
4	4	17	（三邻）1	30	5
5	5	18	2	31	6
6	6	19	3	32	7
7	7	20	4	33	8
8	8	21	5	34	9
9	9	22	6	35	10
10	10	23	7	36	11
11	11	24	8	37	12
12	12	25	9	—	—
13	13	26	（斜泾）1	—	—

 ## 第二节　自然环境

一、地貌

大渔村位于太湖流域阳澄湖低洼平原区。全村地势平坦，自然坡度小，但地面高程较低【地面高程为吴淞零点，指上海吴淞口水平面（静止）为零（下同）米】，最低为2.3米，最高为3.8米。耕地的地面高程在2.81~3.2米的面

积为3 113亩左右，约占耕地总面积的50%；地面高程在3.21米以上的为1 864亩左右，约占耕地总面积的30%；地面高程在2.8米以下的有1 105亩左右，约占耕地总面积的20%，其中大部分为滩、涂、荡农田。

长期的人类生活及生产活动也影响着地貌的变化。特别是在20世纪70年代中期的"农业学大寨"活动中，村民大搞农田平整建设。部分特高田、土墩、坟地及小河浜、小河槽、小河潭和废弃的沟渠都变成了平坦的农田。

大渔村属太湖流域、阳澄湖水系。村域内有河、港、泾、浜、溇、塘等，还有多个碟形洼地。

二、河流

大渔村域内河流众多，共有25条，总长度23.87千米，其中：东西向有12条，长10.18千米；南北向有13条，长13.69千米，还有多个碟形洼地。2004年6月后，域内土地被征用，许多河道被填埋，或作他用。

张家港河 属临村河流，位于村域北沿，村域段为东西流向。此河形成于明代之前，在明代称西斜塘。1968年前称常熟塘（系昆山、常熟俗称）。是年冬季，该河拓浚，北起沙洲县张家港（长江边），南下昆山，东折入上海港，始易名"张家港"。该河全长106千米，河面平均宽度为40米，过水断面为55～100平方米，流经昆山河段长25.4千米，流经村域河段为东西流向、长2.5千米。

庙泾河 属临村河流，位于村域南沿。此河为东西流向，源于西域傀儡湖，东出张家港，中华人民共和国成立后，曾2次进行疏、拓浚。该河全长7.75千米，河面宽31米，过水断面为53～95平方米，流经大渔村河段长3.05千米。

傀儡湖 属临村湖泊，又称笠帽湖，位于原三邻村西沿。此湖集供水、调蓄、灌溉、排涝等功能于一身。村域湖段南北长0.6千米。

师古泾河 属域内河流，三邻村中心河。该河为东西流向，东起西堰头，西出傀儡湖。此河系1970年冬季，利用老河，经人工拓浚、改造、贯通而成，全长约1.8千米，河面均宽25米，是重要的排水河道。

前进河 属域内河流，又称斜泾中心河，位于村域东部。该河为南北流向，南倚庙泾河，北出张家港。1974年12月，该河由人工挖掘而成，全长2.12千米，河面宽14.5米，底宽3米，是重要的排水河道之一。

三官堂河 属域内河流，又名革新河或大渔中心河。该河位于村域中部，为南北流向，南依庙泾河，北接张家港，系1978年冬季，由人工疏、拓浚改造而成。该河全长3.08千米，河面均宽18米，底宽8米，是重要的引排泄洪之水道。

三、气候

大渔村地处北亚热带和中亚热带过渡地带，又濒临东海，呈现季风性、湿润性、海洋性的气候特征。全年四季分明、气候温和、光能充足、雨量充沛、无霜期长。常年主导风向为东南风。春秋两季昼夜基本相等，夏季昼长夜短，冬季昼短夜长。

（一）天气要素

气温 1988—2019年，年平均气温最高为17.9 ℃（2017年），最低为15.2 ℃（1988年）。年极端最高气温为40.6 ℃（2013年8月7日），年极端最低气温为-7.9 ℃（1991年12月29日）。有记载的历史上极端最低气温为-11.7 ℃（1977年1月31日）。1988—2019年大渔村气温情况表如表1-4所示。

表1-4　1988—2019年大渔村气温情况表

年份	年平均气温/℃	年极端最高气温		年极端最低气温	
		温度/℃	出现日期/（月/日）	温度/℃	出现日期/（月/日）
1988	15.2	37.1	7/8	-5.0	1/4
1989	15.2	34.8	8/12	-4.2	1/15
1990	16.2	36.3	7/24	-6.6	2/1
1991	15.3	35.6	5/25	-7.9	12/29
1992	15.4	37.0	7/31	-4.3	1/19
1993	15.3	36.0	7/12	-6.8	1/17
1994	16.9	37.1	7/2	-3.3	1/19、1/30
1995	15.8	36.9	7/20	-4.2	2/5
1996	15.7	35.5	7/21	-5.4	1/12
1997	16.4	37.1	6/6	-4.5	1/8

续表

年份	年平均气温/℃	年极端最高气温		年极端最低气温	
		温度/℃	出现日期/（月/日）	温度/℃	出现日期/（月/日）
1998	17.2	37.1	8/11	-5.5	1/19、1/25
1999	16.3	35.2	9/8	-5.2	12/23
2000	16.8	35.5	7/22	-5.4	1/26
2001	16.5	38.0	7/22	-5.2	1/16
2002	17.2	37.6	7/14	-3.0	12/26、12/28
2003	16.6	38.7	8/1	-5.1	1/15
2004	17.2	37.7	7/24	-5.0	12/31
2005	16.9	37.8	7/3	-5.7	1/1
2006	17.6	37.9	8/13	-3.8	1/8
2007	17.8	38.6	7/31	-2.2	2/2
2008	16.9	38.5	7/6	-4.7	12/22
2009	17.2	38.6	7/20	-6.4	1/24
2010	17.0	39.2	8/13	-4.8	1/14
2011	16.7	37.0	7/3	-5.8	1/16
2012	16.7	37.4	7/5	-4.4	2/3
2013	17.6	40.6	8/7	-3.2	1/10、2/9
2014	17.1	36.0	8/5	-3.9	1/22
2015	17.1	38.5	8/2、8/3	-3.7	1/2
2016	17.6	39.8	7/27	-8.0	1/24
2017	17.9	40.3	7/24	-3.7	1/21
2018	17.8	37.8	5/16	-5.5	1/13
2019	17.6	38.3	7/30	-1.5	1/27

日照 1988—2019年，年日照时间最多为2 235.4小时（1988年），最少为1 623.1小时（2014年）。1988—2019年大渔村日照时间情况表如表1-5所示。

表 1-5　1988—2019 年大渔村日照时间情况表

年份	年日照时间/小时	年份	年日照时间/小时
1988	2 235.4	2004	2 168.3
1989	1 915.1	2005	2 145.7
1990	2 082.0	2006	1 789.2
1991	1 934.0	2007	1 643.4
1992	2 112.0	2008	1 757.3
1993	1 792.8	2009	1 696.4
1994	1 952.0	2010	1 796.9
1995	1 970.6	2011	1 800.4
1996	1 845.6	2012	1 731.8
1997	1 764.4	2013	2 065.6
1998	1 917.3	2014	1 623.1
1999	1 696.9	2015	1 544.9
2000	1 944.5	2016	1 592.7
2001	1 976.1	2017	1 762.3
2002	1 895.0	2018	1 762.1
2003	1 891.8	2019	1 613.4

降水量　1988—2019 年，年降水量最多为 1 669.0 毫米（2015 年），最少为 826 毫米（1992 年）。单日降水量最多为 169.3 毫米（2015 年 6 月 17 日），最少为 47 毫米（2010 年 8 月 17 日）。年降水日最多为 166 天（1997 年），最少为 104 天（2013 年）。1988—2019 年大渔村降水情况表如表 1-6 所示。

表1-6　1988—2019年大渔村降水情况表

年份	年降水量/毫米	年降水日数/天	日最大降水量/毫米	日最大降水量出现日期/（月/日）
1988	840.8	107	91.6	9/3
1989	1 085.6	122	75.6	4/28
1990	1 258.0	142	120.5	8/31
1991	1 522.0	126	164.9	7/2
1992	826.0	107	65.3	8/31
1993	1 402.0	138	145.9	8/2
1994	899.6	147	79.8	10/10
1995	1 058.1	133	94.0	6/25
1996	1 050.8	126	78.3	7/5
1997	907.5	166	49.5	8/19
1998	1 122.1	126	66.8	6/12
1999	1 447.0	160	146.0	6/30
2000	1 149.3	133	75.9	8/25
2001	1 147.3	118	108.8	6/24
2002	1 190.8	129	55.1	8/15
2003	841.6	120	70.6	6/29
2004	1 022.2	112	61.2	6/25
2005	982.4	107	111.4	9/12
2006	1 200.4	127	112.2	7/5
2007	1 165.8	113	135.5	8/29
2008	1 258.5	117	85.1	6/27
2009	1 407.2	130	127.4	8/2
2010	1 000.7	121	47.0	8/17
2011	1 095.1	122	77.6	6/18
2012	1 084.5	144	134.4	8/8

续表

年份	年降水量/毫米	年降水日数/天	日最大降水量/毫米	日最大降水量出现日期/（月/日）
2013	1 160.9	104	162.4	10/8
2014	1 266.7	133	63.9	6/26
2015	1 669.0	144	169.3	6/17
2016	1 510.3	141	97.6	7/2
2017	1 026.6	120	75.9	9/25
2018	1 176.0	144	86.1	9/17
2019	1 318.2	135	134.4	8/10

（二）四季特征

春季 本季多东南风。由于受冷、暖气团交替影响，气候多变。本季气候温和，平均气温为16.3 ℃。4月气温逐渐升高，平均日照164.9小时，平均降水量为267.3毫米上下，平均降水日为32.9天左右。春季主要灾害性天气有连续阴雨、倒春寒、龙卷风、冰雹等。

夏季 本季多偏南风。由于受太平洋副热带高压影响，海洋性气候特征最为明显。本季高温多雨，平均气温为28.7 ℃，7月中下旬气温飙升，平均日照159.2小时，平均降水量为520.1毫米上下，平均降水日为40.4天左右。夏季主要灾害性天气有高温多雨（丰梅）、高温干旱、热带风暴等。

秋季 本季多偏北风。因北方冷空气势力不断增强，气温逐渐下降。本季平均气温19.2 ℃，11月气温逐渐回落，平均日照136.8小时，平均降水量为271.3毫米上下，平均降水日为28.9天左右。主要灾害性天气有热带风暴、连续阴雨、干旱和初霜冻等。

冬季 本季多西北风。由于受内陆冷空气高压控制，呈寒冷少雨。本季平均气温为5.3 ℃，1月中下旬是全年最冷时段，平均日照118.3小时，平均降水量为175.1毫米上下，平均降水日为28.6天左右。主要灾害性天气有寒潮、霜冻、冻雨和积雪等。

2009—2019年各月平均气温一览表、2009—2019年各月日照时间一览表、2009—2019年各月降水量一览表、2009—2019年各月降水日一览表分别如

表1-7至表1-10所示。

表1-7 2009—2019年大渔村各月平均气温一览表

单位：℃

气温	年份										
月份	2009	2010	2011	2012	2013	2014	2015	2016	2017	2018	2019
1	3.5	4.8	1.0	4.0	4.3	6.8	6.0	4.2	6.7	4.0	5.6
2	8.6	7.2	5.8	4.0	6.4	5.9	6.9	7.1	6.9	5.4	5.9
3	10.4	9.0	9.3	9.5	11.2	11.8	10.8	11.3	10.6	12.5	11.8
4	16.4	12.9	16.0	17.7	15.6	16.0	16.4	17.1	17.7	18.1	17.1
5	22.1	21.0	21.8	21.6	21.7	22.1	21.1	20.7	22.6	22.8	21.7
6	26.4	24.0	24.8	24.8	24.3	24.0	24.4	24.4	24.5	25.7	24.7
7	28.7	28.8	29.8	29.8	31.8	27.8	26.9	30.1	32.2	29.6	28.1
8	27.8	30.7	27.8	29.0	31.3	26.3	28.1	29.9	29.7	29.7	29.0
9	24.7	25.7	24.2	23.6	24.9	24.2	24.3	24.8	24.5	25.8	24.5
10	21.0	18.4	18.7	19.4	19.5	20.1	19.5	20.2	18.8	18.6	19.9
11	11.2	13.5	16.1	11.7	13.5	14.4	13.6	13.0	13.5	14.1	14.6
12	6.0	7.6	5.7	5.6	6.2	5.6	7.5	8.9	6.8	7.8	8.8

表1-8 2009—2019年大渔村各月日照时间一览表

单位：小时

日照时间	年份										
月份	2009	2010	2011	2012	2013	2014	2015	2016	2017	2018	2019
1	128.5	135.8	140.5	92.4	127.4	168.2	116.6	87.6	104.0	76.5	75.1
2	45.1	100.3	106.3	67.1	87.2	69.6	102.4	169.4	130.4	119.8	44.6
3	121.6	131.2	185.4	132.3	175.9	161.0	130.4	137.8	140.3	158.2	149.3
4	200.8	129.7	208.4	170.4	227.5	130.9	175.6	130.6	184.0	179.9	131.5
5	214.5	165.3	198.4	173.7	166.5	176.7	160.4	129.3	211.9	139.1	188.7
6	166.2	115.6	101.6	110.4	79.9	74.4	83.4	88.5	109.2	163.4	120.9
7	173.4	153.3	173.9	206.6	301.7	145.0	117.6	170.3	227.6	228.4	138.7
8	100.9	236.9	114.4	193.9	237.2	75.0	162.2	262.2	173.7	228.8	182.9
9	105.2	162.5	166.3	158.2	156.6	93.8	165.1	140.9	102.5	120.6	168.9
10	202.4	128.8	144.2	175.1	168.5	223.0	162.3	45.9	121.2	176.6	136.3
11	96.4	153.9	113.6	137.8	173.8	127.7	66.1	93.4	113.7	109.3	138.6
12	141.4	183.6	147.4	113.9	163.4	177.8	102.8	136.9	143.8	61.7	137.9

表 1-9　2009—2019 年大渔村各月降水量一览表

单位：毫米

降水量	年份										
		2009	2010	2011	2012	2013	2014	2015	2016	2017	2018	2019
月份	1	53.8	37.3	17.4	51.9	17.0	21.9	60.2	74.3	56.5	101.9	54.3
	2	117.9	66.8	16.7	80.6	105.6	150.1	79.7	19.9	22.2	72.5	134.6
	3	78.3	175.3	47.2	136.8	64.7	91.5	103.3	42.1	72.6	68.3	35.6
	4	76.4	86.8	33.8	57.5	75.7	160.6	133.2	171.4	77.0	74.1	53.3
	5	48.6	64.7	31.1	108.4	106.7	58.2	117.1	184.4	61.3	64.7	68.1
	6	182.7	52.6	336.7	81.5	183.5	168.4	471.4	260.6	134.8	60.3	159.5
	7	195.9	114.5	133.0	111.3	97.4	197.3	179.9	163.3	42.3	114.6	151.7
	8	351.6	168.1	363.7	191.7	23.1	217.1	162.7	61.4	195.2	184.5	250.2
	9	120.4	141.7	12.1	43.7	134.3	125.4	91.2	161.5	236.8	190.6	233.3
	10	4.9	52.1	45.2	32.3	305.6	32.7	60.1	256.6	56.6	26.3	59.8
	11	113.1	1.6	33.1	107.1	12.9	36.1	133.6	70.4	53.1	81.8	27.6
	12	63.6	39.2	25.1	81.7	34.4	7.4	76.6	44.4	18.2	136.5	90.2

表 1-10　2009—2019 年大渔村各月降水日一览表

单位：天

降水月	年份										
		2009	2010	2011	2012	2013	2014	2015	2016	2017	2018	2019
月份	1	8	6	7	12	7	5	10	14	6	12	15
	2	17	13	5	17	14	13	11	5	6	9	17
	3	11	15	7	16	11	9	14	5	13	13	11
	4	7	13	7	11	8	14	12	15	10	9	11
	5	9	10	6	10	12	10	10	18	8	16	9
	6	12	11	20	12	14	14	14	19	14	13	12
	7	13	13	16	14	6	17	16	11	10	13	12
	8	18	10	23	11	11	19	10	6	13	11	10
	9	10	13	6	7	10	12	7	9	15	11	10
	10	4	9	9	7	6	3	8	17	9	7	8
	11	13	3	10	12	2	12	19	13	10	11	7
	12	8	5	6	15	3	5	13	9	6	19	13

第三节 自然资源

一、耕地土壤

大渔村域地势平坦，土壤肥沃，土地总面积为8.54平方千米。1962年12月，域内大渔、友谊、斜泾3个大队共有集体耕地面积6 694.4亩，其中大渔大队有耕地面积2 680.3亩，友谊大队有耕地面积1 844.5亩，斜泾大队有耕地面积2 169.6亩。1981年12月，域内3个大队共有集体耕地面积5 967亩，其中大渔大队耕地面积2 480亩，友谊大队耕地面积1 606亩，斜泾大队耕地面积1 881亩。至2000年12月，域内3个村尚存耕地面积2 300亩（大渔村存1 025亩、三邻村存640亩、斜泾村存635亩）。3个村宅基地有356亩，道路建设用地有198亩，企业、学校用地有818亩，公共设施建设用地有239亩，产业结构调整用地有2 875亩，其中新开鱼塘用地2 525亩。

2002年12月，大渔村耕地面积为1 878亩。2004年6月开始，村域全部动迁，其中5.04平方千米划为高新区科教园建设用地。2019年12月，村域3.5平方千米的区域全部变为居住区。

村域的土壤受长江长期冲积影响，新沉积物不断积淀在湖相沉积母质上。土壤呈中性—微碱性反应，为重壤—中壤土质。

根据1984年土壤普查资料，域内土壤为水稻土类中的潴育型水稻土和脱潜型水稻土亚类。其土属为黄泥土土属、乌山土土属和青紫土土属。其主要土种有黄泥土、粉砂心黄泥土、乌山土、粉砂心乌山土和青紫土等5种。

黄泥土、粉砂心黄泥土为黄泥土土属：成土母质为湖相沉积物，土壤质地上乘，保肥性能较好。

乌山土、粉砂心乌山土为乌山土土属：成土母质为河湖相沉积物，土壤质地较好，养分含量较高。

青紫土为青紫土土属：成土母质由静水河湖相沉积物母质发育而来，土壤质地较差，保肥性能虽好，但供肥性能不佳。

域内另有沼泽土类、潮土类等多种土种。这些土种占地面积较少，散布于域内各地。1984年境域土壤普查情况表如表1-11所示。

表1-11　1984年大渔境域内土壤普查情况表

土属	土种	面积/亩	在总面积中的比例/%	分布区域（按土种面积大小排序）
	耕地	6 082	100.0	
黄泥土	黄泥土	1 764	29.0	三邻、大渔、斜泾
	粉砂心黄泥土			
乌山土	乌山土	2 889	47.5	大渔、三邻、斜泾
	粉砂心乌山土			
青紫土	青紫土	1 095	18.0	斜泾、大渔、三邻
其他类	其他	334	5.5	散布于各地

二、水资源

大渔村域水资源比较丰富，年平均降雨量在1 155毫米。村域周边三面临河（湖），南有庙泾河，西有傀儡湖，北有张家港河，直接贯通太湖、阳澄湖及长江，是域内重要的补水、泄洪的调水体系。域内25条河道纵横交错，并有面积在50~100亩不等的夹溇、杨树溇、荷花溇、道字圩、南北荒等碟形洼地，组成了域内重要的蓄水、调水、供水体系。

1974年年末，域内3个大队有水域面积2 715.9亩（含河道、鱼塘），其中大渔大队有1 841.6亩，友谊大队有474.5亩，斜泾大队有399.8亩。20世纪90年代后期，农村调整产业结构，盛行开鱼塘，域内新增鱼塘2 525亩。至2000年12月，3个村共有水域面积5 577.9亩，其中大渔村有2 744.6亩，三邻村有1 515.1亩，斜泾村有1 318.2亩。

2004年动迁后，大渔村大部分区域划归昆山高新区科教园。

2019年12月，大渔村还有水资源面积145.8亩。

三、动物资源

1. 畜、兽类

牛（水牛、黄牛）、羊（绵羊、山羊）、猪、猫、兔、刺猬、水獭、鼬、鼠、蝙蝠等。

2. 禽类

鸡、鸭、鹅、鸽、鹌鹑、乌鸦、喜鹊、百灵、沙鸥、杜鹃、啄木鸟、八哥等。

3. 水产类

青鱼、草鱼、鲤鱼、鳊鱼、鲢鱼（白鲢）、鳙鱼（花鲢）、鲫鱼、鳜鱼（桂鱼）、白丝、红条、黑鱼、鲶鱼、塘鲤、昂刺鱼、鲈鱼、银鱼、鳑皮、窜条鱼、河豚、鳗鱼、黄鳝、泥鳅、鳖（甲鱼）、龟（乌龟）、螃蟹、蟛蜞、蚌（河蚌、三角蚌）、螺蛳、田螺、蚬子、蛤蜊、河虾、基围虾等。

4. 两栖类

林蛙、牛蛙、青蛙、壁虎、蟾蜍、蜥蜴、蛇（水蛇、赤链蛇、青梢蛇、蝮蛇、秤星蛇）等。

5. 昆虫类

蚕、螳螂、蟑螂、蟋蟀、蜜蜂、蝴蜂、蚱蜢、知了、蜻蜓、蝴蝶、蜈蚣、蚰蜒、蜗牛、萤火虫、毛虫、刺毛虫、蝼蛄（地老虎）、金龟子、天牛、蜣螂、地鳖虫、蜘蛛、纺织娘、蚂蚁（白蚁、黑蚁）、蚊、苍蝇、牛虻、甲虫、臭虫、蚜虫、瓢虫、蝗虫、黏虫、稻蓟马、苞虫、象甲、飞虫、纵卷叶虫、叶蝉、蚯蚓、水蛭（蚂蟥）、跳蚤、虱子、玉米螟、蛾（谷蛾、麦蛾、米蛾）等。

四、植物资源

1. 粮、油作物类

水稻（籼稻、粳稻、糯稻）、三麦（大麦、元麦、小麦）、油菜等。

2. 杂粮作物类

甘薯、马铃薯、芋艿、南瓜、芝麻、花生、黄豆、赤豆、绿豆、乌豇豆等。

3. 蔬菜类

毛豆（青毛豆）、蚕豆（青蚕豆）、豌豆（豌豆苗）、长豇豆、四季豆、扁豆、绿豆芽、黄豆芽，葱、胡葱、大蒜（蒜叶、蒜苔、蒜黄、蒜头）、韭菜（韭叶、韭苔、韭黄）、药芹、水芹、苜蓿、枸杞头、花菜、马兰头、青菜（鸡毛菜、小白菜、大青菜、菜薹）、大白菜、娃娃菜、甘蓝、菠菜、荠菜、甜菜、蓬蒿菜、苋菜、雪里蕻、芫荽、生菜、紫叶角、西兰花，萝卜（红萝卜、白萝卜）、洋葱、马铃薯、芋艿、慈姑、荸荠（马蹄）、藕、菱、姜、茭白、竹笋、莴笋、冬瓜、黄瓜、丝瓜、草瓜、生瓜、南瓜、扁葫、葫芦、茄子（白、红、青三色）、番茄、辣椒、菜椒等。

4. 食用菌类

蘑菇、平菇、金针菇、鸡腿菇等。

5. 瓜果类

西瓜、香瓜（甜瓜）、酥瓜（老太婆瓜）、葡萄、枇杷、柿子、石榴、草莓、桃、梨、橘等。

6. 乔木类

杨树（河杨、枫杨、意杨）、柏树（刺柏、龙柏、扁柏）、松树（马尾松、雪松、罗汉松、五针松）、柳树（垂柳、杞柳）、银杏、香樟、黄杨、榉树、桑树、榆树（白榆、野榆）、楝树、梧桐、泡桐、椿树、槐树、水杉、池杉、构树（谷树）、棕榈、铁树、刺槐等。

7. 竹、芦类

芦苇、芦竹、慈孝竹、红头竹、蒲基竹、石竹、文竹、凤尾竹等。

8. 花草类

梅花、兰花、菊花、茶花、莲花、月季、玫瑰、鸡冠花、凤仙花、蔷薇、海棠、牡丹、迎春花、水仙、茉莉、杜鹃、蝴蝶花、太阳花、牵牛花、栀子花、宝石花、石榴花、丁香花、喇叭花、仙人掌、一串红、美人蕉、芙蓉、十姐妹、红珊瑚、紫薇、含羞草、益母草（苦草）、枸杞子、蒲公英、车前草、牛蒡草、金钱草、半边莲、薄荷、牛筋草、臭梧桐、止血草、凤尾草、地丁草、金银花、野菊花、野地葱、野大蒜、野慈姑、野荸荠、马齿苋、菖蒲、芦苇、枸杞、蒲草、万年青、蛤蟆草、稗草、三角草、鸭舌草、黄枯脑草、绒毛草等。

第四节 人 口

一、人口规模

20世纪60年代以前，境域内住户均为农业人口。1950年冬开始，土地改革时，境域内的大渔、友谊、斜泾共有494户居民，人口规模为1958人。随着社会稳定，经济发展，卫生、医疗水平提升，人民生活水平提高，境域内生育人口逐年增加。20世纪60年代前期，境域内3个大队安置城镇下放人员66人（大渔25人、友谊20人、斜泾21人）；60年代中后期，先后两次落实安置苏州市"上山下乡"知识青年82人（大渔22人、友谊36人、斜泾24人）；1975年，斜泾大队又安置昆山籍知识青年31人，境域内人口有所增长。"文化大革命"时期，恰逢生育高峰期，境域内人口数量大幅增加。1974年，境域内总人口为3015人。此后，随着计划生育政策实行，境域内人口自然增长率稳定控制在5‰左右。2000年，第五次全国人口普查时，村域总人口为2660人。2010年，第六次全国人口普查时，村域总人口为2558人。2016年，实施全面两孩政策后，人口增长较为平稳。2016—2019年，年平均出生人口为30人，年平均死亡人口为23人，年均人口自然增长率为2.73‰。2019年，村域户籍户为695户，户籍人口为2566人，年度人口自然增长率为零。

2019年，全村家庭调查统计，全村共有762户3392人。总人口组成包括"人在户籍在，户籍在人不在，人在户籍不在"的家庭人口。此数据翔实地体现家庭及人员的完整性、延续性。

1951—2019年大渔境域户籍人口统计选年表如表1-12所示。

表 1-12 1951—2019 年大渔境域户籍人口统计选年表

年份	总户数	总人数	大渔村（大队）		三邻（友谊）村（大队）		斜泾村（大队）	
			户数	人数	户数	人数	户数	人数
1951	494	1 958	212	847	123	489	159	622
1974	742	3 015	319	1 304	189	753	239	958
1982	751	2 999	328	1 333	178	749	245	917
1990	772	2 917	346	1 353	164	688	262	876
2000	781	2 660	354	1 209	157	504	270	947
2010	695	2 558	大渔村（并村）					
2019	695	2 566						

二、人口结构

（一）民族

大渔村域历来是汉民族聚居区。50 年代，境域内只有汉族。60 年代中后期，境域内有 1 名壮族知青落户，后又返城。至 2019 年，境域内有满族 1 人，回族 1 人，其余的均为汉族人口。

（二）性别

1951 年，大渔村总人口为 1 958 人，其中男性 987 人，女性 971 人。1982 年，全国第三次人口普查资料显示，域内 3 个大队总人口为 2 999 人，其中男性 1 522 人，女性 1 477 人。2000 年，村域内 3 村户籍总人口为 2 660 人，其中男性 1 360 人，女性 1 300 人。2019 年，大渔村户籍总人口 2 566 人，其中男性 1 258 人，女性 1 308 人。

1951—2019 年大渔境域户籍人口性别结构选年表如表 1-13 所示。

表1-13　1951—2019年大渔境域户籍人口性别结构选年表

单位：人

年份	合计			大渔村（大队）			三邻(友谊)村(大队)			斜泾村（大队）		
	人数	男	女	人数	男	女	人数	男	女	人数	男	女
1951	1 958	987	971	847	431	416	489	252	237	622	304	318
1974	3 015	1 529	1 486	1 304	661	643	753	383	370	958	485	473
1982	2 999	1 522	1 477	1 333	668	665	749	383	366	917	471	446
1990	2 917	1 470	1 447	1 353	681	672	688	345	343	876	444	432
2000	2 660	1 360	1 300	1 209	626	583	504	261	243	947	473	474
2010	2 558	1 266	1 292	大渔村（并村）								
2019	2 566	1 258	1 308									

2019年12月，大渔村家庭记载调查统计人口为3 392人，其中男性1 663人，女性1 729人。

（三）年龄

2019年12月，大渔村家庭调查统计人口为3 392人，其中：0～19岁人口为554人，占总人口的16.3%；20～59岁人口为1 988人，占总人口的58.6%；60岁以上人口为850人，占总人口的25.1%。2019年大渔村人口年龄结构情况表如表1-14所示。

表1-14　2019年大渔村人口年龄结构情况表

年龄段	人数	占总人数的百分比/%
0岁	18	16.3
1—6岁	225	
7—19岁	311	
20—29岁	381	58.6
30—39岁	497	
40—49岁	456	
50—59岁	654	

续表

年龄段	人数	占总人数的百分比/%
60—69 岁	436	25.1
70—79 岁	286	
80—89 岁	113	
90 岁以上	15	

2019年,大渔村域内60周岁及以上的老年人口为850人（男性416人,女性434人）。70~79岁人口为286人（男性153人,女性133人）。80~89岁人口为113人（男性43人,女性70人）,90岁及以上长寿老人15人（男性4人,女性11人）,比1999年（2人）增加13人。长寿老人中,第9村民小组的刘维根（女）年龄最高,为94岁（表1-15）。

表1-15　2019年大渔村90周岁及以上长寿老人名录

序号	姓名	性别	出生年月	年龄	组别
1	刘维根	女	1925年11月	94	9
2	钱仁兴	男	1926年6月	93	5
3	林凤英	女	1926年9月	93	6
4	金永龙	男	1926年11月	93	10
5	承月娥	女	1927年2月	92	2
6	金巧宝	女	1927年7月	92	19
7	戴阿仔	女	1927年12月	92	9
8	肖福宝	男	1928年1月	91	19
9	张梅英	女	1928年8月	91	6
10	解桂英	女	1928年10月	91	30
11	丁六弟	男	1928年11月	91	20
12	陈友妹	女	1928年11月	91	6
13	邵阿五	女	1928年12月	91	17
14	陆祥宝	女	1929年5月	90	7
15	姚银扣	女	1929年8月	90	33

(四) 文化程度

中华人民共和国成立时，境域内文盲、半文盲率高达94%。中华人民共和国成立后，域内人民政府重视农民学习文化。50年代初，境域内开展扫盲运动，开办夜校冬学班，组织青壮年农民学习文化。60、70年代，大力兴办农村小学，并着力提高学龄少年的入学率。1985年普及九年制义务教育后，升入高中和大学的人数逐年增加，村民整体文化水平逐年提高。

1982年，大渔大队受教育人口为807人，其中大学1人，高中（含中专，下同）46人，初中265人，小学495人；斜泾大队受教育人口578人，其中高中28人，初中194人，小学356人；三邻大队受教育人口为500人，其中高中31人，初中176人，小学293人。

1999年，大渔村受教育人口为832人，其中大学本科及以上9人，大专16人，高中132人，初中307人，小学368人；斜泾村受教育人口为793人，其中大专生5人，高中56人，初中349人，小学383人；三邻村受教育人口为500人，其中高中31人，初中176人，小学293人。

2019年，大渔村受教育人口为2 839人，占总人口的83.7%；初中及以上文化人口为2 150人，占总人口的63.4%，其中，高中文化人口为460人，大学（本科、专科）以上文化人口为713人。

(五) 职业

中华人民共和国成立前后，除了极少数人从事小手工业外，村民大都从事农业生产。50年代末开始，有少数人从事副业生产。60年代至70年代初，步入"以粮为纲"的农业年代。70年代中后期后，境域内开始发展多种经营、兴办社队工业，有相当多的农业劳动人口转向工业生产。80年代，农村经济体制改革，大量的劳动人口转移至第二、三产业，并出现了各种专业户、重点户和新的经济联合体。

1974年，境域内3个大队有劳动人口1 586人，其中大渔大队703人，斜泾大队469人，三邻大队414人，95%的劳动人口从事农业。80年代后随着社队工业发展，有相当多的农业劳动人口转向副业和工业，从事农业的劳动人口逐渐减少。

1980年大渔境域劳动人口从业情况如表1-16所示。

表 1-16　1980 年大渔境域劳动人口从业情况表

单位：人

大队	劳动人口	农业	副业	社队企事业	其他
大渔	862	555	66	205	36
斜泾	567	365	72	128	2
三邻	413	291	22	93	7

随着国家改革开放不断深入，农村经济体制改革落实到位，村域的劳动人口逐渐转移至第二、三产业。

1991、1999 年斜泾、大渔村劳动人口从业情况如表 1-17 所示。

表 1-17　1991、1999 年斜泾、大渔村劳动人口从业情况表

单位：人

年份	村名	劳动人口	农业	副业	工业	其他
1991	大渔	788	130	112	427	119
	斜泾	515	45	17	439	14
1999	大渔	618	60	95	297	166
	斜泾	386	22	40	269	55

2019 年，大渔村统计调查劳动人口为 1 902 人，其中：第一产业劳动人口为 0；第二产业劳动人口为 899 人，第三产业劳动人口为 1 003 人，分别占劳动人口的 47.3% 和 52.7%。

三、人口变化

中华人民共和国成立后，随着人民生活水平的提高，医疗卫生条件的改善，人口增长较快。1963 年 8 月，境域内实行计划生育。

1972 年，境域内落实"晚、稀、少"的要求，男女结婚年龄之和至少为 47 岁，生育间隔期为 4 年，一对夫妇最多生育两个孩子。

1979 年 10 月，境域内全面落实"晚婚、晚育、少生"的要求，男女结婚年龄之和至少为 50 岁，一对夫妇只生一个孩子。政府给只生育一个孩子的家庭颁

发"独生子女光荣证"。

1982年，境域内全面落实计划生育工作的有关奖励政策。

1990年后，境域内计划生育工作步入良性循环状态。

独生子女光荣证（2019年，顾建明提供）

2016年，大渔村贯彻落实国家二孩政策。2016—2019年，出生人口为119人，死亡人口为92人。

2016—2019年，大渔村人口变动情况为迁入人口153人、迁出人口2人。

2016—2019年大渔村人口增长情况如表1-18所示。

表1-18　2016—2019年大渔村人口增长情况表

年份	总人数/人	出生		死亡		人口自然增长率/%
		人数/人	出生率/%	人数/人	死亡率/%	
2016	2 562	38	1.48	26	1.01	0.47
2017	2 565	39	1.52	23	0.90	0.62
2018	2 558	25	0.98	26	1.02	-0.04
2019	2 566	17	0.66	17	0.66	0.00

四、人口姓氏

2019年,大渔村常住人口姓氏有171个,均系单姓。其中,百人以上的姓氏有7个,不足十人的姓氏有110个,独人姓氏有39个。大姓以"王"姓居首,有264人,其次为"陈""张"两姓,分别有217人和187人(表1-19)。

表1-19　2019年大渔村人口姓氏人数分布情况表

单位:人

序号	姓氏	人数	序号	姓氏	人数	序号	姓氏	人数	序号	姓氏	人数	序号	姓氏	人数	序号	姓氏	人数	序号	姓氏	人数
1	王	264	20	夏	50	39	韩	17	58	宋	11	77	潘	5	96	施	3			
2	陈	217	21	孙	50	40	胡	16	59	林	11	78	浦	5	97	毛	3			
3	张	187	22	肖	47	41	袁	16	60	冷	10	79	严	5	98	江	3			
4	李	181	23	许	37	42	叶	15	61	史	10	80	方	5	99	花	3			
5	顾	177	24	金	36	43	范	14	62	戴	9	81	章	5	100	聂	3			
6	周	170	25	唐	34	44	邱	14	63	蔡	9	82	祁	5	101	邹	3			
7	沈	168	26	余	33	45	蒋	14	64	郑	9	83	庄	5	102	翟	3			
8	徐	99	27	姜	32	46	薛	14	65	缪	9	84	冯	5	103	沙	3			
9	朱	90	28	俞	30	47	何	13	66	倪	8	85	武	4	104	孟	3			
10	吴	86	29	殷	28	48	苏	13	67	解	8	86	柳	4	105	付	3			
11	陆	75	30	包	27	49	彭	13	68	柯	8	87	葛	4	106	邓	3			
12	刘	68	31	全	26	50	汪	13	69	郭	7	88	卫	4	107	祝	3			
13	费	65	32	姚	25	51	石	12	70	于	7	89	梁	4	108	裴	3			
14	丁	61	33	黄	25	52	洪	12	71	鲁	7	90	秦	4	109	焦	3			
15	杨	60	34	吉	25	53	谢	12	72	魏	7	91	水	4	110	贾	2			
16	钱	57	35	高	22	54	万	12	73	董	6	92	嵇	4	111	莫	2			
17	谈	56	36	马	21	55	龚	11	74	盛	6	93	贺	4	112	汤	2			
18	赵	53	37	杜	20	56	郁	11	75	凌	6	94	惠	4	113	崔	2			
19	季	53	38	曹	18	57	邵	11	76	田	6	95	陶	3	114	卞	2			

续表

序号	姓氏	人数	序号	姓氏	人数	序号	姓氏	人数	序号	姓氏	人数	序号	姓氏	人数	序号	姓氏	人数
115	支	2	125	景	2	135	奚	1	145	寇	1	155	傅	1	165	宗	1
116	戈	2	126	童	2	136	乔	1	146	束	1	156	伟	1	166	易	1
117	查	2	127	宣	2	137	钮	1	147	雷	1	157	居	1	167	邢	1
118	梅	2	128	单	2	138	雍	1	148	阮	1	158	郎	1	168	屈	1
119	茅	2	129	栾	2	139	闵	1	149	吕	1	159	羊	1	169	诸	1
120	仲	2	130	燕	2	140	房	1	150	骆	1	160	商	1	170	符	1
121	须	2	131	罗	2	141	印	1	151	胥	1	161	祖	1	171	谭	1
122	承	2	132	华	2	142	伍	1	152	戎	1	162	年	1			
123	钟	2	133	管	1	143	程	1	153	计	1	163	屠	1			
124	皋	2	134	时	1	144	福	1	154	左	1	164	简	1			

说明：本表以姓氏人数多少为序排列。

第二章 村级组织

　　中华人民共和国成立初期，大渔境域先后设自然村村长、联村村长。1956年，境域内建有大渔、斜泾、友谊3个高级社。1958年，境域内3个高级社联建大渔生产大队。1959年，分建大渔、斜泾、友谊3个生产大队。1983年，政社分设，大队改称村，分建大渔、斜泾、三邻3个村。2001年，3个村合并，组建新的大渔村，设立中共大渔村支部委员会和大渔村村民委员会。2005年，中共大渔村支部升格为中共大渔村总支部。

　　中华人民共和国成立后，境域内共青团等群团组织在党支部的领导下，围绕各个历史阶段的中心工作，努力做好本职工作，献身新农村建设事业，成为村级党政组织的得力助手。

第一节 中共基层组织

一、党支部

1950年1月，中共大渔乡支部委员会和中共黄泥乡支部委员会成立。境域内的共产党员分别参加大渔乡党支部和黄泥乡党支部活动。

1956年，境域内建成大渔、斜泾和友谊3个高级社，并成立大渔高级社党支部和斜泾高级社党支部。友谊高级社刚从黄泥乡划入城西乡，未建党支部，由城西乡委派干部代管。至1956年12月底，境域内有共产党员23名，其中大渔高级社10名、斜泾高级社7名、友谊高级社6名。

1958年9月，大渔、斜泾和友谊3个高级社联建大渔生产大队，成立中共大渔大队支部委员会。1959年6月，境域内分建大渔大队党支部、斜泾大队党支部和友谊大队党支部。

1972年2月，大渔、斜泾和友谊3个党支部重新恢复工作。至1980年12月底，境域内共有共产党员57名，其中大渔党支部20名、斜泾党支部19名、友谊党支部18名。

1983年6月，境域内实行乡村管理体制，大队党支部变更为村党支部。境域内有大渔村党支部、斜泾村党支部和三邻村党支部。

2000年8月，城北镇并入玉山镇，境域内仍设大渔村、斜泾村和三邻村3个党支部。

2001年8月，大渔村、斜泾村和三邻村合并，设立新的中共大渔村支部委员会。周国华任大渔村党支部书记。

1956—2001年大渔境域（高级社、大队）党支部书记一览表如表2-1所示。

表2-1　1956—2001年大渔境域（高级社、大队）党支部书记一览表

支部名称	书记	任期	备注
中共大渔乡支部	高阿菊	1950—1956年	大渔乡党支部
中共大渔村支部（大渔大队、大渔高级社）	顾后生	1956—1958年	大渔高级社党支部
	王增龙	1958年10月—1959年6月	大渔大队党支部（联建）
	王杏根	1959年6月—1965年12月	大渔大队党支部
	张大和	1966—1968年	
	张龙扣	1969—1970年	
	张大和	1971年—1972年2月	
	沈老大	1972年2月—1982年	
	黄品林	1983年1月—1988年6月	
	徐建国	1988年7月—1988年12月	大渔村党支部
	周　挺	1989年1月—1991年10月	
	汪春峰	1991年10月—1992年10月	
	柳林根	1992年10月—1995年2月	
	费林根	1995年2月—2000年11月	
	张国忠	2000年12月—2001年8月	
中共三邻村支部（友谊大队、友谊高级社）	张水林	1959年6月—1962年3月	友谊大队党支部
	翁纪民		
	李桂林	1962年3月—1971年12月	
	马东发	1972年1月—1983年3月	
	沈建明	1983年3月—1992年11月	三邻村党支部
	石建龙	1992年11月—1997年3月	
	孙凤良	1997年3月—1998年2月	
	沈建林	1998年2月—1999年7月	
中共斜泾村支部（斜泾大队、斜泾高级社）	张根生	1956—1958年	斜泾高级社党支部
	王增龙		
	王增龙	1959年6月—1962年3月	斜泾大队党支部

续表

支部名称	书记	任期	备注
中共斜泾村支部（斜泾大队）（斜泾高级社）	顾叙生	1962年3月—1965年12月	斜泾大队党支部
	王才泉	1966年—1969年2月	
	王家兵	1969年2月—1976年	
	姚金奎	1977—1985年	斜泾村党支部
	曹克敏	1986—1987年	
	姚金奎	1988—1991年	
	邱家福	1992—1994年	
	周国华	1995年—2001年8月	
中共大渔村支部	周国华	2001年8月—2005年11月	三村合并

二、党总支部

2005年11月，大渔村党支部升格为中共大渔村总支部。随着党建工作的不断加强，以及部分在外工作的退休党员的转入，至2010年12月，中共大渔村总支部有共产党员100名，其中女性党员占19%，在职党员占61%，高中及以上文化程度党员占36%。

2019年，中共大渔村总支部下辖3个基层支部，有中共党员117名，其中女性党员占26.5%，在职党员占60%，高中及以上文化程度党员占55.69%。陈忠平任中共大渔村总支部书记。

2005—2019年中共大渔村总支部书记一览表如表2-2所示。

表2-2　2005—2019年中共大渔村总支部书记一览表

支部名称	姓名	任期
中共大渔村总支部	周国华	2005年11月—2006年9月
	赵国华	2006年9月—2012年4月
	费建忠	2012年4月—2018年12月
	陈忠平	2018年12月至今

第二节　行政（自治）组织

中华人民共和国成立后，境域内的村级建制先后历经自然村、联村、初级社、高级社、生产大队和村民委员会等变革过程。

1949年5月，昆山解放。同年7月，昆山建立区、乡人民政权。境域内以自然村设村及农会。中华人民共和国成立后，境域内建9个联村、白窑联村、三官堂联村、南窑联村、罗红联村、官大联村、马家浜联村、斜泾联村、外塘联村和里塘联村，各村推举村长、农会主任等管理村务。

20世纪50年代初期，境域内全面掀起农业互助合作高潮。至1953年年底，域内组织成立了50多个互助组。当年冬季，境域内始建初级社。有的联村成立一个初级社，有的联村成立两个初级社。通过提升、整合，至1955年秋，境域内共组织成立8个初级社。

一、高级社

1955年冬至1956年，境域内建高级社。至1956年3月，境域内有大渔高级社、斜泾高级社和友谊高级社。高级社属集体所有制性质的经济实体。

1956年大渔境域内各高级社成员一览表如表2-3所示。

表2-3　1956年大渔境域内各高级社成员一览表

职务	成员		
	大渔高级社	斜泾高级社	友谊高级社
主任（社长）	顾后生	费树堂	肖泉生
财经主任	陆阿生	陈金林	李大男
监察主任	顾桃生	张阿敖	俞阿寿

续表

职务	成员		
	大渔高级社	斜泾高级社	友谊高级社
副业主任	王杏根	陈阿兴	石阿贵
会计	马文金	张根生	朱文宝

二、生产大队

1958年9月，马鞍山人民公社成立，境域内大渔、斜泾、友谊3个高级社联建大渔生产大队，设大队长、会计、民兵营长、妇女主任、治保主任等。1959年6月，域内分建大渔生产大队、斜泾生产大队和友谊生产大队。1962年年初，域内废除以公社为基本核算单位的管理体制，实行公社、大队、生产队"三级所有""队为基础"的管理体制。境域内的生产大队设正副大队长、会计和妇女主任、治保主任及民兵营长等，组成大队管理委员会，负责管理大队事务。生产队设正副队长、会计、妇女队长、民兵排长等，组成队委会，负责生产队的生产和管理。

在"文化大革命"期间，境域内各大队管理工作处于半停滞状态。1968年下半年，境域内3个大队分别建立大队革命生产领导小组，主持大队工作。1969年2月，境域内3个大队分别成立大队革委会，由7~9人组成，替代原生产大队管理委员会。

1981年恢复生产大队建制，境域内各个大队均没有再设大队长一职，由上级党委任命一名副书记，负责大队的生产。

1956—1983年大渔境域内主要干部一览表如表2-4所示。

表2-4 1956—1983年大渔境域内主要干部一览表

名称	职务	姓名	任期
大渔高级社管委会（大渔大队管委会、大渔大队革委会）	高级社主任	顾后生	1956年—1958年9月
	大渔负责人	王杏根	1958年9月—1959年6月
	大队长	张大和	1959年6月—1966年
		沈老大	1966—1968年

续表

名称	职务	姓名	任期
大渔高级社管委会 （大渔大队管委会、 大渔大队革委会）	大队副主任	张大和	1969年2月—1970年
		沈老大	1969年2月—1972年
		张大和	1973年—1974年5月
		钱阿小	1974年5月—1977年
		张大和	1972年2月—1974年4月
		钱阿小	1974年5月—1977年1月
		杨大弟	1977年2月—1983年
友谊高级社管委会 （友谊大队管委会、 友谊大队革委会）	高级社主任	肖泉生	1956年—1958年9月
	联建大队长	肖泉生	1958年9月—1959年6月
	大队长	俞阿寿	1959年6月—1965年12月
		季桃生	1962年12月—1967年12月
	大队副主任	马东发	1969年2月—1971年
		季桃生	1970年2月—1971年
		俞春林	1972—1983年
	大队副书记	俞春林	1972年2月—1983年3月
斜泾高级社管委会 （斜泾大队管委会、 斜泾大队革委会）	高级社主任	费树堂	1956年—1958年9月
	斜泾负责人	费树堂	1958年9月—1959年6月
	大队长	费树堂	1959年6月—1965年
		吴水根	1965—1968年
	大队副主任	吴水根	1969年2月—1970年
		王才泉	1969年2月—1971年
	大队副书记	徐金富	1972—1982年
		曹克敏	1975—1983年

说明：1. 1967年境域内3个生产大队成立大队革命生产领导小组，组长主持大队全面工作，副组长管生产。

2. 1969年2月，境域内3个生产大队成立大队革委会，设主任1名，副主任2名，1人抓革命，1人抓生产。

3. 1972年2月，境域内恢复党支部活动，大队党支部书记主持全面工作，直至1983年。

三、村民委员会

1983年6月,境域内管理体制改革,生产队更名为村民小组,生产大队更名为村委会。境域内三个村的村委会由5~7人组成,设主任1名,委员若干名,行使村民自治管理职能。村委会组成成员均由村民大会或村民代表大会选举产生。吴理忠任第一届大渔村村委会主任,沈建明任第一届三邻村村委会主任,曹克敏任第一届斜泾村村委会主任。

2001年8月,境域内三村合并,张国忠任合并后的大渔村村委会主任。

2019年10月13日,大渔村第十二届村委会补选,村民代表会议选举费哲任大渔村村委会主任。

1983—2001年大渔境域各村村主任一览表、2001—2019年大渔村(并村)村主任一览表分别如表2-5、表2-6所示。

表2-5　1983—2001年大渔境域各村村主任一览表

分村	姓名	性别	任期
大渔村村委会	吴理忠	男	1983年8月—1984年10月
	黄品林	男	1984年10月—1985年
	陈白弟	男	1986年—1988年6月
	黄品林	男	1988年6月—1990年4月
	丁如山	男	1990年5月—1991年10月
	王海凤	女	1991年11月—1994年9月
	费林根	男	1994年10月—1995年2月
	钱建明	男	1995年3月—2001年8月
三邻村村委会	沈建明	男	1983年8月—1985年2月
	沈雪元	男	1985年2月—1987年2月
	石建龙	男	1987年2月—1992年11月
	孙凤良	男	1992年11月—1993年11月
	沈建林	男	1994年11月—1997年2月
	沈建冬	男	1999年2月—2001年8月

续表

分村	姓名	性别	任期
斜泾村村委会	曹克敏	男	1984—1985 年
	周 挺	男	1986—1988 年
	于白妹	女	1989 年—2000 年 8 月

表 2-6 2001—2019 年大渔村（并村）村主任一览表

名称	姓名	性别	任期
大渔村村民委员会（并村）	张国忠	男	2001 年 8 月—2019 年 7 月
	费 哲	男	2019 年 7 月（代主任）
	费 哲	男	2019 年 10 月至今

四、村经济合作社

1983 年 6 月后，境域内实行政、社分设。在设置村民委员会的同时，境域内大渔村、三邻村、斜泾村均有经济合作社建制，其成员由村民组长选举产生。

村经济合作社主要负责全村农业、副业、工业的生产及管理。经济合作社常设社长 1 人，会计 1 人。肖林元首任三邻村经济合作社社长，丁如山首任大渔村经济合作社社长，陈和章首任斜泾村经济合作社社长。

境域内各村经济合作社始建时，设正、副社长共 3 人。正社长负责农业生产，一名副社长负责副业生产，另一名副社长负责工业生产。1986 年合作社进行调整，仅设社长、会计各 1 人。其中社长主抓农、副业生产，党支部书记主抓工业生产，合作社会计主抓农、副、工三业经济财务管理工作。

2001 年 8 月，境域内三村合并，组建大渔村经济合作社。沈建冬任大渔村经济合作社社长，全福元任合作社会计。2001 年 10 月，全福元任大渔村经济合作社社长，王永才任合作社会计。2015 年 4 月，陈忠平任大渔村经济合作社社长。2019 年后，因村域土地被征用，大渔村经济合作社不再设社长。

1983—2001 年大渔境域各村经济合作社社长一览表、2001—2018 年大渔村（并村）经济合作社社长一览表分别如表 2-7、表 2-8 所示。

表2-7 1983—2001年大渔境域各村经济合作社社长一览表

分村	姓名	性别	任期
大渔村经济合作社	丁如山	男	1984年—1990年4月
	王启明	男	1990年4月—1991年11月
	沈老大	男	1991年11月—1992年10月
	费林根	男	1992年10月—1994年10月
	王海凤	女	1994年10月—1995年10月
	张国忠	男	1995年10月—2001年8月
三邻村经济合作社	肖林元	男	1983年3月—1985年10月
	李柏林	男	1985年10月—1989年1月
	全福元	男	1989年1月—2001年8月
斜泾村经济合作社	陈和章	男	1984—1992年
	张汉清	男	1993—1995年
	于白妹	女	1996年—2000年8月
	费建忠	男	2000年8月—2001年8月

表2-8 2001—2018年大渔村（并村）经济合作社社长一览表

名称	姓名	性别	任期
大渔村经济合作社（并村）	沈建冬	男	2001年8月—2001年9月
	全福元	男	2001年10月—2015年4月
	陈忠平	男	2015年4月—2018年12月

附：村会计

大渔境域内自高级社开始，在村级建制中，都设有会计一职，先后称为高级社会计（1956—1958年）、大队会计（1958—1983年）、经济合作社会计（村会计）（1983—2019年）。

1956—2001年大渔境域村（大队）会计一览表、2001—2019年大渔村（并村）会计一览表分别如表 2-9、表 2-10 所示。

表 2-9　1956—2001 年大渔境域村（大队）会计一览表

村（大队）	姓名	性别	任期
大渔 （1956—2001 年）	马文金	女	1956 年—1959 年 6 月
	沈养浩	男	
	顾水生	男	1959 年 6 月—1964 年
	钱阿小	男	1965 年—1975 年 3 月
	黄品林	男	1975 年 3 月—1982 年 12 月
	丁如山	男	1983 年 1 月—1983 年 3 月
	陆炳良	男	1983 年 10 月—1988 年 10 月
	张国忠	男	1988 年 10 月—2000 年 11 月
	王永才	男	2000 年 12 月—2001 年 8 月
三邻（友谊） （1956—2001 年）	朱文宝	男	1956 年—1963 年 11 月
	沈养浩	男	
	沈雪元	男	1963 年 12 月—1972 年 5 月
	金敖生	男	1972 年 5 月—1978 年 12 月
	李柏林	男	1978 年 12 月—1985 年 10 月
	石建龙	男	1985 年 10 月—1989 年 3 月
	丁杏妹	女	1989 年 3 月—1996 年 3 月
	全福元	男	1996 年 3 月—2000 年 8 月
	丁杏妹	女	2000 年 8 月—2001 年 8 月
斜泾 （1956—2001 年）	张根生	男	1956 年—1962 年 3 月
	姚正明	男	
	李吉虎	男	
	姚正明	男	1962 年 3 月—1967 年
	洪国庆	男	1968—1980 年
	夏志元	男	1981—1983 年
	张志平	男	1984—1987 年
	包水坤	男	1988 年 1 月—1988 年 12 月
	夏志元	男	1989—1991 年
	张汉清	男	1991—1992 年
	龚静珍	女	1993 年—2001 年 8 月

表2-10 2001—2019年大渔村（并村）会计一览表

名称	姓名	性别	任期
大渔村（并村）	全福元	男	2001年8月—2001年9月
	王永才	男	2001年10月—2008年12月
	全福元	男	2009年1月—2019年12月

第三节　群团组织

一、共青团

1951年，大渔乡始建中国新民主主义青年团支部委员会（简称青年团）。1957年5月，中国新民主主义青年团改称中国共产主义青年团（简称共青团）。1958年人民公社化实行后，公社建团委，境域内建有大渔、斜泾、友谊3个大队团支部。"文化大革命"前期，团组织活动基本停止。1970年共青团活动重新恢复。1983年后，境域内建有大渔村、斜泾村、三邻村3个村团支部。2001年8月，三村合并，成立共青团大渔村支部委员会。

1958—2001年，三村（大队）历任共青团支部书记：大渔共青团支部书记先后由沈老大、张阿小、徐吉祥、黄彩英、张菊英、余秀珠、王启明、钱建明担任，三邻共青团支部书记先后由沈雪昌、徐国康、杨桂泉、沈建明、周三喜担任，斜泾共青团支部书记先后由沈义芳、包定良、薛凤兰、俞红根、张琴妹、周罗英、龚静珍担任。

2001—2019年，大渔村共青团支部书记先后由费建忠、管奕雯、沈娟担任。

2019年，共青团大渔村支部书记由沈娟担任。

二、妇代会（妇联会）

1950年，大渔乡妇女联合会（简称妇联会）建立，境域内大渔、斜泾两村属大渔乡妇联会，友谊村则属黄泥乡妇联会。1956年3月，张阿梅任城西乡妇女联合会主任。当时，境域内大渔高级社、斜泾高级社、友谊高级社中都设有妇女委员。1958年人民公社化实行后，境域内的大渔、斜泾、友谊3个大队都设有妇代会主任（俗称妇女主任）。"文化大革命"期间，妇代会工作曾一度中止。1977年妇代会重新恢复活动，开展工作。1983年后，大队妇代会改称村妇代会。2001年8月，三村合并，成立新的大渔村妇代会。

1958—2001年，境域内三村（大队）的历任妇代会主任：大渔妇代会主任先后由张招娣、王银娣、顾玲美、余秀珠、王海凤、承刘玲担任，三邻妇代会主任先后由李二大、刘凤英、肖福妹、丁杏妹担任，斜泾妇代会主任先后由孙梅金、张关凤、张阿梅、高珍娣、于白妹、龚静珍担任。

2001—2019年，大渔村妇代会主任先后由承刘玲、沈娟担任。2019年，沈娟任大渔村妇代会主任。

三、民兵

1950年，境域内各村始建民兵分队，隶属大渔民兵中队。当时，民兵的任务是负责社会治安、保护土地改革成果等。1956年高级社建民兵中队。1958年人民公社化实行时，在"大办民兵师"活动中，公社建民兵团，大队建民兵营。当时，境域内联建大渔大队民兵营，下辖7个民兵连，并应用在生产劳动中，实行"组织军事化、行动战斗化、生活集体化"的大兵团生产。1964年，大队按照中央"组织落实、政治落实、军事落实"精神，进行民兵整顿。生产大队建营，生产队建排，并以基干民兵为骨干，提高民兵工作"三落实"的整体水平。"文化大革命"期间，在"深挖洞、广积粮"和"备战备荒为人民"的政治氛围中，民兵工作得到加强。其间，大渔大队民兵营还成立了武装民兵排，与红旗砖瓦厂的公安中队结成联防单位。80年代后，民兵组织调整，民兵制度和预备役制度结合。90年代后，基干民兵压缩规模，组织成立应急分队和专业分队。

2019年5月，大渔村民兵营改为大渔村民兵连。大渔村基干民兵连有7人，编入昆山市高新区专业力量应急小分队。其中：季燕捷、夏浩然入编无人机侦察分队，顾磊、丁家力入编综合勤务分队，刘晨入编应急救援分队，费哲入编铁路保交分队，费斌入编反恐维稳分队。同时，大渔村以基干民兵为骨干，成立大渔村防汛抢险小分队，由费斌任小分队队长。

1958—2001 年，境域内三村（大队）历任民兵营长：大渔民兵营长先后由陈水根、顾梅弟、陈德胜、张龙扣、陈德明、杨大弟、杨存根、顾杏元、钱建明担任，三邻民兵营长先后由李桂林、全二男、李阿三、周龙林、肖林元、孙凤良、吴小弟担任，斜泾民兵营长先后由包定良、王才泉、王家兵、姚金奎、周雪弟、包水生、费建忠担任。

2001—2019 年，大渔村民兵营（连）长先后由费建忠、陈忠平、费斌担任。2019 年 5 月，大渔村民兵连由费斌担任连长，陈忠平担任指导员。

四、农民协会

1950 年 1 月，境域内划小乡，建立乡、村人民政权，并成立了村农民协会（简称农会），协助村长工作。村农会设主任 1 名，多推举贫雇农担任。农会干部大多成为农业合作化的骨干。1953 年普选后，乡人民政权逐步健全、巩固，1955 年末，随着村高级社的建立，农民协会渐次消退。

五、贫下中农协会

1966 年 3 月，城北公社贫下中农协会（简称贫协）第一届委员会成立。是年，境域内大渔、三邻、斜泾 3 个大队都成立了贫协。姜成达为首任大渔大队贫协主任，李雪生为首任友谊大队贫协主任，陈宝和为首任斜泾大队贫协主任。同时，生产队设贫协组长。

1979 年后，境域内各大队、生产队的贫协组织自行消退。

六、老年协会

1988 年 10 月后，境域内大渔村、三邻村、斜泾村先后成立老年协会。老年协会是在镇老龄工作委员会、村党组织和村委会领导下的老年人群众组织。老年协会自我组织、自我管理、自我服务、自我教育、自我娱乐、自我保护，并服务于社会。

大渔村老年协会先后由刘阿二、沈老大任会长。

三邻村老年协会先后由李桂林、俞阿寿、周龙林任会长。

斜泾村老年协会由顾元生任会长。

2001年8月，境域内三村合并，成立大渔村老年协会。大渔村老年协会先后由周龙林、沈老大、顾元生组成，周龙林任会长。

2019年，大渔村有60周岁以上老年人850人，男416人，女434人。张国忠任大渔村老年协会会长。

七、其他组织

治保主任：20世纪60年代初期，境域内各大队都配备社会治安保卫干部（简称治保主任）1人。张根生任大渔大队治保主任，全二男任友谊大队治保主任，陈金林任斜泾大队治保主任。

70年代中期，境域内各大队治保主任均由大队民兵营长兼任。

血防大队长：20世纪60年代中期，根据血吸虫病防治（简称血防）工作需要，境域内各大队均配设血防大队长。大渔大队血防大队长由杨大弟担任，友谊大队血防大队长由顾大奎担任，斜泾大队血防大队长由金云龙担任。70年代初期开始，境域内不再设血防大队长一职。

第三章 村庄建设

　　旧时,大渔境域内河、塘、溇、浜密布,自然村落比较分散,村民居住的房屋多为泥墙草屋,砖木结构的瓦房很少。村庄道路泥泞弯曲窄小。境域内仅有一座石平桥,其余皆为竹木便桥。村民喝的是河水,点的是油灯,烧的是柴草。

　　20世纪60年代后期,少数农户开始翻建"五路头"平房。70年代中期,城北人民公社大兴水利工程,在新开的斜泾中心河等2条主干河道两岸统一建造"七路头"瓦房。至90年代末,境域内有80%的住户翻建楼房。其间,配套水利、填河筑路、改水改厕等基础工程同步推进。

　　进入21世纪,村域内大部分土地被科教园征用。村民集中居住在大渔新村和斜泾新村,并对平房、危房进行拆迁,将拆迁后的老宅基进行绿化。大渔村基本实现经济发展、生活富裕、交通便捷、环境优美、文明卫生的社会主义新农村建设的目标。

第一节 自然村落

一、自然村落分布

大渔境域的自然村落形成历史悠久,都是择河而建、依水而居,形成众多富有江南水乡特色的自然村落。中华人民共和国成立后,境域内村落零乱、住房分散的状况得到改变,境域内整合成27个自然村落。随着社会进步、收入提高、人口增多、住房求变等原因,自然村落历经拆旧建新或易地重建等变迁。20世纪70年代中期至80年代,在城北公社新农村建设中,境域内有9个自然

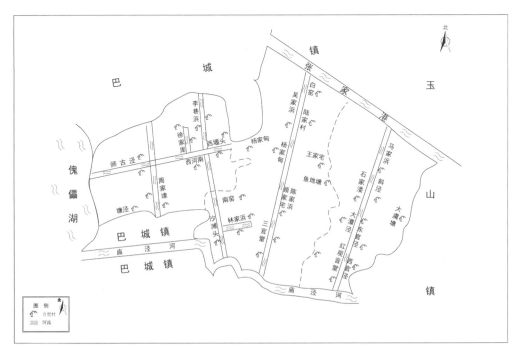

2000年大渔村自然村分布示意图(2019年,顾志明制图)

村因优化整合而易地重建,村庄消失。2004 年,大渔村大部分土地属昆山高新区科教园建设用地,全村动迁,有 16 个自然村消失。2019 年,随着村域内王家宅和陆家村动迁后,大渔村 27 个自然村全部消失。

二、自然村落变迁

吴家浜 属大渔村第 1 村民小组。村庄原址在吴家浜河东岸,20 世纪 70、80 年代,村民住房移至大渔中心河西侧居住。村庄呈长方形,南北走向,南北长 200 米,东西宽 70 米。户籍户有 15 户,户籍人口有 52 人(男 25 人,女 27 人),共有 8 个姓氏。村民以农业生产为主。2004 年 6 月,村庄因科教园建设而动迁,村庄消失。原村民在大渔新村自建别墅。

吴家浜自然村原址现为科教园建设备用地。

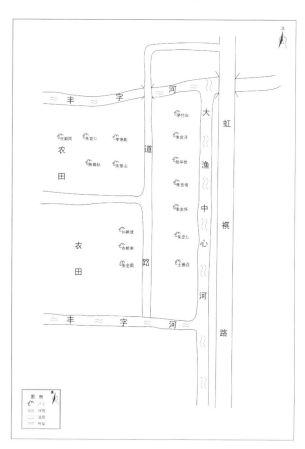

2004 年吴家浜自然村动迁前住房坐落平面图
(摘自《昆山市自然村变迁图志·玉山卷》)

白窑、陆家村 属大渔村第2村民小组。两个自然村位于大渔中心河北端，户籍户有21户，户籍人口有80人（男36人、女44人），共有9个姓氏。村民以农业生产为主。

白窑村住户集中在白窑排涝河两侧。村庄呈双排长条形，南北走向，南北长180米，东西宽80米，共有16户。1998年因望山大桥改建，有7户动迁，村民在泾河花园自建别墅；2004年6月因科教园建设，有2户动迁，村民在大渔新村自建别墅；2012年9月，居住在白窑排涝河东侧的7户全部拆迁，被安置在锦隆佳园。

陆家村位于白窑村之南，村庄呈长方形，东西走向，东西长80米，南北宽60米，共有5户。2018年9月，5户居民拆迁，被安置在锦隆佳园。

白窑、陆家村两个自然村原址现为建设备用地。

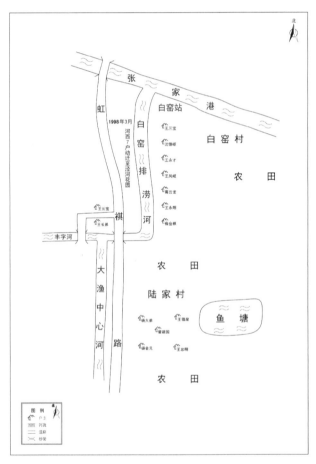

2018年白窑村、陆家村自然村动迁前住房坐落平面图
（摘自《昆山市自然村变迁图志·玉山卷》）

陈家浜、顾家宅　属大渔村第 3 村民小组。原有村落位于大渔中心河中北段东侧,周边均是鱼塘。1975 年开始,村民住房陆续搬迁至大渔中心河中段东侧居住。村庄呈长方形,南北走向,南北长 150 米,东西宽 70 米。户籍户 23 户,户籍人口 98 人(男 51 人、女 47 人),共有 4 个姓氏。村民以农业生产为主。2004 年 6 月,村庄因昆山高新区科教园建设而动迁,村庄消失。村民在大渔新村自建别墅。

陈家浜和顾家宅原址现为林荫路北段。

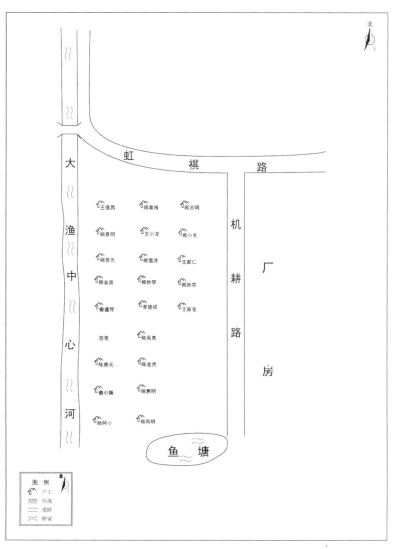

2004 年陈家浜、顾家宅自然村动迁前住房坐落平面图
(摘自《昆山市自然村变迁图志·玉山卷》)

陈家浜、顾家宅自然村原址，现为林荫路北段（2019年，罗英摄）

杨家甸 属大渔村第4、5村民小组。原村落位于张泾港南侧，20世纪70年代后期东段的第4村民小组已从老宅移到大渔中心河西侧居住；第5村民小组则集中规划在老宅居住。户籍户有43户，户籍人口有137人（男71人、女66人）共有15个姓氏。村民以农业生产为主。2004年6月，因昆山高新区科教园建设，村庄消失，村民在大渔新村自建别墅。

杨家甸自然村原址现为昆山杜克大学校区。

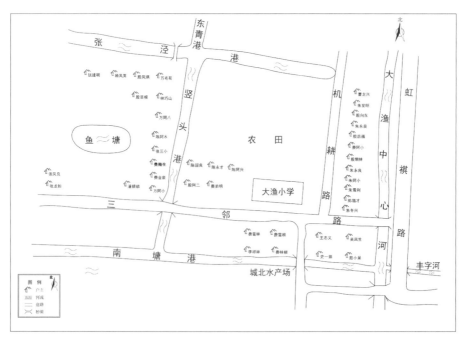

2004年杨家甸自然村动迁前住房坐落平面图
（摘自《昆山市自然村变迁图志·玉山卷》）

昆山杜克大学（2019年，罗英摄）

三官堂 属大渔村第6、7、13、16村民小组。村庄位于大渔中心河南段，呈南北走向，竹节状，南北长约1 000米，东西宽约80米。村民沿中心河两侧依水而居，户籍户有89户，户籍人口有279人（男137人、女142人）共有24个姓氏。村民以农业生产为主。2004年6月，因昆山高新区科教园建设，村庄消失。村民在大渔新村自建别墅。

三官堂自然村中心河东侧现为林荫路，西侧现为昆山智谷小镇——大渔湾。

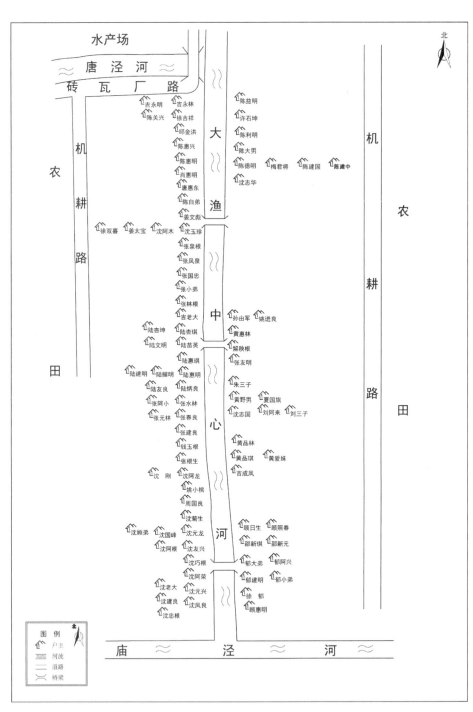

2004年三官堂自然村动迁前住房坐落平面图
（摘自《昆山市自然村变迁图志·玉山卷》）

三官堂自然村原址，现河西为大渔湾东侧一线、河东为林荫路中段（2019年，罗英摄）

林家浜 属大渔村第8、9村民小组。村庄位于南窑自然村的南面，呈S状，南北长约500米，东西宽约200米。户籍户有52户，户籍人口有180人（男91人、女89人），共有16个姓氏。村民以农业生产为主。2004年6月，因昆山高新区科教园建设，村庄消失。村民在大渔新村自建别墅。

林家浜自然村原址现为昆山市委党校。

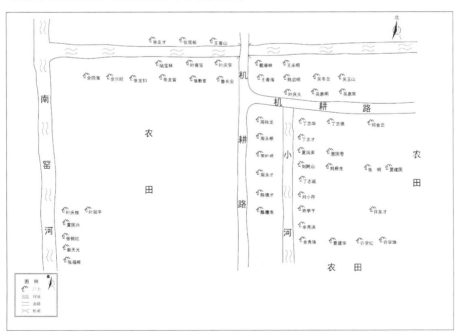

2004年林家浜自然村动迁前住房坐落平面图
（摘自《昆山市自然村变迁图志·玉山卷》）

中共昆山市委党校（2019年，罗英摄）

沙滩头 属大渔村第10、15村民小组。村庄位于南窑河（又名宏宇河）南段西岸，呈长条形，南北走向，南北长约300米，东西宽约70米。户籍户有30户，户籍人口有95人（男48人、女47人），共有13个姓氏。村民以农业生产为主。2004年6月，因昆山高新区科教园建设而动迁，村庄消失。村民在大渔新村自建别墅。

沙滩头自然村原址现为昆山市工业技术研究院。

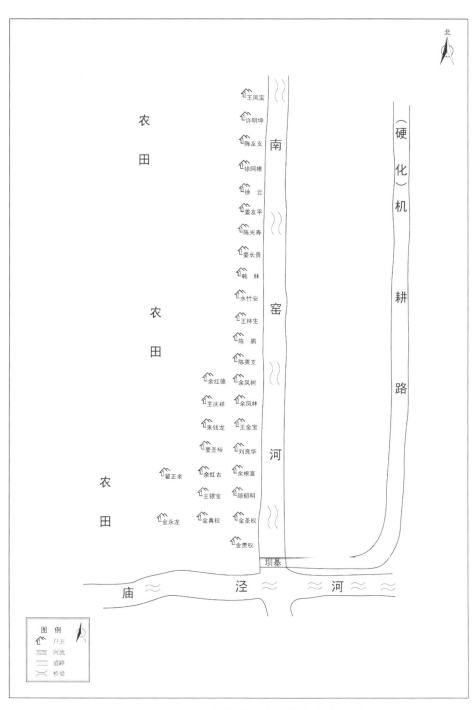

2004年沙滩头自然村动迁前住房坐落平面图
(摘自《昆山市自然村变迁图志·玉山卷》)

昆山市工业技术研究院（2019年，罗英摄）

南窑 属大渔村第11、14村民小组。村庄位于南窑河东岸，原城北砖瓦厂西侧，距林家浜自然村北300米处，呈长方形，东西走向，东西长约250米，南北宽约70米。户籍户有50户，户籍人口有177人（男89人，女88人），共有18个姓氏。村民以农业生产为主。2004年6月，因昆山高新区科教园建设，村庄消失。村民在大渔新村自建别墅。

南窑自然村原址现为昆山智谷小镇——大渔湾。

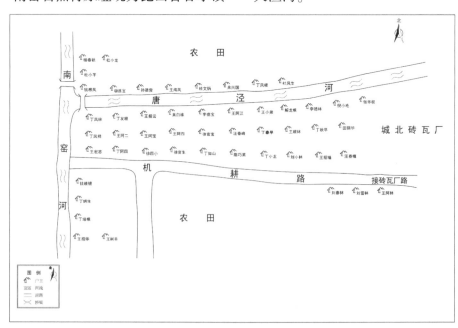

2004年南窑自然村动迁前住房坐落平面图
（摘自《昆山市自然村变迁图志·玉山卷》）

大渔湾（2019 年，罗英摄）

鱼地堂、王家宅 属大渔村第 12 村民小组。村庄位于东港河西侧，户籍户有 33 户，户籍人口有 109 人（男 57 人、女 52 人），共有 8 个姓氏。村民以农业生产为主。

鱼地堂自然村位于王家宅以南，靠近虹祺路。村庄呈长方形，东西走向，东西长 80 米，西北宽 60 米，居有 5 户。2004 年 6 月，因昆山高新区科教园建设，村庄消失。村民在大渔新村自建别墅。

王家宅自然村位于东港河中段西侧。村庄呈长方形，东西走向，东西长 200 米，南北宽 80 米，居有 28 户。2014—2019 年，该村全部拆迁，村庄消失。村民被安置在锦隆佳园。

鱼地堂和王家宅两个自然村原址现为昆山高新区养老服务中心。

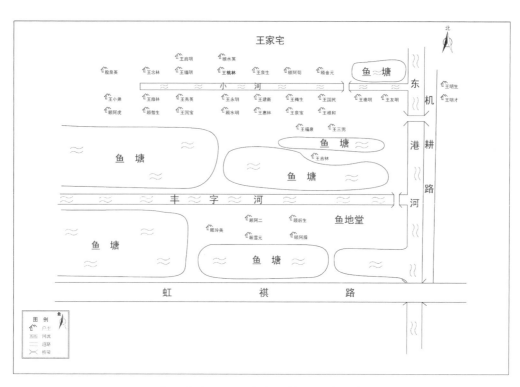

2015—2019年王家宅、鱼地堂自然村动迁前住房坐落平面图
(2019年，顾建明制图)

昆山高新区养老服务中心备用地 (2019年，罗英摄)

师古泾 属大渔村第17、22村民小组（原三邻村第1、6组）。村民依师古泾河两侧而居，村庄呈长方形，东西走向，东西长550米，南北宽85米。户籍户有55户，户籍人口有153人（男73人，女80人），共有15个姓氏。村民以农业生产为主。2002年6月，因高速公路建设，村庄消失。村民在大渔新村自建别墅。

师古泾自然村原址现为常嘉高速公路部分路段。

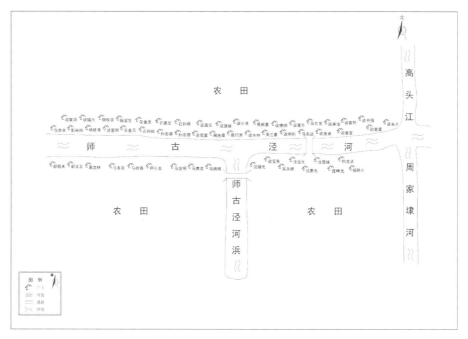

2002年师古泾自然村动迁前住房坐落平面图
（摘自《昆山市自然村变迁图志·玉山卷》）

原师古泾自然村原址，现为常嘉高速公路路段（2019年，罗英摄）

周家埭 属大渔村第18村民小组（原三邻村第2组）。村庄呈长方形，南北走向，南北长约500米，东西宽约80米。户籍户有35户，户籍人口有116人（男57人，女59人），共有11个姓氏。村民依周家埭河两侧而居，以农业生产为主。2004年6月，因昆山高新区科教园建设，村庄消失。村民在大渔新村自建别墅。

周家埭自然村原址现为战略支援部队信息工程大学校区。

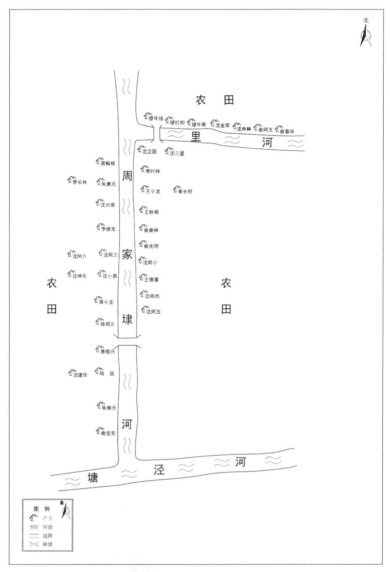

2004年周家埭自然村动迁前住房坐落平面图
（摘自《昆山市自然村变迁图志·玉山卷》）

战略支援部队信息工程大学（2019年，罗英摄）

徐家库 属大渔村第19村民小组（原三邻村第3组）。村庄呈长方形，南北走向，南北长200米，东西宽约70米。户籍户有29户，户籍人口有93人（男45人，女48人），共有5个姓氏。村民依徐家库河两侧居住，以农业生产为主。2004年6月，因昆山高新区科教园建设，村庄消失。村民在大渔新村自建别墅。

徐家库自然村原址现为江苏省昆山第一中等专业学校。

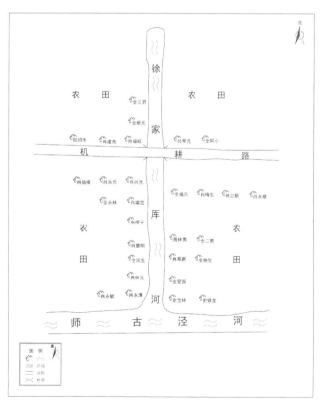

2004年徐家库自然村动迁前住房坐落平面图
（摘自《昆山市自然村变迁图志·玉山卷》）

江苏省昆山第一中等专业学校（2019年，罗英摄）

李巷浜 属大渔村第20、25村民小组（原三邻村第4、9组）。村庄呈长方形，南北走向，南北长约600米，东西宽约70米。户籍户有33户，户籍人口有102人（男49人，女53人），共有13个姓氏。村民依李巷浜河两侧居住，以农业生产为主。2004年6月，因昆山高新区科教园建设，村庄消失。村民在大渔新村自建别墅。

李巷浜自然村原址现为江苏省昆山中学。

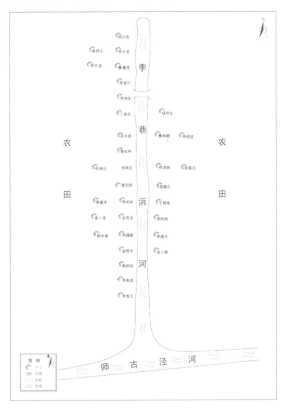

2004年李巷浜自然村动迁前住房坐落平面图
（摘自《昆山市自然村变迁图志·玉山卷》）

江苏省昆山中学（2019年，罗英摄）

西堰头　属大渔村第21村民小组（原三邻村第5组）。村庄呈长方形，东西走向，东西长约300米，南北宽约80米。户籍户有25户，户籍人口有87人（男43人，女44人），共有8个姓氏。村民依西堰头河南北两侧居住，以农业生产为主。2004年6月，因昆山高新区科教园建设，村庄消失。村民在大渔新村自建别墅。

西堰头自然村原址现为昆山杜克大学校区。

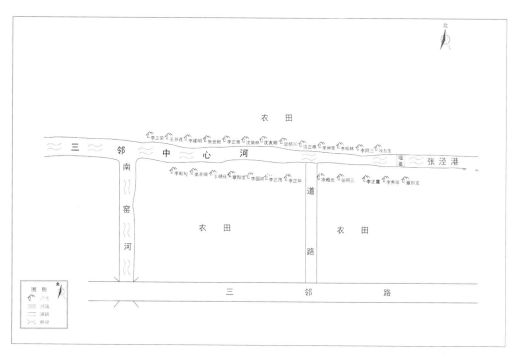

2004年西堰头自然村动迁前住房坐落平面图
（摘自《昆山市自然村变迁图志·玉山卷》）

塘泾 属大渔村第23村民小组（原三邻村第7组）。村庄呈长方形，东西走向，东西长约400米，南北宽约50米。户籍户有11户，户籍人口有37人（男19人，女18人），共有4个姓氏。村民依塘泾河北侧而居，以农业生产为主。2004年6月，因昆山高新区科教园建设，村庄消失。村民在大渔新村自建别墅。

塘泾自然村原址现为战略支援部队信息工程大学校区。

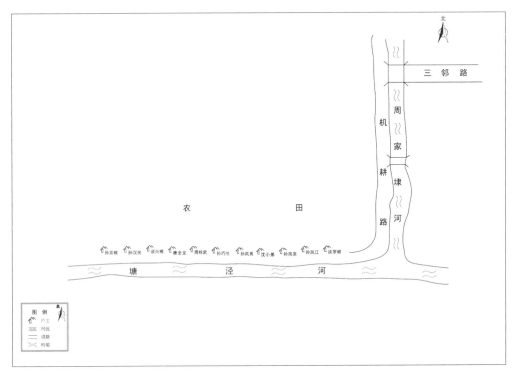

2004年塘泾自然村动迁前住房坐落平面图
（摘自《昆山市自然村变迁图志·玉山卷》）

西河南 属大渔村第24村民小组（原三邻村第8组）。村庄呈长方形，东西走向，东西长约150米，南北宽约50米。户籍户有10户，户籍人口有34人（男16人，女18人），共有4个姓氏。村民依西堰头河南侧居住，以农业生产为主。2004年6月，因昆山高新区科教园建设，村庄消失。村民在大渔新村自建别墅。

西河南自然村原址现为昆山加拿大国际学校。

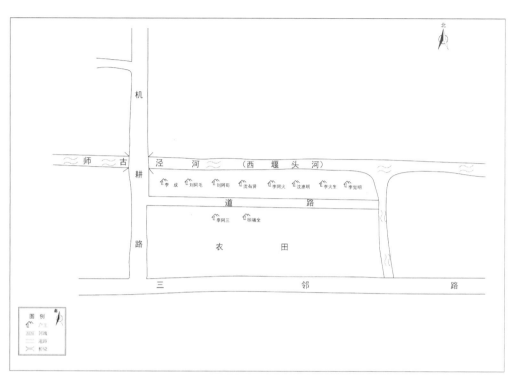

2004年西河南自然村动迁前住房坐落平面图
（摘自《昆山市自然村变迁图志·玉山卷》）

昆山加拿大国际学校（2019年，罗英摄）

红观音堂　属大渔村第26、34、37村民小组（原斜泾村第1、9、12组）。村庄位于斜泾中心河南段以西，呈长方形，南北走向，南北长500米，东西宽100米。户籍户有49户，户籍人口有145人（男69人，女76人），共有16个姓氏。村民以农业生产为主。20世纪70、80年代，大部分住户已东移至斜泾中心河西侧居住。2004年6月，因昆山高新区科教园建设，村庄消失。村民在斜泾新村自建别墅。

红观音堂自然村原址现为博雅路南段。

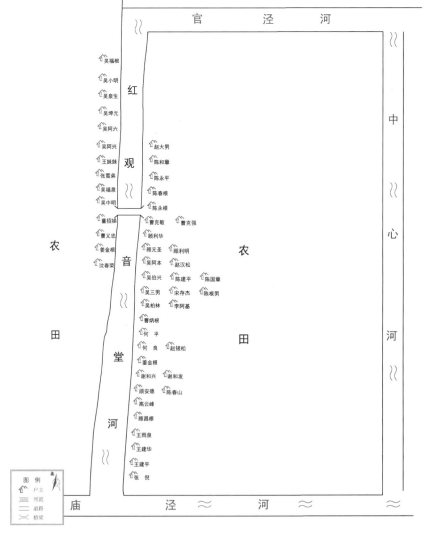

2004年红观音堂自然村动迁前住房坐落平面图
（摘自《昆山市自然村变迁图志·玉山卷》）

博雅路南段（2019年，罗英摄）

西官泾 属大渔村第27村民小组（原斜泾村第2组）。村庄位于官泾河西段南侧，呈长方形，东西走向，东西长约400米，南北宽约60米。20世纪70年代中期，村民移居至官泾河南侧、斜泾中心河东侧。村庄南到花园路，呈长条形，南北走向。户籍户有23户，户籍人口有92人（男45人、女47人），共有8个姓氏。村民以农业生产为主。2019年下半年有20户因平危住房而拆迁，村民被安置商品住宅房。

西官泾自然村原址现为斜泾路中段绿化带。

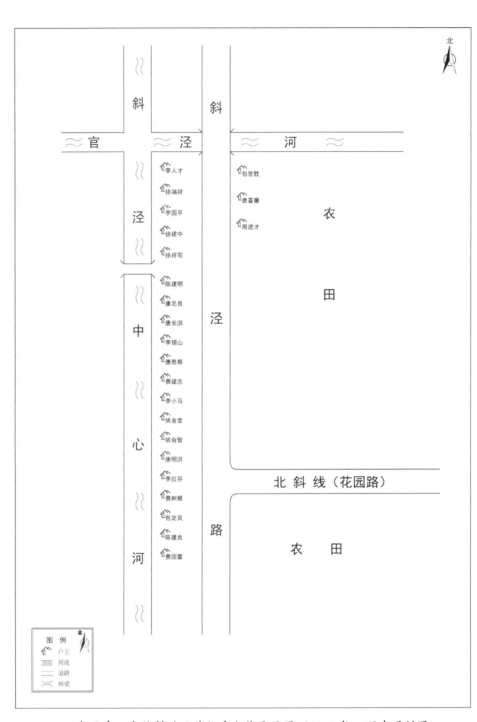

2019年西官泾自然村动迁前住房坐落平面图（2019年，顾建明制图）

斜泾路中段绿化带（2019年，罗英摄）

大潭泾 属大渔村第28、33村民小组（原斜泾村第3、8组）。该村庄原位于大潭泾河两侧，20世纪70年代中期，村民移至斜泾中心河两侧居住。村庄呈长方形，南北走向，南北长450米，东西宽98米。户籍户有41户，户籍人口有163人（男86人、女77人）。共有16个姓氏。村民以农业生产为主。2004年6月，中心河西侧7户因昆山高新区科教园建设而动迁至斜泾新村，自建别墅。2019年下半年，因平、危住房拆迁，中心河东侧有13户村民被安置在商品住宅房。

大潭泾自然村原址现为斜泾中心河东侧绿化带和西侧博雅路中段。

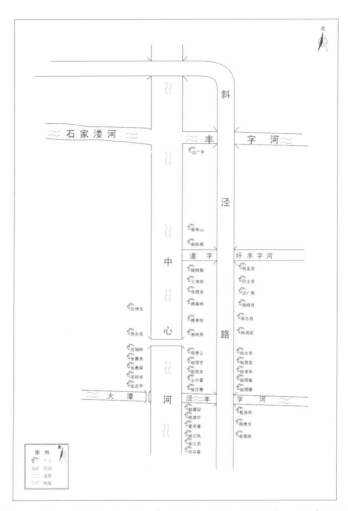

2019年大潭泾自然村动迁前住房坐落平面图（2019年，顾建明制图）

博雅路中段（2019年，罗英摄）

石家溇　属大渔村第 29 村民小组（原斜泾村第 4 组）。该自然村原位于石家溇河（已填埋）两侧，70 年代中期，村民移至斜泾中心河两侧居住。村庄呈南北走向，南北长 250 米，东西宽 105 米。户籍户有 21 户，户籍人口有 89 人（男 46 人，女 43 人），共有 9 个姓氏。村民以农业生产为主。至 2019 年下半年，因平、危住房拆迁，除两户因特殊原因未拆迁外，其余村民均被安置在商品住宅房。

石家溇自然村原址现为斜泾路北段绿化带。

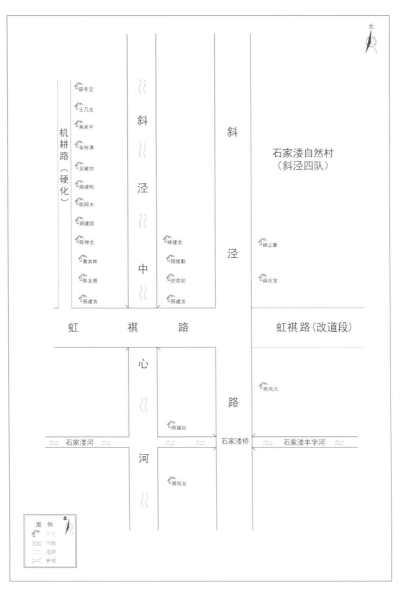

2019 年石家溇自然村动迁前住房坐落平面图（2019 年，顾建明制图）

斜泾路北段绿化带（2019年，罗英摄）

马家浜 属大渔村第30、36村民小组（原斜泾5、11组）。该自然村原位于马家浜河西侧，呈长方形。70年代中期，村民移至斜泾中心河东侧居住。村庄呈南北走向，南北长350米，东西宽70米。户籍户有31户，户籍人口有133人（男70人、女63人），共有10个姓氏。村民以农业生产为主。1999年因处在高压线危险区，路东侧自北向南12户拆迁到泾河花园，村民自建别墅。其余村民至2019年下半年，因平、危住房而全部拆迁，村民被安置在商品住宅房。

马家浜自然村原址现为斜泾路北段绿化带。

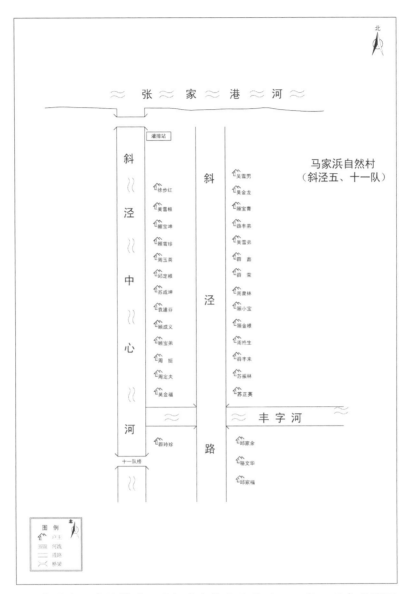

2019年马家浜自然村动迁前住房坐落平面图（2019年，顾建明制图）

斜泾 属大渔村第31村民小组（原斜泾村第6组）。该自然村紧邻张家港河南岸，沿老斜泾河居住。20世纪70年代中期，村民移居斜泾中心河东侧居住。村庄呈长方形，南北走向，南北长350米，东西宽85米。户籍户有24户，户籍人口有97人（男48人、女49人），共有7个姓氏。村民以农业生产为主。至2019年下半年，村民因平、危住房而拆迁，村民异地安置商品住宅房。

斜泾自然村原址现为斜泾路北段绿化带。

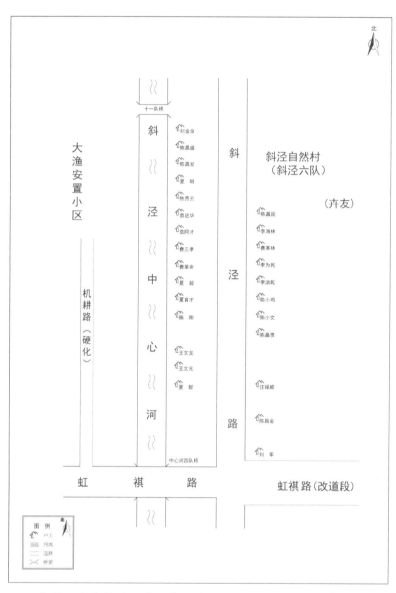

2019年斜泾自然村动迁前住房坐落平面图（2019年，顾建明制图）

大漊塘 属大渔村第32村民小组（原斜泾村7组）。该自然村位于大漊塘河北端西侧。村庄呈长条形，南北走向，南北长400米，东西宽60米。户籍户有24户（其中有散户6户搬迁到中心河边的新村集中居住），户籍人口有79人（男38人，女4人），共有11个姓氏。村民以农业生产为主。2003年8月，村民因新华舍房产征用土地而动迁。村民在斜泾新村（动迁安置小区）自建别墅。

大漊塘自然村原址现为新华舍住宅区。

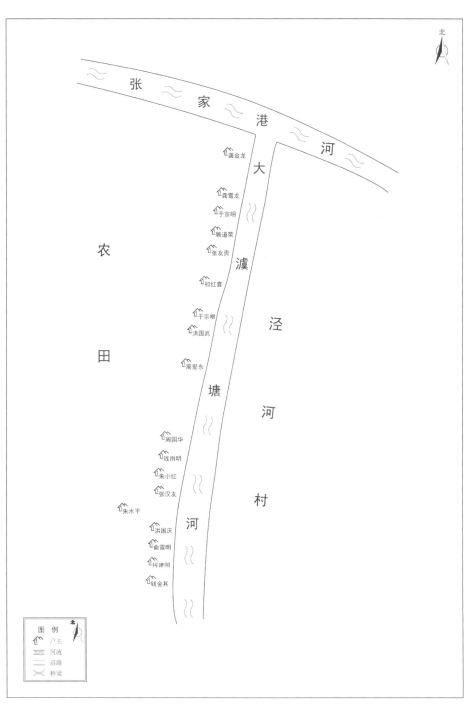

2003年大漊塘自然村动迁前住房坐落平面图
(摘自《昆山市自然村变迁图志·玉山卷》)

新华舍（2019年，罗英摄）

东官泾 属大渔村第35村民小组（原斜泾村10组）。该自然村原位于官泾河东段南侧。20世纪70年代后期，村民移至中心河东侧居住，村庄呈长条形，南北走向，南北长250米，东西宽60米。户籍户有23户，户籍人口有106人（男48人，女58人），共有5个姓氏。村民以农业生产为主。2003年萧林西路修建时，北端7户拆迁至斜泾新村自建别墅。2019年年底，因平、危住房拆迁，村民异地安置商品住宅房。

东官泾自然村原址现为斜泾路中段绿化带。

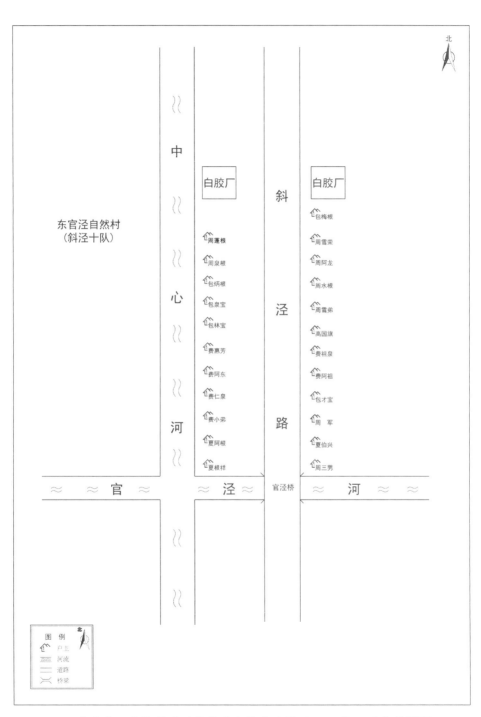

2019年东官泾自然村动迁前住房坐落平面图（2019年，顾建明制图）

斜泾路中段绿化带（2019年，罗英摄）

第二节 住宅建设

一、建设规划

中华人民共和国成立前，大渔境域外来垦荒种田户较多，住房分散，村落零乱，居住草房的农户占50%之多。中华人民共和国成立以后，随着社会稳定，收入增加，人们把平时省吃俭用积累的财富用于住房建设。20世纪60年代，是草房改瓦房、小房变大房建设时期。村民通过拆旧建新建造"五路头"平瓦房，住房面积增加到50~80平方米。20世纪70年代中期，境域内3个大队开挖中心河后，按城北公社规定，农户翻建新房，须在中心河两岸统一规划建房，建造"七路头"平瓦房或黑瓦房，住房面积在110平方米左右。20世纪80、90年代，农村建房的有关政策有所变动，村民可在原地翻建新房，于是大多数村民建"三上三下"楼房。至90年代中期，域内90%的农户都建造了楼房，有的建成别墅式楼房，楼房面积多数在150~180平方米。

2004年，大渔村大部分土地属昆山高新区科教园建设用地，域内全面动迁。按照统一规划、统一设计的要求，大渔村动迁村民分别在大渔新村、斜泾新村自建别墅式楼房。别墅式楼房面积在280平方米左右。

二、新村建设

20世纪70年代中期至80年代，城北公社规划新农村建设，要求农户住宅房屋集中到大队中心河两岸，逐步形成社会主义新农村。境域内社会主义新农村建设比较成功的是斜泾村。

1974年冬季，斜泾大队开挖一条南北走向的前进河（斜泾中心河，全长2.12千米），斜泾大队规划沿中心河两岸建成新农村。从1976年开始，境域内凡需要翻建新房或增宅建房的农户，全部就近向中心河两岸集中。不到十年时间，全大队8个自然村共12个生产队，除大潞塘（斜泾七队）外，有7个自然村11个生产队共197户，在斜泾中心河两岸建房居住。大多数农户建造"七路头"的三间一转基房屋，形成斜泾大队住宅带。

三、动迁安置

20世纪末至21世纪初，大渔村按照昆山市和玉山镇整体规划要求，有序展开动迁安置工作。

1998年，因虹祺路望山大桥改建，白窑自然村有7户动迁。1999年，因高压线路安全区需要，马家浜自然村有12户动迁。这19户被安置在泾河花园，村民自建别墅。

2003年萧林西路延伸，有18户动迁。2003年新华舍房地产开发，大潞塘自然村20户动迁。2004年昆山高新区科教园征地，红观音堂自然村有42户动迁。以上80户被安置在斜泾新村自建别墅。

2002年因常嘉高速公路建设，有55户动迁。2004年昆山高新区科教园征地，有499户动迁。以上554户被安置在大渔新村自建别墅。

至2019年年末，大渔村95%的农户都已动迁，全部得到妥善安置。

第三节 基础设施

一、道路

虹祺路 该路建成于1982年10月，同年11月1日通车，南起震川西路（江浦段），北跨张家港河，抵达红旗制药厂，全长约7 000米，路基宽8～10.5米，为泥结碎石路，路面宽6～7米。大渔境域内路段长约3 000米，桥梁8座。1983年北窑线公交客运开通，1989年，该路全线改建为宽7米的水泥路面。1991年拱桥改为平桥，村域内8座公路桥全部重建成载重为30吨的平桥。原称为红旗路，后更名为虹祺路。

2003年，为避开原斜泾新村村庄段，虹祺路继晨桥一直向北，再次新修一段（改道段）途经原斜泾大濠塘（现三水萧林与新华舍中间南北走向的虹祺路）转弯向西，与原虹祺路东西向段接通。新建的路段长约1 400米，宽约20米，为水泥混凝土路面。

三邻路 1984年5月，村域内修筑了一条东起虹祺路、西止师古泾，全长约2 000米，面宽约5米，有桥梁4座（载重为3吨的水泥拱桥），并用沙石铺设的简易公路。1994年该路被浇筑成水泥公路。该路通向三邻村，称为三邻路。

砖瓦厂路 因水路交通运输逐渐转向陆路，1986年8月，村域内修筑城北砖瓦厂到虹祺路的村级公路。该路全长约1 500米，面宽约5米，有桥梁1座（限载重3吨），全为砂石路面。1994年，该公路被浇筑成水泥公路。该公路因通向城北砖瓦厂，便被称为砖瓦厂路。

花园路 东起城北集镇西团结桥，西至斜泾村，衔接虹祺路，1985年筑成路基，翌年筑成沙石公路。1990年，将沙石路改建为面宽8米的水泥路，现为沥青路面，全长 3 800 米，途经力量、泾河、斜泾三个村。村域内路段长约 700 米，因东接城北花园路，后被定名为花园路。

花园路大渔村段（2019 年，罗英摄）

斜泾路 2003 年，虹祺路改道后，斜泾新村村庄段包括北段简易公路被定名为斜泾路，全长约 1 800 米，路面宽 7 米。

大渔新村中心路（2019 年，罗英摄）

萧林西路 萧林西路建成于2003年，东接萧林中路，西抵古城北路，全长3 600米，为沥青路面，双向6车道。两侧设2米宽的绿化带和4米宽的非机动车道。整个路面宽约45米，村域内长约700米。

机耕路 20世纪60年代以前，境域内道路基本上都是土路，以塘岸和田间小径与外界往来，雨季更是泥泞难行。70年代，手扶拖拉机逐步推广使用。原有的道路窄小、弯多，不适合手扶拖拉机运行。当时用农船驳运既不方便又危险，于是圩田之间修筑起机耕路，河道上建造起简易拱桥或平板桥。经逐年改造，各村全部连通。80年代中期，农机发展为中型拖拉机，各村的主要机耕路全部拓宽并铺设沙石，构成"组通组"的简易公路。截至2000年，几条主要的机耕路以及通往各家各户的村间小道全部被改造成水泥路。交通要道整改更为彻底，直接与公路连通，方便村民的交通运输。

2001年并村前，大渔村机耕路共有6条，共计6 400米，其中3条主要机耕路全部完成水泥硬化，共计3 700米：大渔中心河东侧北接虹祺路，南到三官堂自然村尾的机耕路；北从南窑自然村连接砖瓦厂路，南至宏宇河桥的机耕路；南接三邻路，北至大渔四队新村尾的机耕路。三邻村机耕路共有7条，共计2 050米，其中3条主要机耕路全部完成水泥硬化，共计1 700米：南接三邻路，北通徐家库和李巷浜的机耕路；北接三邻路，南至周家埭自然村的机耕路；北接三邻路，南通塘泾的机耕路。斜泾村机耕路共有8条，共计4 370米。

2004年以后，因昆山高新区科教园建设，农户拆迁。三邻路、砖瓦厂路以及原来的机耕路有些被拆除或新建公路，如现在的林荫路前身就是大渔中心河东侧的机耕路。

二、桥梁

中华人民共和国成立初期，境域内桥梁有竹桥（俗称"竹夹桥"，桥面以4~6根毛竹并排扎成，宽度仅有半米左右），亦有独木桥、跳板穿桥等小桥。境域内仅有一座石平桥，坐落在三邻土地庙东，1970年因建闸被拆除。

20世纪50年代，境域内重点将竹桥翻建为木桥，同时对有危险的小木桥做了修缮。60年代后期至70年代初，境域内始建砖砌拱桥和水泥平板桥。70年代末在交通要道（中心河、丰字河）上，改建或新建水泥桁架拱桥、钢筋混凝土桥，以方便拖拉机行走。

大渔大队在70年代先后新建桥梁13座，改建3座；在90年代新建桥梁5座，翻建8座（主要为公路桥）；21世纪初，新建公路桥2座。

三邻大队在60、70年代先后新建桥梁6座，翻建桥梁1座；在80年代新建桥梁3座，翻建桥梁1座（主要是将原竹桥、木桥重建成砖砌加重楼板桥或水泥平桥）；在90年代新建和翻建桥梁（主要为机耕路桥和简易公路桥）共9座。

斜泾大队在70年代中后期先后新建和翻建桥梁15座，其中斜泾桥、石家溇桥、道字圩桥、大潭泾桥、官泾桥在1982年被改建成公路拱桥，1989—1991年被重修成载重30吨的混凝土箱梁平桥。红观音堂桥在1998年由原来的小木桥改建成钢筋混凝土桥。1950—1990年大渔境域内各村桥梁情况统计见表3-1。

表3-1　1950—1990年大渔境域内各村桥梁情况统计表

单位：座

村名	中华人民共和国成立初期				1990年				
	总数	桥梁种类			总数	桥梁种类			
		石平桥	木桥	竹桥		砖拱桥	水泥（平）拱桥	木桥	竹桥
大渔	16		5	11	23	4	17	2	
三邻	9	1	5	3	16	1	8	5	2
斜泾	8		3	5	15		14	1	

2004年，昆山高新区科教园建设，大渔中心河以西包括三邻村范围内的桥梁全部被拆除。2017—2018年村域内新建新开河桥、东巷河桥（顾家宅桥）两座桥。截至2019年，村域内桥梁尚存12座，见表3-2。

大渔村斜泾中心河桥（2019年，罗英摄）

表3-2 2019年大渔村桥梁一览表

桥名	桥长/米	桥宽/米	桥梁结构	承重量/吨
白窑桥	15.2	9.8	混凝土箱梁桥	30
丰字河桥	15.2	8	混凝土箱梁桥	30
东港河桥	15.75	8.1	混凝土箱梁桥	30
斜泾桥	17	10	混凝土箱梁桥	30
石家娄桥	8.5	8	混凝土箱梁桥	30
道字圩桥	9.4	8	混凝土箱梁桥	30
大潭泾桥	15.4	8.1	混凝土箱梁桥	30
官泾河桥	15.4	8.1	混凝土箱梁桥	30
马家浜桥	8.5	8	水泥平板桥	3
顾家宅桥	25.5	20	混凝土箱梁桥	30
新开河桥	16	16	混凝土箱梁桥	30
中心河桥	16	3	水泥桁梁拱桥	2

三、水利设施

(一) 水利河网

境域内斜泾村（大队）在20世纪70年代以前拥有一片道字圩水域和3条主要自然河流。南北走向的红观音堂河（庙泾河—薛家堰），全长约800米，宽约40米；东西走向的官泾河，全长约900米，宽约30米，东到大濠塘，西与红观音堂河相连；斜泾河，全长1 700米，宽约35米，南接官泾河，流经大潭泾、石家溇，然后偏向斜泾村。1974年年底，域内兴修水利，废除老的斜泾河，重新开挖一条从南到北全长2.12千米、河面宽14.5米、底宽3米的中心河（前进河）。此为重要泄洪、船运水道。域内随后逐年开挖东西走向的大潭泾、道字圩、石家溇、斜泾、马家浜五条丰字河，以上河流连同官泾河形成二纵六横的水利河网。

大渔村（大队）在70年代以前南北走向的自然河有5条。按地理位置从东往西为：东港河，南起薛家堰，北至五举坟，全长1 800米，宽约18米；大渔中心河，南起南套闸，北至白窑，1977年组织劳动力疏浚、拓宽理直原三官堂河（现称大渔中心河），拓宽、理直后的中心河全长3 080千米，宽18米；东清河（港），南起南塘港，北至吴家浜，全长约1 500米，宽约30米；夹溇河，南起唐泾河，北至张泾河，全长约1 300米，宽约35米；宏宇河（又名南窑河），南起庙泾河，北至友谊排涝站，全长约2 400米，宽约25米。东西走向的自然河有3条，按地理位置从北向南为：张家港河，东起大渔中心河，西至西堰头，全长1 200米，宽约20米；南塘港，东起中心河，西至夹溇，全长约1 100米，宽约15米；唐泾河，东起东港河，西至宏宇河，全长约1 100米，宽约18米。70年代兴修水利时期，新开"丰字河"三条：吴家浜"丰字河"，东起中心河，西至东清河，全长约700米，宽约12米；十二队"丰字河"，东起东港河，西至中心河，全长约500米，宽约12米；七队"丰字河"，东起中心河，西至杨树溇即西荒滩，全长约800米，宽约12米。以上河流，构成五纵六横互相连通的水利河网。

三邻村（友谊大队）有南北走向的自然河五条，按地理位置从东往西为：南窑河，南接大渔宏宇河，北至师古泾河，全长约300米，宽25米；李港浜河，

南接师古泾河，北至巴城共幸村交界，全长约600米，宽约20米；徐家库河，南接师古泾河，北至大溇底，全长210米，宽约15米；高头港河，南接师古泾河，北至巴城新庄交界，全长约300米，宽约20米；周家埭河，南接唐泾河，北至师古泾河，全长约500米，宽约18米。东西向的自然河和开挖的"丰字河"共有五条。"丰字河"按地理位置从北向南为：一号"丰字河"，东接李巷浜，西至高头港，长约500米，宽6米；二号"丰字河"，东起高头港河，西至巴城龙兴村农田，长约180米，宽12米；师古泾河（自然河，时属三邻中心河），东接张泾河，西至傀儡湖，长约1100米，宽约20米；三号"丰字河"，东接周家埭河，西至师古泾河，长450米，宽6米；四号"丰字河"，东接周家埭河，西至新建北尤泾农田，长300米，宽6米。以上河流构成五纵五横互相连通的水利河网。

2004年，因昆山高新区建设科教园区，大部分的河道被填。截至2019年年底，村域内仅存大渔中心河、东港河（虹祺路到顾家河站一段）和斜泾中心河三条南北向主要河流，以及石家溇、道字圩、大潭泾、官泾河东段、大渔新村新开河五条"丰字河"便于域内排涝。

（二）机电灌排

20世纪50年代前，境域内以"三车"（人力水车、畜力水车、风力水车）灌排为主。50年代末至60年代初，机电灌排站陆续兴建，"三车"渐渐被淘汰。至60年代后期，"三车"基本绝迹，各村（大队）部分零星田块由座机灌溉或戽水机船流动灌溉。

60年代初，水利建设调整，圩区建设重点为内部站闸配套。庙泾圩在1959年建造首座电力灌排站——大潋南站（泾河村内，大潋河南端、庙泾河北岸），并配备30千瓦电动机1台（灌溉面积达1206亩）；1963年兴建白窑灌排站（原大渔大队内、张家港河南岸），并配备28千瓦电动机1台（灌溉面积达355亩）；1964年建大潋北灌排站（泾河大队内，侯家浜河北端，张家港河南岸），并配备28千瓦电动机1台（灌溉面积873亩）；1967年建联合排涝站（红观音堂河南端，庙泾河北岸），并配备55千瓦电动机1台。

70年代，全国掀起农田基本建设运动，昆山县又一次调整大灌溉区，划小灌溉区，各大队建站造闸。1971年，友谊大队兴建友谊东（西河南）、友谊西

（师古泾）两座电力灌排站，配备14千瓦、22千瓦电动机各一台，灌溉面积分别为639亩、837亩。1972年，大渔大队增建大渔分站（沙滩头灌排两用站）一座，配备15千瓦电动机1台，灌溉面积为463亩。1973—1974年，斜泾大队建斜泾北、斜泾东、斜泾南三座机电灌排站。其中斜泾北站配备50马力的柴油机一台，30千瓦电动机一台，灌溉面积831亩；斜泾东站配备25马力柴油机一台，灌溉面积为485亩；斜泾南站配备15千瓦电动机一台，灌溉面积447亩。

80年代初为机电灌排站改造阶段，大渔大队再增建大渔西站（林家浜站），并配备30千瓦电动机一台（灌溉面积300亩）。1983年，三邻村增建友谊机电两用排涝站一座，配备50马力柴油机一台、40千瓦电动机一台。截至90年代末，圩区排涝面积达13 500亩，实际受益面积达20 406亩。

1990年大渔境域机电灌排站一览表、1999年大渔境域机电灌排站受益情况表分别如表3-3、表3-4所示。

斜泾站闸（2019年，罗英摄）

表3-3　1990年大渔境域机电灌排站一览表

站名	建造年月 首建	性质	动力装备 柴油机 数量/台	柴油机 功率/马力	电动机 数量/台	电动机 功率/千瓦	灌溉面积 /亩	排涝面积 /亩	实际受益面积 /亩
白窑	1963	全民			1	28	355	13 500	20 406
友谊东	1971	全民			1	14	639		
友谊西	1971	全民			1	22	837		
斜泾北	1973	集体	1	50	1	30	831		
斜泾东	1974	集体	1	25			485		
斜泾南	1974	集体			1	15	447		
大渔分	1972	集体			1	15	463		
大渔西	1980	集体			1	30	300		
友谊	1983	集体	1	50	1	40			

表3-4　1999年大渔境域机电灌排站受益情况表

所在联圩	站名	动力设备 电动机 数量/台	功率/千瓦	灌溉面积 /亩	排涝面积 /亩	实际受益面积 /亩
庙泾圩 （含新建圩）	斜泾东	1	15	340		2 515
	斜泾北	2	95	406	2 745	
	大渔分	1	15	448		2 207
	大渔西	2	60	292		
	白窑	2	95	280	4 695	
	友谊东	1	15	554		1 673
	友谊西	1	30	585		
	友谊	1	80		2 265	

(三) 套闸

大渔境域系昆山低洼圩区，明洪武二十三年（1390年）至中华人民共和国成立前，洪涝造成较大灾害68次。

中华人民共和国成立后，县、乡党政机关领导将防汛抗灾作为中心任务，于1965年和1967年分别在圩口建造套闸，泾河村的鼎泾河南端和斜泾红观音堂河南端各一座。

七八十年代，各村（大队）相继建造套闸。三邻村（友谊大队）先后共建6座不同作用的套闸和节制闸（单闸），其中南窑河套闸为外河套闸，供全村大小船只进出，其余均为内河套闸或节制闸。大渔村（大队）拓宽翻建三官堂套闸（地处庙泾河北岸、大渔中心河南端）。此套闸也是外河套闸，不仅起到抵抗外河洪水、预降内河水位的作用，还是供全村运输、积肥、买粮等大小船只进出的主要通道。斜泾村（大队）除红观音堂套闸外，还在中心河南、北两端（庙泾河北岸和张家港河南岸）各建一座套闸。1968年冬至1969年春，大队改造道字圩水域低洼田。1975年，为降低道字圩水位，在中心河大潭泾段修建过一座控制闸，后废除。

1996年，为加强庙泾河水源保护，境域内自西向东的宏宇河桥、大渔村中心河南套闸、红观音堂站闸、斜泾村斜泾中心河南套闸全部被拆除，修筑防洪坝基。同年6月，境域内重修斜泾北排涝站闸，新建白窑排涝站闸，向张家港河内通航、排涝。

2004年，昆山高新区科教园建设，村域内大部分站、闸被拆除。截至2019年，大渔村内仅存斜泾北站、白窑站和2012年新建的顾家河站闸。

四、公共设施

（一）供水

20世纪70年代前，村民生活用水以河水为主，80年代初，河水逐渐被污染，各大队号召农户开井。对于挖井的农户，大队贴补砖头400块，水泥1包。域内逐渐实现每户一口井。

1991年，三邻村自筹资金建造村级小型自来水厂，铺设总管道3 200米、各自然村支管2 900米。1992年，水厂开始供水，家家户户用上自来水，用水户每户缴纳300元初装费。1992年10月，大渔村在林家浜动工兴建自来水厂，共铺设总管10 300米、支管9 800米，1993年5月供水。直至1998—1999年，三邻村、大渔村村民供水分别接通巴城三水厂。2005年，大渔新村建成后，村民供水接通昆山二水厂。斜泾村距昆山二水厂较近，1995年年底村民供水直接接通昆山二水厂，铺设总管3 530米、支管2 650米。至2019年，大渔村村民家庭自来水入户率为100%。

（二）供电

20世纪60年代，昆山县供电所架线至公社驻地，对城北公社驻地供电。1959年后筹建庙泾圩大滶南站，1963年建白窑站，1964年建大滶北站，1967建联合排涝站。以上各站只对圩区内灌溉站和排涝站以及各大队粮饲加工厂供电。

70年代，随着工农业生产发展和人民生活用电增加，供电线路不断增加，变压器不断扩大容量和增设。1971年，三邻大队增建友谊东、西站2座。1972年大渔大队增建大渔分站1座。1973—1974年，斜泾大队增建斜泾北、斜泾南2座电力灌溉站。此时各生产队用石条结合木棍架设简易线路至生产队公场用于脱粒。1975年前后，境域内社员家庭开始用上电灯，由于电力供应不足。生产队脱粒时常有停供家用电现象，后来发展为分片停电或定时停电（俗称避峰，即避开用电高峰）。

80年代初，社队办工业兴起并发展，基本实现24小时供电，普及照明用电，村民告别了煤油灯的时代。1985年后，随着村民住房条件不断改善，村民家用电器如冰箱、洗衣机、彩电、空调的使用量大增，家庭用电需求日益提高，用电量节节上升。80年代末，用电量是70年代的2.5倍。90年代，随着个体企业、第三产业迅猛发展，供电设施也大幅度增加。三邻、大渔、斜泾3个村拥有的变压器由70年代的10台增至18台，到2000年增加至24台。2001年3个村并村后，关闭粮饲加工厂、污染严重的小化工厂，至2019年年底，供电设施未有大的变动。

（三）供气

90年代以前，境域内农民烧饭、浇水、炒菜均以柴草为主要燃料，少数农户使用煤球。90年代中期，部分居民改用瓶装石油液化气。随着稻、麦秸秆还田的提倡和农业适度规模经营，农村液化气用户增多。2000年，村域内生活用燃气率为85%左右。2015年，燃气使用率达100%。2016年，华润燃气公司对大渔新村进行天然气管道铺设、安装，2018年11月开始供气。至2019年年底，大渔村域内管道天然气使用户为85%，瓶装液化气使用户为15%。

（四）邮政、通信

20世纪50年代前后，村民邮寄信件（包裹）均需去县城投寄，外来信件通常寄至县城东门、北大街、大西门的某商号（邮政代理），或通过亲友转达。

1960年，昆山县邮电局实行县城、城郊混合投递。当时，斜泾大队设置了邮政信箱。县局投递员每天来斜泾大队，投收一次信件和大队订阅的报纸等。

1970年，大渔、斜泾、友谊3个大队属于西片邮路，西片邮路包括团结桥西、经庙泾、斜泾、大渔、城北砖瓦厂、水产一场、友谊。1977年，境域内试行邮寄信件书写邮政编码，大渔邮政编码为215316。城北邮政支局的邮递员将大队订阅的报刊送达。2000年后，特别是智能手机普及后，村域村民特别是年轻人多在淘宝、京东、拼多多等平台购物，然后由邮政、顺丰、韵达等物流公司的快递员送达。2019年后，村内订阅的各类报刊和来信由中国邮政物流股份有限公司江苏省昆山邮政分公司玉山营投部负责投递。

中华人民共和国成立前，境域内无电话和通信线路。中华人民共和国成立后，50年代末至60年代初，大渔、斜泾、友谊3个大队均装有手摇电话机，通过电话接受上级传达的工作指示和会议通知。同时，通过公社电话总机，实现各大队之间的电话传输联系。1986年1月，村域内通信线路基本完成。1988年，斜泾、大渔村的通信电缆附挂于县邮电局至红旗工业区的线路。90年代中期开始，村民开始陆续安装家庭电话。至1997年，大渔、斜泾、三邻3个村全部实现"电话村"建设。村民以书信、电报为主的通信方式逐渐消失。

90年代，社会上出现能显示对方号码功能的寻呼机（俗称BP机），大渔、斜泾、三邻3个村的村干部、村办企业厂长、供销员和私营业主较早配备，后陆续有村民购买BP机。

90年代后期，移动电话（俗称"大哥大"）面世，因价格昂贵，未能普及。2000年，价格和通话费低廉的"小灵通"手机问世。村域村民陆续开始购置"小灵通"手机，许多村民平生第一次拥有移动通信工具，改变了亲朋好友间原有的社交方式。其后，新一代手机投放市场。村民陆续淘汰"小灵通"手机，换购价格亲民、功能更多、通信便捷的 3G 手机。至 2019 年，大多数村民持有智能手机，部分村民拥有了 4G 手机，有的村民因日常需要，一人拥有多部手机。老年村民大多数拥有老年人专用手机。

（五）电视、网络

2000 年始，互联网逐步发展和普及，村域的村民家庭通过电信、移动、联通、铁通等电信公司接入互联网。至 2019 年，村民入网普及率近 100%。

90 年代末，村民开始安装有线电视。至 2019 年，有线电视接入率近 100%。

（六）公共交通

1983 年，县公交 101 路运行，其线路成为村域内通向县城的首条公交线路，途经斜泾、大渔两村，境内路段长 3 000 米。境内设有斜泾南、斜泾北、大渔、白窑 4 个公交站。1990 年起，101 路公交改由花园路营运至北窑。萧林西路延伸后，公交线路增加。村域内设有萧林西路、斜泾路公交站。停靠的公交有 10 路（2009 年 9 月 15 日 101 路更名为 10 路）、19 路、22 路、166 路和 439 路学生专线。

2003 年虹祺路改道段修建后，35 路公交车过境（九方城至荣心首末站），村域内设有西塘小学站、大渔新村站。

第四节 生态村建设

一、绿化建设

2000 年后，大渔村党支部重视绿化建设，着手创建生态村，将填埋的废河道、荒潭、水沟、低洼田块及整治后的村民宅基地进行改造，种植花草、树木。虹祺路北侧从斜经中心河至大渔中心河长 1 000 多米、宽约 50 米的范围内全部种植香樟树，大渔中心河东侧，从敬老院到望山大桥沿途种植各种树木及花草，斜泾路两侧村民拆迁后的宅基地进行平整、还土、绿化。2007年，大渔村获得江苏省环境保护委员会授予的"江苏省生态村"荣誉称号。

2019年，大渔村在萧林西路北侧至虹祺路的高压线安全区内开工建设海绵示范基地。该基地占地面积约10公顷。至2019年年底，基地内道路铺设完成，绿化基本到位。

二、河道治理

80年代土地承包到户后，因村民长期不再下河罱泥积肥，内河淤泥沉积30～40厘米，蓄水能力逐年下降。1991年村域内遭受特大洪涝后，是年冬，城北镇水利建设指挥部统一部署，对全镇7个行政村（含大渔村）进行河道疏浚。此后年年进行河道疏浚。至2000年，大渔村清理河道4条，清理河道总长度4 200米，清出河底淤泥23 000立方米；斜泾村清理河道8条，清理总长度8 400米，清出河底淤泥49 000立方米；三邻村清理河道6条，清理总长度4 600米，清出河底淤泥35 000立方米。清出的淤泥用于填埋河道两侧的荒潭、水沟及低洼田块。此举不但使河道面貌一新，水环境得到改善，蓄水能力增强，而且增加了复耕面积。

2011年冬，大渔村再次对大渔中心河白窑至敬老院段进行清理，清理长度为1 100米；清理从斜泾中心河到新华社小区"丰字河"2条，总长度1 300米。为防止域内主要排涝河道河岸的坍塌，2012年对东港河（顾家宅河）村域内一段约700米长的河道用石头进行驳岸。2015年，斜泾中心河南从花园路起，北至斜泾北站，全长约2 000米（河东约1 500米加河西虹祺路到北站约500米）全部用杉木棍打桩，进行护堤加固。2016年大渔小区前东西向的新开河长约6 000米，同样用打桩护堤的方法加固。

三、人居环境治理

为了加快农村人居环境改善步伐，消除危旧房屋和残垣断壁存在的安全隐患，2016年至2019年年底，大渔村共拆除日用化工厂、机耕队农机修理房2处，各类老旧房屋的违章搭建建筑23处，村民各类旱厕、粪坑18个，清理侵占土地、菜园 4 500 平方米，清除张家港河沿岸捷杰砖瓦厂剩余砖块 7 万多块，清除村域内各类垃圾 500 多吨。

2019 年，大渔村将群众反复投诉、安全隐患大、环境污染重、不服从管理的小餐厅、废品收购站、小作坊列为重点整治对象，并联合多部门清理整治无证无照经营场所共计 38 家。

四、污染治理

2003 年后，村域内土地被征用，村民集中居住后产生的垃圾以建筑垃圾和生活垃圾为主。村域内采用建筑垃圾集中堆放和定期清除生活垃圾的办法，为其他杂物统一设置垃圾桶，共设置 190 余只。村域内配备卫生保洁员 20 余人；卫生清扫队每天对村域内的道路、公共场所进行清扫；垃圾桶的垃圾由两辆垃圾清运车，分上、下午两次清运至垃圾中转站统一处理；河道漂浮物也有专人打捞，保证河道的清洁。

2018 年，村域内增设有害垃圾投放桶，开始进行垃圾分类。

第五节　卫生村创建

一、宣传发动

2005 年后，大渔村域内村庄动迁，村域环境改变，形成大渔新村、斜泾新村、陆家村、王家宅基和斜泾中心河东村民居住区几个板块。村"两委会"高度重视爱国卫生和创建卫生村工作，成立了由村书记为组长的爱国卫生工作领导小组。在新村建设和配套公共设施建设同步推进下，按照创建江苏省卫生村的标准要求，大渔村开展"清洁家园、清洁河道、清洁村庄"改变农村大环境整治行动。制订创建省级卫生村工作计划和实施方案。在创建过程中，拉横幅、贴标语300多条，先后召开党员会8次，村民组长、村民代表会共计11次。围绕创建省级卫生村的目标，全村上下户户参与，人人动手，广泛开展全民健康卫生宣传教育。大渔村设健康教育宣传栏3处，定期更换卫生知识宣传材料；给村民家庭（包括暂住户）配发健康教育宣传资料，使村民能及时了解一些日常的基本卫生知识，健康保健和卫生防病知识入户率达到100%；开设专题健康讲座，利用村健康教育学校进行健康知识讲座，重点讲授常见病的预防知识；定期播放健康教育宣传片，使村民健康知识知晓率达到90%以上，进一步增强村民卫生意识；同时在公共场所开展控烟和禁烟活动，确保各类公共场所都有明显的禁烟标志或禁烟标语。

二、落实措施

在增强村民健康意识的基础上，村委员会召开村民代表大会，制定《大渔村卫生制度》《大渔村村民卫生公约》。大渔村高度重视除害防病工作，按昆山市爱国卫生运动委员会办公室（简称爱卫办）要求开展春秋两季统一"除四害"（老鼠、苍蝇、蚊子、蟑螂）的灭杀行动。采用药物与器械相结合的方法，坚决不使用国家禁用药物；平整低洼地，清除卫生死角，铲除蚊蝇滋生地，治标与治本相结合，使四害密度得到有效控制。

经过整治行动，村民的健康卫生习惯自觉形成，全村环境卫生得到改善。2008年，经江苏省、苏州市和昆山市爱卫办考评，大渔村通过"江苏省卫生村"的验收，获评"江苏省卫生村"荣誉称号。

三、巩固成果

2013年，江苏省、苏州市和昆山市爱卫办，对大渔村2008年创建的"江苏省卫生村"进行（五年）复查复审工作，重点检查组织管理、健康教育、环境卫生、基础设施建设、除害防病等方面。大渔村以扎实有效的卫生长效管理实绩，顺利通过省级卫生村的复查。

2016年后，大渔村将拆迁后遗留的老宅基地进行平整、还土，种植花木草坪，建立绿化带和停车场。

2018年,江苏省、苏州市和昆山市爱卫办,按照省级卫生村的标准,再次对大渔村的卫生工作进行复查验收。经过复查组暗访和实地复查,大渔村通过省级卫生村的复查,再次被确认为"江苏省卫生村"。

整治前

整治后

图3-48 张家港河沿岸环境整治前后对比图
(2019年,大渔村村民委员会提供)

第四章 村域经济

中华人民共和国成立以前，大渔境域内经济属单一农业经济，农作物产量低而不稳。

中华人民共和国成立以后，境域内经过土地改革，逐步完成农业社会主义改造，建立了新的生产关系，不断改善生产条件、推广增产措施，使农业生产得到发展，农村经济逐步好转。

中共十一届三中全会后，境域内进行农村经济体制改革。1983年，村域内实行"分田到户"家庭联产承包责任制，解放了农村劳动力，为发展副业生产和村办企业创造了条件，村域内经济步入快车道。至1999年，村域内水稻亩产511公斤，三麦亩产256公斤，油麦籽亩产130公斤。至2011年，村域内经济总量达7 897万元，纯收益635万元。

2019年，大渔村集体总收入为1 179.6万元，纯收益为388万元。村域内大多数农户都有就业收入、物业收入和政策性福利收入，人均年总收入4.91万元。

第一节 经济综合情况

一、经济总量

60年代初,境域内3个大队把发展农业,特别把发展粮食生产放在首要位置。1962年,境域内3个大队经济总收入为35.5万元,其中大渔大队总收入为15.9万元,友谊大队总收入为8.6万元,斜泾大队总收入为11.0万元。

70年代中期开始,农业经济政策逐步放宽,多种经营得到发展,队办工业也悄然兴起,经济总量显著提高。1981年,境域内3个大队经济总收入为122.4万元,其中大渔大队经济总收入为58.8万元,友谊大队经济总收入为29.3万元,斜泾大队经济总收入为34.3万元。1962—1981年大渔境域各大队经济总收入选年表如表4-1所示。

表4-1　1962—1981年大渔境域各大队经济总收入选年表

单位:万元

年份	合计	大渔大队	友谊大队	斜泾大队
1962	35.5	15.9	8.6	11.0
1967	63.7	29.8	15.7	18.2
1970	74.8	34.4	18.9	21.5
1974	95.7	43.9	22.0	29.8
1981	122.4	58.8	29.3	34.3

说明:数据为年终分配汇总表。

1983年后,境域全面落实家庭联产承包责任制,实行分田到户,解放了大量农村劳动人口,劳动力逐步向多种经营和工业生产转移。在改革开放的进程中,农业生产稳步发展,多种经营和队办工业快速发展,经济总量快速增长。1989年,域内3个村全年总产值为1 910万元。2000年,境域内3个村全年总产值达6 651万元。1989—2000年大渔境域(分村)经济总收入一览表如表4-2所示。

表4-2　1989—2000年大渔境域(分村)经济总收入一览表

单位:万元

年份	合计	大渔村	三邻村	斜泾村
1989	1 910	553	597	760
1990	1 805	546	726	533
1991	2 654	723	778	1153
1992	3 271	1 002	1 422	847
1993	9 122	3 782	3 579	1 761
1994	9 740	1 974	6 350	1 416
1995	5 046	2 757	1 142	1 147
1996	6 336	3 077	1 292	1 967
1997	7 992	3 094	1 939	2 959
1998	6 771	3 326	790	2 655
1999	7 970	3 328	1 470	3 172
2000	6 651	3 329	790	2 532

2001年,村域内生产总值为5 572万元,其中第一产业为1 092万元,第二产业为3 240万元,第三产业为1 240万元。

2004年,村域内生产总值为8 331万元,其中第一产业为134万元,第二产业为4 584万元,第三产业为3 613万元。

2010年,村域内生产总值为13 159万元,其中第一产业为0元,第二产业为6 655万元,第三产业为6 504万元。

2012年开始,昆山高新区以村级集体经济总收入为考核内容。2012—2019年,村域内村级集体经济总收入年平均达1 114万元。

2012—2019年大渔村集体经济效益情况表如表4-3所示。

表4-3　2012—2019年大渔村集体经济效益情况表

单位:万元

年份	总收入	净收益
2012	751.6	273.3
2013	780.3	293.9
2014	1 201.0	483.7
2015	1 459.0	422.7
2016	1 224.0	394.0
2017	1 055.0	565.7
2018	1 261.1	375.9
2019	1 179.6	388.0

二、集体经济

2001年8月并村后,大渔村组织清理3个村原有的工业用房及其他集体用房,对外出租创收。同时,积极、稳妥地创造村级经济新的增长点。

2003年,大渔村组建富民合作社,集体和31户农户共同投资,在玉城南路建造2幢标准厂房。筹措资本金212.5万元,其中31户农户投资117万元,村委会投资95.5万元,建造厂房面积为1 300平方米。全年租赁收入50万元,纯收入29万元。

2004年6月后,大渔村因昆山高新区科教园建设而动迁。村委会筹措资金,先后再建5幢标准厂房;同时,在新的村民居住区和村委会驻地建造店面房约3 000平方米;在村域北沿的张家港河沿岸,开设货场码头5家,出租土地25亩左右。大渔村通过经营和发包,整体取得了较好的经济效益。

(一) 村级集体资产

2008年后,通过十多年努力,大渔村村级集体资产得到增加,资产债务总额逐渐减少，净资产得到提升，资产负债率逐年下降。2019年，村级年末总资产为8 408.4万元，年末负债总额为845.5万元，年末净资产为7 562.9万元，年末资产负债率为10.1%。2009—2019年大渔村村级集体资产情况表如表4-4所示。

表4-4　2009—2019年大渔村村级集体资产情况表

年份	年末总资产/万元	流动资产/万元	固定资产/万元	年末负债总额/万元	净资产/万元	资产负债率/%
2009	3 361.0	919.0	2 378.0	1 066.0	2 295.0	31.7
2010	3 942.0	1 394.0	2 402.0	1 369.0	2 573.0	34.7
2011	4 821.0	2 226.0	2 449.0	1 994.0	2 827.0	41.4
2012	4 980.0	2 425.0	2 409.0	1 912.0	3 068.0	38.4
2013	5 442.0	2 488.0	2 808.0	1 814.0	3 628.0	33.3
2014	6 576.0	3 037.0	2 805.0	2 082.0	4 494.0	31.7
2015	8 195.5	4 049.6	2 861.6	2 693.2	5 502.3	32.9
2016	7 242.7	2 418.6	2 958.0	904.6	6 338.1	12.5
2017	7 800.0	2 763.1	3 008.2	877.8	6 922.2	11.3
2018	8 090.5	3 093.0	2 850.0	794.3	7 296.2	9.8
2019	8 408.4	3 380.8	2 773.0	845.5	7 562.9	10.1

（二）村级经营性资产

大渔村村级经营性资产主要有标准厂房7幢、共计11 212平方米，其他房屋3 080平方米，还有货场、码头土地等。

2009—2019年大渔村村级经营性资产情况如表4-5所示。

表4-5　2009—2019年大渔村村级经营性资产情况表

年份	经营性资产总额/万元	房产面积/平方米			货坊码头/亩	租房收入/万元
		总计	标准厂房	其他厂房		
2009	2 824.3	14 292	11 212	3 080	14.0	
2010	3 389.2	14 292	11 212	3 080	20.0	183.7

续表

年份	经营性资产总额/万元	房产面积/平方米			货坊码头/亩	租房收入/万元
		总计	标准厂房	其他厂房		
2011	4 254.7	14 992	11 212	3 780	20.0	249.4
2012	4 394.0	14 992	11 212	3 780	20.0	275.2
2013	4 348.5	14 992	11 212	3 780	20.0	237.2
2014	5 440.9	14 992	11 212	3 780	24.5	245.3
2015	7 001.0	14 992	11 212	3 080	24.5	252.3
2016	5 973.4	14 292	11 212	3 080	28.3	278.1
2017	4 784.5	14 292	11 212	3 080	28.3	276.3
2018	4 884.5	14 292	11 212	3 080		313.9
2019	3 922.1	14 292	11 212	3 080		435.5

（三）村级集体经济

2009—2019年，大渔村年均总收入为1 011.8万元，年均可支配收入为738.7万元，年均净收益为358.4万元。

2019年，大渔村集体经济总收入为1 179.6万元，可支配收入为1 101.4万元，净收益388万元。2009—2019年大渔村村级集体经济效益情况表如表4-6所示。

表4-6　2009—2019年大渔村村级集体经济效益情况表

单位：万元

年份	总收入	可支配收入	总支出	净收益
2009	658.8	384.99	206.6	178.4
2010	788.5	555.0	280.6	274.4
2011	770.8	543.0	317.3	226.0
2012	751.6	586.4	313.0	273.3
2013	780.3	606.8	312.9	293.9
2014	1 201.0	771.3	287.7	483.7
2015	1 459.0	713.5	290.8	422.7

续表

年份	总收入	可支配收入	总支出	净收益
2016	1 224.0	773.3	379.3	394.0
2017	1 055.0	966.9	401.3	565.7
2018	1 261.1	1 122.9	819.3	441.8
2019	1 179.6	1 101.4	843.8	388.0

至2019年年末，大渔村村级总资产为8 408.4万元，其中固定资产2 772.99万元，流动资产3 380.8万元。流动资产含货币资金2 689.6万元，应收款691.2万元。长期投资2 254.6万元。2019年年终大渔村经济情况表如表4-7所示。

表4-7 2019年年终大渔村经济情况表

单位：万元

| 项目 | 年末总资产 | 固定资产 | 流动资产 | | | 长期投资 |
			总计	货币资金	应收款	
合计	8 408.35	2 772.99	3 380.8	2 689.6	691.2	2 254.56
村委会	4 577.95	837.07	2 612.6	1 921.4	691.2	1 128.29
社区	3 830.39	1 935.92	768.2	768.2	0	1 126.27

大渔村志

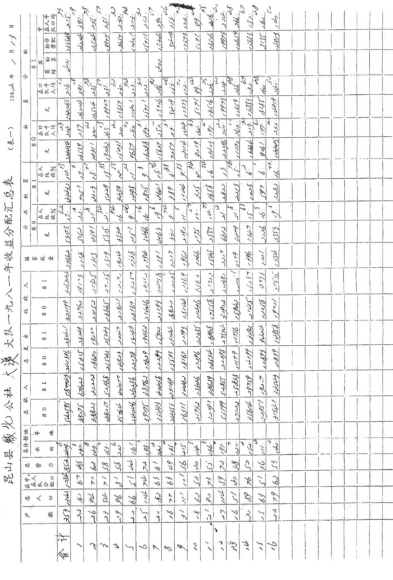

大渔大队1981年收益分配汇总表（昆山市档案馆提供）

第四章 村域经济

友谊大队1981年收益分配汇总表（昆山市档案馆提供）

大渔村志

昆山县 巴城 公社 斜泾 大队 一九八一年收益分配汇总表 (表一)

户数	总人口	其中队分配人口	劳力	总耕地	水田	桑地	总收入 80	总收入 81	总支出 80	总支出 81	社员收入 80	社员收入 81	国家税金	公共积累 80元	公共积累占总收入%	公共积累 81元	公共积累占总收入%	分配给社员 80 元	分配给社员占总收入%	分配给社员 81元	分配给社员占总收入%	每人平均队分配人口 198 年 月 日
总计 344		776	186	1625			134831	343317	146933	174269	184962	194498	14832	33335	17.1	22090	10.90	137105		141315	174.90	
1	8	22	21	81.5			11386	18066	6310	23856	9238	13381	673	2886	31.8	3631	31.8	6029		7062	321.00	
2	25	86	20	181.5			28692	27722	12611	13585	16661	13361	1384	2593	12.2	1341	9.86	16111		16381	175.22	
3	24	82	24	207			37948	36409	17216	17615	22150	18494	1671	4469	20.1	1674		16136		14830	198.40	
4	26	82	16	118			30121	28911	13850	18160	17762	13720	1488	2690	18.2	861		13311		13876	184.31	
5	20	66	17	125			24044	28564	10393	12182	12233	13651	226	2686	18.1	2715	12.2	10457		13811	199.16	
6	22	86	65	145			38526	32215	13308	18378	18759	14851	1604	316	17.2	1812	13.5	18394		13811	193.16	
7	27	141	60	148.2			26410	28671	12761	18676	17886	18011	1783	2690	11.8	1786	10.6	14082		15421	111.77	
8	14	67	24	161.4			33883	44057	17787	23448	15660	14833	1212	2973	14.4	230	16.2	17389		17420	174.30	
9	27	125	68	201			33227	33227	17312	18210	20660	17493	1786	3688	14.8	181	8.7	17389		17420	174.30	
10	21	91	81	128.3			16254	19153	8433	16231	9764	9498	917	3227	13.96	483	14.3	11481		13011	175.97	
11	13	18	40	83.1			17871	1676	9433	9278	8891	6757	1078	901	13.98	1335	11.6	10301		14101	177.07	
12	13	48	111	128							12268					392	1.8	8226		7246	128.07	

斜泾大队1981年收益分配汇总表(昆山市档案馆提供)

第二节 经济体制改革

一、土地私有制

中华人民共和国成立前,境域内各阶层土地占有状况极为悬殊。土地改革时,境域内斜泾、大渔两村有农户386户,人口1 482人,耕种土地面积2 567.2亩,户均6.65亩,人均1.73亩。各阶层占有土地的状况:地主、富农共13户63人,占有土地851.8亩(占土地总量的33.2%),户均占有土地65.5亩,人均占有土地13.5亩。中农有131户602人,占有土地1 478.3亩(占土地总量的57.6%),户均占有土地11.28亩,人均占有土地2.46亩。贫农、雇农有192户754人,占有土地200.5亩(占土地总量的7.8%),户均占有土地1.04亩,人均占有土地0.27亩。其他阶层有50户63人,占有土地36.6亩(占土地总量的1.4%),户均占有土地0.73亩,人均占有土地0.58亩。地主、富农户均占有土地面积和人均占有土地面积,分别是贫农、雇农的63倍和50倍。

1950年土改前境域内斜泾、大渔各阶层占有土地情况表如表4-8所示。

表4-8 1950年土改前境域内斜泾、大渔各阶层占有土地情况表

阶层	户数	人数	土地面积/亩	户均/亩	人均/亩
地主	3	11	533.1	177.7	48.46
富农	10	52	318.7	31.87	6.13
中农	131	602	1 478.3	11.28	2.46
贫农	183	745	200.5	1.10	0.27
雇农	9	9	—		
其他	50	63	36.6	0.73	0.58

二、土地改革

1950年秋，大渔境域内开展土地改革。

在上级政府的领导下，境域内始终贯彻的土地改革工作方针，以自然村为单位进行宣传政策，发动群众，组建农会，培训骨干，清理地籍，归户造册，丈量土地，核准人口，划分阶级成分，没（征）收地主土地和财产，向贫雇农分配土地及财产。分配时，先分土地，后分财产，先分出田户，后分进田户。分田标准：出田户略高于进田户，出田户一般人均2亩，进田户一般人均1.7亩。境域内的地主、富农同样分得一份土地。

境域内阶级成分划分结果：地主（3户）、富农（10户），占总户数的3.4%；中农（131户），占总户数的33.9%；贫农（183户）、雇农（9户），占总户数的49.7%；其他50户，占总户数的13.0%。

1951年5月，境域内的土地改革工作全部结束，实现耕者有其田的目标。经县土地改革工作队复查验收，县人民政府颁发土地证后，土地改革遂告结束。

三、互助组

土地改革后，境域内农户分得了土地，生产积极性普遍高涨。但有部分农户在无耕畜、无农具、缺劳力、缺农本的情况下，渐有卖地典屋做长工的苗头，党和政府为防止两极分化，号召农民组织起来，走互助合作道路。

1951年，境域内三官堂自然村村民陆阿生成立了大渔乡第一个农业生产互助组，此后，各种形式的互助组相继成立。互助组是"自愿组合、互帮互助、民主协商、等价交换"的互助性生产组织。其组织形式主要有两种：临时性互助组和常年性互助组。临时性互助组属农忙季节临时互助性质，忙时立，闲时散，常以"亲帮亲""邻帮邻"的盘工办法搞生产。临时性互助组田地、农具及收获的粮食归各户所有并在季后等价交换结账。常年性互助组属常年固定的生产组织。一般是生产劳动实行出勤记工，年终结算。耕牛和大型农具采取调剂使用、等价交换的方式。种植计划由农户自定，收获归己。现金找补，自负盈亏。常年性互助组可以得到信用社和供销社财力、物力支持。

至1954年秋，境域内（大渔、友谊、斜泾）有54个互助组，其中常年性互助组 32 个，临时性互助组 22 个，入组农户有 405 户，占总农户的 85.7%。

四、初级社

1954 年秋后，为贯彻党在过渡时期的总路线，号召农民组织起来，走合作化道路，境域内掀起办社热潮。是年冬季和次年春季，境域内初级社大发展。其间，境域内以联村（自然村联合）为单位，组建了 8 个初级社。初级社坚持入社自愿、退社自由原则，在保持贫下中农占绝对优势的前提下，允许地主、富农入社。初级社设社务委员会，选配正、副主任和会计各 1 名，委员若干名，由社员选举产生。初级社实行土地、劳动力分配原则，常以"6∶4"的比例为参考。具体做法：土地评级入股，年终按股分红；劳动定额包工，年终参加分配；大型农具和耕牛等公用，议定租金，年终结算兑现。由于初级社能合理使用土地、劳力和资金，作物布局因地制宜，农业生产得到进一步发展。1955 年，水稻亩产增加 15%～30%。

初级社是在私有制基础上建立的农业生产合作组织，农业生产中的土地、农具和耕牛等要素归农民私有。在统一经营中，初级社存在着不少矛盾，不利于生产力进一步发展。

五、高级社

1956 年 1 月，在党的总路线指导下，大渔乡高级社成立，下辖大渔一社（大渔社），大渔二社（斜泾社），大渔三社（庙泾社）。大渔一社、大渔二社入社农户占总农户的 96.44%。

1956 年 3 月，境域内分建大渔高级社、斜泾高级社、友谊高级社，入社农户占总农户的 99.89%。

高级社既是经济实体，又是基层行政单位，设有合作社管理委员会，其下还设有党、团、民兵、妇女等基层组织。各高级社管理委员会设主任和会计各 1 名，委员若干名，另有监察委员会，由 3～5 人组成。"两委会"均由社员代表大会选举产生。社以下设生产队，配正、副队长及会计、记工员各 1 名，队委会委员若干名。高级社建立后，农民私有的土地，除保留少量自留地外，均归集体所有。耕牛和大型农具作价入社。社员参加集体劳动，实行"各尽所能，按劳分配"原则,劳动按劳记工分,年终结算分配兑现。生产以社为单位经营。生产队实行"四固定"(土地、劳力、耕牛、大型农具)、"三包"(包产量、包成本、包人工)、"一奖赔"(超产奖励、减产赔偿)制度。年终分配方案由社委会核算到生产队,再由生产队结算到户。

1957年,境域内水稻亩产230公斤,小麦亩产120公斤,均比初级社提高三成以上,且副业生产有进展,水利建设开始发展。

高级社的建立,实现了土地由私有制向集体所有制的转变,标志着农业社会主义改造的基本完成。

六、生产大队

1958年9月,境域内联合成立大渔生产大队管理委员会,下辖大渔、斜泾、友谊三个生产单位。

1959年6月,境域内分建大渔大队、斜泾大队、友谊大队。

1960年12月开始,为落实《中共中央关于坚决纠正平调错误、彻底退赔的规定》精神,境域内进行算账退赔工作。算账退赔原则为:"彻底清算、破产退赔;先社员、后集体,先物后钱。"至1961年春,境域内算账退赔、兑现工作基本结束。

1962年,境域内大渔、友谊、斜泾3个生产大队,根据中共中央《农村人民公社工作条例(修正草案)》和《关于改变农村人民公社基本核算单位问题的指示》,确立了公社、大队、生产队三级所有,生产队为基础,即以生产队为基本核算单位的体制。这一体制沿用至1983年。

七、家庭联产承包责任制

(一)包干到户

1978年中共十一届三中全会后,以农村改革为先导的各项改革全面有序逐步展开。

1982年3月,境域内推行农业生产责任制,实行包干到户,层层签订定产定购合同,生产队与农户签订全奖全赔合同。在粮食安排上,域内实行"一购""二交""三留"的分配原则,即完成国家征购任务,上交集体的饲料粮和调拨粮，留好自家的种子、口粮和饲料粮。在经济上实行包干，自负盈亏，完成"三上交"，即上交国家农业税、上交生产队的集体公共积累和管理费。承包农户在国家粮油种植计划指导下，由生产队安排作物布局和茬口，连片种植。生产管理由农户自主，土地耕翻、排灌及部分收割由大队农机服务站提供服务，形成农户承包经营、集体配套服务的双层经营机制。

（二）分田到户

1983年9月，境域内全面实行家庭联产承包责任制，实行分田到户。以村民小组为单位，按每人0.5亩口粮田分田，剩余田按劳动力平均分配责任田。域内3个村均在当年秋种之前，分配落实到各家各户。农业经营主体改变后，农业生产力获得极大解放，农民的生产积极性得到充分发挥。1982—1984年，境域内连续三年水稻平均亩产达481公斤，三麦平均亩产达281公斤，油菜籽平均亩产达112公斤。以后，随着农业改革的深入，农户收获的粮食在完成国家任务后，余下的由农户自主支配。1990年，大渔、三邻、斜泾3个村水稻平均亩产为490公斤，三麦平均亩产为241公斤，油菜籽平均亩产超120公斤。

（三）规模经营

随着农村改革的逐步深入，镇、村工业和多种经营迅速发展，境域内部分农户愿意减少或者放弃土地承包，而另一些种田能手愿意经营更多的土地面积，因此域内就有了土地流转，开始发展农业适度规模经营。

1995年起，境域内3个村以稳定农业基础、夺取稳产高产为目标，以两田分离、适度规模经营为手段，根据"自愿、适度、高效"原则，全面推进土地规模经营。至1998年，境域内有21个规模经营大农户（表4-9）经营的土地面积达1 646.2亩，占村域土地总面积（4 252亩）的38.7%。

1998年大渔境域规模经营户情况表4-9所示。

表4-9　1998年大渔境域规模经营户情况表

姓名	土地面积/亩	姓名	土地面积/亩	姓名	土地面积/亩
吉顺同	54.5	顾日生	60.9	龚雪龙	72.3
王永根	44.0	王友泉	18.5	周金弟	161.3
许学红	75.3	蔡寿华	34.5	马发明	60.0

续表

姓名	土地面积/亩	姓名	土地面积/亩	姓名	土地面积/亩
殷凤琪	59.7	蔡寿山	97.5	肖惠明	115.0
张元林	54.5	徐荣初	41.0	吴兴弟	70.0
陆惠琪	189.4	袁建华	36.8	谈春宝	115.0
顾雪元	65.4	陈昌云	93.6	沈建华	127.0

1999年，恰逢农业产业结构调整。秋后，境域内仅存3户大农户，经营187亩耕地面积，其余土地全部被辟为鱼塘。2000年后，境域内规模经营逐渐淡出。

（四）确权发证

1998年7月，境域内全面贯彻落实《中共中央办公厅、国务院办公厅关于进一步稳定和完善农村土地承包关系的通知》精神，在各级政府关于"稳定和完善农村土地承包，延长承包期限，做好确权发证"工作的具体意见指导下，按照"在籍农业人口方可享有土地承包权"的原则，全面推进"延长承包期、确权三十年、颁发承包证"工作。旨在"明确所有权，稳定承包权，搞活经营权"，坚持"三权"分离，做到"要种田的农户有田种，农民不想种的田有人种"。通过清理在籍农户人口和土地面积，分户进行调整。计有调出户174户，调出土地656.5亩；有调进户218户，调进土地359.8亩。除有338.8亩土地用于产业结构调整外，其余土地全部分包给农户。

至1998年8月末，境域内的大渔、三邻、斜泾3个村，第二轮土地承包、确权、发证工作全部结束。797户（2 677人）领取了确权承包证，共承包集体耕地面积3 855.3亩。1998年大渔境域确权发证情况表如表4-10所示。

表4-10　1998年大渔境域确权发证情况表

村名	总户数	总人口	承包面积/亩	其中		
				口粮田	责任田	其他用地
大渔	365	1 199	1 648.0	719.4	843.8	84.8
三邻	197	624	1 221.1	374.4	592.8	253.9
斜泾	235	854	1 324.9	512.4	812.5	0

注：其他用地指产业结构调整面积。

第三节 农 业

一、粮油作物

(一) 水稻

中华人民共和国成立前和成立初期，大渔境域内水稻亩产在75公斤左右。1956年，水稻亩产150~200公斤；1965年，水稻亩产300~400公斤。70年代，境域内种植双季稻。1974年水稻亩产在450公斤左右。1983年，境域内实行家庭联产承包责任制后，恢复单季稻生产，水稻亩产480公斤左右。以后，由于水稻品种的不断更新、科学种田水平的不断提高，水稻产量持续高产稳产。1999年，水稻亩产超过500公斤。2000年以后，境域内水稻种植面积逐年减少。至2003年，大渔村耕地面积仅存400亩。2004年6月开始，村域内土地面积被征为昆山高新区科教园建设用地，大渔村成为无田村。1962—2003年大渔境域水稻产量选年表如表4-11所示。

表4-11 1962—2003年大渔境域水稻产量选年表

年份	大渔村（大队）		三邻（友谊）村（大队）		斜泾村（大队）	
	面积/亩	亩产/公斤	面积/亩	亩产/公斤	面积/亩	亩产/公斤
1962	2 597	197.5	1 682	184.5	2 063	178.8
1966	2 569.1	299.2	1 686.5	307	2 067	278.5
1971	2 522	426.6	1 605	394	1 849	395
1975	2 589.4	452	1 607	412.3	1 952.6	403.2

续表

年份	大渔村（大队）		三邻（友谊）村（大队）		斜泾村（大队）	
	面积/亩	亩产/公斤	面积/亩	亩产/公斤	面积/亩	亩产/公斤
1981	2 063	437	1 471	428	1 869	411
1983	2 095	503	1 460	460	1 870	474
1986	1 967	550	1 462	465	1 865	450
1989	1 472	475	1 345	475	1 772	465
1991	2 013	521	1 322.5	490	1 760	490
1993	1 798	540	1 245	530	1 419	525
1996	1 809	550	1 269	525	1 167	538
1999	1 807	520	1 270	500	1 120	509
2000	1 308	500	622	500	750	500
2003	400	530	并村			

（二）三麦

大麦、元麦、小麦，俗称三麦。中华人民共和国成立前，境域内少有种植三麦，且产量较低，亩产为35公斤左右。中华人民共和国成立后，农业随着水利设施的发展和改善，境域内三麦种植面积不断扩大，约占夏熟作物面积的60%左右，三麦产量稳步提升。50年代至60年代前期，三麦亩产70~100公斤。60年代中后期，境域内利用排灌设备，预降内河水位，降低湿、渍对三麦生长的影响，三麦亩产为150公斤左右。1974年，三麦亩产177公斤。种植双季稻期间，为调剂茬口，大麦、元麦种植面积有所扩大，占三麦种植面积的30%~40%。在70年代末，免耕套播麦推广获得成功。1983年后，境域内全部改种小麦。次年，境域内小麦亩产225公斤。2003年，小麦亩产为214公斤。（表4-12）

1962—2003年大渔境域三麦产量选年表如表4-12所示。

表4-12　1962—2003年大渔境域三麦产量选年表

年份	大渔村（大队）		三邻（友谊）村（大队）		斜泾村（大队）	
	面积/亩	亩产/公斤	面积/亩	亩产/公斤	面积/亩	亩产/公斤
1962	1 330	83.5	859	59.2	924	71.7
1966	1 107.5	90.6	717.5	70.5	736.7	81.5
1971	1 149	151.5	694.9	103.9	782.6	136.1
1975	1 190	127.3	750	78.1	820.9	112.6
1981	1 076	208	739	158	845	162
1983	1 304	249	748	180	835	197
1986	1 127	211	651	210	827	198
1989	1 228	175	589	219	690	186
1991	938	240	722	238	750	229
1993	731	223	685	251	677	260
1996	1 112	286	708	301	686	196
1999	1 400	262	799	244	884	258
2000	622	254	350	260	534	253
2003	400	214	并村			

（三）油菜

中华人民共和国成立初期，境域内种植白菜型早熟品种，亩产15公斤左右，以家庭自用为主。60年代后，境域内种植甘蓝型品系，亩产在20～35公斤。70年代亩产70公斤左右。80年代境域内引进优良品种，亩产上升到100公斤左右。1999年油菜亩产130公斤左右。2000年以后，境域内很少种植油菜。

1962—2003年大渔境域油菜产量选年表如表4-13所示。

表 4-13　1962—2003 年大渔境域油菜产量选年表

年份	大渔村（大队）		三邻（友谊）村（大队）		斜泾村（大队）	
	面积/亩	亩产/公斤	面积/亩	亩产/公斤	面积/亩	亩产/公斤
1962	168	23.5	68	20.3	120	16.5
1974	630	72.5	405	75.3	489	69.5
1983	812	77.5	648	115	718	112
1993	556.5	115	546.5	115	525	143
1999	352	131	248	133	268	128

二、多种经营

（一）家畜饲养

养猪是境域内传统副业之一。中华人民共和国成立前，农户养猪较少。中华人民共和国成立后，经过土地改革，农户分得了土地，养猪的就多起来了。20 世纪 50 年代，农户年饲养肉猪 1~2 头，少数农户饲养母猪，猪种多为当地的黑猪，苗猪大部分来自苗猪市场。人民公社化初期，境域内大渔、斜泾、友谊 3 个大队的副业队（副业基地）都有养猪场，但不久因粮食短缺而停办。1963 年，政府号召发展养猪，鼓励集体、农户一起养猪。于是，各生产队陆续办起了养猪场，农户家庭恢复年养猪 1~2 头。60 年代末至 70 年代初，政府提倡生产队建百头养猪场，要求户户养猪，并规定每户家庭有两人的，必须承担养 1 头猪的任务。1980 年是境域内养猪高峰期。全年出栏肉猪有 3 213 头，其中大渔大队 1 407 头，友谊大队 787 头，斜泾大队 1 019 头。境域内饲养母猪 95 头，其中大渔大队 36 头，友谊大队 33 头，斜泾大队 26 头。

1983 年，家庭联产承包责任制实行后，生产队集体养猪全部停止，农户养猪逐年减少，专业养猪户悄然兴起。90 年代中期，境域内年出栏肉猪 30 头的有 7 户，年出栏肉猪 50 头的有 8 户，年出栏肉猪百头以上的专业大户有 4 户，年均出栏肉猪 1 000 头左右。2000 年以后，境域内进行环境治理，养猪场关停。

60 年代，曾有少数农户饲养羊、兔。70 年代以后，农户不再饲养羊和兔。

（二）家禽饲养

家禽饲养是境域内的传统副业之一，且以家庭饲养为主，主要饲养鸡、鸭、鹅（俗称"三禽"），尤以养鸡为主。一般农户都会饲养几只或十几只，多为散养。禽和蛋以自用为主，少有买卖。80年代后，农户家庭饲养的苗禽，主要靠苗禽推销商挑担下乡供应。"三禽"专业饲养户的苗禽由哺坊供应。

1985年，境域内3个村家禽饲养量为39 090只，其中大渔村22 680只（大户饲养20 000只），三邻村9 490只（大户饲养8 000只），斜泾村6 920只（大户饲养5 000只）。是年，境域内生产鲜蛋2 400多公斤，销售家禽36 000多只。90年代中后期开始，境域内3个村的家禽饲养量逐渐下降。2004年动迁后，人们集中居住而不再饲养家禽。

（三）水产养殖

养鱼是境域内的传统副业之一。境域内适于养鱼的水资源较为丰富，常规淡水鱼养殖条件比较完备。1956年春，境域内的水域面积，包括鱼塘面积全部收归集体所有。由于当时以发展粮食为主，水域面积没有利用。60年代初期，境域内实行以生产队为核算单位后，内河水域归大队养殖，部分鱼塘归所在生产队养殖。1978年以后，境域内采取集体和私人并举政策，水产养殖发展较快。凡能养鱼的水域，都承包给私人养鱼。80年代中期，在农村第一次产业结构调整时，境域内开挖鱼塘300多亩。1999年，再次进行产业结构调整时，境域内新开鱼塘2 525亩，其中大渔村903亩，三邻村806亩，斜泾村816亩。1999年末，境域内精养鱼塘面积近3 486亩，其中，大渔村1 527亩、三邻村1 041亩、斜泾村918亩。

养鱼以养常规的淡水鱼类为主，包括养殖成鱼或养殖鱼种。80年代前以养花鲢、白鲢、草鱼、鳊鱼为主。80年代后，境域内增加了鲫鱼的放养。1999年，境域内3个村销售鱼种和成鱼有958吨之多。2000年后养鱼业锐减。2004年，村域动迁，不再进行水产养殖。

境域内水产养殖还有养蚌、育珠、养虾、养蟹、养牛蛙、育虾苗等。70年代末，境域内培育幼蚌120万只。80年代初，做育珠手术蚌3万只。90年代始，特种水产养殖面积不断扩大。至1999年，境域内河虾养殖面积达600多亩，蟹的养殖面积达100多亩。

(四) 蔬菜种植

境域内农户素有种植蔬菜习惯，所种蔬菜以家庭食用为主，少量买卖。农户利用空余时间，一年四季在房屋前后空隙地、自留地上种植蔬菜。种植的有叶菜类、根茎类、豆科类、瓜茄类和葱蒜类等，共几十个品种。

50至70年代，境域内大都进行露地种植。70年代中期开展室内种植蘑菇。80年代前后，农户采用地膜覆盖育苗，后有农户采用"薄膜小拱棚"种植蔬菜。90年代后，域内引进外来蔬菜种植户，采用"薄膜大拱棚"种植蔬菜。

(五) 其他种植

20世纪70年代初始，境域内部分农户利用房前屋后空地，零星种植果树，品种有桃、梨等。也有少数农户利用旱地种植西瓜、香瓜（甜瓜）。70年代中期，境域内有部分生产队辟地3~5亩，种植西瓜、甜瓜。瓜果收获后，田地轮种水稻，俗称"瓜翻稻"。80年代后，境域内实行分田到户，少部分农户有选择地种植桃、梨等经济型果树，因散户种植，未形成规模。90年代中后期，有外来户承包耕地种植西瓜，1995年有300多亩。2000年后，有外来户前来包地种植草莓等。80年代后，少数农户培育苗木，包括水杉、香樟、橘子、柿子等苗木。2004年村域动迁时，尚有香樟苗木3亩左右。

 ## 第四节　种植、养殖大户

一、种粮大户

(一) 陆惠琪

1993年8月，大渔村筹划首建村办农场。从大渔村第6、13村民小组中流转75亩责任田，由陆惠琪承包经营。承包经营者必须完成国家粮食任务，必须上缴农业税和统一管理费（简称统管费），自负盈亏。

从当年秋种开始，农场由陆惠琪自主经营。通过一年的努力，次年的夏熟时节和秋熟时节都取得较好收成，小麦亩产248公斤，水稻亩产503公斤。陆惠琪全年超额完成国家任务，并足额上缴农业税和统管费后，每亩纯收入为80元左右。于是，1995年陆惠琪承包的面积扩大到134亩。至1998年，陆惠琪承包耕地面积增加到189.4亩。

（二）沈建华

沈建华是三邻村第一个种植大户。1993年秋种之前，在三邻村经济合作社协调下，遵循双向自愿的基础上，沈建华与所在第7村民小组的农户签订土地使用流转协议。从当年秋种开始，沈建华承包经营109亩责任田。1994年小麦亩产245公斤，水稻亩产506公斤。沈建华超额完成国家粮食任务，在上缴农业税和统管费后，每亩净收入有70元左右。1996年，沈建华承包的面积扩大到127亩。当年小麦亩产308公斤，水稻亩产552公斤，但由于生产成本增加，每亩净收益在40元左右。

1999年秋收后，恰逢农业产业结构大调整，域内盛行开鱼塘。2000年后，种植大户逐渐淡出。

（三）周金弟

周金弟是斜泾村承包面积最多的种植户。1995年秋，周金弟承包斜泾村第一、九、十二组流转的161.3亩责任田。经过一年的辛勤劳作，1996年，小麦亩产289公斤，比斜泾村平均亩产水平增加93公斤；水稻亩产600公斤，比斜泾村平均亩产增加62公斤。周金弟当年超额完成国家粮食任务，在上缴农业税和统管费后，每亩净收益在40元左右。

二、养殖大户

（一）茅竹年

茅竹年于1982年春开办养鸡场。利用大渔1组闲置的老宅基地，搭建近300平方米的养鸡棚舍。从1982年至1987年，持续6年，不辞辛劳，专心经营家庭养鸡场。每年分两批次饲养，每批次饲养5 000只以上，年出栏肉鸡万只之多，年均净收益在2.5万元左右。

1982—1984年期间，当年饲养成肉鸡的成本价，每只在5～6元，包括苗鸡、饲养及其他一些费用。当年市场销售价，每只在8～9元，每只净收益在3元左右。

1985—1987年期间，饲养成肉鸡的成本价，每只在8元左右，当年市场销售价，每只在10～11元之间，每只净收益在2.5元左右。

由于市场因素和其他原因，茅竹年于1988年转向其他副业项目。

(二) 许学干

许学干于1983年开始养鹅，至2003年因动迁而停止。

1983年春，许学干购进苗鹅80只进行试养。经过3个多月的辛勤管理，于当年夏收夏种前销售商品鹅76只，获得1 800元左右收益。

通过一年的实践，1984年许学干扩大饲养规模，年饲养400只。当年养鹅成本（苗鹅、饲料）每只20元左右，而市场销售商品鹅每只45元左右，当年许学干的养鹅净收益在万元以上。此后，许学干每年养鹅都在400只以上，平均每只的净收益在25～30元之间，平均净收益稳定在10 000～15 000元，最高的1999年，年净收益达2万余元。

1993—2003年，许学干的养殖场被城北哺坊定为种蛋鹅养殖基地。许学干每年挑选、留有种鹅165只（其中母鹅150只，公鹅15只），每年为哺坊提供种蛋3 500枚。

(三) 梁学红

梁学红于1990年从安徽来昆山发展，1998年择业养猪。1998年，在斜泾村1组买下民宅发展养猪业。是年，饲养母猪15头、公猪1头，自行培育苗猪，当年产下苗猪200头左右，然后转入肉猪饲养。当时肉猪售价，平均每头为650元，每头生猪的成本（包括苗猪培育）在400元左右，每头肉猪净收入250～300元。

从1998—2003年的6年间，梁学红共饲养肉猪1 013头，销售总额为66万元，净收益25万元左右。

(四) 谈宣洪

谈宣洪于1983年利用师古泾河尝试河蚌育珠，做手术育珠河蚌600只，1984年做1 000只，1985年做1 200只，先后产得河蚌珍珠9公斤，河蚌珍珠总收入 23 800 多元。

1986 年、1987 年，师古泾自然村共有 12 户投资河蚌育珠，年做手术育珠河蚌近万只，共产河蚌珍珠 30 公斤。

第五节 工 业

一、村办企业

村办工业是农村经济的新兴产业。从 20 世纪 60 年代中叶起，境域内工业发展先后历经初创时期、发展时期、兴盛时期和转制时期。

中华人民共和国成立前，境域内仅有少量小手工业，如砻坊业、圆作业、木器业、木船修造等，尤以砻坊业较为突出。大渔、三邻（友谊）、斜泾三地，史上均有砻坊业，为邻近民户加工粮食。至中华人民共和国成立时，域内仅存 2 家豆腐坊。

中华人民共和国成立后，境域内的工业生产开始兴起，并得以发展。20 世纪 60 年代至 70 年代中期，是域内工业初创时期，域内主要创办与村民生活息息相关的小工业，诸如粮食、饲料加工和村民建房用材加工等。1975 年，随着农村经济政策的松动，境域内大渔、友谊、斜泾 3 个大队都重新配备专职干部，主抓各大队的工业，队办工业进入发展时期。1975 年秋，域内友谊大队的综合厂开业。1976 年，境域内斜泾大队的并铁厂开始并铁。1978 年 5 月，域内大渔大队的石棉加工厂开始加工保温组件。80 年代后，农村经济体制改革逐步深入，村办工业进入兴盛时期。至 1993 年，境域内共创办村办企业 22 家，先后安置转移农业劳动力 519 人。1993 年，境域内工业总产值达 4 831 万元。

1993 年 9 月起，境域内全面启动企业制度改革和经营体制转换，企业进入转制时期。1993—1996年，境域内拍卖企业1家，拍卖金额7.84万元；转为租赁企业12家，年收租金83.4万元；关停企业5家。2004年，所有企业全部迁出。

1964—1996年大渔境域内村（队）办企业一览表如表4-14所示。

表4-14　1964—1996年大渔境域村（大队）办企业一览表

村（大队）	企业名称	创办人	开业时间	歇业时间
大渔	大渔粮食饲料加工厂	王杏根	1965年	1991年
	大渔石灰厂	刘阿二	1972年	1979年
	大渔石棉板加工厂	季国胜	1978年	1994年
	大渔砖瓦厂	刘阿二	1979年	1984年
	大渔五金厂	刘阿二	1980年	1989年
	大渔丝织厂	陈白弟	1983年	1992年
	大渔玻璃制品厂	上海师傅	1987年	1996年
	震中包装厂	柳林根	1992年	1995年
	天涯纸箱厂	张雪东	1992年	1995年
三邻（友谊）	友谊粮食饲料加工厂	俞阿寿	1966年	1993年
	三邻综合厂	季桃生	1975年	1980年
	三邻香料厂	王老虎	1976年	1985年
	三邻电讯配件厂	石建龙	1985年	1996年
	三邻塑料厂	沈建青	1989年	1996年
	三邻中间体药物厂	吴小弟	1992年	1996年
斜泾	斜泾粮食饲料加工厂	陈小才	1964年	1993年
	斜泾并铁厂	陈小才	1976年	1993年
	昆山造漆厂	周挺扣	1980年	1994年
	斜泾日用化工厂	吴土良	1984年	1995年
	斜泾药物敷料厂	—	1984年	1994年
	昆山食品厂	—	1993年	1995年
	斜泾电线厂	—	1996年	1996年

二、私营企业

20世纪90年代初,境域内进行集体工业企业产权制度改革和经营体制转换。大渔、三邻、斜泾3个村根据本村企业的实际情况,在全面进行清产核算、盘查家底的基础上,以拍卖转让和租赁经营的方式实行产权制度改革。对资不抵债,已不能如期偿还债务的企业,经上级主管部门批准,依法关停,其余企业则转为私营企业。

根据村级集体企业产权制度和经营体制改革的要求,1993—1996年,境域内3个村有13家企业转为私营企业。其中拍卖转让企业1家,租赁经营企业12家。随后个别企业因经营不善而倒闭。1996年大渔境域内转制企业一览表如表4-15所示。

1999年,境域内转制私营企业仅存11家,年工业产值为5 995万元,年利润为112.7万元。至2003年,私营企业还剩三邻香料厂和三邻中间体药物厂,也迁出大渔村域。

2006年10月,村民宋存喜、孙友娣、谈书平合资组建昆山信友精工仪表有限公司,租赁空余住房,生产仪表游丝、仪表承件、仪表组合支架和碳素指针。年销售额为600万元,年利润为120万元,从业人员在100人左右。2012年,在昆山信友精工仪表有限公司的基础上,其3位创始人再创办昆山得力来仪器仪表有限公司和昆山宏达仪表有限公司。2019年,3家公司年销售金额为1 450万元,年利润为150万元。

表4-15　1996年大渔境域转制企业一览表

村别	企业名称	业主	转制时间	职工数/人	产品
大渔	大渔石棉板加工厂	朱忠仁	1994年	5	保温组件
	天涯纸箱厂	张雪东	1995年	40	瓦楞纸箱
	震中包装厂	钟桃元	1995年	80	瓦楞纸箱
	昆山玻璃制品厂	王根和 朱泉龙	1996年	10	载玻片

续表

村别	企业名称	业主	转制时间	职工数/人	产品
三邻	三邻电器配件厂	石建龙	1996 年	48	电器配件
	三邻塑料厂	沈建青	1996 年	10	塑料冲压件
	三邻中间体药物厂	吴小弟	1996 年	14	药用中间体
	三邻香料厂	孙凤良	1996 年	30	香料
斜泾	斜泾并铁厂	邱家福	1993 年	6	废铁并铁
	昆山造漆厂	赵观德	1994 年	10	木器漆
	斜泾日用化工厂	吴士良	1995 年	5	日用化工

第六节　商贸服务业

一、手工业

中华人民共和国成立初期，境域内从事个体手工业、服务业的从业人员很少。随着社会稳定，生活状况好转，个体手工业、服务业才逐渐兴起。1966 年 7 月后，在城北公社相关组织的引领下，境域内 3 个大队将农村个体能工巧匠（统称五匠）组织起来。当时，境域内陈关兴为城北公社西片组负责人，境域内大渔、友谊、斜泾 3 个大队有从业人员（五匠）27 人。

20 世纪 70 年代初期，境域内的大渔、友谊、斜泾 3 个大队的各类"五匠"人员有 57 人，其中泥瓦匠 27 人，木匠 18 人，其他工匠 12 人。

70 年代中期，农村经济政策放宽。由于社队工业发展需要，土建工程多，加上农村的农民住房进行新一轮翻建，从事泥瓦匠、木匠的人居多。80 年代后期，个体手工业、服务业人员有百人之多，其中泥瓦匠、木匠占"五匠"人员的 85% 左右。

2019 年，大渔村内现有手工业、服务业个体经营者 20 余人。其中，泥瓦匠 6 人，木匠 5 人，漆匠 2 人，理发 3 人，缝衣 1 人，水电工 3 人。

二、商业

中华人民共和国成立初期，境域内没有像样的商业门店。20 世纪 60 年代中期，城北供销合作社在境域内的大渔大队开设分店，名为"大渔供应店"，由供销社派员经营。经营场所先设置在城北鱼苗场，后移至新建的大渔大队管委会驻地（大渔 4 队）。大渔供应店主要经营家庭日常使用的油、盐、酱、醋和火柴、煤油、肥皂等，还帮助农民收购禽蛋。农民可用禽蛋换购日用品。

60 年代末至 70 年代前期，县食品公司鼓励各大队开设生猪屠宰点，向农民供应猪肉。其间，境域内的大渔、友谊、斜泾 3 个大队都有生猪屠宰销售点。

70 年代中后期，境域内的大渔、友谊、斜泾 3 个大队先后开办农村代销店，从供销社进货代销。代销店营业员由大队选派，营业收入归大队所有，营业员报酬由大队结算。

80 年代后，随着农村体制改革的深入，经济政策的放宽，域内有农户开设烟酒杂货店，村办代销店也转为私人经营。至 1990 年，境域内有猪肉销售门店 4 家，有商业门店 11 家，其中大渔 5 家，三邻 3 家，斜泾 3 家。

2004 年 6 月，村域全面动迁，大部分村民集中居住在大渔新村和斜泾新村，各类商业门店应运而生。

2019 年年末，两个新村共有各类商业门店 30 多家，其中，50 平方米以上的超市 8 家，副食品蔬菜门店 5 家，理发、美发门店 5 家，美容理疗门店 3 家，电动车销售维修门店 5 家，家电维修门店 4 家，水果门店 3 家，粮食门店 1 家，冷饮批发门店 1 家。

三、餐饮业

80 年代初，大渔 7 组的郁小弟夫妇在大渔的中心位置，时为大渔村委会驻地后，自建房屋开设境域内第一家面馆。每天早晨供应红汤或白汤面条，浇头花样有大排、爆鱼、荷包蛋等。夫妻两人经营十余年。80 年代中期，斜泾 1 组的李雪珍,在斜泾中心河中段附近,也开设经营面食为主的面馆,经营十余年。90年代前期,大渔六组的陈惠男在原郁小弟面馆的西面开设面馆。大渔四组的张阿三在城北砖瓦厂也开设面馆。这些面馆后都因大渔湾建设而停业。当时,大渔十二组的王明生,在现林荫路大转盘北,沿河边开设熟食店。90年代中期,大渔村在虹祺路边(大渔三组)建造店面房。大渔七组的张杏花在自己的门面房开设面食馆,主要供应早餐,如面条、馄饨等。

2004年6月,村域内全面动迁。2006年,大渔新村和斜泾新村建成后,村民在居住区域内陆续开办了3家早餐馆、6家小饭店、4家熟食店等。

2012年,徐隽租用三十一组刘军的老房子,开办饭店(名为"老房子"),于当年11月18日开业,由于当家菜具有特色,新增菜品厨艺更佳,饭店经常满座,生意红火,年收入有50余万元。

2017年,村域内二十九组村民顾惠良将自家的住房改造装潢后,开设"大渔人家"饭店。

2019年下半年,村域进行人居环境整治,所有饮食店关门停业。

四、租房经济

2003年开始,大渔村在昆山高新区民营工业园区先后建造7幢标准厂房(建筑总面积11 200平方米),加上社区其他集体房屋(共3 000多平方米),全部对外出租。2019年末,大渔村集体租房经济总收益达435.35万元。

2006年后,大渔新村和斜泾新村设施进一步完善。昆山城西片区进一步开发,为私房出租创造了良好的条件。据2012年统计,大渔村暂住外来人口4 500多人,占居住总人口的64%。

2019年,大渔村常住户695户,私人房屋出租有517户(包括商品房),总计暂住外来人口1 800多人。村民出租房屋年收入在5 000元以下的有30多户,年收入在5 000~10 000元的有200多户,年收入在10 000元以上的有280多户。

据不完全统计,2019年年末,大渔村私人房东经济年收入在500多万元。

第五章 村民生活

大渔村地处昆北低洼地区。中华人民共和国成立前,因水利设施缺失,水患不断,土地贫瘠,加之血吸虫病流行,村民生活处于艰难困苦之中。

中华人民共和国成立后,境域内3个大队大兴水利,治水造田,大力发展农业生产,村民生活日益改善。从中华人民共和国成立初期至1970年,村民收入来源于农业。1978年始,在改革开放政策的指引下,农村推行家庭联产承包责任制,境域内农、副、工三业经济齐头并进,村民收入呈现多样性来源。2000年后,在推进新型城镇化建设过程中,村民除就业收入外,还有资产性(物业)、经营性、投资性(股权)、政策福利性等综合性收入,生活得到大幅提高。村民家庭逐步拥有高档家电、智能手机和家用轿车。随着社会保障制度不断健全,少数低收入村民的后顾之忧得到解除。2019年,大渔村村民人均收入达49 104元。

第一节　收入与支出

一、村民收入

中华人民共和国成立前，境域内多数村民靠租田为生，外来居民在地势低洼、土质低劣的土地上垦荒种粮度日。水稻亩产在60~80公斤，加之各种苛捐杂税，村民收入所剩无几。

中华人民共和国成立初期，农村进行土地改革，村民分得土地，种上水稻等粮食作物。在上缴完国家公粮后，村民过上了吃得饱、穿得暖的生活。

经过合作化和人民公社化运动，农业生产走上社会主义集体化道路。通过兴修水利，改革耕作制度，推广优良品种，改进生产技术，采用新式农具，粮食产量稳步提升，农业经济有所增长，村民生活逐步提高。村民人均年（分配）收入仅有72.50元。之后，随着农业生产得到恢复和发展，1974年，村民人均年（分配）收入上升到140.7元。70年代中期，农村经济政策有所放宽，域内农业生产和多种农贸经营以及队办工业全面发展，农村经济得到改善。1981年，村民人均年（分配）收入增至199.8元。1983年，家庭联产承包责任制实行后，村民有了自主经营权，大多数农户家庭农忙时务农，农闲时做工，开店经商发展多种经营方式等，收入大幅增长。村民人均年收入从1983年的338元增长到1990年的1 265元。进入90年代，域内产业结构大调整，开始向多元化发展，给村民带来新的创收增长点。2001年，村民人均年收入达5 501元。

2004年，大渔村全面动迁，大部分土地归属昆山高新区科教园用地。面对新情况，村民及时调整就业结构、就业方向和就业层次，进一步拓展创收门路。大渔村民收入主要有工资性收入、经营性收入、资产性收入、政策福利性收入和社区股份合作社分红收入等。

2006年以后，昆山市城西片区进一步开发，为大渔村集中居住区的私房出租提供了良机。

2010年，大渔村有2558人入股大渔社区股份合作社，年终享受股权分红。2014年，大渔村实行股权固化，在籍人口每人一股，长期有效，永续获利，子女有继存权。2019年，每股分红400元。

2019年，大渔村有695户，户籍人口2566人，就业人口1635人，其中，从事第二产业的1208人，从事第三产业的427人。全年工资性收入6067万元，经营性收入2575.4万元，投资性收入173.8万元，资产性收入1855.6万元，政策福利性收入1261.1万元，其他收入667.2万元，人均年收入约4.91万元。

2002—2019年大渔村人均年收入一览表如表5-1所示。

表5-1　2002—2019年大渔村人均年收入一览表

单位：元

年份	人均年收入	年份	人均年收入	年份	人均年收入
2002	5 834	2008	16 601	2014	34 263
2003	7 002	2009	18 745	2015	37 402
2004	8 538	2010	21 095	2016	40 398
2005	10 786	2011	23 774	2017	43 454
2006	12 843	2012	26 966	2018	46 175
2007	14 122	2013	30 414	2019	49 104

二、村民支出

中华人民共和国成立前，境域内村民过着勉强温饱的基本生活，穿的是老粗土布衣，住的是低矮陈旧瓦房和泥土草房，外出全靠双脚步行或依仗木船代步，日常消费只能满足基本的生存需要。

中华人民共和国成立后，党和政府大力发展生产，积极改善人民群众生活条件，村民生活水平逐步提高。1958年人民公社化实行后，村民基本过上吃饱穿暖的生活。60、70年代，国家实行凭票定量供给政策，村民能维持日常生活所需，日用商品档次不高。70年代后，国家将家用轻工产品投放农村市场，村民陆续购买手表、收音机、自行车。进入80年代，全社会生产力得到空前解放，物质得到极大丰富，村民生活发生了翻天覆地的变化，衣食住行等方面得到大幅改善和提升，走上幸福小康之路。2019年，村域村民家庭主要耐用消费品户均拥有量为电视机2.5台，洗衣机1.5台，电脑（笔记本、台式）2台，电瓶车2.5辆，手机（智能机、老人机）1.5部，家用轿车1.5辆。电冰箱、空调等基本普及。

2019年，大渔村平均每户年总支出30 720元，其中居家饮食支出7 850元，家用水电气支出1 850元，家庭辅助用品支出1 680元，衣着鞋帽支出3 550元，医疗保健支出1 560元，教育文化娱乐支出2 880元，交通通信支出5 850元，人情往来支出5 500元。

第二节　生活变迁

一、衣着

中华人民共和国成立前，境域内村民穿着传统服饰。春秋季，男性村民穿对襟上衣、祆裤，外加作裙；女性村民穿斜襟上衣、祆裤，外加短作裙。男女村民普遍穿自制土布鞋，夏季均赤脚下田劳动，日常穿着草鞋或土布鞋，有的村民穿草鞋或蒲鞋。冬季，村民大多数穿着棉衣、棉裤，脚穿棉鞋和线袜，有的村民穿自编的蒲鞋，少数贫苦村民只穿一件破棉袄和单裤。

中华人民共和国成立后，村民开始摆脱贫困生活，生活条件开始改善。男性村民衣服款式从旧款服式改为中山装、列宁装，色调以蓝灰为主。逢年过节，小孩能穿上新衣服。女性村民衣服普遍为大襟衫，对开衫和大裆裤。"文化大革命"期间，男性村民普遍穿草绿色军便装。60、70年代，小孩多的村民家庭，一件衣服老大穿后留给老二穿，老二穿后还要留给老三穿。普通村民家庭的一件新衣常常是"新三年，旧三年，缝缝补补又三年"。

1978年以后，村民衣着发生显著变化，从过去款式单一、色彩单调、数量有限，过渡到款式丰富、色彩多样、数量充足。春夏季，男性村民从穿中山装改穿西装领带、夹克衫，有的青年男村民则穿上中外品牌运动衫和运动鞋。秋冬季，男性村民穿上呢制服、皮夹克或羽绒滑雪衫等御寒服装。春秋季，女性村民穿上长、短装外套和羊毛衫、羊绒衫等。夏季，女性穿着各式长、短裙子（连衣裙）和中式旗袍。冬季，女性穿着羽绒滑雪衫、中式棉袄、皮草外衣和羊绒大衣等御寒服装。村民的鞋子也发生了显著变化。秋冬季，村民从过去的自制蒲鞋、布鞋、棉鞋，改穿皮鞋、春秋鞋和运动鞋等。夏季，村民穿上各式凉鞋、拖鞋，习惯穿着橡胶跑鞋的中老年村民则穿上流行轻便舒适的运动鞋。

二、饮食

中华人民共和国成立前，境域内村民生活贫困，每年收获粮食，扣除租税后所剩不多，勉强维持温饱，贫苦人家平时一日两餐。

中华人民共和国成立后，村民生活逐步好转，每天三顿饱饭。饮食以稻米为主粮，面粉为辅，夹带南瓜、山芋、豆类等副食。

60年代初的"三年困难时期"，粮食减产，村民口粮标准减少，人均口粮（原粮）不足300斤，过着半饥半饱的生活。在青黄不接时节，以南瓜、黄萝卜代粮充饥。春荒灾年，国家发放碎米给村民当口粮。各生产小队组织村民自力更生，驾船去常熟购买南瓜，运回后分给村民，以度过困难时期。当时，国家实行布票、粮票、食油票制度，按村民家庭成员数计划发放。50年代中叶至70年代末，在生产队集体种田的农忙季节，因劳动时间长、劳动强度大，村民除一日三餐外，下午1~2点钟加餐一顿（俗称"吃点心"），以上顿剩下的粥饭或面条、南瓜、山芋等当点心。

1978年以后，村民生活水平得到显著提高，特别是1983年实行家庭联产承包责任制后，家家有余粮，人人吃得饱。鱼、肉等成为饭桌上主菜，逢年过节或者是婚嫁宴席，餐桌上增添冷菜、热炒和全鸡、全鸭、全鱼、猪蹄或东坡肉四大菜，备有烟酒和各种饮料。

2000年后，村民饮食开始注重荤素搭配、营养全面、绿色健康。主食以大米为主，辅以小米、麦片、玉米、薏米等杂粮。村民注意烧菜时少添加油盐，少食大鱼大肉，多食蔬菜、水果、奶制品等。春节期间，村民流行去饭店吃年夜饭，一家人其乐融融，共享团圆时刻。

三、住房

中华人民共和国成立前，境域内村民住房大多是陈旧低矮的小瓦房，外来户只得在空地上搭建形似老虎头（丁字型）草房，以稻草盖屋面，用泥土垒起当墙，条件简陋，低矮潮湿。1949年，村民居住草房的有226户，占总住户的近一半，只有少数的富裕家庭才能居住较为宽敞的瓦房。

中华人民共和国成立后，村民居住条件逐步改善，无房村民，在土地改革中分得房屋，实现"居者有其屋"。50年代至60年代初期，许多外来垦荒种田农户从田旁居住向自然村落集中，部分船户游民也开始上岸定居，他们大都建造泥墙草房，只有少数农户建造砖草房。60年代后期至70年代，随着农村经济好转，村民开始改善住房条件，通常是拆除老草房，在原址建造"五路头三间一转头（三间五路头和一间灶屋间）"的水泥桁条平瓦红砖平房。70年代中期开始，农户开始建造"七路头三间一转头（三间七路头和一间灶屋间）"的平瓦红砖平房，有的建造黑瓦平房。80年代初到90年代，域内掀起平房翻建楼房的热潮。至1990年，大渔村有171户村民（占总户数的50.59%）新建楼房。斜泾村有185户村民（占总户数的76.44%）新建楼房。三邻村有96户村民（占总户数的46.15%）新建楼房。按规定，村民在宅基地上可建造两层楼房，多数为三上三下（正房）加一转间（灶屋间），也有二上三下的结构。一般为间宽4米，层高3.2米以上，进深8～10米，楼板采用多孔水泥预制板，平均面积近200平方米。家庭人口少或经济条件稍差的人家，建造小户型的两层楼房。

2004年，因昆山高新区科教园建设需要，大渔村开始动迁，在昆山高新区规划的区域内，建造村民别墅区。至2006年，村民共自建别墅560多幢。

四、出行

50年代，境域内道路均是长短不一的弯曲泥土小路。村民出行十分不便，常常是晴天一身灰，雨天一腿泥。60年代，境域内开始修筑泥土为路基的主干道路，村民的出行条件虽有改善，但道路仍是晴天尘土飞扬，雨天泥泞难行。

70年代，境域内大渔、斜泾、友谊3个大队的主干道的泥土路用化工厂下脚料碳氮化钙铺成路面，雨天道路不再泥泞，但遇到下雨天或冰雪天路面湿滑，行人一不小心就会滑跌。至80年代初，村民出行道路大多数仍是泥土路。当时，各生产队拥有挂机船，在农用水泥船艄处装上拖拉机头作为机械动力。挂机船是开展农业生产重要的运输船只，同时，也是村民婚丧嫁娶依仗的水上交通工具。

80年代初，域内新筑一条从县城通往北窑红旗制药厂的虹祺路，贯通大渔、斜泾的南北，村民出行条件得到改善。1982年11月，101路公交车通车，在域内设立公交车站，便利村民出行。当时，有村民家庭购买自行车作为代步工具。

90年代，各村之间道路修建成水泥路面。村民代步工具逐步提高档次。先是自行车普及后，摩托车又进入村民家庭。2000年后，电瓶车逐渐替代自行车。自2000年中后期开始，村民家庭普遍购买家用轿车。据统计，2019年，村民拥有私家车超千辆，电瓶车基本普及，老年人出行有老年人专用电瓶车。残疾人出行有政府配备的手摇式残疾人车。

2003年，村域内东西走向的萧林路建成，途经大渔村，村域内长度共有740米。2019年，市域公交线路10路、19路、22路、165路等设置大渔、斜泾等公交站。公交线路的增多，极大地方便了村民的出行。

第三节 社会保障

一、社会保险

(一)养老保险

1992年,昆山市实施《昆山市农村社会保险暂行办法》,规定本市常住户口的村民,男性16~60周岁,女性16~55周岁,均可参加农村社会养老保险(简称农保)。农村社会养老保险金由个人作为储蓄性投保,单位集体补助,国家政策扶持,鼓励有条件的村民多投保,提高保障水平。

投保金按每人每月起投计缴4元,每增加2元为一档次,共设有9个档次,投保对象根据自身经济条件合理选择投保档次,投保金额不限,投保者所缴纳的投保金,包括个人缴纳、集体补助的保险金均列入投保人名下,同时发给村民养老保险缴费证。投保人男满60周岁、女满55周岁,可持单位证明、本人身份证和村民养老保险缴费证,换取养老金给付证,从到达规定年龄的第一个月起领取养老金,直至身故。1993年,境域内开始组织村民投保,以后村民投保人数逐年呈增加趋势。

2003年1月,昆山市在全省率先施行"人人参加保险,个个享受养老"的农村基本养老保险政策。男满60周岁、女满55周岁村民,只要其子女参保,就不需要缴纳一分钱,每月能领取130元的基本养老金。村域内符合条件的村民均享受此项惠民政策。

2006年,凡男性村民不超过60周岁,女性村民不超过55周岁,根据政策,一次性购买15年工龄,即可享受城镇职工养老保险(社保),其中可用国家征地补偿金(2万元)作支付金,不足部分由个人自己补上,当年即可享受每月

500元退休金。自此以后,退休金逐年递增。至2019年,大渔村第一批领取社保的村民,养老金每月有2 600多元。

2009年,根据昆山市政府政策,村民可再次购买城镇职工养老保险。此次购买取消年龄限制。除年满80岁以上老年村民仍按农保领取退休金外,大部分村民转投城镇职工养老保险金。至2019年,大渔村参加城镇职工养老保险村民有2 258人,参加农保村民有2人,实现村民参加社保或农保养老保险的全覆盖。

(二) 失业保险

2004年,村域内村民凡在企业上班的均按规定参加职工失业保险,按职工工资3%、企业负担2%和职工个人1%的比例缴纳。如在失业待岗期间,受保人可以按失业保险救济标准,领取一次性生活补贴费。2005年1月,大渔村统一执行新的保险制度。职工失业,均可享受保险待遇。

(三) 医疗保险

2004年开始,村域实行农村居民基本医疗保险。是年,域内有648人参加农村居民基本医疗保险。农村居民基本医疗保险基金的筹集,由村民个人和集体(市、镇、村)共同承担,其中村民个人负担25%左右,集体负担75%左右。例如:2004年,每人每年缴费200元,其中村民每年每人缴费50元(60岁以上老人免缴费),其余的由镇、村两级补助,村民个人住院医药费报销在50%左右。2012年,每人每年缴费550元,其中村民每人每年缴费150元,市补助每人每年200元,镇补助每人每年180元,村补助每人每年20元,村民个人住院医药费可报销70%左右。2019年,域内参加农村居民基本医疗保险的共有454人。

2009年,根据昆山市关于农村居民基本医疗保险并轨于城镇职工基本医疗保险的相关政策,域内有462人转轨城镇职工基本医疗保险。至2019年年底,大渔村参加城镇职工基本医疗保险的有2 180人。患有重大疾病的村民,有大病医疗保险基金做支撑,有效防止因病返贫的危险。对于部分因病自费数额较大的村民,大渔村实行医疗补助办法减轻村民负担。

(四) 医疗补助

2017年9月,大渔村出台实施"精准帮扶医疗补助"和"医疗普惠补助"。

精准帮扶医疗补助分为紧急医疗费补助和特殊困难家庭医疗补助两种。

紧急医疗费补助针对的病情分为一般病种和特殊病种。

患一般病种的村民，因家庭经济困难无法及时就医时，凭医生开具的诊断证明、病历和住院通知单，可申请最高3 000元的紧急医疗费补助。申请此项医疗补助的患者，其共同生活家庭成员名下存款总额不超过5万元。

特殊病种主要指癌症等。村民患癌症需要住院手术治疗，或者不能手术，但需进行首次放疗、化疗治疗的，凭住院病历申请医疗补助。最高补助标准在上述基础上增加3 000元。村民凭需要器官移植、骨髓移植的病历，可申请最高紧急医疗费补助5万元。申请特殊病种医疗费补助的，其共同生活家庭成员名下存款人均不超出2万元，单身生活患者存款总额不超出5万元。

当年度为低保户、低保边缘户和一户多残的家庭成员的补助比例在其他人员基础上提高30%。持有残疾人证的、重点优扶对象、80周岁以上老人、困难党员、劳动模范、失独父母等村民，补助比例在其他人员基础上提高20%。

当年度村民患病就医后，扣除所有途径的救助和补助，其家庭成员最终支付的医疗费用加上家庭人数乘以低保标准乘以12个月得出的总额超出其家庭成员全年收入总额（最终支付的医疗费用+家庭人数×低保标准×12>家庭成员全年收入总额），并且该家庭共同生活家庭成员名下存款总额不超过当年度该家庭成员最终支付的医疗费用的2倍或不超出人均5万元的，可以在第二年4月份申请特殊困难家庭医疗补助。一般家庭的补助标准为该家庭最终支付医疗费用的40%。凡当年度为低保户、低保边缘户、一户多残的家庭补助标准，在其他人员基础上提高20%。持有残疾人证的、重点优扶对象、80周岁以上老人、困难党员、劳动模范、失独父母的家庭补助标准，在其他人员基础上提高10%。但是，拥有两套以上产权住房且人均住房面积超过本市住房保障面积3倍的家庭，拥有多套产权住房、人均住房超出1.3套的家庭，拥有产权住房两套且一人独居的家庭，不得享受特殊困难家庭医疗补助。

紧急医疗费补助和特殊困难家庭医疗补助，须经三分之二村民代表同意方可发放。

（五）普惠医疗补助方案

一般人员就医，分为在本市就医和转院赴外地就医两种。报销根据个人医疗费发票原件中个人实际支付医疗费金额给予相应的补助（转院治疗的，须提供劳动保障部门报销后蓝色凭证原件）。其中门诊发票单张"个人现金支付"必须大于200元（含）。住院发票不限额度，补助以发票上医疗费支出金额为准。同时规定：美容、保健、牙齿矫正等非疾病类，打架、车祸等纠纷类，尚未纳入昆山市医保的自费发票，以上均不予补助。具体如下：支出2 000元（含2 000元）至3 000元的，给予20%的补助；支出3 000元（含3 000元）至5 000元的，给予25%的补助；支出5 000元（含5 000元）以上的，给予30%补助。单个村民当年度累计最高补助额度不超过5万元。A类提高标准人员（简称"提标"）：凡当年度为低保户、低保边缘户、一户多残的家庭全体成员补助标准增加10%。B类提标人员：持有残疾人证的、80周岁以上老人、重点优抚对象、困难党员、劳模、失独父母等村民本人患病看病的，补助标准可增加5%。

一般人员、低保边缘户村民患有规定大病病种的，确因治病需要而购买自费药品的，可凭公立医院开具的病历、对应处方和药品发票原件，根据当年度具体购买药品的个人支出额度获得相应标准的医疗补助。具体如下：支出2 000元（含2 000元）至5 000元的，给予20%的补助；支出5 000元（含5 000元）以上的，给予25%的补助。单个村民当年度累计最高补助额度不超过3万元（与门诊、住院自费补助分开计算）。一般人员，低保边缘户村民患有大病病种住院的，凭出院小结可享受住院期间每天40元的护工费补贴。个人当年度最多可以享受护工补贴天数为45天。属A类提标、B类提标人员在一般人员基础上，分别增加60元和30元。

2017年，全村有136人享受村级医疗普惠补助，补助金额为48.9万元。

2019年，全村有192人享受村级普惠医疗补助，全年兑付医疗补助金额63.3万元。

由于医疗保险发展，村民不但克服了看病难、看病贵的问题，同时也有效地防止了"因病返困""因病返贫"的危险，提高了生活质量。

（六）老年人人身意外险

2017年开始，大渔村的老年村民还享受市政府投保的人身意外险。根据玉山镇政府优惠政策，大渔村规定凡60周岁以上的老年人均有人身意外保障。保险项目有意外伤害险，最高保额为40 000元；意外费用补偿医疗保险，最高为5 000元；意外住院定额给付医疗保险，最高为9 000元。

二、社会救助

（一）最低生活保障

中华人民共和国成立后，党和政府十分重视社会救济工作，特别对于孤寡、病残村民及家庭给予照顾，例如种田减免公粮，寒冬来临之际，发放棉被、棉衣等御寒物品，实现"五保（保吃、保穿、保住、保丧葬、保维修）"政策。对劳动力少、子女多或者因病致困的村民家庭，所属生产队在年终分红时，给予一定照顾，减免部分欠款（俗称透支费）。改革开放后，按照上级有关照顾孤寡老人政策，大渔村把符合条件的3名无子女、无依靠的老年村民送进了玉山敬老院。该3名老年村民由政府抚养终老。

（二）社会救助

2012年，大渔村委会遵循社会救助"应保尽保、应救尽救"原则，实现社会救助兜底保障。2019年，在册低保户有3户，低保边缘户有4户，重残救助对象有7人，"三无"集体供养对象有2人，重点优抚对象有1人。

三、征地补偿

2004年，大渔村大部分土地被昆山高新区科教园征用，村民均获得征地补偿金和征地安置费。

（一）征地补偿金

以1998年境域内3个村的第二轮土地承包、确权发证的人口数为依据，每人每年征地补偿金为1 300元，征地补偿金发放至2015年年底。

（二）征地安置费

以1998年境域内3个村的第二轮土地承包、确权发证的人口数为依据，每人获得征地补偿金20 000元。征地安置费由市政府统一管理，待村民退休时，可以折抵参保工龄的形式转入社保局个人账户。

第六章 教育卫生

　　中华人民共和国成立后,大渔境域教育和卫生医疗条件得到显著改善。境域内开展学前教育,实施义务教育,实现学龄段少年儿童教育的全覆盖。同时逐步完善合作医疗、村民医疗保险等制度,加强妇女、儿童保健工作,持续开展爱国卫生运动,使村民受教育程度得到提高,卫生健康意识得到增强。2019年,大渔村有西塘幼儿园(虹祺园区)、西塘实验小学等教育机构,有村(社区)卫生服务站。全村的义务教育、医疗卫生、村民健康事业得到长足发展。

第一节 教 育

一、私塾学堂

清末民初至中华人民共和国成立初期，境域内先后办过5所私塾，且时开时停。1919年，大渔三官堂张炳福家开设1所私塾，教书先生为魏汉承，有学生20多人。1928年，大渔顾爱生从苏州请来教书先生朱德和，在家开办私塾学堂，后因兵痞捣乱，被迫停办，学堂转至斜泾大潭泾张家。1935年前后，友谊李巷浜李瑞书在家办起私塾，教书先生为魏汉承，学生最多时达20多人。后因李瑞书次子转至昆山读书，私塾停办。1946年3月—1949年5月，境域内仅存大潭泾1所私塾，设在村民张杏弟（张金生）家，朱德和任教书先生。

二、学前教育

境域内幼儿教育始于1956年，境域内以自然村为单位办起托儿所。1958年，为便于生育孩子后的妇女安心参加农业生产，大队号召开办托儿所，幼儿入托全部免费。托儿所保姆在生产队记工分，获取报酬。

60年代，境域内托儿所陆续停办。70年代，托儿所时办时停，有的生产队只办"农忙托儿所"，农闲时则解散。1978年后，政府积极发展农村幼托事业，幼儿教育进入较快的发展期。至2019年，村域内有公办幼儿园1所、民办学前儿童看护点1处。

（一）斜泾幼儿园

斜泾幼儿园始办于1978年3月，园址场地现为大渔村委会驻地。当时，斜泾幼儿园新建教室二间（40平方米），建有围墙，共有入园幼儿26人，设一个混合班，由李银凤任教师。1984—2001年，由范玉妹任教师，有入园幼儿30人，分为两个班级。2001年9月并入大渔幼儿园。

（二）友谊幼儿园

友谊幼儿园始办于1980年3月，先设在友谊大队部，后迁移至友谊小学内，共有入园幼儿20人，设有一个混合班，由沈梅珍任教师。1982年，友谊大队改称三邻大队，友谊幼儿园改名三邻幼儿园。2004年9月并入大渔幼儿园。

（三）大渔幼儿园

大渔幼儿园始办于1980年3月，先设在大渔种子仓库空库房内，后迁移至大渔大队老办公室。初时，有入园幼儿35人，设一个混合班。先由杨美珍任教师，1983年年底后由顾齐珍担任教师。斜泾、三邻幼儿园先后并入大渔幼儿园。

2013年9月起，大渔村的学龄前幼儿全部转入新建的昆山高新区西塘幼儿园。至2019年，村域内学龄前幼儿入园率达100%。

（四）西塘幼儿园

西塘幼儿园（虹祺园区）2013年开办，属公办幼儿园。截至2019年，幼儿园有幼儿教师36人，保育员30人，由朱小秋任园长。2019学年，开设小班4个班、中班5个班、大班8个班，有入园幼儿557名。2019年，通过创建苏州市优质幼儿园，西塘幼儿园荣获苏州市第二批语言文字工作规范化学校。西塘幼儿园拥有苏州市学科带头人1名，昆山市学术带头人1名，昆山市教学能手2名，昆山市教坛新秀9名，昆山市优秀教育工作者3名，昆山市星级教师2名。截至2019年，教师在各类教学评优活动中获奖60余人次，有500余篇论文在省、市级刊物上发表、获奖，辅导幼儿荣获各级各类奖项100余次。

（五）小铃铛学前儿童看护点

小铃铛学前儿童看护点属民办学前儿童看护点，隶属于北京小铃铛学前教育中心。有教师22人、保育员30人，由何小陆任园长。2019年，开设3个小班、3个中班、4个大班，有幼儿学生278人，拥有符合幼儿特点的文体娱乐设施。该园树立"幼儿全面发展为本"的理念，施以符合幼儿生理发展、感知能力的课程和游戏。每学期都举办大型的"家长亲子"活动，深受各方好评。

三、小学教育

(一) 南大渔初等小学

1919年，大渔境域内设立南大渔初等小学，地址在三官堂村张炳福家。由焦通任校长，有教职员1人，有班级1个、入学学生35人，隶属昆山县第一学区，次年停办。

(二) 斜泾学校

斜泾学校又名斜泾小学。1950年，斜泾大队办起民办马家浜小学，招收学生20多人，由朱家权任教。1952年，根据"维持现状，逐步改造"的方针，在斜泾石家溇村民顾金伯家筹办石家溇初级小学（公立），接收来自大渔和斜泾的学龄儿童。该小学设1～3年级，时有学生85人，后逐渐扩大至1～4年级，有2个复式班，由朱家权、许明祥等执教。

1962年，石家溇初级小学移至大渔三官堂。城西完全小学校筹办后，石家溇初级小学仍保留低年级单班校。

1971年，斜泾大队在三队中心河边新建斜泾小学，原石家溇初级小学并入，曹继敏、林云等任教师。后学生数量剧增，斜泾大队又在所在地八队开设4～5年级的授课点。全校学生总数达145人，新增包向东等3名教师任课。后斜泾大队自筹资金，在大队代销点新建校舍，将原两处学生集中至一处。1982年，高年级学生部分转至大渔小学。

(三) 友谊学校

友谊学校又名友谊小学、三邻小学。1955年，友谊大队开办李巷浜民办小学，设单班，有学生20人，由教师陈大刚任课。1957年，在友谊六队高头港开办友谊小学，设1～2年级的复式班，有学生30人，由教师王友昆任课。不久，友谊小学搬至友谊二队新建的校址，逐步扩展为1～5年级3个班级，有学生45人，由周小龙、包向东、沈雪元、金岐元等5名教师任课。此后，逐步增设高年级班，并过渡到完全小学。1982年，友谊大队改称三邻大队，友谊小学也改名三邻小学。

(四) 大渔学校

大渔学校又名城西完全小学、大渔小学。1962年，为贯彻中央"调整、巩固、充实、提高"的方针，城北公社学区进行调整，规划一定片区要有一所完全小学。是年3月，石家溇初级小学移址至大渔大队三官堂村民沈阿龙家，借用150平方米老房子，开办"城西完全小学校"（1966年后，更名为大渔学校），招收庙泾、大渔、斜泾、友谊4个大队的学生。初设有1～6年级，有学生78人，由周钰珍任校长，由王美娟、高元魁、朱福寿等教师任课。同时，石家溇小学保留单班，只招收低年级学生就读。

1962年9月，大渔大队自筹资金，利用白窑村石灰窑厂的空余厂房，开设白窑初级小学（简称白窑小学），初设1～2年级的复式班，有学生25人。1965年，白窑小学设有1～4年级，有学生51人，教师人数增至3人，校址迁至大渔四队。任课教师先后有王加福、吉顺秀、王友昆、李宗武、朱官芬等。1963年3月，大渔大队在南窑林家浜新建南窑初级小学（简称南窑小学），设1年级共1个班，有学生25人，后发展为1～4年级共2个班，任课教师先后有陈鹏、夏凤英、陈美娟等。

1969年9月，大渔学校搬至大渔六队三官堂自然村北端新校舍，时设有1～6年级共7个班级，有学生200多人，由朱润任校长，又增加周成喜、顾甫生等多名教师。

1973年，白窑小学、南窑小学均归并至大渔学校，学生人数达315人，有教职员工16人。

1986年，大渔学校搬至三邻路东头、大渔中心河西新建的校舍。新校建筑面积为860平方米，教育用房有480平方米，操场有400平方米，辅房有380平方米，学生有305人，教师12人，员工3人。1990年，斜泾小学、三邻小学撤并至大渔学校，命名为大渔完全小学。

2004年，大渔完全小学高年级学生全部转入城北中心校就读，尚留部分低年级学生在原址就读，后全部转入城北中心校。

2013年，村域内西塘实验小学新校区竣工，大渔村适龄新生全部转入该校就读。

(五) 西塘实验小学

西塘实验小学校址坐落于虹祺路2288号，创办于1905年，属于公办性质。2019年，开设1～6年级共计51个班级，共有学生2 470人。自2013年以来，该校取得令人鼓舞的办学成果，2013—2014 年荣获"江苏省书法教育先进学校""全国书法教育示范学校"称号，2015 年荣获"江苏省健康促进银奖学校""江苏省中小学书法特色学校"称号，2018 年被评为"苏州市智慧校园发展水平三星级学校"，首批"苏州语言文字工作规范化达标学校"之一，2019 年被评为"全国生态环境教育百强学校"。

昆山高新区西塘实验小学（2019 年，西塘实验小学提供）

（六）耕读小学

1964 年秋，为解决农村大龄儿童入学难问题，同时考虑到学生就近入学的要求，境域内 3 个大队办起 6 所耕读小学。学校开设半耕半读的半日班，教授小学语文、数学等学科，每天上课 2~3 小时，修业年限不定，学生既可务农又可读书。大渔大队办起 3 所耕读学校，分别设在三官堂沈老大家、顾家宅基顾志明家、林家浜一村民家，共有学生 39 人。斜泾大队办起两所耕读学校，分别设在三队村民张杏泉家和六队村民刘金泉家，共有学生 38 人。友谊大队办起 1 所耕读学校，设在一队师沽泾一村民家，共有学生 25 人。耕读教师均由苏州插队知识青年和域内知识青年担任。1969 年后，耕读学校解散。

四、中学教育

1970年,按照"初中不出片,小学不出大队"的要求,大渔学校在城北公社率先试办初中班(俗称"戴帽子"中学)。时设初中一年级,有学生2人,由教师朱润和李宗武负责。1976年,斜泾小学开办初一班,有学生22人。1977年友谊小学也附设初一班,有学生20人。1978年,斜泾小学、友谊小学的初中生并入大渔学校初中部。当时,大渔"戴帽子"中学有学生150人,任课教师6人。"戴帽子"中学的学生文化知识水平很难达标。1979年,大渔学校初中班并入昆山红旗中学。1980年后3个大队的小学毕业生入读昆山城北中学。

大渔中学七八届40周年同学会全体师生留念(2018年,张国忠提供)

五、成人教育

(一)扫盲

中华人民共和国成立前,境域内大多数村民生活贫困,识字村民寥寥无几,成年农民文盲率高达94%。

1950年冬，境域内以自然村为单位，组织开设夜学班（夜校）、冬学班（冬季农闲），对村民进行文化教育。域内小学教师在夜校班、冬学班上担任义务教书人，教村民识字。村民中涌现出一批学习文化的积极分子。

1956年3月，中共中央、国务院发出《关于扫除文盲的决定》，推动村民的扫盲教育。1956—1957年，境域内3个高级社全面开展扫盲教育，社社开设扫盲夜校。学校为参加扫盲人员制订计划：每天要识10个字，一个冬学季要识500个字。学习内容以《农民识字课本》为主。学员随身携带识字卡，农作时兼学农活、农具名称等。

1957年冬，一批高小毕业生充实到扫盲教师队伍中，担任夜校班、冬学班的"小先生"，取得较好的成效，使域内文盲率从94%降至53%。

1964年，域内3个大队开办规模不等的青年识字班。1966年，"文化大革命"开始，农民业余教育终止。

1971年，昆山县召开全县扫盲工作会议。1972年，域内3个大队纷纷开办政治、文化夜校。

1979年，大渔大队开展农村扫盲工作，采取办文化班的形式，选用包含1500个常用字的扫盲课本，实行包教包学，为通过考试达到脱盲要求的人发证书。至1984年春，境域内非文盲率达到88%。至1988年，青壮年非文盲率达到92.2%。

(二) 培训

90年代，境域内在完成农村群众扫盲工作以后，以科技兴农为牵引，积极开展农民实用技术培训。凡从事种植、养殖的专业户均参加各类实用技术培训。

2003年年底，昆山市委、市政府提出"人人有工作、个个有技术、家家有物业"的"三有"工程。域内从事农副业的村民，全都参加市、镇组织的各类实用和专业技能培训。2012年后，大渔村全面推进新型农民培养。至2019年，大渔村从事农副业经营的专业户拥有各类专业技术证书的比例达100%。

第二节 医疗卫生

一、医疗机构

中华人民共和国成立前,境域内无医疗机构和医务人员。时有苏北籍游医(俗称郎中)在大渔、斜泾、友谊一带走村行医。村民小病尚能得到初步诊疗。中华人民共和国成立后,域内医疗卫生情况逐步改善。

(一)联合诊所

中华人民共和国成立后,党和政府十分关心农民群众身体健康,积极推行组建联合诊所。境域内由申平、陈耀中、王一鸣自发组织,租用白窑村民住房,开设联合诊所。1955年,该联合诊所自行解散。

1956年,巴城斜堰诊所迁至大渔白窑,成立"环城区大康联合诊所"。该诊所由皋宝琛医生牵头,有医务人员5人,时设中医内科、外科、妇科、针灸科和西医内科。诊所中西医结合,内外科兼治,四里八乡患者纷纷前来就诊。

(二)保健卫生室

1958年,境域各大队纷纷组建保健卫生室。域内大渔、斜泾、友谊大队分别选送沈阿木、夏银仁、沈兴宝3位青年,参加昆山县农村卫生员速成班培训。速成班由马鞍山公社医院(玉山医院前身,今昆山市第二人民医院)医生进行医务知识授课,地址设在庙泾的太阳庙,参加培训人员(包括城北、新镇公社)共有37人。此后沈阿木等3人赴苏州卫校继续培训,由苏州地区人民医院医生授课。经培训获得结业证书后,各自回所在大队,担任大队保健卫生室的卫生员。

大渔、友谊大队卫生室均设在大队部,面积约有20平方米。斜泾借用四队社员顾凤元家一间房屋，作为大队保健卫生室。卫生室备有治疗伤风感冒、腰肌劳损、皮外伤等常见病的药品和常用的医疗器械。卫生员还常背着药箱到场头、田头、村民家中，为社员治病。

1966年，友谊大队推荐青年谈得喜参加由昆山卫生局、苏州医学院联办的农村卫生员学习班。谈得喜脱产学习两年，期满后回大队负责卫生保健工作。

（三）合作医疗卫生室

1969年，境域内各大队兴办农村合作医疗卫生室，大队保健卫生室更名为大队合作医疗卫生室。医务人员统称为"赤脚医生"。

大渔大队卫生室由城北公社卫生院先后派出全科医生徐仁福、陈定雷、姚振国、蒋仁基和莫守白等医生常驻。他们和大队赤脚医生一起，深入农村基层，为村民提供医疗服务，起到传帮带的作用。1976年8月，城北公社建立合作医疗管理委员会，域内3个大队合作医疗由原来的队办队管改为队办社管。

1984年，卫生部规定取消"赤脚医生"名称，对考试合格者改称"保健医生"，不合格者则称为"卫生保健员"。境域内3个大队的赤脚医生通过考试后，均获得"乡村保健医生"的职称，继续在农村医疗卫生事业上发挥积极作用。

1990年，境域内按照"坚持集体，一村一室，合医合药"的原则，建立村合作医疗卫生室。

自90年代起，境域内3个村卫生室的医疗条件得到长足发展。合作医疗室的面积增至50平米以上，做到诊疗室、观察室、治疗室三室分开。

1998年，境域内3个村卫生室均达甲级卫生室标准。

（四）村（社区）卫生服务站

2005年，大渔新村建立大渔村（社区）卫生服务站。服务站面积达250平方米，设施配套齐全。服务站有朱其兴、杨丽华2名全科医生（表6-1），做到"小病不出村就能医治"。

村级卫生服务站的基本工作职责：① 开展门诊，巡回医疗。送医送药上门，建立家庭病床等。为患有心脑血管疾病、中风、肿瘤、骨折等患者建立家庭病床。② 疾病预防。保证计划免疫指标落实，开展传染病预防和上报工作，常年免费为居民群众提供测血压、量体温等健康服务。③ 日常保健。开展对辖区内老年人、妇女、儿童的保健工作。年均1~2次对60周岁以上老年人进行常规免费体检，及时发现潜在各类疾病，最大限度地保障老年人身体健康。④ 康复医疗。发挥康复医疗作用，对辖区残疾人和慢性病患者开展日常康复工作。在医疗服务区户籍人口中，为慢性病患者建立医疗档案、个人保健手册。⑤ 健康教育。通过宣传栏等各种途径，引导居民群众养成良好的卫生习惯和生活方式，培养健康的行为规范和心理素质。开展母乳喂养指导和心理咨询。

大渔村（社区）卫生服务站（2019年，罗英摄）

表6-1　2019年大渔村（社区）卫生服务站医务人员名单

姓名	性别	职务	姓名	性别	职务
杨丽华	女	全科医生	张静洁	女	护士
朱其兴	男	全科医生	薛金华	女	出纳

二、妇幼保健

(一) 妇女保健

1966年,境域内彻底淘汰"老法接生"。3个大队培养"新法接生"员。大渔的何菊珍、斜泾的董招娣、友谊的沈阿娥3人,经培训后担任"新法接生"员。当时,孕妇由大队妇女主任带领去公社卫生院检查,分娩均在公社卫生院或县级医院进行。1973年,3个大队组织1 000余名已婚妇女到公社卫生院进行妇女病普查。有20名妇女查出患有各类妇女疾病并得到及时治疗。

1984年起,境村域内每年对育龄妇女进行妇科病检查。2013年起,大渔村内18~65周岁的妇女每年进行妇科病检查。2017年起,检查项目增设宫颈癌、乳腺癌的筛查等。2019年,大渔村有228人进行妇科病检查和"两癌"筛查。

(二) 儿童保健

中华人民共和国成立后,政府十分关心儿童成长。境域内儿童接受上级卫生部门发放的各类预防药品。1958年,1~2岁儿童全部种上"天花"疫苗。1963年,幼儿接种白喉、百日咳等疫苗。1970年,域内定期组织1~7岁幼童到城北公社卫生院体检。1974年,儿童服用预防小儿麻痹症糖丸。1990年后,域内在每年"六一节"前后,都组织村儿童进行健康检查。2000年后,儿童保健得到进一步加强和拓展。大渔村域的儿童由江浦社区服务中心承担。2009年,大渔村按卫生部妇幼保健与社区有关儿童健康管理的内容,为常住儿童开展免费体检。体检分为满1个月、3个月、6个月、8个月、12个月、18个月、24个月、30个月和36个月九个时间段进行。初入幼儿园的儿童也需要进行体检。同时,0~6岁儿童需要接种卡介苗等各种疫苗。2019年,大渔村儿童参与体检率和疫苗接种率均为100%。

第三节 血吸虫病防治

一、查螺灭螺

大渔村地处昆北水网地区，地势低洼，河港交叉，潭溇众多，荒滩遍布，属血吸虫的高发地区，众多村民患有血吸虫病。50年代中期，在昆山县血防站组织下，域内对螺情进行调查摸底。据统计，域内有螺面积达65万平方米，域内20多条大小河道、多个碟形洼地和部分低田均查到钉螺。

中华人民共和国成立后，在昆山县血防站指导下，境域内各村组织开展对于血吸虫病中间宿主钉螺的排查，发现一处，杀灭一处。同时，积极医治患有血吸虫病的村民。

1965年，境域内3个大队增设负责血防工作的副大队长一职，各小队设有血防员一名，专司血吸虫病的查螺、灭螺工作。域内3个大队组成查螺队，对所辖区域进行地毯式查找钉螺。后，每年春季均开展查螺、灭螺工作。时任血防大队长分别为大渔的杨大弟、斜泾的金云龙和友谊的顾大奎。

60年代中后期，在上级血防部门指导下，每年春季域内3个大队开展大规模查螺灭螺工作。一旦发现螺情，就采取土埋法、火烧法、药液浸杀法等多种途径进行灭杀。斜泾大队在螺情严重的"道字圩"近百亩荒滩塘地，组织劳动力清理芦苇、杂草，在荒滩周边，开挖深沟，将钉螺埋入深沟，上面加盖泥土夯实，封杀钉螺。水稻田的螺疫采用五氯酚钠喷洒进行灭杀。

70年代，境域内3个大队在水利建设（域内河道整治）中，通过填埋老河和荒滩，有效地控制钉螺的滋生。

80年代后，境域内3个村持续组织人员进行复查、复灭工作。至1983年，

3个村彻底根除血吸虫病的源头。

二、防病治病

中华人民共和国成立前,境域内村民遭受血吸虫病的严重危害。

中华人民共和国成立初,域内有70%的村民患有血吸虫病,其中有1户从苏北流迁到此,夫妻双双因患血吸虫病而亡,留下孤儿一人。

1951—1955年,上级组织医疗队巡回医疗,对血吸虫病患者进行药物治疗。1956年,域内组织患者分批去巴城血吸虫病防治组进行治疗。是年3~7月,江苏省医疗队进驻城北,对患者进行治疗。1957年,大渔白窑村的祠堂被定为血吸虫病防治点,对200多名患者分批进行治疗。1958—1963年,连续5年收治村患者。其间,又组织两批患者到昆山大西门血吸虫防治点治疗。1970年,城北卫生院对域内赤脚医生进行血吸虫病治疗培训,境域内3个大队掀起查病治病高潮。利用春、秋、冬三季农闲时间,赤脚医生根据患者病情轻重,采用口服锑-273片剂15日等疗法,结合中西医方案治疗。用蛇床子、柏树叶、马鞭草等十几味中草药熬成的汤剂,成人和未成年村民饮用后,疗效明显。1976年,域内血吸虫病患者绝大多数被治愈。1985年后,境域内3个村再无新的血吸虫病患者。

第七章 文化体育

　　旧时大渔境域内文化体育活动贫乏。传统文化活动以宗教活动遗留下来的宣卷、堂会、农闲书场为主，群众体育活动仅在传统节日才有调龙灯、舞狮子、踩高跷等活动，平时只有举石担、丢石锁等活动，比较单一枯燥。

　　中华人民共和国成立后，文化事业逐步发展。50年代，境域内组建农村俱乐部；60、70年代，组建青年娱乐队，与此同时有线广播逐步进入农村家庭；80年代后，电影、电视成为时代潮流。90年代，体育活动逐步丰富，域内农民体育代表队多次参加乡镇农民运动会，并获得佳绩。跨入21世纪，为进一步丰富群众文化、体育生活，大渔村开设了老年活动室、图书室，建起了篮球场、室外健身场地等，并增设了文化工作宣传专栏、卫生医疗常识普及专栏等设施。随着生活水平的提高，村民对健康的愿望日趋迫切，各种健身体育活动普遍开展。

第一节 文 化

一、文化设施

(一) 茶馆书场

旧时,茶馆书场是村民主要娱乐场所,喝茶听书,谈天说地。民国时期,域内三官堂自然村张福师家曾开设"农闲茶馆",供村民喝茶听书。"农闲茶馆"一般上午供茶水,下午与晚上有听书演唱,在农闲、节日期间常邀请周边地区评弹、评话艺人来茶馆演唱。演唱节目有《三笑》《珍珠塔》《孟丽君》《三国》《包公案》《水浒传》等。村民边喝茶边听书。书场设施比较简单,靠墙搭简易的舞台,台下放桌椅。说评弹分"双档""单档",为"小书";说评话为"大书"。演出每场两小时,中间休息片刻,听客一般为十几二十人不等,可自带茶水,也可由书场供茶。1948年三官堂农闲茶馆停业。

(二) 电影

1955年5月,昆山县影剧管理处电影队在境域内首次放映电影,此后开始深入农村巡回放映。初期,每年平均放映2~3场。村民自带凳子,路程较远或偏僻的自然村的村民则摇船前往。大伙集中在小学操场或大队部前广场观影。60年代始,巡回放映场次增多,偶尔也有大队包场。

1975年,城北公社组建电影队到各大队巡回放映。放映费均由大队支付。每个大队每年放映7~8场。

1980年,由于电影队购置了挂桨机船和发电机,船运替代了人工肩扛手提,而且放映不受停电影响。电影队每年平均放映14~15场次。1983年,实行定点定时放映,每月放映2场。

当时主要放映的有《红灯记》《沙家浜》《智取威虎山》《红色娘子军》等8部"样板戏"。改革开放后，电影放映以故事片为主，如《上甘岭》《南征北战》《地道战》《地雷战》《闪闪的红星》《洪湖赤卫队》《渡江侦察记》《江南村的妇女》等，还有惊险谍战片《古刹钟声》《永不消逝的电波》和传统舞台艺术片《梁山伯与祝英台》《天仙配》《红楼梦》等。每场同时放映新闻纪录片，报道国内外大事，也宣传党的方针、政策。有时结合农时、政治活动和人民生活，放映有关农业生产、计划生育、卫生知识等的主题科教影片。

每逢放映电影，村民都早早吃了晚饭，锁上家门，提前来到放映场地。露天电影的放映不仅丰富了村民的文娱生活，同时还可让村民了解时事，增加科学知识。进入80年代，由于电视的出现，乡村电影放映逐渐淡化，到80年代后期，随着电视的普及，乡村电影放映最终消失。

(三) 广播

1958年，马鞍山公社建立广播站，在每个大队装2~3只广播喇叭，均装于大队部或大食堂，因无广播专门线路，需借用电话线路接通。在"三年困难时期"，因维修、管理不善，线路毁坏，广播终止。

1964年，大队重新安装广播，以毛竹、木棍架设简易专线。70年代初，广播喇叭逐渐发展到各个生产队，走向社员的家庭。各大队均配备1名专职广播线路员，斜泾大队由陈昌发负责，大渔大队由郁阿兴负责，三邻大队由李长林负责，并协助广播站做好广播线路的日常维护。架线材料由于不牢固，时有被风雪折断而致播音中断的现象发生。广播内容主要由公社广播站转播县广播站节目和公社自备节目。广播站全天分早、中、晚三个时间段播音，共播音8.5小时。1970年，广播喇叭入户率达70%，架线材料全部由高5.2米的水泥方杆替代。同时，各大队安装25瓦高音喇叭，还安排1名业余通讯员为广播站撰稿，报道生产、丰收及各项中心工作等信息。

1976年，架设线路的材料得以更新，以水泥圆杆替代方杆，以增强线杆的稳定性。

1983年，由广播站筹措资金、设备，各村统一建立村广播室。1986年，域内实行广播线路员岗位责任制，进行百分考核，有效地保障线路畅通、用户喇叭播放正常。1987年，动圈喇叭替代原来的舌簧喇叭。至1990年，广播入户率达74%，接收率达100%。村民不仅能从广播喇叭中收听时事新闻、天气预报等，还能收听农科站防治病虫害的通知及用药的指导方法，及早做好农作物的病虫害预防工作。村广播室的建成便于村内的工作开展，有些重要事情也可通过村广播室播音宣传。

（四）电视

20世纪70年代末，村民家庭拥有9寸、12寸黑白电视机的极为稀少。当时大渔三队和十二队集体购买了一台29寸黑白电视机，放置在生产队公房内，并请木工做木箱及木架存放电视机，配备专人管理放映。室外用毛竹竖起高高的电视天线。当时接收电视信号比较麻烦，一人转动天线，一人调试，中间有一人传递信息。当搜寻到所需的频道且画面清晰时，中间传递信息者告诉转动天线的人停止转动，并固定位置、绑牢毛竹。当时的电视机能接收到中央电视台第一、第二频道和上海电视台一、二频道的电视节目。

（五）图书室

并村前，斜泾、大渔、三邻各村均有图书室，但因藏书量少，管理松懈，甚至无人管理，村民只借不还，图书遗失量较大。2001年并村后，村委会集中各图书室的藏书，在村服务中心活动室二楼建立村级图书室。2008年图书室对外开放，共有2间，面积约80平方米，内间藏图书，外间为阅览室，并配备6台电脑，供读者上网查阅材料。图书室共有藏书3000余册，各种报刊20余种。图书室对图书资料登记造册，输入电脑，健全借还登记制度。据统计，图书室每年接待读者人数达5000人次。

二、文化团队

（一）青年娱乐队

20世纪60年代中期，域内爱好文娱活动的青年人自发组建文艺队，排演戏剧、说唱、舞蹈、相声、小品等，清唱《梁山伯与祝英台》《珍珠塔》等民间传统剧目片段，特别是斜泾文艺队演出的《双推磨》《刻骨深仇》等节目，深受群众的喜爱。1964年，域内排演的锡剧《刻骨深仇》参加昆山县文艺汇演，荣获二等奖。

（二）宣传队

70年代，群众文艺宣传极为普遍。域内3个大队均成立宣传队（"文化大革命"期间称毛泽东思想宣传队)。每个宣传队有队员20名左右,统一由大队团支部选拔,定期集中排练。节目小型、多样,有说唱、独角戏、相声、舞蹈、快板、对口词、合唱等,还有自编小戏(锡剧、沪剧)以及"样板戏"。除在本大队演出外,逢年过节各大队宣传队还相互邀请巡回演出。因节目质量较高,宣传队曾多次参加昆山县文化馆在工人文化宫组织的全县文艺汇演。如斜泾宣传队演出的相声《道字圩的巨变》、舞蹈《大寨亚克西》,深受群众的好评。1989年业余文艺爱好者陆志良的小说《送礼》在《华东信息报》上发表,锡剧小戏《送酒》刊载于《江苏戏剧丛刊》。

(二) 文艺表演队

进入2000年之后,域内群众文艺表演更上一层楼。大渔村文艺表演队经常在村与村之间巡回演出。2010年,舞蹈《全家福》荣获玉山镇人民政府、玉山镇文化体育站颁发的"表演奖";2011年,文艺表演队组织文艺爱好者进行打莲厢骨干培训,参加各单位举办的文艺演出10场次,其中舞蹈《灿烂阳光》获昆山市玉山镇人民政府颁发的"'和美村庄和谐社会'文艺汇演表演奖"。2012年,文艺表演队参加各类文艺演出9场次,在"快乐好生活·精彩万花筒"昆山高新区新农村文艺展演比赛中荣获高新区文化体育站颁发的"优秀表演奖"。2013年,文艺表演队除保留传统的节目外,刻苦排练新舞蹈《好运来》《又唱江南》,并在展演中得到村民的赞扬和昆山高新区文体站领导的好评。2014年,昆山高新区在广福村举办农村文艺展演活动,大渔村文艺表演队在展演中再获"优秀表演奖"。

大渔村文艺队参加昆山高新区文艺展演(2012年,大渔村村委会提供)

第二节 体 育

一、体育设施

20世纪60年代，域内体育设施较为简陋。1963年，大渔、斜泾组建篮球队时，没有一副标准的篮球架。村民用两根木棍钉上木块拼成一块木板，再装上一个铁圈，竖在场边当作篮球架。

乒乓球是广大青少年的爱好之一。1964年，大渔大队和斜泾大队的礼堂内各有一套乒乓球桌，但是这不能满足乒乓球爱好者的需要。学生利用放学后的时间，用课桌拼成长桌进行乒乓球练习。星期天和节假日有的用两扇门搭成长桌练习，有的实在没有球台就练习颠球，或对着墙面对打，练习接球等基本功。

除了球类活动外，还有棋类，特别是象棋，因其不受场地的限制，在大石块上、方凳上或是方桌上都可进行。象棋爱好者常常是两人对弈，众人围观。有些棋迷水平相当，一战就是几十个回合，常常对战到深夜。

1963年，大渔、斜泾组建篮球队以后，与其他大队的篮球队开展多次联谊赛。在"文化大革命"期间，青年村民的军训替代了一部分体育活动。

70年代初，普遍开展群众性游泳活动。1971—1972年，斜泾、大渔、友谊大队各组织游泳好手10人，参加城北公社选拔，然后参加昆山县举办的"畅游青阳港"纪念毛泽东畅游长江的游泳活动。

80年代末，各村建立老年茶室、棋牌室。三村合并后，大渔村在大渔新村新建80平方米、能同时容纳30~40人的老年活动室。为方便群众活动，2010年大渔村村委会在大渔和斜泾两个集中居住小区设健身场地，安装各种体育健身器材，有二人太空漫步、高低双杠、上肢牵引器、三人扭腰器、太极推手、多功能训练器、健身跷板、直行云梯、四位蹬力器、健骑器、腹肌架等，并修建标准篮球场一块，增设乒乓室等。

2014年，大渔村投资49万元建成面积为600平方米的门球场。

二、群众体育

（一）跳绳

跳绳深得大家喜爱，尤其是少年儿童。域内学校把跳绳作为重要体育项目，在体育课上组织学生练习，从单跳、双跳到组合跳、花样跳，还定期开展跳绳比赛。工作之余，域内成年人把跳绳作为娱乐兼健身的首选活动。在各家的场地、庭院里，常见大人带着儿女在练习跳绳。

（二）踢毽子

踢毽子是域内青少年中最为流行的一种传统游戏。这种游戏既能娱乐又能健身，一些成年人也常以踢毽子来锻炼身体。在校学生基本人手一个自制毽子，踢毽子高手也因此而生。进入21世纪，村域内除了在校学生外，成人踢毽子活动逐渐在减少。

踢毽子
（2019年，顾建明画）

（三）拔河

拔河比赛是一项体现团队合作、发挥整体力量的体育活动。大渔、三邻、斜泾、（砖瓦厂）组成的西片代表队在1987年城北乡第一届农民运动会上荣获冠军后，在历届玉山镇举办的全民运动会上也屡屡夺魁。

（四）球类

乒乓球和篮球是村域内青少年的爱好，在工作、学习之余常开展乒乓球、篮球活动。小区内标准球场及乒乓球室内时常喝彩声不断，有时还进行友谊比赛，切磋球艺，增进友情。

（五）棋牌

域内建立老年活动室后，每日清晨及饭后，域内老人集中于此，边品茶边对弈或打牌。棋牌活动在老年人中广泛开展，成为"老有所乐"的一项重要活动。

（六）晨练

2006年前后搬入集中居住小区后，村内村民晨练健身活动逐步兴起。每日清晨，人们徜徉在小区的小花园中，舒展手脚，呼吸新鲜空气，悠然自得。有村民沿着杜克大道跑步到大渔湾活动中心然后折返，甚至有人坐早班公交车到亭林公园开展登山、打太极拳、舞剑等多样的健身活动。

（七）广场舞

2009年开始，广场舞在域内悄然兴起。随着新农村建设的推进，人们对文化生活的追求和强身健体的欲望日趋强烈。广场舞备受青睐，迅速成为热门活动。跳广场舞的以40～65岁的妇女为主。小区篮球场及稍空旷的地带是广场舞的首选之地。

每个场地的广场舞参与者在30～60人，设备由爱好者自备。每天晚饭后，领队带上便携式音响来到小区球场或空旷地带开始跳舞，参与者陆续加入，活动时长大约为1.5小时。

三、体育赛事

1987年4月，城北乡举办首届农民运动会，历时三天，斜泾、大渔、三邻（包括城北砖瓦厂）组成西片农民代表队，参加篮球、乒乓球、棋类、田径、拔河等十多个项目的比赛。参赛运动员共45人。在此次运动会中，西片农民代表队获得拔河比赛冠军，于白妹获女子田径800米冠军，其他比赛项目也获得较好的成绩。在1991年9月和1995年9月举行的第二届、第三届农民运动会上，代表队同样取得较好成绩。2007年，大渔村在昆山市"泾河杯"农村健身球操比赛中，获昆山市老年人体育协会颁发的"优秀奖"；2008年在各单位举办的农村健身球操比赛和中老年健身风采邀请赛中共获奖10次，其中在"闹元宵"老年人健身风采展演中获昆山老年人体育协会颁发的"琼花奖"。大渔村健身广场站点在2013年度组织健身活动中表现突出，被昆山市体育局评为"优秀健身站点"。

自2015年组建老年门球队以来，老年门球爱好者每天（雨天除外）活跃在球场，刻苦练习，积极参加各级比赛。2015年，门球队获村级一分会第二十三届门球联谊赛冠军；2016年，获昆山高新区"德丰利达杯"中国门球冠军赛季军；2017年，获昆山高新区第四届"老龄杯"门球赛暨昆山市百队大赛选拔赛季军；2018年，获村级一分会第二十八届门球联谊赛亚军；2018年，获昆山高新区第五届"老龄杯"门球赛暨昆山市百队大赛季军。

2019年昆山高新区举办退役军人三人篮球邀请赛。大渔村退役军人篮球队参加比赛，荣获亚军。

第八章　精神文明建设

　　20世纪60年代,村民思想觉悟普遍提高,形成做好事不留名的浓厚氛围。改革开放后,村党支部带领群众在建设社会主义新农村中,重视社会主义精神文明建设,开展"文明新风户""文明和谐家庭""文明村"等评比活动。从尊老爱幼做起,从身边的事做起,人人参与、户户评比,取得很好的效果,使社会新风深入人心,身边也涌现出一批引领社会新风的榜样人物。

第一节 思想道德教育

一、学雷锋活动

1963年3月5日,毛泽东题词"向雷锋同志学习"发表后,域内3个大队号召广大群众广泛学习雷锋的共产主义精神,争当雷锋式好青年、好社员、好学生、好干部。各单位宣传雷锋事迹,学习《雷锋日记摘抄》,把雷锋日记中的内容作为宣传标语张贴在教室、大队办公室和生产队集中开会的地方。各大队文艺宣传队也把雷锋事迹及学雷锋先进事迹搬上舞台。每年各单位还要评选学雷锋先进集体和先进个人。1966年起,学雷锋运动受到严重影响。1977年,中共中央再次发出"向雷锋同志学习"的号召,境域内学雷锋运动又积极开展起来,特别是青年团员,自觉地以雷锋为榜样,积极为孤寡老人、"五保户"做好事,帮助他们打扫卫生、提水、担米、求医送药,为生产队填平草泥潭、割田岸草,等等。学校在农村收割季节组织学生拾稻、麦穗。境域内出现了一大批学雷锋的先进集体和先进个人。

家庭联产承包责任制实行后,各村继续做好社员的思想道德教育工作,开展争做"四有新人"等活动,使得思想道德教育逐步深化,社会风气得到进一步净化。90年代开展群众性的社会主义精神文明建设,与学习雷锋相结合,把培养"四有"公民作为根本任务,强化村民的道德修养和文明行为,开展文明创新系列活动,评比"文明新风户"等。

二、"五讲四美三热爱"活动

1981年2月25日,全国总工会、共青团中央、全国妇联、中国文联等9个单位联合发出倡议,号召全国人民特别是广大青少年开展以"讲文明、讲礼貌、讲卫生、讲秩序、讲道德"和"心灵美、语言美、行为美、环境美"为主要内容的文明礼貌活动。"五讲四美"活动在域内3个大队也开展起来,各大队党支部从改善社会风气、建设社会主义新农村的需要出发,把学雷锋、树新风与"五讲四美"结合起来,使传统美德融入现实生活中,塑造新一代农民形象。1983年年初,"五讲四美"又增加了"三热爱",即热爱祖国、热爱社会主义、热爱中国共产党。各村党支部以坚持党的领导、坚持社会主义信念、坚持集体主义思想为主要内容对干部群众进行教育。1983年是境域内各村实行家庭联产承包责任制的第二年,也是村民户售公粮的第一年。村民们自觉挑选好粮,晒干扬净缴公粮。斜泾村224户农户,88.7万千克公粮,仅7天就完成任务。三邻村距离粮库路程较远,村民家家起早摇船去交公粮(因无公路),全村67.2万千克公粮按时完成。

"五讲四美三热爱"教育活动的开展,使社会风气得到根本的改变。境域内出现"五多五少"新气象:爱党、爱国、爱社会的人多了,不良现象少了;讲文明、讲礼貌、讲卫生的人多了,不讲文明、乱扔乱倒垃圾的人少了;尊老爱幼、助人为乐的人多了,推诿、不孝敬父母的人少了;和睦、团结的人多了,婆媳不和、宅地纠纷的现象少了;讲科学、学文化、学技术的人多了,搞赌博、迷信活动的人少了。

三、学习社会主义核心价值观

1985年起,境域内各村根据不同群体有重点地开展争做"四有"新人教育活动,对在集体企业上班的职工重点进行爱岗敬业、遵纪守法、学习文化、多做贡献等方面内容的教育,对务农家庭侧重进行遵纪守法、勤劳致富、移风易俗,计划生育等方面内容进行教育。对党员干部进行党的宗旨教育,即坚持全心全意为人民服务的宗旨。

2001年8月境域内三邻、大渔、斜泾三村合并为大渔村,并村的第一年就荣获中共昆山市委员会、昆山市人民政府颁发的"2001年度双文明建设先进村"奖牌。2002年起，村党支部组织党员干部开展"三个代表"学习教育，结合村实际情况开展工作。

2006年10月，中共十六届六中全会明确提出了社会主义核心价值观。村党总支坚持全民行动，干部带头，从家庭做起，从娃娃抓起，认真学习社会主义荣辱观，2007—2011年，各方面都取得佳绩。

2013年12月中共中央明确提出以"三个倡导"（即"倡导富强、民主、文明、和谐，倡导自由、平等、公正、法治，倡导爱国、敬业、诚信、友善，积极培育社会主义核心价值观"）为基本内容的社会主义核心价值观，大渔村在村间道路、小区文化墙、广告栏等众多地方安放"社会主义核心价值观"的宣传牌，宣传工作做到实处。

四、志愿者服务

进入2000年以来，大渔村党支部统一部署，继续发扬雷锋精神。村志愿者服务活动就是当年学雷锋活动的延续。大渔村的志愿者服务队主要由村委会部分退休干部、党员、团员及积极上进的年轻人自发组成。哪里有困难，哪里就有志愿者服务队的身影。他们把"了解民情、当好知音、服务民生"作为服务理念，用真情爱心走遍了全村。

2016年年底，村委会接昆山市气象局强降雪预警后，设立大渔村应急办公室，成立降雪期间应急小分队，实行24小时轮班制，组织安全隐患巡查，实地了解灾害风险情况。25日晚至26日早间，强降雪导致村内的主要道路、路口积雪严重。应急小分队全力扫雪，确保主要道路能够正常通行，对冻坏的供水设备进行抢修。

扫雪（2016年，大渔村村民委员会提供）

为丰富广大妇女的业余文化生活，培养妇女热爱生活、热爱艺术的生活态度。2017年3月8日，志愿者服务队在大渔村开展了一场花艺课堂，邀请本村及邻近一些村对插花艺术感兴趣的女性朋友一起欢度节日。

插花（2017年，大渔村村民委员会提供）

2017年6月1日，志愿者服务队积极为幼儿创造欢度节日的氛围，举办"踩气球、夹弹珠"等趣味亲子活动。

踩气球（2017年，大渔村村民委员会提供）

2017年8月，志愿者服务队得到村党总支的支持，邀请昆山市第一人民医院、市中医院等医院共计11名主任、副主任医师组成的医疗队在大渔村开展"惠民义诊"活动。此次义诊涉及精神内科、普外科、心血管科、儿科、骨科等多个专科。志愿者们为村民登记，引导村民第一时间找到对应的医师进行咨询。本次活动共接待村民60多人次。

义诊（2017年，大渔村村民委员会提供）

2018年5月，志愿者服务队开展走访慰问活动，对村域内7户困难残疾人家进行走访，发放慰问金、慰问品。在力所能及的范围内进行帮扶，走访一人、温暖一户、带动一片。

慰问活动（2018年，大渔村村民委员会提供）

2018年7月，志愿者服务队配合"331"专项整治，为每户村民发放干粉灭火器2个，并专门举行干粉灭火器使用现场演示教学。

灭火演示（2018年，大渔村村民委员会提供）

五、法治广场

精神文明建设离不开法治教育的主阵地。自1986年起，境域内已广泛开展村民普法工作的宣传教育。"七五"普法。并村前，各村党支部积极做好辖区内

村民的法治教育工作；并村后，村领导着重于村民的法律、道德教育。2011年7月，为村民放映教育片《弟子规》。2014年，结合国家宪法日组织村民开展法治宣传活动，在宣传栏和醒目的位置张贴海报，拉宣传横幅，为村民发放宣传资料。2016年，聘请丰田律师事务所律师为村法律顾问。2018年，联合娄江办事处举办国家宪法日活动。2019年11月，联合新疆阿图什市共同举行青少年"诵宪法、话宪法、护宪法"远程互动活动。是年12月4日，昆山市司法局联合大渔村、西塘小学举办"国家宪法日"活动。

六、道德讲堂

2001年并村后，道德讲堂每年开展多次。2019年，道德讲堂全年开课10次，以驻村律师为基础，给村民提供初步的法律意见和建议。大渔村村委会在村民集中居住区投资16万元，建成法治公园、民法主题长廊、宪法广场等，主要宣传民法、宪法以及法治典故和法治小故事。民法主题宣传栏每月更换一期。

大渔村分别在2006年、2009年获昆山市依法治市领导小组颁发的"昆山市民主法治示范村"荣誉奖状；2007年、2010年、2012年，分别被昆山市关心下一代工作委员会授予"全市关心下一代工作'五有五好'先进单位"和"2010年度昆山市零犯罪社区（村）"。

 ## 第二节　精神文明创建

一、文明家庭（户）的创建

1989年4月，玉山镇政府开展农村"文明新风户、文明家庭"创建活动。各村利用画廊、黑板报等多种形式，积极宣传，广泛发动，把"两个文明"建设的标准及要求发至每家每户,做到家喻户晓。

"文明新风户"有 10 条标准:无抛荒田,无超计划生育,无扩大宅基地,无逃避服兵役,无封建迷信活动,无赌博、违法犯罪,无虐待、打架和非正常死亡,无不道德恋爱、包办婚姻,无辍学现象,无不卫生习惯和脏、乱、差现象。

"文明家庭户"有 10 个要求:有"新风户"牌子,有一人是党员或团员,有一人是先进生产者或工作者,有相当于初中的文化水平(45 岁以下的成人),有助人为乐、护法斗争的事迹,有和睦相处的家庭氛围,有团结和谐的邻里关系,有卫生的饮用水源,有整洁的室内外环境,有不在河里倒马桶的习惯。

"文明新风户"每年评选一次,评选工作要经过家庭(个人)自评、群众互评、评议小组初评、村委会审定、出榜公布、挂(钉)牌等流程。至 2000 年,3 个村评选出村级"文明新风户"313 户,其中大渔村 141 户、三邻村 65 户、斜泾村 107 户;从"文明新风户"中评选出"文明家庭"280 户,其中大渔村 126 户、三邻村 58 户、斜泾村 96 户。

3 个村合并后,村域内"文明新风户"评比活动的标准更高、要求更严,村民道德素养不断提高,"文明新风户""文明家庭"不断增加。2001 年,大渔村被中共昆山市委、市政府授予"2001 年双文明建设先进村"荣誉称号,2008 年获苏州市精神文明建设指导委员会授予的"2006—2008 年创建文明村工作先进村"荣誉称号。

文明新风户铭牌(2019 年,顾建明摄)

2010年，大渔村开展"文明和谐家庭"创建活动。各家庭之间互相支持、互相帮助、互相监督，争创"文明和谐家庭"。至2019年，全村有58户被评为镇、市级"文明和谐家庭"（表8-1）。

大渔村"文明和谐家庭"铭牌（2019年，顾建明摄）

表8-1　2010—2019年大渔村（镇、市级）"文明和谐家庭"表彰情况一览表

年份	获镇级表彰"文明和谐家庭"名单	获市级表彰"文明和谐家庭"名单
2010年	郁建明、陈凤良、李德林、沈顾弟 沈惠元、石阿桂	—
2011年	陈惠元、杨连宝、周巧芳、王粉莲 钱雨明、陈玉章、费梅生	—
2012年	全二男、俞宝元、朱忠仁、吉成凤 周巧珍、丁阿四、姚金奎、吴福全	—
2013年	杨大弟、钱建明、姜文彪、王招华 吴小弟、李红乾、钱雨明、费祖全 何巧珍、王昆英	沈小花
2014年	朱官信、许学红、余汉军、王友明 苏成坤、余宗明、罗红生、李凤明 陆爱生、李惠元	徐荣初

续表

年份	获镇级表彰"文明和谐家庭"名单	获市级表彰"文明和谐家庭"名单
2015年	余兴旺、承刘玲、赵观德	—
2016年	王泉林、沈锡元	—
2017年	王树英、周洪妹	须安德
2018年	王文龙、陆耀明、李长林	金歧元
2019年	彭芳、李秀珍、全福元	—

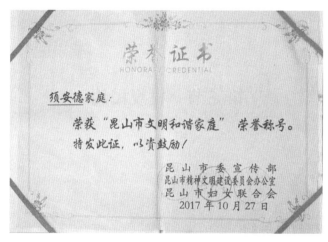

"昆山市文明和谐家庭"荣誉证书（2019年，顾建明摄）

二、文明村创建

2009年，大渔村申请创建苏州市"文明村"。对照文明村12大项目相关21条细则的创建标准，逐步落实，把着力点放在农村人居环境、卫生整治上。全村铺设水泥路6 300米，实现安装自来水入户率100%，新建公共厕所6间，新增垃圾桶120只，配备专职保洁员20余人，实行全天候保洁，保证全村垃圾日产日清，全村无传染病例，发现问题及时整改。先后于2014年和2018年通过了苏州市精神文明建设指导委员会考核验收，荣获2012—2014年度和2015—2017年度苏州市级"文明村"荣誉称号，2019年，被评为昆山市"文明村"。

大渔村文明村奖牌（2019年，罗英摄）

第三节 村规民约

一、大渔村村规民约

2003年，大渔村村民委员会制定出"大渔村村规民约"十条，并在第十届村民委员会第一次村民代表大会上通过并出台。2016年年底，村委会听取村民意见，根据本村实情，对村规民约做了修改和补充，于2017年开始实施。

大渔村村规民约：① 加强土地管理，服从建设规划，不私自违章搭建。② 拥护党的方针、政策，服从大局，配合政府完成动迁等各项工作。③ 遵守计划生育法律、法规、政策。提倡晚婚晚育，优生优育，坚决杜绝无计划非婚生育。④ 遵守社会公德，尊老爱幼，家庭和睦；村民关系融洽，团结友善，互帮互助。⑤ 遵守出租房屋规定，不租赁给无业人员和无任何证件者，配合政府、派出所加强外来人口管理。⑥ 不打架斗殴，不辱骂、诽谤他人，不扰乱社会秩序。维护正义，坚决与违纪违法行为做斗争。⑦ 崇尚科学、反对封建迷信，远离"黄、赌、毒"，积极参与健康文明的文体活动；婚事丧事不大操大办，破除陈规旧俗，反对铺张浪费。⑧ 爱护公共卫财物，维护村容整洁，不随地乱倒乱堆垃圾，不占道经营。搞好屋前屋后卫生。⑨ 不见利忘义，不蛮不讲理，不与政府讨价还价，争做文明的昆山人。⑩ 富有爱心，积极参与公益性事业，为村两个文明建设出谋划策。以上村规民约由村民委员会督促实施，对模范遵守以上规定者，将给予表扬或奖励，对违反村规民约者，应教育制止或取消福利待遇或按有关法律法规处理。

二、大渔村文明公约

2018年，昆山市委宣传部、市文明办创新推出昆山市民"文明十二条"1.0版。大渔村党总支带领全村村民学习，引导广大村民自觉摒弃不文明习惯，主动践行文明行为。2019年2月，大渔村村委会召开村民代表大会，广泛听取村民在践行过程中的宝贵意见，并根据大渔村实际情况进行修改补充。是年3月，大渔村村委会出台"大渔村村民文明公约十条"，并印发到每家每户。

大渔村村民文明公约十条。

遵纪守法，不打架骂人，自觉维护社会治安。

讲文明礼貌，不随地吐痰，不乱倒垃圾，不圈养家畜。

搞好房前屋后绿化，植树种花，美化环境。

关心集体，爱护公物，节约用水、用电。

维护公德，尊老爱幼，家庭和睦，争创文明和谐家庭。

自觉执行计划生育政策，不早婚超生。

提倡移风易俗，婚丧简办，反对铺张浪费。

邻里团结，不传闲话，不闹纠纷。

不参与任何邪教、非法宗教和封建迷信活动。

不酗酒，不赌博，健康文明娱乐。

三、大渔村家规家训

2018年，大渔村广泛开展家风、家规、家训宣传工作，给每户村民发放宣传单，要求每户设立家规或家训，在村宣传栏内宣传典型事例。

2019年，大渔村进行家规、家训摘录，共摘录家规家训200余条。此处列出最具代表性的几条。

与邻为善，勤俭节约，互帮互助。

提倡勤俭持家，节约光荣，浪费可耻。

无规矩不成方圆。

知书达理、勤俭节约、爱国遵法、服务社会。

诚实守信讲文明，规矩办事有原则。

亲贤者远小人，重礼仪讲诚信。

欲高门第须为善，要好儿孙必读书。

诚实做人，爱护乡邻，奉献守法。

第四节　凡人善举

一、和睦家庭

承刘玲，女，1962年8月出生，大渔村退休干部。承刘玲为人随和，待人热情，退休后的她并没有停止工作，而是担任了村里的计生宣传员。多年在村里的工作经历让她习惯在村里四处走访，及时与村民沟通。她与周围的邻居相处得十分融洽。由于她的儿子跟儿媳平时工作比较繁忙，照顾孙子孙女的重担就落到了她的肩上。她给了孩子无微不至的关怀，连儿媳都对她竖起大拇指。

承刘玲（2019年，大渔村村民委员会提供）

二、助人为乐

王泉生，1945年1月出生，中共党员，上海铁路局南翔机务段退休工人。"助人为乐，快乐自己"这是老王经常说的一句话，也是他助人为乐的动力。

王泉生是个热心肠，邻里有事他必伸出援助之手，热心帮助。邻里之间遇到了什么困难，也总是会想到找他帮忙，如谁家电灯不亮了，或是谁家电视机出现故障了，总爱找他来看看。他为邻居解决了许多实际问题，成了邻里的好帮手。他有个邻居患严重的帕金森病，常年卧床，依靠妻子照顾，十分辛苦。老王会时不时地去串门，帮助做一些力所能及的事。

王泉生
（2019年，大渔村村民委员会提供）

王泉生展示了一名共产党员的风貌。他没有惊天动地的壮举，只有点点滴滴的助人行为。他就是这样一个好人，从不计较付出，不要求回报。

三、相濡以沫

沈锡元，1943年3月出生，中共党员，为人随和、开朗、乐于助人，对待家庭细心负责。其妻患有精神障碍，基本的生活都不能自理。从妻子患病起，他悉心照料妻子，为妻子求医寻药、擦洗身子、洗衣做饭，数十年如一日，对妻子不离不弃，从无半点怨言。他任劳任怨，办事坚持原则，严格用共产党员的标准要求自己。

沈锡元（右一）（2019年，大渔村村民委员会提供）

四、敬业奉献

杨丽华，女，1976年10月出生，大渔社区卫生服务中心主任。她担任社区全科医生近20年来，一直认真钻研医疗技术，待患者如亲人。

杨丽华有着自己的愿望和理想，"在工作上，人人都希望成功，但是我最大的愿望就是在我的工作岗位上脚踏实地地做好本职工作，

杨丽华
（2019年，大渔村村民委员会提供）

为患者解除病苦，使其早日康复。这就是我的理想。"她是这样说的，也是这样做的。杨丽华对每一位来看病的患者都一视同仁，仔细询问、认真诊查，详细记录患者病情，根据病情对症下药。日复一日，年复一年，她就是这样坚守在自己平凡的工作岗位上。她用高尚的医德、良好的医风、过硬的医术，解群众之苦、保百姓安康。她没有令人羡慕的地位，但她有一颗为患者做好服务的心，一颗善良敬业的心。

五、孝老爱亲

顾为良，1968年11月出生，家住大渔村斜泾新村。

几年前，顾为良的父亲查出罹患肺癌。顾为良毅然放下工作，带着父亲求医，每周带父亲到上海进行化疗。其父虽然饱受病痛折磨，但享受了天伦之乐。父亲于2015年离世。母亲伤心过度，患上了脑梗。顾为良坚持每天和母亲交流，与母亲一同外出散步放松。母亲的身体逐渐康复，精神状态也日渐好转。

顾为良
（2019年，大渔村村民委员会提供）

第九章 人物荣誉

  中华人民共和国成立后，大渔境域涌现出一批能人志士，为大渔村的建设和发展作出了贡献。他们包括人民公仆、退役军人、企业精英、人民教师、白衣天使、先进人物等。他们在平凡的岗位上所做出的成绩和体现的精神，将激励大渔人奋发图强、开拓未来，创造更加灿烂的明天。

第一节 人物传略

王阿福（1902—1985），苏州香山人。王阿福为泥瓦匠，对清末民国初建筑颇有造诣，民国时期辗转至大渔境域从业，与三官堂自然村张姓木匠配合，为多家殷实大户建造圆堂房屋。20世纪50年代，王阿福落户定居友谊大队第八生产队，从事农村房屋修造等。60年代中期，开始收徒授业，带出十余位高徒。其婚后无子，属"五保户"。1985年，王阿福卒于三邻村，享年83岁。

李桂林

李桂林（1931—2002），大渔村（西堰头）人，1951年应征入伍，赴朝参加抗美援朝战争，曾荣立三等功2次。1957年10月复员返乡，参加家乡建设。1959年10月加入中国共产党，并担任友谊大队民兵营长。1962年3月任城北公社友谊大队党支部书记。1969年2月任友谊大队革委会主任。1971年任城北公社建筑站站长。1985年任城北镇砖机厂厂长。1991年荣获昆山市抗洪救灾先进个人。1992年退休后继续发挥余热，担任三邻村老年协会会长，直至并村。2002年去世。

李宗武（1938—1993），大渔村（林家浜）人，因父母早逝，在兄长关照下，完成大学学业。20世纪60年代初期，李宗武任教于大渔大队白窑小学，1964年任教于城西完全学校，后任教于大渔学校。1970年任教于大渔学校"戴帽子"初中班，1979年任教于红旗中学，1980年调入城北中学。

李宗武

第二节 人物简介

沈老大

沈老大 1934年11月生，大渔村（三官堂）人，1959年12月加入中国共产党。1966年任城北公社大渔大队大队长。1969年2月任大渔大队革委会副主任。1972年2月任大渔大队党支部书记、大渔大队革委会主任。1983年调任城北乡第一水产养殖场场长。1991年11月，回大渔村担任村经济合作社社长。1994年退休后，担任大渔村老年协会会长，直至3个村合并。

姚金奎 1946年8月生，大渔村（西官泾）人，1964年加入中国共产主义青年团。1966年2月加入中国共产党。1969年2月任城北公社斜泾大队民兵营长。1977年任城北公社斜泾大队党支部书记。1985年7月任城北香料厂党支部书记。1987年7月，因工作需要，再次回斜泾村任党支部书记。1991年11月任城北镇农业生产服务公司副经理。

姚金奎

李正茂，1957年9月生，大渔村（西堰头）人。1976年11月应征入伍。1979年初随军南下，属后勤保障部，1981年10月退役。

李正茂

高国良

高国良 1962年12月生，大渔村（红观音堂）人，1981年任城北乡村镇建设办公室副主任，并担任共青团城北团委组织委员，后兼任城北乡机关团支部书记。1983年参与筹建城北住宅公司，并担任公司总经理。1986年6月加入中国共产党，并担任城北住宅公司党支部书记、总经理。同时，还担任城北镇人民政府科技助理。其间，在职参加中共苏州市委党校（大专班）学习、上海复旦大学行政与人事高等专业班学习。1987年荣获共青团昆山县委"新长征突击手"称号、苏州市人民政府"劳动模范"称号、江苏省人民政府"劳动模范"称号。1990年以后，先后任城北火炬开发区项目部经理、城北私营企业投资园总经理。1994年至今，担任苏州市中欣建设发展有限公司董事长兼总经理、党支部书记。

季德虎

季德虎 1965年3月生，大渔村（吴家浜）人，通过自学，2007年取得香港商学院硕士学位。1983年11月应征入伍，1986年1月退役返乡。1995年赴广东省东莞市创业，经营塑胶颜料和助剂。2000年成立广东省东莞市彩虹塑胶颜料有限公司，担任董事长。2010年企业完成年销售额超亿元、上缴税收超千万元而受到表彰。2014年当选中国塑协多功能母料专委会理事长。2015年彩虹塑胶颜料有限公司进行股份制改革，取名广东彩虹德记颜料股份有限公司，季德虎任董事长。2016年企业被评为国家高新技术企业。2017年，广东彩虹德记颜料股份有限公司股票"彩虹颜料"在新三板上市。

第三节 人物名录

一、大渔村入党五十周年党员

至2019年12月，大渔村党总支部有11名共产党员光荣在党五十周年（表9-1）。

表9-1　2019年大渔村党龄满五十周年党员名录表

序号	姓名	性别	出生年月	组别	入党时间
1	徐吉祥	男	1945年6月	6	1966年1月
2	陆大弟	男	1938年6月	7	1966年1月
3	王泉生	男	1945年1月	12	1968年8月
4	沈老大	男	1933年1月	16	1959年1月
5	丁六弟	男	1928年11月	20	1959年9月
6	石阿桂	男	1931年10月	22	1955年2月
7	彭秀英	女	1942年1月	22	1966年1月
8	姚金奎	男	1946年8月	27	1966年2月
9	张阿妹	女	1938年10月	31	1955年1月
10	袁士炳	男	1933年6月	31	1966年1月
11	叶志英	女	1949年2月	34	1966年10月

说明：以村民小组为序列表。

二、大渔村退役军人名录

至2019年12月,大渔村共有退役军人115人。(见表9-2)

表9-2 大渔村退役军人名录表

序号	姓名	性别	出生年月	组别	入役时间	退役时间
1	季国邦	男	1929年3月	1	1949年5月	1956年10月
2	季德虎	男	1965年3月	1	1983年11月	1986年1月
4	王长根	男	1957年4月	2	1976年12月	1980年1月
5	武顺浩	男	1957年1月	2	1997年1月	1982年1月
6	顾梅弟	男	1930年2月	3	1953年2月	1956年6月
7	顾杏元	男	1963年10月	3	1982年1月	1986年1月
8	顾杰	男	1986年9月	3	2004年12月	2006年12月
9	顾俊	男	1986年5月	3	2007年12月	2009年12月
10	顾鑫	男	1996年10月	3	2016年9月	2018年9月
11	王志豪	男	1996年12月	3	2017年9月	2019年9月
12	李惠忠	男	1970年1月	4	1990年3月	1993年1月
13	朱学明	男	1972年12月	4	1992年12月	1996年12月
14	周云辉	男	1980年3月	4	1999年12月	2004年12月
15	殷晨明	男	1981年11月	4	2000年12月	2002年12月
16	朱全伟	男	1981年10月	4	2001年12月	2003年12月
17	张龙扣	男	1932年4月	5	1954年5月	1958年10月
18	殷凤岐	男	1950年1月	5	1971年1月	1975年3月
19	万永生	男	1953年5月	5	1972年12月	1979年3月
20	钱建明	男	1968年4月	5	1984年1月	1989年2月
21	陈水根	男	1930年4月	6	1953年	1957年
22	陈德明	男	1945年10月	6	1985年1月	1969年3月
23	陈龙兴	男	1954年5月	6	1975年1月	1980年12月
24	姜振华	男	1983年10月	6	2003年12月	2005年12月
25	陆诚	男	1989年2月	7	2009年12月	2011年12月

续表

序号	姓名	性别	出生年月	组别	入役时间	退役时间
26	夏建国	男	1952年8月	8	1971年1月	1975年3月
27	陈 兵	男	1990年11月	9	2010年12月	2012年12月
28	周佳文	男	1996年10月	9	2016年9月	2018年9月
29	胡 剑	男	1975年9月	10	1993年12月	1996年12月
30	汪 勇	男	1981年11月	10	2002年1月	2004年11月
31	刘春林	男	1969年4月	11	1989年3月	1991年12月
32	王树平	男	1971年11月	11	1990年12月	1993年12月
33	刘 晨	男	1993年10月	11	2013年9月	2015年9月
34	王家力	男	1997年10月	11	2016年9月	2018年9月
35	顾后生	男	1930年6月	12	1953年	1957年
36	王泉生	男	1945年1月	12	1965年3月	1969年3月
37	王友明	男	1954年6月	12	1973年10月	1976年11月
38	顾利良	男	1974年12月	12	1993年12月	1996年12月
39	王 军	男	1992年12月	12	2013年9月	2015年9月
40	解层高	男	1978年10月	13	1996年12月	1996年12月
41	顾姊珲	男	1997年6月	13	2015年9月	2017年9月
42	顾 磊	男	1997年1月	13	2016年9月	2018年9月
43	杨存根	男	1951年5月	14	1969年11月	1975年10月
44	孙德俊	男	1957年12月	14	1976年12月	1981年1月
45	丁友根	男	1970年4月	14	1990年3月	1993年12月
46	王宏志	男	1971年1月	14	1990年3月	1993年12月
47	杜 明	男	1988年5月	14	2006年12月	2011年12月
48	沈裕兴	男	1957年2月	16	1976年3月	1979年1月
49	张海宝	男	1990年5月	16	2008年12月	2010年12月
50	朱秋华	男	1965年8月	17	1984年1月	1988年1月
51	马惠清	男	1973年3月	17	1991年12月	1994年12月

续表

序号	姓名	性别	出生年月	组别	入役时间	退役时间
52	沈凤生	男	1917年5月	18	1946年	1954年
53	周晓龙	男	1995年7月	18	1972年10月	1978年11月
54	俞阿五	男	1955年2月	18	1974年12月	1977年3月
55	王秋生	男	1956年8月	18	1976年3月	1981年1月
56	周默	男	1979年11月	18	1998年10月	2000年11月
57	沈斌	男	1992年1月	18	2010年12月	2012年12月
58	季燕捷	男	1995年1月	18	2013年9月	2015年9月
59	全二男	男	1930年1月	19	1953年	1957年
60	肖兴元	男	1955年11月	19	1975年1月	1978年4月
61	肖林元	男	1957年7月	19	1976年12月	1980年12月
62	肖建峰	男	1976年1月	19	1994年12月	1997年12月
63	全程	男	1995年11月	19	2016年9月	2018年9月
64	丁慧荟	男	1981年12月	20	2000年12月	2002年12月
65	李桂林	男	1931年5月	21	1951年	1957年
66	李振茂	男	1957年9月	21	1976年3月	1981年10月
67	李斌	男	1988年5月	21	2007年12月	2009年12月
68	谈书龙	男	1965年10月	22	1984年1月	1989年3月
69	谈全根	男	1968年3月	23	1986年11月	1990年3月
70	朱永亮	男	1981年9月	23	1999年12月	2001年12月
71	季裕元	男	1965年8月	25	1985年1月	1990年3月
72	费国全	男	1955年4月	27	1976年3月	1987年11月
73	唐胜根	男	1951年6月	27	1970年1月	1974年2月
74	姚芬智	男	1950年10月	27	1972年10月	1976年11月
75	陈超	男	1993年8月	27	2012年12月	2014年12月
76	张卫荣	男	1970年3月	28	1990年3月	1993年12月
77	王家裕	男	1949年12月	29	1969年12月	1976年3月

续表

序号	姓名	性别	出生年月	组别	入役时间	退役时间
78	王乃龙	男	1952年5月	29	1971年1月	1975年3月
79	薛庆宝	男	1964年10月	29	1984年1月	1989年3月
80	王世才	男	1970年2月	29	1989年3月	1991年12月
81	陈辰	男	1985年7月	29	2003年12月	2005年12月
82	冯志强	男	1997年12月	29	2017年9月	2019年9月
83	苏荣	男	1994年9月	30	2014年9月	2016年9月
84	张雪东	男	1957年8月	31	1976年3月	1988年10月
85	张文龙	男	1960年2月	31	1978年11月	1983年11月
86	陈昌才	男	1960年3月	31	1979年3月	1981年3月
87	刘军	男	1964年2月	31	1981年1月	1989年3月
88	汪兵	男	1984年10月	31	2003年12月	2005年12月
89	陈军	男	1996年11月	31	2015年9月	2017年9月
90	俞红根	男	1951年3月	32	1969年5月	1974年11月
91	王文彪	男	1950年12月	32	1972年12月	1979年11月
92	徐建国	男	1956年9月	32	1977年12月	1980年11月
93	贾永春	男	1967年11月	32	1987年11月	1991年12月
94	夏海军	男	1980年3月	32	2001年12月	2003年12月
95	陈旭	男	1982年6月	32	2001年12月	2003年12月
96	于君	男	1986年12月	32	2006年12月	2008年12月
97	顾叙生	男	1928年2月	33	1951年	1957年
98	刘晓军	男	1966年12月	33	1985年1月	1990年12月
99	顾竹毅	男	1993年2月	33	2011年12月	2013年12月
100	夏浩然	男	1994年11月	33	2012年11月	2014年11月
101	赵磊	男	1994年11月	33	2013年9月	2015年9月
102	宋春正	男	1992年2月	33	2015年9月	2017年9月
103	赵京斌	男	1968年1月	33	1987年1月	2001年1月

续表

序号	姓名	性别	出生年月	组别	入役时间	退役时间
104	陈忠平	男	1971年5月	34	1989年3月	1991年12月
105	吴忠明	男	1970年3月	34	1990年12月	1993年12月
106	李平	男	1974年1月	34	1993年12月	1996年12月
107	陈国平	男	1976年11月	34	1996年12月	2001年12月
108	姜大力	男	1989年3月	34	2008年12月	2010年12月
109	陈斌	男	1990年2月	34	2009年12月	2011年12月
110	周雪弟	男	1954年3月	35	1972年12月	1976年3月
111	包雪清	男	1970年12月	35	1990年3月	1993年12月
112	周卫荣	男	1965年3月	36	1983年11月	1987年10月
113	高卫良	男	1964年8月	37	1983年11月	1988年11月
114	顾利明	男	1967年6月	37	1986年1月	1990年3月
115	顾元生	男	1935年5月	37	1954年6月	1967年8月

说明：以村民小组为序列表。

三、大渔村教师名录

至2019年12月，大渔籍教师有79名，其中在职教师64名，退休教师12名，已故教师3名。（表9-3）

表9-3 2019年大渔村教师名录表

序号	姓名	性别	出生年份	组别	工作单位
1	朱官芬	男	1953	1	昆山市城北中心小学（退休）
2	陈志英	女	1955	1	昆山市城北中心小学（退休）
3	计春燕	女	1991	1	昆山高新区鹿城幼儿园
4	赵春芳	女	1986	2	昆山市葛江中学
5	顾齐珍	女	1963	3	大渔村幼儿园（退休）
6	顾燕琪	女	1981	3	昆山市城北中心小学
7	王晨晴	女	1987	3	昆山市城北中心小学

续表

序号	姓名	性别	出生年份	组别	工作单位
8	陈则妤	女	1992	3	昆山高新区振华幼儿园
9	费雪林	男	1957	4	昆山城北中心小学（退休）
10	朱家琦	男	1996	4	太仓市陆渡中心小学
11	张国清	男	1965	5	昆山市秀峰中学
12	张凤生	男	1972	5	昆山市秀峰中学
13	万金芳	女	1987	5	昆山市第一中等职业学校
14	姜琦	男	1996	6	苏州工业园区唯亭实验小学
15	李宋武	男	1938	8	昆山市城北中学（已故）
16	丁网胜	男	1968	8	昆山市城北中学
17	吴伊萍	女	1993	9	昆山市开发区兵希小学
18	张艺园	女	1993	9	昆山市茗景苑幼儿园
19	沈希文	女	1992	11	昆山市城北中学
20	王腊生	男	1945	12	昆山市城北中心小学（退休）
21	王永进	男	1968	12	中共昆山市委党校
22	硕勤芬	女	1969	12	昆山市城北中学
23	王莹	女	1992	12	昆山市巴城幼儿园
24	黄惠林	男	1959	13	昆山市培本实验小学
25	邵萍	女	1971	16	昆山市城北中学
26	郁美娟	女	1976	16	昆山市开发区第三中心小学
27	沈倩云	女	1994	16	昆山市第二中学（西校区）
28	沈斌	女	1995	17	昆山市汉浦中学
29	沈梅珍	女	1961	18	大渔村幼儿园（退休）
30	成盈盈	女	1980	18	昆山市秀峰中学
31	曹燕华	女	1990	18	昆山高新区阳澄湖科技园幼儿园
32	陈纯	女	1991	18	昆山高新区鹿城幼儿园
33	全珏慧	女	1987	19	昆山市第二中学（西校区）
34	高政	男	1989	19	昆山市玉山中学

续表

序号	姓名	性别	出生年份	组别	工作单位
35	全佳慧	女	1991	19	昆山高新区阳澄湖科技园幼儿园
36	金歧元	男	1945	20	昆山市城北中心小学（退休）
37	丁慧佳	女	1992	20	昆山市陆家小学
38	全琳	女	1992	20	昆山高新区西塘实验小学
39	李正泉	男	1956	21	昆山市城北高科园中心小学（退休）
40	李月芳	女	1983	21	昆山电视大学
41	沈萍	女	1985	21	昆山市周市镇中心小学
42	李培华	女	1992	21	昆山市正仪新城幼儿园
43	王立标	男	1992	21	昆山市正仪新城幼儿园
44	杨桂泉	男	1957	22	昆山市城北中心小学（退休）
45	徐燕	女	1986	22	昆山市城北富士康幼儿园
46	沈丹丹	女	1988	22	昆山市秀峰中学
47	谈佩文	女	1996	22	昆山市新镇春晖小学
48	徐其姣	女	1984	23	昆山市高新区新月观湖幼儿园
49	唐金珠	女	1990	23	昆山市金宝贝早教中心
50	沈千慧	女	1993	23	昆山市周市镇幼儿园
51	顾丽琴	女	1985	24	昆山市玉山镇第一中心小学
52	王雪薇	女	1994	24	昆山市金宝贝早教中心
53	陈磊	男	1969	25	上海市金汇高级中学
54	李娟	女	1986	25	苏州市平江幼儿园
55	范玉梅	女	1963	26	大渔村幼儿园（退休）
56	刘玲玲	女	1952	27	昆山市城北中心小学（已故）
57	周晓琰	女	1989	27	昆山市高新区同心小学
58	顾建明	男	1957	29	昆山市城北中心小学（退休）
59	张莉	女	1982	29	昆山市裕元实验小学

续表

序号	姓名	性别	出生年份	组别	工作单位
60	陈琳	女	1994	29	昆山高新区玉湖小学
61	顾萝	女	1989	30	昆山高新区同心小学
62	薛文婷	女	1994	30	昆山市康桥小学
63	李碧珺	女	1992	31	昆山市玉峰实验小学
64	周慧英	女	1970	32	昆山市巴城中心幼儿园
65	徐金晴	女	1990	32	昆山市蓝天特殊儿童训练中心
66	洪鑫楠	女	1993	32	昆山市高新区紫竹小学
67	张欣的	女	1999	32	昆山高新区鹿城幼儿园
68	赵雅	女	1992	33	昆山高新区同心小学
69	曹继命	男	1943	34	昆山城北中心小学
70	吴青	女	1988	34	昆山高新区振华幼儿园
71	吴佳忆	女	1995	34	昆山市青阳港小学
72	包向东	男	1942	35	昆山城北中心小学（退休）
73	陈群芳	女	1972	35	昆山高新区城此幼儿园
74	包静	女	1990	35	昆山高新区玉湖小学
75	徐晨亮	男	1992	35	昆山高新区玉湖小学
76	周敏超	女	1995	35	昆山市玉山镇南星渎小学
77	费玲玉	女	1992	35	昆山高新区新华舍幼儿园
78	周婷	女	1993	35	昆山高新区紫竹路幼儿园
79	包晔昀	女	1996	35	昆山高新区鹿城幼儿园

四、大渔村医务人员名录

至2019年12月，大渔籍医务人员有26名，其中医生14名，药剂师1名，护士11名。（表9-4）

表9-4 2019年大渔村医务人员名录表

序号	姓名	性别	出生年份	组别	工作单位
1	朱仁洁	女	1995	1	昆山市江浦社区卫生服务中心（护士）
2	钱佳欣	女	1998	5	昆山市巴城社区卫生服务中心（护士）
3	张思远	男	1993	5	昆山市大学城社区医务室（药剂师）
4	唐佳敏	女	1993	6	昆山市巴城精神卫生中心（护士）
5	丁超	男	1993	11	昆山市柏庐社区卫生服务中心（医生）
6	顾君	女	1985	12	昆山市康复医院（周市镇）（麻醉医生）
7	钱暮蓉	女	1981	14	昆山市中医院（护士）
8	王丽娟	女	1985	18	昆山市第四人民医院（医生）
9	沈伟	男	1986	18	昆山市第四人民医院（医生）
10	周雅婷	女	1994	18	昆山市第一人民医院（医生）
11	季琴芳	女	1980	20	昆山市第一人民医院（护士）
12	倪勤	女	1984	20	上海市长宁区医院（医生）
13	张强	男	1993	21	昆山市柏庐社区卫生服务中心（医生）
14	冷孟梦	女	1993	21	昆山市张浦社区卫生服务中心（医生）
15	屈芸芸	女	1985	21	昆山市第二人民医院（护士）
16	李叶倩	女	1992	21	昆山市周市镇人民医院（护士）
17	邢梦霞	女	1986	22	昆山市巴城社区卫生服务中心（医生）
18	费斌	男	1992	27	昆山市急救中心（医生）
19	费强	男	1993	27	昆山市亭林社区卫生服务中心（医生）

续表

序号	姓名	性别	出生年份	组别	工作单位
20	周琦	女	1993	27	昆山柏庐社区卫生服务中心（医生）
21	胡岱	男	1980	30	昆山市第四人民医院（医生）
22	顾云霞	女	1987	30	昆山市陆家社区卫生服务中心（护士）
23	陈妍薇	女	1993	31	昆山市第二人民医院（护士）
24	龚晔阳	男	1994	32	昆山市玉山医院（护士）
25	唐丽萍	女	1988	33	昆山市周市镇陆杨卫生院（医生）
26	雕燕	女	1994	35	昆山市第一人民医院（护士）

五、大渔村归国留学人员名录

大渔村归国留学人员名录表如表 9-5 所示。

表 9-5 2019 年大渔村归国留学人员名录表

序号	姓名	性别	出生年份	组别	毕业学校	工作单位
1	沈卿	男	1986	17	韩国高丽大学	昆运堂网络有限公司（法人）
2	顾思卉	女	1988	17	英国朴次茅斯大学	昆山市政府接待办
3	王中品	男	1978	21	伯明翰中央英格兰大学	苏州洛奇特斯国际货运代理公司
4	李国平	男	1980	21	爱尔兰阿斯隆理工学院	昆山华晟轩钢模租赁有限公司
5	沈心蕊	女	1998	28	英国帝国理工大学	上海天汇建设工程有限公司
6	姚成樑	男	1988	33	加拿大汤姆森大学	苏州亿博置业有限公司
7	赵刘鑫	男	1992	33	德国北黑森应用技术大学	大渔社区

六、大渔村村外任职人员名录

大渔村村外任职人员名录表如表 9-6 所示。

表 9-6　大渔村村外任职人员名录表

序号	姓名	性别	出生年份	原籍住址	职务	工作单位
1	沈叙生	男	1914	18 组	乡长	昆山县正仪区黄泥乡（已故）
2	王增龙	男	1923	28 组	乡长	昆山县环城区城西乡（已故）
3	张阿梅	女	1938	31 组	副乡长	昆山县环城区城西乡
4	吴理忠	男	1945	4 组	副镇长	昆山市城北镇人民政府
5	郑章楠	男	1948	18 组	副主任	昆山市人大常委会
6	周挺扣	男	1951	36 组	局长	昆山市城市管理局
7	黄彩英	女	1953	13 组	主任	昆山市计划生育委员会
8	沈建明	男	1957	18 组	副书记	中共昆山市千灯镇委员会
9	费国宝	男	1964	27 组	副主任	昆山市经贸会

说明：以出生年份为序列表。

七、知识青年名录

20 世纪 60、70 年代，有 118 位知识青年来到大渔域内，在 25 个生产队落户，其中苏州市知识青年 90 名，昆山市（县）知识青年 28 名（表 9-7 至表 9-9）。

表 9-7　1963—1970 年大渔境域苏州市知识青年名录表

序号	姓名	性别	落户队别	序号	姓名	性别	落户队别
1	毛坤林	男	大渔 1 队	10	王泾清	女	大渔 3 队
2	陈金秋	男	大渔 1 队	11	沈　静	女	大渔 4 队
3	凌建平	男	大渔 1 队	12	高卫兰	女	大渔 4 队
4	谈梅生	男	大渔 1 队	13	吴福昌	男	大渔 4 队
5	赵珍珍	女	大渔 1 队	14	陈义金	男	大渔 5 队
6	王克慎	男	大渔 3 队	15	王永生	男	大渔 6 队
7	王克勤	男	大渔 3 队	16	顾永浩	男	大渔 6 队
8	吴　铖	男	大渔 3 队	17	陈燕萍	女	大渔 7 队
9	吴　敏	女	大渔 3 队	18	张素琴	女	大渔 7 队

续表

序号	姓名	性别	落户队别	序号	姓名	性别	落户队别
19	朱水玲	女	大渔11队	45	吴 英	女	友谊5队
20	邱小萍	女	大渔11队	46	金鹤洁	女	友谊6队
21	冯赓时	男	大渔13队	47	赵志清	女	友谊6队
22	翁济弘	男	大渔14队	48	许艳颖	女	友谊6队
23	恽志辉	男	大渔14队	49	杨凤吉	女	友谊7队
24	蒋方林	男	友谊1队	50	鲍嘉琴	女	友谊7队
25	徐中树	男	友谊1队	51	陆文明	女	友谊7队
26	沈如玉	男	友谊1队	52	陈惠琴	女	友谊7队
27	郑章楠	男	友谊2队	53	徐国康	男	友谊7队
28	陆兆平	男	友谊2队	54	徐乐康	男	友谊7队
29	苏国兴	男	友谊2队	55	彭绍昌	男	友谊8队
30	王寅生	男	友谊2队	56	吴长城	男	友谊8队
31	马继云	男	友谊2队	57	叶坤孝	男	友谊8队
32	沈志明	男	友谊2队	58	卜忆思	男	友谊8队
33	钱平兴	男	友谊2队	59	王克强	男	友谊8队
34	王振林	女	友谊2队	60	宋存杰	男	斜泾1队
35	王丽萍	女	友谊2队	61	夏汪春	男	斜泾1队
36	沈菊英	女	友谊2队	62	柯培芬	男	斜泾1队
37	涂启新	男	友谊4队	63	陈永亮	男	斜泾1队
38	周 良	男	友谊4队	64	田如中	男	斜泾1队
39	王福男	男	友谊4队	65	董建华	男	斜泾1队
40	陈惠芬	女	友谊5队	66	孙菊明	男	斜泾3队
41	马春妹	女	友谊5队	67	顾惠忠	男	斜泾3队
42	程 峰	女	友谊5队	68	殷 菊	男	斜泾3队
43	陈国敏	女	友谊5队	69	马萍如	女	斜泾4队
44	朱招娣	女	友谊5队	70	陶桂珍	女	斜泾4队

续表

序号	姓名	性别	落户队别	序号	姓名	性别	落户队别
71	章文琪	女	斜泾4队	81	严林生	男	斜泾7队
72	吴友竹	男	斜泾4队	82	裘荣立	男	斜泾7队
73	钱申七	男	斜泾4队	83	张国良	男	斜泾8队
74	徐美娟	女	斜泾5队	84	金云龙	男	斜泾8队
75	沈爱国	女	斜泾5队	85	汪 杰	男	斜泾8队
76	吴 琪	女	斜泾5队	86	王富光	男	斜泾9队
77	王春英	女	斜泾5队	87	孙正荣	男	斜泾9队
78	沈利静	女	斜泾6队	88	徐建明	女	斜泾10队
79	王莲莲	女	斜泾6队	89	葛小芳	女	斜泾10队
80	蒋荣生	男	斜泾7队	90	杜心宝	女	斜泾10队

表9-8　1963—1970年大渔境域昆山县（市）知识青年名录表

序号	姓名	性别	落户队别	序号	姓名	性别	落户队别
1	徐福祥	男	斜泾2队	6	张文公	男	斜泾2队
2	孙巧珍	女	斜泾2队	7	张文中	男	斜泾2队
3	杨荣生	男	斜泾5队	8	姚雪民	男	斜泾5队
4	汪永焦	男	斜泾5队	9	陈金华	男	斜泾5队
5	储雪荣	男	大渔12队	10	钱扣龙	男	大渔13队

表9-9　1975年大渔境域昆山县（市）知识青年（斜泾知青点）名录表

序号	姓名	性别	落户队别	序号	姓名	性别	落户队别
1	周正兰	女	斜泾2队	6	侯秀英	女	斜泾3队
2	杨粉妹	女	斜泾2队	7	马长虹	女	斜泾3队
3	徐粉扣	女	斜泾2队	8	潘秀琴	女	斜泾3队
4	颜坤妹	女	斜泾2队	9	鲁粉珍	女	斜泾3队
5	蒋云娣	女	斜泾2队	10	刘招娣	女	斜泾3队

续表

序号	姓名	性别	落户队别	序号	姓名	性别	落户队别
11	陈爱琴	女	斜泾4队	15	杨洪生	男	斜泾8队
12	杨海萍	女	斜泾4队	16	姚光明	男	斜泾8队
13	陈依兰	女	斜泾4队	17	姚志强	男	斜泾8队
14	周卫强	男	斜泾4队	18	徐英	女	斜泾8队

第四节　先进荣誉

一、集体荣誉

大渔村多次获评昆山市级及以上集体荣誉，其中江苏省级3次，苏州市级9次，昆山市（县）级35次。（表9-10）

表9-10　1983—2019年大渔境域获昆山市级及以上集体荣誉一览表

级别	获奖单位	荣誉称号	授予单位	授予年份
江苏省	大渔村	江苏省生态村	江苏省环保委	2007
	大渔村	江苏省卫生村	江苏省爱卫委	2008
	大渔村	江苏省民主法治示范村	江苏省依法治省领导小组	2014
苏州市	大渔村	创建文明村工作先进村	苏州市精神文明建设委员会	2008
	大渔村	建设社会主义新农村示范村	中共苏州市委、苏州市人民政府	2009
	大渔村	实践科学发展推进"两个率先"先锋村	中共苏州市委	2009

续表

级别	获奖单位	荣誉称号	授予单位	授予年份
苏州市	大渔村	民主法治村	苏州市依法治市领导小组、苏州市司法局、苏州市民政局	2009
	大渔村	民兵营（连）规范化建设先进单位	苏州市政府、苏州军分区	2011
	大渔村	公共文化服务示范村	苏州市文化广电新闻出版局	2011
	大渔村	先锋村	中共苏州市委	2013
	大渔村	文明村	苏州市精神文明建设委员会	2014、2018
	大渔村	"一村一品一店"示范村	苏州市农业农村局	2019
昆山市	斜泾村	昆山县血防工作"双无村"	昆山县人民政府	1983
	大渔村、三邻村	昆山县血防工作"双无村"	昆山县人民政府	1984
	三邻村	昆山县文明单位	中共昆山县委	1989
	斜泾村	昆山县农业先进集体	中共昆山县委、昆山县人民政府	1989
	三邻村	昆山市精神文明建设先进村	中共昆山市委、昆山市人民政府	1990
	斜泾村	昆山市抗洪救灾先进集体	中共昆山市委、昆山市人民政府	1991
	三邻村	昆山市双文明建设先进村	中共昆山市委、昆山市人民政府	1992
	大渔村、三邻村	昆山市双文明建设先进村	中共昆山市委、昆山市人民政府	1993
	三邻村	昆山市计划生育表彰单位	中共昆山市委、昆山市人民政府	1993
	三邻村、斜泾村	农业规模服务一级合格村	中共昆山市委、昆山市人民政府	1994
	大渔、三邻、斜泾村	昆山市"六有十无"双文明村	中共昆山市委、昆山市人民政府	1994

续表

级别	获奖单位	荣誉称号	授予单位	授予年份
昆山市	三邻村、斜泾村	昆山市"六有十无"双文明村	中共昆山市委、昆山市人民政府	1996
	大渔村	昆山市经济发展先进村	中共昆山市委、昆山市人民政府	1996
	大渔村（并村）	昆山市文明建设先进村	中共昆山市委、昆山市人民政府	2001
	大渔村	昆山农村环境综合整治先进单位	中共昆山市委、昆山市人民政府	2006
	大渔村	"实践三个代表 实现两个率先"先锋村	中共昆山市委	2007
	大渔村	昆山市民主法治示范村	昆山市依法治市领导小组	2007
	大渔村	昆山市关心下一代工作先进单位	昆山市关工委	2007
	大渔村	昆山市村级文化设施达标单位	昆山市委宣传部、市广电局	2008
	大渔村	昆山市基层残疾人工作先进集体	昆山市残联	2010
	大渔村	昆山市人民调解工作先进集体	昆山市司法局	2010
	大渔村	昆山市文明村	中共昆山市委、昆山市人民政府	2012
	大渔村	昆山市民兵工作先进单位	昆山市政府、市武装部	2012
	大渔村	昆山市人口和计划生育工作先进集体	中共昆山市委、昆山市人民政府	2012
	大渔村	昆山市民兵工作先进单位	中共昆山市委、昆山市人民政府	2014
	大渔村	昆山市三级优秀晨晚健身站点	昆山市体育局	2015
	大渔村	昆山市扶残助残先进单位	昆山市人民政府	2018
	大渔村	昆山市文明村	昆山市精神文明建设委员会	2018
	大渔村	昆山市扶残助残先进单位	昆山市人民政府	2018

江苏省人民政府对大渔大队三队的表彰
（2019年，大渔村村民委员会提供）

大渔村第3村民小组（原大渔大队第三生产队），自20世纪60年代初开始，坚持发展以养殖鱼苗为主的集体副业生产。安置4个正劳力，专业负责经营。生产队多种经营总收入常年超过粮油作物的总收入，年均分配水平一直名列大渔大队前茅。

1982年，大渔大队养殖鱼苗90亩，养殖成鱼25亩，年产水产品4万多公斤，加上其他集体副业收入，多种经营总收入达5.36万元，被评为城北公社的典型。1983年1月，大渔大队第三生产队受到江苏省人民政府表彰，被评为江苏省农业先进单位。

二、个人荣誉

大渔村获评昆山市级及以上先进人物的有25人，其中江苏省级3人，苏州市级6人，昆山市（县）级16人。（表9-11）

表9-11　1961—2015年大渔境域获昆山市级及以上个人荣誉一览表

级别	姓名	性别	授予年份	荣誉称号	颁奖单位
江苏省	储雪荣	男	1964	江苏省农业先进代表	江苏省人民政府
	高国良	男	1988	江苏省劳动模范	江苏省人民政府
	黄惠林	男	1999	江苏省素质教育先进个人	江苏省教委等
苏州市	高国良	男	1987	苏州市劳动模范	苏州市人民政府
	沈阿木	男	1991	苏州市爱国卫生先进工作者	苏州市爱卫会
	黄惠林	男	1991	苏州市优秀教育工作者	苏州市教育局
	张文龙	男	1991	苏州市司法系统抗洪救灾三等功	苏州市司法局
	沈雪元	男	1993	苏州市优秀纪检干部	苏州市纪检委
	陈忠平	男	2015	苏州市先进民营长	苏州市人民政府
昆山市	张大和	男	1961、1963、1964	昆山县农业生产先进个人	昆山县人民政府
	黄彩英	女	1983	昆山县血防工作"双无村"先进个人	昆山县人民政府
	茅竹年	男	1986、1987	昆山市副业先进个人	中共昆山市委、昆山市人民政府
	顾志明	男	1987	昆山市农业先进个人	昆山市委、昆山市人民政府
	高国良	男	1988	昆山县新"长征突击手"	共青团昆山县委
	沈建明	男	1989、1991	昆山市优秀共产党员	中共昆山市委
	李桂林	男	1991	昆山市抗洪救灾先进个人	中共昆山市委、昆山市人民政府
	顾大奎	男	1991	昆山市维护社会治安三等奖	昆山市人民政府
	张国清	男	1994	昆山市三等功	昆山市人民政府
	王文元	男	1995	昆山市劳动模范	昆山市人民政府
	沈阿木	男	1995	昆山市血防工作20年先进个人	中共昆山市委、昆山市人民政府
	吴理忠	男	1996	昆山市创建国家卫生城市先进个人	中共昆山市委、昆山市人民政府
	黄惠林	男	1999	昆山市有突出贡献教育工作者	昆山市人民政府
	钱建明	男	1999	昆山市农业产业化、村干部致富带头人	中共昆山市委、昆山市人民政府
	赵国华	男	2008	昆山市优秀共产党员	中共昆山市委
	张国忠	男	2011	昆山市法制宣传教育先进个人	中共昆山市委、昆山市人民政府

第十章 村落文化

　　大渔村历史源远流长，地域文化与吴地文化一脉相承，代代相传。当地民众向来注重农业，日出而作，日落而歇；民俗风情较为丰富，大多与农耕、衣、食、住、行相关，极富地方特色。时至今日，老年人仍保留着浓重的乡音，年轻人方言、普通话兼备，少年、儿童则以说普通话为主。20世纪90年代后，随着外地流入人员的增多，用普通话交流已很常见。随着时间的推移，大渔村很多习俗逐渐消失，但有些习俗尚存民间，成为村域内民俗风土文化不可或缺的重要组成部分。

第一节　传统文化

一、宣卷

宣卷多由艺人依着故事，操着一定的腔调，敲着木鱼照本念唱。宣卷有两人或者多人合作，所用乐器最早以打击乐器为主，现还配有管弦乐器。一人领唱，其余和唱，领唱者称"佛头"。宣卷大都是为老人做寿，也有为丧事人家念唱。中华人民共和国成立后，宣卷逐渐消失，于80年代中期又兴起。

二、堂会

堂会又名堂唱。堂会演出以曲艺为多。苏州评话、苏州弹词、独角戏、苏摊、宣卷和四明南词等都是堂会的节目。如苏州弹词、苏州评话表演的是长篇，连唱半月、一月乃至数年之久，称为"长堂会"（在堂会上表演为主）。过去经济条件好的人家，遇有喜庆、宴饮，往往邀请戏曲演员到家中或酒席上演唱助兴。也有一类是两人到富家专为二、三人或五、六人演出，演出地点多为主人家客厅。

三、舞狮子

在春节、元宵节等传统节日，一些村民喜欢舞狮子。舞狮子一般由两人合作，一人掌头负责"狮子"的前半身，一人负责"狮子"的后半身，两人密切配合，步调一致，主要表现有"狮子"抖毛、跳跃、滚雪球、翻台子等。

四、踩高跷

踩高跷是农村民间传统娱乐活动之一，是农村盛行的一种群众性技艺表演，在一些传统节日里由舞蹈者脚上绑着长木跷进行表演。表演有"文跷""武跷"之分。文跷重扮相与扭逗，武跷则强调个人技巧与绝技。

五、唱山歌

老一辈的村民大都喜唱山歌，也称喊山歌。唱山歌有独唱也有对唱，所唱内容大都是田间劳动、四季景色，也有男女恋情等，生活气息浓厚。

六、放风筝

风筝俗称"鹞子"，根据其形状的不同，分为蝴蝶鹞、六角鹞、八卦鹞、金角鹞等。鹞子的大小不等，用材不同，有纸糊的小鹞子，也有用薄布糊起来的巨型鹞子。放风筝俗称"放鹞子"，制作风筝俗称"扎鹞子"。

风筝制作虽简单，但也讲究。关键是扎成的风筝上下左右要保持平衡。以蝴蝶鹞为例，用作骨架的竹子要削得均匀、左右对称，扎好糊上纸，系鹞线的中心点要选准。试飞时，如果发现鹞子飞不起来，或飞起来以后打转或一边往下压，则要做适当微调。

巨型鹞子一般是比较讲究的大户人家或风筝爱好者精心制作的。精致的鹞子还配有鹞琴和鹞灯。一到夜晚鹞子飞上天，鹞线系在树上，鹞琴悠扬，鹞灯闪烁，别有情趣。

七、打连厢

打连厢亦称"打莲花"，是一种盛行于民间的群众性娱乐活动。打连厢道具简单，随手可得。取一根竹竿，在每节上抠两对孔，取中空的古铜钱币适量，用铁丝穿起。表演者表演时舞动竹竿，啪啪作响，有节奏地轻拍胸、腹、臂、腕、背和肩等部位，边拍、边唱、边舞，拍得轻快，唱得悠扬，舞得敏捷，节奏明快，令人赏心悦目。表演形式以单独表演和集体表演居多。人们用这种朴素的表演形式，表达人民当家作主的快乐。50年代后期，打连厢这一民间群众性娱乐活动逐步淡出人们的视线，2011年后文艺爱好者在村域内重新兴起打连厢。

第二节 方言俗语

一、称谓

太太：曾祖父，曾祖母。

阿爹、好婆：祖父、祖母或爷爷、奶奶。

外公、外婆：外祖父、外祖母。

阿伯、姆妈：父亲、母亲或爸爸、妈妈。

老丈人、丈母娘：岳父、岳母。

老伯伯、妈妈：父亲的兄长及其妻子即伯父，伯母。

爷叔、婶娘：父亲的弟弟及其妻子。

娘舅、舅妈：母亲的兄或弟及其妻子。

姆娘、夫夫（姑夫）：父亲的姐妹及其丈夫。

娘姨（阿姨）、姨夫：母亲的姐妹及其丈夫。

小官人：丈夫。

伲子：儿子。

囡姆：女儿。

大伯：女子称丈夫的哥哥。

小叔子：女子称丈夫的弟弟。

姑娘：女子称丈夫的姐姐或妹妹。

弟媳妇：弟弟的妻子。

阿哥、阿嫂：哥哥、嫂嫂。

阿侄、侄囡：侄儿、侄女。

孙子、孙囡：孙子、孙女。

外孙、外孙囡：外孙子、外孙女。

兄弟：弟弟。

公婆：女子称丈夫的父亲、母亲。

阿姐：姐姐。

姊妹：妹妹。

夫妻道里：夫妻之间。

姊妹道里：姐妹之间。

弟兄道里：弟兄之间。

屋里人：对妻子的谦称。

小后生：小青年。

后生家：年轻人。

二、天文、气象、时间

雷响：打雷。

迷露：雾。

修移长：流星。

天打：雷击。

鲎：虹。

齷宿头热：闷热。

野月亮吃家月亮：月食。

野日头吃家日头：日食。

起阵头：阵雨。

麻花雨：毛毛雨。

秋拉洒：秋雨连绵。

落雨：下雨。

日头：太阳。

天好：晴天。

阴丝天或上云天：阴天。

早起头：凌晨。

头朝、早朗头：早晨。

上昼：上午。

日昼头里、中朗头：中午。

下昼：下午。

夜快头、黄昏头：傍晚时分。

夜里头：晚上。

半夜三更：午夜。

春三头：春天。

热天头：夏天。

秋天头：秋天。

冷天头、寒头里：冬天。

忙头里：农忙季节或正忙时。

五月端午：端午节。

大前日仔搭、大前日：大前天。

前日仔搭、前日：前天。

昨日仔搭、昨天。

今朝：今天。

明朝：明天。

后日：后天。

大后日：大后天。

辰光：时候。

日脚：日子。

刚开头：刚才。

老辈头里：从前、过去。

一歇歇：短时间、一会儿。

黄梅里：芒种季节。

年夜头：年关时节。

三、作物、蔬果

稻柱头：稻穗。

麦柱头：麦穗。

番麦：玉米。

洋山芋：马铃薯，土豆。

长生果：花生。

番瓜：南瓜。

大草：金花菜。

草头：红花草（紫云英）。

团菜：包菜。

斜菜：荠菜。

芓萄：葡萄。

胡桃：核桃。

荸荠：马蹄。

四、农事、农具

垩田：人工翻地。

沃田：夏耕后上水，即灌田。

摊田：人工整平水田。

拔秧：用手把秧苗拔出并扎成小把。

莳秧：插秧。

捉黄宕：给黄瘦的苗补肥。

耘稻：用双手除掉稻棵间杂草。

耥稻：用耥耙横向或纵向在稻棵之间耘土除草。

斫稻：割稻。

打稻堆：临时堆放在田岸上的稻垛。

稻罗：人工垒成的稻垛。

掼稻：稻谷人工脱粒。

轧稻：稻谷机器脱粒。

掼麦：人工脱粒三麦。

开草泥潭：开挖沤制肥料的泥潭。

罱河泥：用竹、网具夹取河底淤泥。

搪草泥：用河泥与绿肥、柴草沤制肥料。

挑草泥：用人工将草塘泥挑到田里。

出猪窠：用猪圈里的猪粪、烂草作肥料挑下田。

草帘子：用稻草编成的柴扇。

秧凳：手工拔秧用的凳子。

担绳：捆扎稻麦用的绳子。

丫枪：铁叉，堆稻、麦垛时的运送工具。

铰刀：铡刀。

方锹：开沟用的小锹。

铧锹：裁田岸用的直锹。

铁拉：铁耙、翻土工具。

搪耙：细支铁耙。

挽子：用柳条编织的箩。

山笆：笆斗，柳编用具，比挽子小。

连枷：用来拍打谷物的竹制脱粒工具。

翻耙：用来翻晒粮食的工具。

叠柴罗：人工将稻草垒成草垛。

牛压头：套在牛脖子上拉犁的工具。

犁：用木制成的（后用铁替代木质）犁地工具。

杭头：种蔬菜旱地。

五、房屋、器皿

石脚：基石。

墙脚：墙的底部。

石鼓墩：木柱的基石。

实砌墙：实砌的墙壁（与空斗墙相对）。

掮山头：山墙到顶呈三角形的墙壁。

泥垛墙：泥土打成的实墙。

门闩头：关门用的活动条木。

窗盘：窗户。

望砖：放在椽子上承瓦的薄砖。

大前头：中堂。

阴山背后：屋后晒不到太阳的地方。

步槛：门槛。

阴沟：地下的排水沟。

灶镬间：厨房。

镬子：锅。

镬盖：锅盖。

筷箸笼：盛放筷子的用具。

筲箕：淘米用的竹器。

灶幡布：洗刷锅碗的抹布。

油盏：煤油灯。

叉袋：麻布袋。

撩海：捞鱼网袋。

猪圈棚：养猪的棚子。

鸡棚：养鸡的鸡舍。

立桶：木圆桶。

六、工商业

作头：旧时的工头。

捉漏：修补屋面漏雨处。

磨坊：旧时碾米和磨面粉的作坊。

解板：用锯将木料锯开。

截：锯。

摇车：纺车。

混堂：浴室。

赚头：经营中获得的利润。

引针：补麻袋用的铁针。

七、动物、植物

火焐鸡：人工孵出的鸡雏。

戆鹅、白乌龟：鹅。

羊咩咩：羊。

猪奴奴：猪。

老喔：鱼鹰。

老虫：老鼠。

偷瓜畜：刺猬。

田鸡：青蛙。

癞团：癞蛤蟆。

哈：大闸蟹。

鱼格鳃：鱼鳃。

火赤练：赤链蛇。

秃灰蛇、地壁灰：蝮蛇。

百脚：蜈蚣。

结蛛：蜘蛛。

财积：蟋蟀。

油火虫：萤火虫。

知了：蝉。

壁虱：虱子。

打拳蛆：孑孓。

白眼果：银杏果。

桑树果果：桑椹。

鸡环头花：鸡冠花。

打官司草：车前草。

八、人体、长相

骷郎头：头。

泥都：耳朵。

鼻头管：鼻孔。

眼乌珠：眼球。

眼眶：眼眶。

盘牙：臼齿。

牙床骨：下巴。

手骱子：手腕。

节头骨：手指。

脚馒头：膝盖。

脚骱子：脚腕。

大膀：大腿。

手掌根：手掌与手腕的连接部位。

背脊骨：脊柱。

小肚皮：下腹。

戆度：傻瓜。

死血：冻疮。

斗鸡眼：双眼紧靠鼻梁现象。

豁嘴：兔唇。

眯趣眼：近视，看东西把眼睛眯成一条缝。

红眼睛：结膜炎。

九、日常生活

吭没胃口：不想吃东西。

困高：睡觉。

汰浴、潠浴：洗澡。

说困话：说梦话。

登坑：上厕所。

吹风凉：乘凉。

打昏度：打呼噜。

白相：玩。

讲张：讲话。

赤膊里：赤膊。

落忒：遗失。

潙嘴：漱口。

汰手、汰脚：洗手、洗脚。

躺尸：睡觉（骂人的话）。

斜快快：跑得快。

十、衣服与配饰

饭单：下厨用的护胸。

套袖：套在袖子上的护袖套。

鸭舌头：帽檐儿。

袖子管：衣袖。

手巾方：手绢、手帕。

头绳衫：绒线衫。

卫生衫：针织绒衣，卫衣。

纽襻：纽扣。

褡襻鞋：脚背上有带子的鞋子。

十一、饮食烹饪

细粉：粉丝。

肚里劳曹：动物内脏。

铜勺、广勺：铜质舀水勺。

炖菜架架：蒸菜用的竹架。

汁勺：调羹。

面拖虾：蘸上面糊后炸煮的虾。

着腻：勾芡。

垫垫饥：吃点食物充饥。

面老鼠：面疙瘩。

饭糍：锅巴。

下脚：吃剩的饭菜羹。

面衣：用面糊做成的薄饼。

面穿条：手工揉成的宽而短的面食。

十二、行为动作

迓开：避开。

拌口嘴：吵架。

豁翎子：暗示，透露信息。

掊：轻拨。

转抠：回家。

豁边：超出范围。

扼：用巾擦拭。

石角田：横着穿过田垄，抄近路。

寻开心：开玩笑。

望野眼：眼神不集中，注意力分散。

踃地光：在地上打滚哭闹、耍无赖。

捞横堂：捞取不义之财。

捉冷刺：抓住间隙时机，做别人没防备的事。

打鸹愣：说话，读书不连贯。

拎勿清：搞不清楚状况，犯糊涂。

偎灶猫：精神很萎靡。

寻吼狮：脾气暴躁，总爱制造事端。

拖身子：怀孕。

轻喃喃：很轻很轻。

落作：办宴席时提前准备菜肴。

巴细：仔细，很小心。

回炉：比喻来生。

戳壁脚：告密。

轧闹猛：凑热闹。

十三、人事品性

惹厌：招人讨厌。

道伙：同伙。

上路：通情达理，精明能干。

壳张：准备，依赖，依靠。

来趄：行，可以。

推头：借口。

眼热：羡慕。

钝卵：赌气，不说或不做某事。

钝人：以反话刺人。

吃钝头：受训斥或挫折。

摸屁股：步人后尘，收获微小。

吃夹挡：被人误解。

劈硬柴："AA制"聚餐。

横浜：凶狠、不讲理。

吃豆腐：爱占便宜。

呒心想：注意力不集中，安不下心来。

煞风景：兴趣或好事受妨碍。

呒青头、呒淘成：没有头脑。

笃悠悠：不紧不慢。

出纰漏：出问题。

烂好人：没有原则的人。

落场势：体面下台阶。

拆家当：败家子。

塌死做：不要脸面的撒赖，或恶作剧。

伸后脚：留退路。

塌便宜：占便宜。

人来疯：在客人面前分外"来劲"。

央资格：装腔作势，摆架子。

掮排头：说话、做事依仗别人的权势。

翘辫子：死亡。

洋盘：装阔、假内行、出风头。

呒脚蟹：无可奈何、无能为力。

坍肩胛：不愿承担责任。

坍面子：失面子。

软耳朵：无主见，好听别人说的话。

十四、娱乐游戏

削水片：用瓦片打水漂。

掼牌结：使纸牌翻身。

斗财积：斗蟋蟀。

畔野猫猫：捉迷藏。

猜梅梅子：猜谜语。

笃老爷：丢砖游戏。

老鹰捉小鸡：护子抢子游戏。

车铁箍：滚铁环游戏。

打弹子：打弹珠游戏。

挑绷绷：挑花线游戏。

十五、事物性状

一笃笃长：很短。

黄忒：失败或不成功。

埲尘：灰尘。

绝绝细：极细。

搭浆：差、低劣。

墨事：东西、物事。

一密密：极少。

作兴：可能。

推板：差。

蹑：单脚跳。

肉里钿：自己辛勤劳动所得之钱。

吭料滑：事物单薄，不经用或不经吃。

险凛凛：极危险。

一墨色：一种颜色或清一色。

落底货：没有比此（人或物）更差的。

温暾水：温水，亦指人办事慢吞吞的样子。

不连牵：难以为继或不像样。

浦泥：泥土。

煞揢揢：恰好。

结棍：厉害，来势凶。

酌货：容量大、放得多。

本生：本来，原来。

叫名头：名不副实，不能起到应有作用。

十六、其他词组

一碗烂饭：比喻工作轻松省力。

一跋直径：一直。

一天世界：到处都是，也指一塌糊涂。

一拍捱缝：完全吻合。

两头勿着实：两头没有着落。

两眼墨测黑：不识字，没帮衬。

一个眼搭花：时间极短。

一塌刮子：总共，总计。

一拗两断：分离或一拍两散。

一刀两断：比喻坚决断绝关系。

瞎七八搭：瞎说，瞎搞，胡扯瞎编。

促掐：指人奸猾，尽出坏主意。

七勿老欠：不合常规，不像样子。

大约模脚：大概。

大哭小喊：形容场面悲哀。

少出少有：多指言行卑劣，为世人所少见。

牛牵马帮：动作不利索，拖拉响应不积极。

度推西板：形容变化落差极大。

小眉小眼：指人的五官秀气。

老皮老眼：不怕难为情。

死样怪气：形容有气无力、不死不活的样子。

小即伶伶：形容人或物小巧玲珑。

石拔铁硬：比喻言或物真实无假。

死蟹一只：比喻对突发困难无法克服。

夹了丝白：脸色惨白。

吃饭家生：某种行业中赖以谋生的工具。

行情行事：形容很多。

汗出白部：出汗多。

老卵的答：说话不谦虚，办事喜自作主张。

呒啥话头：好得没话可说。

呒啥青头：头脑简单做不成大事或不成才。

软子唠叨：柔软、不坚硬。

极出乌拉：自出无奈，乱说乱做。

诈酒三分醉：装醉。

嘴翘鼻头高：板着面孔翘着嘴，意为心中不悦。

扭头兀颈：指坐着不安心或轻骨头。

拣佛烧香：指分别待人。

挖掐念头：指计谋很刁钻。

话得来：两人说得到一块。

话勿来：两人说不到一块。

空心汤圆：指不落实的许诺。

空心大老倌：大而无实际内容。

丫杈百脚：指树上枝丫多。

热烫潽水：指饭菜或汤热。

麦卡麦卡：形容钱多。

活络铜钿：不间断能得到的钱。

活里活络：模棱两可。

笃定泰山：很放心。

起劲搭骨：形容人在某事上十分起劲。

清汤寡水：指稀饭太稀，或菜少汤多。

着肉布衫：比喻与之贴近的人。

贼骨牵牵：惹是生非，手脚不安分。

青肚皮猢狲：指记性很差、前讲后忘的人。

贼忒兮兮：指人态度不严肃。

勒煞吊死：形容不爽气。

贼鸽乱伴：指事情多乱琐碎。

眼眦糊拉：形容刚睡醒脸容不整的样子。

烟脖缕缕：烟雾弥漫。

犟头别脑：脾气倔强，不听话。

嚼大头蛆：比喻胡说或闲聊。

烟尘抖乱：尘土飞扬。

咬耳朵管：说悄悄话。

恶塞头天：闷热天气。

脱头落鋬：指衣服等物破损陈旧，也指说话无根据。

十七、歇后语

杨树头——随风倒。

鸡蛋里挑骨头——没事找事或寻事。

青竹头掏屎坑——越掏越臭。

老孵鸡生疮——毛里有病。

牛吃稻柴鸭吃谷——各人修得福。

秃头做和尚——巧头。

受潮的自来火——有火发勿出。

反贴门神——忽照面。

鳗鲡跌勒汤罐里——屈死。

鸭吃砻糠——空欢喜。

蛐蟮翻跟斗——直勿起腰。

六十岁嫁人——心勿定。

六月里着棉鞋——好热（日）脚。

老太婆吃豆腐——有嚼吭嚼。

嘴上贴封皮——闷声。

狗头上生角——装模作羊（样）。

屋檐下的水落管——受漏（累）。

烧香人赶脱老和尚——喧宾夺主。

癞痢头儿子——自己的好。

黄鼠狼蹲勒鸡棚头上——不吃也喊吃。

豁嘴拖鼻涕——顺路。

石头上掼乌龟——硬碰硬。

叫花子吃死蟹——只只好。

橄榄核填台脚——活里活络。

三只节头（手指头）兀田螺——稳吃（拿）。

青肚皮猢狲——无记性。

有饭笃粥吃——活该。

城头上出棺材——远兜远转。

黄牛角水牛角——各归角（各）。

歪嘴吃面——相差一线。

湿手捏喷干面粉——甩勿脱。

野鸡毛当令箭——像煞有介事。

戴凉帽亲嘴——够不着。

瞎子打秤——勿勒星（心）上。

地上爬到芦席上——差勿多。

顶着石臼做戏——吃力勿讨好。

牯牛身上拔根毛——不在乎。

猢狲屁股——坐勿热。

脚踏西瓜皮——滑到哪里是哪里。

白墙头上刷白水——白刷（说）。

螺蛳壳里做道场——轧闹忙。

烂泥萝卜——揩一段吃一段。

夹忙头里膀牵筋——急煞人。

三拳头打勿出闷屁——慢性子。

生就皮毛铸就骨——难改。

额骨头上搁扁担——头挑（第一名）。

船头上跑马——走投无路。

狗捉老鼠——多管闲事。

两个哑子困勒一头——无话商量。

癫团跳勒戥盘里——自秤（称）自。

麻袋里装菱——自戳出。

麦柴管吹火——小气。

老和尚念经——句句真言。

歪嘴吹喇叭———团邪气。

驼子跌倒——两头勿着实。

脚炉盖当眼镜——看穿。

痴狗等羊头——空等。

马兰头开花——老俏。

肉骨头敲鼓——荤（昏）咚咚。

蛇吃黄鳝——迸煞。

蜻蜓吃尾巴——自吃自。

大雪天走路——一步一个脚印。

六月里做亲——忽要棉被（面皮）。

大年三十盼月亮——痴心妄想。

头顶生疮，脚底流脓——坏透。

旗杆上挂灯笼——高明。

中秋节的月亮——正大光明。

九曲桥上散步——走弯路。

乌龟请客——都是王八。

造屋请箍桶匠——找错人。

猫捉老鼠狗看门——本分事。

吞金自杀——人财两空。

出窑的砖——定型了。

何仙姑走娘家——云里来，雾里去。

张果老倒骑毛驴——往后瞧。

飞机上跳伞——一落千丈。

草帽烂脱边——顶好。

管水员开闸——放任自流。

第三节 民歌民谣

摇啊摇

摇啊摇,摇到外婆桥,外婆叫我好宝宝。

糖一包,果一包,买条鱼来烧一烧。

两只羊

东面过来一只羊,西面过来一只羊,一道来到小桥浪(上),

嫩(你)勿让勒吾(我)勿让,一道跌到河里厢。

鸡鸡斗

鸡鸡斗,蓬蓬飞,一飞飞到稻田里,稻田里厢吃白米。

吃煞吃勿完

阿姨长,阿姨短,阿姨头上顶只碗,

碗里有块萝卜干,吃煞吃死吃勿完。

大蜻蜓

大蜻蜓,绿眼睛,两只眼睛亮晶晶。

飞一飞,停一停,飞来飞去捉苍蝇。

卖糖粥

笃笃笃,卖糖粥,三斤胡桃四斤壳,

吃仔嫩(你)格肉,还仔嫩(你)格壳。

白庙白猫

山浪(上)有座白庙,地浪(上)有只白猫,

白发老公公落脱一顶白帽,白猫叼着白帽逃进了白庙。

小螺蛳

小螺蛳，真可笑，造房子，弗用脑，前门造得圆又大，

后门造得尖又小，自家想想难为情，见人就把门关牢。

六兄弟

兄弟六个本同娘，相貌身材弗一样，

老大雨泪汪汪（雨），老二素衣白裳（雪），

老三无影无踪（风），老四骨头石硬（雹），

老五打鼓出场（雷），老六浑身闪光（闪电）。

一只小花狗

一只小花狗，眼睛骨溜溜，

坐勒门口头，想吃肉骨头。

月亮歌

月亮弯，月亮圆，月亮弯弯像条船，月亮圆圆像只盘，

弯又弯，圆又圆，弗是船来也弗是盘。

阿哥走，吾也走

阿哥走，吾也走，吾和阿哥手采手，

手拉手，慢慢走，一起走到马路口，

看见红灯停一停，看见绿灯开步走。

鹅渡河

坡上立着一只鹅，坡下就是一条河，宽宽格河，肥肥格鹅，

鹅要过河，河要渡鹅，弗知鹅过河，还是河渡鹅。

小蜘蛛

小蜘蛛，能吃苦，网子破了，自家补，补得快，补得好，苍蝇嗡嗡嗡，

飞来就捉牢，蚊子嘤嘤嘤，飞来跑不掉。

正月初一吃圆子

正月初一吃团子，二月里放鹞子，三月清明去买青团子，

四月蚕宝宝上山结茧子，五月端午吃粽子，六月里摇扇子，

七月蒲扇拍蚊子，八月中秋剥剥西瓜子，九月登高去打梧桐子，

十月剥开枣红小橘子，十一月太阳头里踢毽子，十二月底搓圆子。

嘀答嘀答洒水车

大街上，真闹猛，大车小车来回跑，嘀嘟嘀嘟大汽车，嘀铃嘀铃脚踏车，扑托扑托摩托车，嘀答嘀答洒水车。

小星星

小星星，亮晶晶，青石板浪钉铜钉。

小星星，亮晶晶，伊勒对嫩眨眼睛。

啥个弯弯

姐姐妹妹，坐勒门口，唱起歌来，天边水边，

啥个弯弯在天边？月亮弯弯在天边！啥个弯弯在眼前？

眉毛弯弯在眼前！啥个弯弯头浪过？木梳弯弯头浪过！

啥个弯弯在水边？小船弯弯在水边。

第四节　儿童游戏

一、削水片

削水片是小孩子或年轻人闲时散步或一时兴起开展的一种游戏削水片前要先挑选大小适宜的碎瓦片或碎缸片。削水片讲究技巧，转腰、提臀、收腹，手里的瓦片还要保持与水面平衡。技巧好的人扔出的瓦片激起"嗒、嗒、嗒、嗒……"的声音，此时

削水片（2019年，顾建明画）

水面上出现一连串漂亮的水花，激起一串串涟漪，涟漪由近及远、由大变小。

二、打铜板

打铜板带有一点博弈性质（赌运气）。其兴于20世纪50年代，70年代基本消失。这种游戏由两人以上玩耍，人越多玩起来越精彩。参加者先选一块比较宽敞平坦的场地，同时找一块比较大而且平整的方砖，每人出一个铜板放在方砖上，然后用"石头、

打铜板（2019年，顾建明画）

剪刀、布"或猜拳的方法，决定参加的先后次序。第一个人在方砖边选择合适的位置后，就不许移动。第二个人将所有铜板叠放在方砖中间。第一个人用手中的铜板照准方砖中间的铜板打，如果把铜板从方砖上打落到地上，铜板就归自己。打剩下的铜板重新叠好依次再打，直到方砖上的铜板被打完为止。

三、车铁箍

20世纪30、40年代，域内孩童就开始玩车铁箍游戏。车铁箍兴于50年代，60年代末逐步消失。车铁箍是一种很简单的游戏，只需要一只铁箍、一根铁丝以及一根1米左右拇指粗细的竹竿。铁丝一头弯成凹形的钩子，另一头扎在竹竿上。玩时先用铁钩钩

车铁箍（2019年，顾建明画）

住铁箍，然后向前滚动铁箍，利用铁箍滚动的惯性推铁钩，铁箍因为推力便向前滚动，铁钩与铁箍摩擦发出"铛……"的声音。孩子们时常在打谷场上进行车铁箍比赛，玩得熟练的孩子喜欢在田埂上进行车铁箍比赛，看谁操作得既快又稳。

四、打弹子

打弹子（2019年，顾建明画）

打弹子兴于20世纪40、50年代，70年代末逐步消失。活动前各参与者先在场地上挖几个比弹子稍大一点的泥洞（一般3~4个）。前几个泥洞距离相等，最后一个洞则要远一点（根据场地大小而定），称为"老虎潭"。活动有一定的规则：必须依次进洞，第一个将弹子打入"老虎潭"的人即称为"老虎"，其可以击弹子，击中的弹子就归自己，并可连续击打。未击中的弹子停住后就不能再动，"老虎"也可以守在老虎潭边。未当"老虎"的人的弹子滚到哪就停在哪，也可以边向老虎潭进军边击打别人的弹子。如遇到老虎可以"剥老虎皮"，即连续三次击中"老虎"的弹子，弹子就归自己。当上"老虎"的人击别人的弹子，只要击中，别人的弹子便"死"。参与者依次进行，一直到场上的弹子击完为止。

五、挑绷绷

挑绷绷（2019年，顾建明画）

挑绷绷起源于20世纪初，至今偶尔可见。这种游戏女孩玩得比较多。活动前，选取一根长约0.7~0.8米的线，把线的两头打结成环形。此游戏可以两人也可以多人参加。一人利用自己双手10个指头将线钩成各种形状，另一人也用10个指头将构成的形状变换成另外一种形状，然后你来我往。构成的形状较多，变化无穷。变化成功者即为赢，反之便输。

六、跳橡皮筋

跳橡皮筋又叫跳牛皮筋，是一项全身运动的游戏，至今仍然流行，女孩们特别喜欢。女孩们经常出现在场角、庭院，哼着儿歌或是伴着节奏跳皮筋。活动前参加者进行搭配，分成两组。每组的队长率领自己的一组参加。有组员失误了，队长可以代替进行补救。每个组从低到高闯关。哪个组闯过的关数多，那么这个组便获胜。

跳橡皮筋（2019年，顾建明画）

第五节　民间手工艺

一、制龙

制龙之"龙"，有白龙、黄龙、青龙、乌龙等多种类型，统称"彩龙"。龙骨以竹为材料，先扎成圆笼状的竹筒，再将龙头、龙尾补扎成型。龙衣以布和镜纸为材料，龙体用竹圈或粗线连接。中插竹竿为握竿，置蜡烛为灯。龙鳞用笔刷蘸色彩勾画或粘彩纸、彩布饰成。

二、糊纸扎

糊纸扎即用竹片、芦苇做框架，糊以各式彩纸，饰以剪纸，扎出房屋、车、船、聚宝盆、摇钱树、日用品、人物、家禽等物品。旧时，纸扎品多用于迷信

活动，但也运用在龙灯、彩船等的制作工艺上。90年代后，民间纸扎主要用于丧事。

三、木器打造

乡间多木匠，有的木匠专门从事木器打造。大件有床、橱、桌等家具，小件有椅、桶、盆等用品。工具有锯、刨、凿、墨斗、曲尺等。打造木器时，先按需要将木材锯成板状，再做好榫卯等，然后拼装、抛光，如需要还可略加雕刻。

四、爆炒米

爆炒米即爆米花。取适量玉米（或大米）放入爆米锅里，添加糖料，并封好顶盖，再把爆米锅放在火炉上不断转动使之均匀受热，然后爆出可口的爆米花。爆好的米花可放入长方形的容器中加入融化的白糖汁，压实制成长方体形的"炒米糕"。

五、制衣

旧时，大襟短衫裳、斜襟棉袄、大裆裤等服装大多由民间裁缝用手工缝制而成。女子的布裙和褐腰头可自己缝制。70年代后，手工缝纫逐渐被缝纫机代替。但一些传统服饰仍受青睐，例如制作的滚边绣花、盘扣均用手工制作，技艺极为精湛。

六、做蒲鞋

蒲鞋是蒲草编织的鞋子，有夏季蒲鞋和冬季蒲鞋两种。

做蒲鞋的工具有蒲鞋凳、鞋耙、鞋仁、鞋拗、蒲鞋刀等。鞋耙为木制丁字形器具，上面插有五根蜡烛似的小木柱。鞋仁为蒲鞋模具。鞋拗为木制刀具，用于将鞋底拗实。蒲鞋刀为铁制木柄小刀，用于割去蒲鞋成品内多余的蒲草。做蒲鞋的一般工序为：搓绳、做鞋底、做鞋面、扎口、修边。70年代以前，村民多数夏天穿蒲鞋，冬天穿芦花靴（即芦花蒲鞋，冬季蒲鞋）。现如今蒲鞋多演变为观赏的工艺品。

七、糊鞋底

将平时做衣服裁剪下来的边角布料或破旧衣裤（磨损较轻的布块）洗净晒干，用米汤或面粉做的浆糊将布块在门板或其他平整且面积较大的木板上一层一层地粘起来，大致粘6~7层（视布料厚薄决定）后，放在太阳下或通风处晾干，讲究的还将晾干的水铺底置于平面上用重物压平。现在本地已不再做布底鞋。

八、扎鞋底

做布鞋先要纳鞋底，本地称为扎鞋底。扎鞋底分烙鞋样、包鞋沿条、扎底等步骤。烙鞋样就是将剪好的鞋底样用针线固定在晾干的水铺底上，沿鞋样剪下水铺底。包鞋沿条就是在剪下的每个鞋样的边上沿布条，使鞋边整齐、牢固、光滑、美观。如果做百页底则需要多包几层底，累加至一定厚度（薄的4~5层，厚的6~7层）后就可扎底。扎底使用扎底针和鞋底线。扎底时要做到针脚横成行、竖成条、斜成一条线，疏密有致。如今扎鞋底已少见。

九、结绒线

妇女按照一定的花纹，用竹针将绒线结成各式衣帽或手套。与扎鞋底一样，妇女可在田间劳动歇息时坐在地上结，开会时可边听报告边结，晚上边看电视边结，或与人闲聊时边聊边结。今结绒线尚见于民间。

十、扎米囤窠

旧时，每年秋收后生产队都要根据每户的工分粮、口粮情况进行分粮食，农家就用扎好的米囤窠储存粮食。有的自家动手，有的请年长的好手代劳，米囤窠用柴草盘扎。工具叫"囤铲"，有铁制的，也有竹制的。米囤窠为圆柱形或椭圆形，内空，上有囤盖。此外，茶壶窠、脚炉窠、饭窠等，也有用柴草盘扎的。今扎米囤窠已不见。

十一、砌灶头

灶头是用于烧饭，烧菜的炊具。在厨房内，用砖和泥灰浆制作而成。灶头一般为二眼灶，按大小分大锅、小锅。也有三眼灶，即增加一个发锅。灶面向外开放，外有灶边便于放置碗具；向内用墙封闭，以阻止草灰进入锅内。墙体用石灰浆粉刷一新。墙的正面或侧面写有"小心火烛"等字样。在两锅之间的内侧安置一汤罐，放水备用。今民间已无老式灶头。

十二、钉碗

以前，碗碎了往往舍不得扔掉，让钉碗匠钉补后继续使用。钉碗的一般步骤为先在碗上用"金刚钻"钻眼，再打上钉襻，涂上防漏的胶泥。钉碗匠挑着担子走村串巷，钉碗、凿画、凿字，以此为生。今已绝迹。

十三、补锅子

铁锅出现裂缝或砂眼时，村民就找补锅匠补锅。补锅师傅先扯动风箱，让炉火将坩埚内的铁块化成铁水后，右手持火钳，夹住一个小汤匙状的盛器，舀一点铁水，倒在左手托着的圆形草木灰垫上，将铁水从锅外裂缝处往上挤。待铁水冒入锅内后，右手再握一个圆柱状的布刷快压铁水。如裂缝或破损较大，得反复多次修补。最后一道工序是将锅内外补好的地方刷一层黄泥水，以确保勿漏。以前，师傅常走村串巷，今已绝迹。

十四、箍锅盖

以前，家庭灶用锅盖一般要用毛竹片沿边箍一圈，以防止过多漏气。工艺虽简单，但技术性较强。因此也有走村串巷的专门工匠箍锅盖，今也已绝迹。

十五、敲白铁皮

敲白铁皮即用白铁皮（镀锌铁皮）作原料，敲打成淘米箩、水桶、簸箕、水落管等各种容器和用品。此类用品有不易生锈和耐腐蚀的优点，故颇受欢迎。手工艺者一般沿街摆设摊点，替人加工或销售产品。现叫作钣金工艺。

第十一章　习俗礼仪

大渔村在社会发展的历史长河中，逐步形成了约定俗成的婚嫁、丧葬、岁时等习俗以及民间礼仪。随着社会的进步和发展，加之提倡移风易俗，新事新办，新型的风尚渐为人们所接受。

第一节 岁时习俗

一、春节

辛亥革命后,农历正月初一被定为春节。初一人们喜贴春联,男女老少穿戴一新,寓意万象更新。早餐吃年糕、汤圆等,表示阖家团圆。熟人见面作揖互贺、问候。正月初一,按风俗习惯忌说不吉利的话,忌扫地倒垃圾,忌向外泼水,忌走亲戚。

二、元宵节

农历正月十五为元宵节,也称"上元节"。这天家家户户要吃汤圆或馄饨。中华人民共和国成立初期,本地要烧田角(当地称炭田角落),以祈求驱除田怪,来年丰收。还有挑花灯等活动举行。现今域内村民大多数在家看元宵晚会节目,共享天伦之乐。

三、二月二

农历二月初二,有农谚:"二月二,蛇虫百脚全下地。"民间有旧俗,以白纸书写"二月二诸虫蚂蚁直下地",然后贴在床脚、台脚、凳脚上,可防虫蚁爬上来咬人。此日,人们会吃"撑腰糕",以求腰板儿硬朗。该日又称"龙抬头"。人们在这一天通常要剃头,以求鸿运当头。如今,此俗仍流行于民间。

四、清明节

民间素有清明节扫墓的习俗,向先人敬献鲜花,以表达对先人的缅怀之情。

本地有"新清明""老清明"之分。过"新清明"是指家里有新过世者（清明节前"断七"的人），在清明节当天祭祀；过"老清明"则在清明节前后10天左右任选一天祭祀已故的亲人。

五、立夏

立夏时，尝"三鲜"。水中"三鲜"为鲥鱼、鲚鱼、白虾；树上"三鲜"为梅子、樱桃、枇杷；地上"三鲜"为蚕豆、竹笋、茅针。立夏日，民间有吃草头（又叫苜蓿）、青蚕豆、酒酿、摊面衣和咸鸭蛋的习俗，还有称体重的习俗，据说这样做可以避免"疰夏"，确保身体健康。

六、端午节

农历五月初五是端午节。家家户户都要裹粽子，相传这是为纪念伍子胥（一说屈原）而流传下来的民间习俗。是日，当地各家各户将大蒜头、艾草、菖蒲等扎在一起，悬于门上，意在驱瘟逐疫。旧时人们还用雄黄酒擦在小孩的额部、耳部、手心、足心等部位，以防毒虫叮咬。

七、七夕

农历七月七日为七夕节，又称"乞巧节"。相传在这一天牛郎、织女在鹊桥相会。民间有吃油氽巧果，女子染指甲、制作小泥人（求子希望怀孕）的习俗。同时七夕节又是夫妻之间表达爱意的日子。父母希望养子成龙，养女成凤，并祈祷孩子聪明伶俐，学业进步，长大成人后生活美满幸福。

八、中元节

农历七月十五日为中元节，俗称"鬼节"。本地人家门上、墙上、窗户上都要挂桃树枝，以示压邪驱鬼，求太平安康。农历七月十五日，家里有新亡者（已断七），在中元节当天祭祀。其他人家在七月十五日前后七天，选择任何一天祭祀，俗称"过七月半"，以示对已故者的敬重和怀念。

九、中秋节

农历八月十五日是中秋节。明代《西湖游览志余》中说:"八月十五谓中秋,民间以月饼相送,取团圆之意。"中国传统风俗中中秋团圆由此而来。是日,民间有吃月饼、糖烧芋艿的习俗。中秋节晚上,旧时家家户户要祭月,在庭院中要供奉香火、点燃蜡烛,供奉月饼、菱藕、水果等。现在中秋佳节之际,民间有以月饼馈赠亲友、长辈的习俗。

十、重阳节

农历九月初九日为重阳节。每年重阳节,民间百姓都要佩戴茱萸,饮菊花酒,吃重阳糕,登高望远,以求避祸、驱邪。

1989年,我国把重阳节定为"老人节",以示对老人的尊敬。2012年,全国人大常委会又明确每年农历九月初九日为"老年节"。大渔村民委员会每年都会在该时节慰问全村老人,向60周岁以上的村民发放慰问金和慰问品。

十一、十月朝

农历十月初一日俗称"十月朝",为祭祖之日。旧时,已婚嫁女儿必于该日备酒菜、香烛、纸锭,回娘家祭祀。

十二、冬至

冬至是一年中夜间最长的一天。民间有"连冬起九"的说法,冬至也是数九寒冬的起始日。古有"冬至大似年"之说,故民间重视吃冬至晚饭。冬至前后有祭祀祖先、宴请亲友习俗。还有"有么(音me,轻声)吃一夜,呒么冻一夜"之说,说明贫富不同,过冬至夜的方式也不同。相传此日又能预测未来天气,谓"干净冬至邋遢年"。

十三、腊八节

农历十二月初八日俗称腊八节。相传该日为佛教释迦牟尼成道之日。民间有用白米加上山芋、芋艿、各种豆类、百合、瓜子仁、枣、桂圆肉等煮成粥的习俗，称"腊八粥"。相传，食腊八粥可祛病延年。

十四、送灶日

农历十二月二十四日俗称"二十四夜"。本地有送灶神上天庭的习俗。传说灶神在人间执差一年，在十二月二十四日夜要回天庭向玉帝述职。该日，民间家家户户都要准备好团子、饴糖、水果等祭品。黄昏时，先在灶上供奉灶神，焚香点烛，放好水果、团子、酒、茶、纸马等贡品。祭祀完毕，放鞭炮，焚烧纸马、香烛等送灶神上天庭。本地家家户户都要吃米粉大团子，以祈求来年交好运，全家人和睦团圆。

十五、除夕

农历十二月三十日（小月二十九日）是一年中最后一天，俗称"大年夜"，又称"除夕"。家家户户都要祭祀祖宗，然后阖家团聚吃年夜饭。餐桌上除丰盛的荤菜外，必备一碗豆芽菜和长梗青菜，以祈求全家人来年头脑清醒（有青头）和长命百岁。年夜饭内要有黄豆（以示一切从头开始），剩余的饭盛在饭篮里，放在中堂上，插上冬青柏枝，以祈求年年有余。吃过年夜饭后长辈持红包给儿孙们发压岁钱，以祈求晚辈身体健康，年年长进。家家户户还要炒花生、炒瓜子、炒发芽豆等，此谓炒发禄，以祈求发大财。同时家家户户要在大门两侧竖甘蔗，以祈求来年节节高。当天晚上家家户户要放鞭炮，以示辞旧岁、迎新年。除夕守岁是最重要的习俗。随着时代的推进，有些习俗也在改变。改革开放以来，本地大多数人家会在除夕夜围在电视机前看春节联欢晚会节目。

第二节 生产习俗

一、农耕

（一）炭田角落

炭田角落是很早以前传下来的习俗，农历正月十五日元宵节夜，农家有用稻草扎成火把，入夜由孩童跑向自家田内，点着火把在田头奔跑，边跑边唱的习俗。这称为"烧田头"或"炭田角落"。空旷的田野上火光似流星，祈祷声高亢悠长。"炭炭（烧烧）田角落，收收三石六……" 80年代末，此俗逐渐消失。

（二）百花生日

农历正月十二日为道教百花仙子生辰，本地称"生花十二"，又称"稻罗头生日"。有的村民在果树上系一张红纸和结一根红头绳（俗称"挂红"），祈求花盛叶茂。有的村民则将红纸贴在稻田等农家用器具上，祈求稻花繁盛、五谷丰登。

（三）开秧园

旧时，村民插第一把秧称为"开秧园（开秧门）"。此时村民会邀请邻居好友聚餐一顿，预祝事情圆满顺利。丢秧把时，忌丢在人身上，以免遭殃（秧）。秧把不能用手接，接秧把不吉祥，意味着接"祸殃"。

（四）烧发禄

猪圈建成后，村民会点燃一捆稻草，把圈宕和四周墙壁用旺火烧一遍，以求猪胖膘肥，俗称"烧发禄"。每年除夕，家家都要祭猪圈，祈求畜业兴旺顺利。

二、建房

(一) 竖屋酒

旧时，凡建造新房屋，房主要选定吉日上正梁，并办竖屋酒。上正梁时要放鞭炮。工匠要说吉利话，并要从上往下抛馒头、糕点、糖果等，俗称"抛梁"，以求平安顺利，发家致富。工匠还要将装有红蛋、糖果、香烟、万年青"发禄袋"的青布兜系在正梁中间，以求"袋袋（代代）发禄（兴旺）"。该日房主要办竖屋酒，宴请亲朋好友和泥瓦匠师傅。亲朋好友要送红包，岳父家要备"摇钱树""饭山"、炊具、碗筷和水果、糕点、鸡、鱼、肉等，以示祝贺。近年来，房主在房屋装修竣工或居民在镇上买了商品房后，常再择吉日办酒宴请客。赴宴的亲朋好友仍送红包，以示祝贺。

(二) 立"石敢当"

旧时，域内农户在新房建成后，一般要在大门口右侧靠墙置一个"石敢当"，以此辟邪镇宅。制作"石敢当"一般采用的是金山石，上面凿上"石敢当"三个大字。如用青石制作，除"石敢当"三个大字外，周围还要加上一些纹饰。旧时，村民在春节前后（农历腊月二十八或春节后的正月初九），要在"石敢当"前摆上祭品开祭，以求"石敢当"保家宅安泰。如今此俗已废。

(三) 收落成

旧时，房屋落成后，为敬谢天地洪恩，村民要设坛建醮请道士诵经作法，俗称"收落成"（"收六神"，也有地方称"谢洪"），以保日后家宅平安、生活安定。此俗经60年代末"破四旧"而废除。

三、开业

(一) 开业酒

本地店铺、新厂开业均要择吉日办开业酒。是日，放鞭炮、点红烛、供财神，以示生意兴隆，财源茂盛。前来祝贺的宾客一般准备匾额、大花瓶、花篮、石狮子等礼品或红包，主人则要设宴款待宾客，并向来宾赠送开业纪念品。

(二) 拜师学艺

中华人民共和国成立前，青少年学徒都需拜师，商业称"学生意"，小手工业称"学手艺"。从师期限一般为3年。期满后,商店学徒升为伙计;学手艺的学徒办谢师酒,并在师父家再帮工3年,领少量生活费,俗称"学三年帮三年"。中华人民共和国成立后,拜师学艺的年限由双方商定,一般为2~3年,但无帮工期。期满后,学徒办谢师酒,宴请师父及师门长辈,此后可以独立从艺。

第三节 生活习俗

一、婚嫁

(一)定亲

旧时,男女至十五六岁时,父母相中了某户人家,就央媒说亲。若女方家同意,遂将女子"年庚八字"(亦称"生辰八字")交给媒人,送至男方家供在灶龛里,九日后,连同男子"生辰八字",一并给算命先生"排八字"定夺,合则定,不合则退。如八字合,男方家即择吉日,备礼金、首饰、衣料、食品等,装盘送往女方家,称"行小盘""下聘礼"。女方家受礼,则示允诺,称"定亲"。中华人民共和国成立后,男女双方自由恋爱,关系确定后,由双方父母为子女择日定亲。是日,男方宴请亲友。

(二)送彩礼

定亲后,男方家选结婚日,告知女方,称"担日脚"。男方备猪、鸡、鱼、蛋、糕点、糖果、烟酒等盘及礼金,送往女方家,谓"行大盘"。

(三)婚礼

婚礼一般举办三天,包括"开厨""正日""荡厨"。正日,男方家大摆筵席,备花轿迎娶新娘,用喜船迎嫁妆。80年代后期,启用轿车、面包车迎亲。

花轿进门，新郎、新娘行拜堂礼，一拜天地，二拜高堂（父母），三是夫妻对拜。礼毕，送新郎、新娘入洞房。旧时，送入洞房一节，甚为有趣：由花烛引入洞房时，用新麻袋五只，朝新房方向铺地，新郎、新娘脚踏麻袋行进，每走过一只，就向前传递一只，并高呼"传袋（代）"，直至洞房。入洞房后，新郎用秤杆挑去新娘头上云巾，夫妻饮合卺酒（俗称"交杯酒"）。至夜，新夫妇同入厅堂祭祖，然后，由伴娘请新娘向男方长辈等一一见礼。礼毕，新夫妇回房。亲友随入新房，向新娘讨取喜果、红蛋、喜烟，欢笑逗趣，热闹非凡至深夜方散。此为"闹新房"。中华人民共和国成立后，婚事从简，一般为新郎新娘踏着红地毯走进新房即可，取消一切繁琐礼仪。

（四）出嫁

女方家受彩礼后，置办嫁妆。至男方迎娶日，新娘梳洗打扮，穿着一新，并聆听父母有关敬公婆丈夫、睦和四邻的教诲。花轿一到，新娘头戴云巾，告别双亲，挥泪上轿，俗称"过门"。中华人民共和国成立后，除花轿不再用外，余俗尚存。

（五）回门

婚后第二天，新娘携新郎回娘家省亲，谓"双回门"，但须当天返回，有"月不空房"之说。此俗延至今日。

（六）入赘与"两头蹲"

入赘即招女婿。有的人家有女儿无儿子，可择选中意男青年，与女儿成亲。男方改女家姓，成为女方家庭成员之一。新生子女则随女方姓，意在"续嗣香火"。中华人民共和国成立后，提倡男女平等，入赘男子一般不改姓，子女可随母姓，也可随父姓。这种习俗会尚存。大多数独生子女实行"两头蹲住（男不娶女不嫁，男方无彩礼，女方无嫁妆，婚后小夫妻在双方家庭轮流居住，照顾对方父母，一般生两个孩子，一个随父姓，一个随母姓）"。

二、生育

（一）催生

孕妇怀孕七个月左右，娘家备面条、圆子、婴儿衣服、抱被、尿布等物送至婿家，名"催生"，亦称"解腰"。婿家接面条、圆子后，煮熟，加鱼、肉浇头。第一碗给孕妇吃，称"解腰面"，余送邻里、亲友分享。

（二）做十三朝

婴儿出生第十三天，外婆家给婴儿送摇篮、衣物，祖父母、父母办酒，亲友等前来送礼、道贺，称"做十三朝"。是日，邻里、亲友可分得红蛋等。

（三）满月

新生儿满一月称作"弥月"，俗称"满月"。满月时为新生儿理发，俗称"剃胎头"。是日，新生儿父母要举办满月酒宴招待亲友。前来祝贺的亲友可送婴儿首饰，如：锁片、镯子等。本家一般回赠蛋糕、鸡蛋等礼品。产妇这一日方可出房，回娘家吃"满月饭"。婴儿满一周年称"满期"，男方家要做满期团送亲友，俗称"搭纪"。同时婴儿父母备办酒席，宴请亲友，向邻里送长寿面或满期团，以求子孙儿女团圆健康、长命百岁。

（四）义亲、寄亲

中华人民共和国成立前，双方为互相修好或互相依靠而结拜为兄弟，也有因抚养或拜认而产生的义父母、义子女，均称"义亲"。寄亲是自己或子女攀认寄父母或自己收认寄子女而结成的亲属，多数是为相互依靠。结义亲、寄亲后，逢年过节、婚丧喜庆，彼此往来，与至亲无异。此俗至今仍流传。

三、寿诞丧事

（一）寿诞

域内居民一般年满50或60岁开始庆寿，以后每隔十年庆寿一次。旧时，富有人家在堂前正中挂寿星轴，在搁几上放万年青、南天竹等，在中间八仙台上点寿烛，在两侧放茶几、椅子。祝寿的礼品有长寿面、喜糕、香烛、鞭炮，也有寿轴、寿幛等。如今人们多送蛋糕、寿面和营养补品，继而发展为送红包。庆寿时，寿星端坐在寿轴下，亲朋分大小结对成双落座。而后点烛焚香，向寿星礼拜，口道"福如东海，寿比南山""长命百岁，子孙满堂"等吉祥话。如今礼节从简，祝寿者齐举酒杯祝贺，寿星吹灭蛋糕上的红烛，然后大家分食蛋糕，吃寿面，再吃寿酒。

四、寿终

亡者收殓项目很多，主要有以下几项。

暖尸：死者咽气后，家人一面将死者床帐卸下，一面以热水擦洗遗体，谓之"暖尸"。

小殓：暖尸后，更换寿衣（衣裳件数逢单），整容、穿鞋、戴帽。

设灵堂：把经小殓后的遗体移至厅堂正中偏西门板上，鼻朝北，面蒙白布或锭纸。遗体前朝南挂白幔（称孝帷），遗像下设供桌，供桌上陈放祭品、油灯。遗体西侧靠墙，铺以稻草供亲属、子媳、儿女坐待举哀之用。儿子守立孝帷一则，向前来吊唁、跪拜的亲友致谢，并按亲辈关系分发白束腰、白布（今给黑纱），同时女子于一旁举哀（哭泣）。

报丧：亲属或请邻里分头给逝者亲戚、生前好友或生前工作单位报讯，称"报丧"。

奔丧：在外地的亲友得知噩耗后，即告假赶回来吊唁。

出殡：旧时，出殡前将遗体移入棺材，称"入殓"。出殡时，由4人或8人（一般是邻里）扛抬棺材前行，子女身着孝服，手捧死者灵位，行于灵柩之前，亲友在灵柩后缓步送殡，鼓手吹奏哀乐随行。回丧出殡归来，送殡者吃云片糕、喝糖茶，吃"回丧饭"。

设灵台：回丧前，在家亲人或邻里或宣卷先生在厅堂西北隅设一座台，台后墙中间挂遗像，两侧挂挽联，台前檐置"七灯"一盏，彻夜不熄；台后檐墙处放置灵位，灵位前供奉祭品。

以上环节结束，丧事基本结束。之后自逝者过世之日起算，每七天一段，计七段，即七个"七"，逢"七"必祭，叫作"七"，以"五七"为重。"五七"（也有做"六七"的）这天，亲友到场，出嫁女儿烧斋饭一桌，祭祀死者。"七七"为断"七"。

中华人民共和国成立后，丧事从简，一些迷信习俗逐渐消失。披麻戴孝、焚烧纸钱、吊唁跪拜被佩黑纱、赠花圈和鞠躬所取代。1966年后，域内推行火葬。火化后，亲人将骨灰盒捧回，有埋于自留地的，有买墓穴安葬的，也有存于火葬场的。

第十二章　农家美食

　　大渔村是一个以农耕为主的农业村，土地肥沃、物产丰富。同时鱼塘、河浜、溇潭星罗棋布。一方水土养一方人。在长期的生产生活中，村民们利用丰富的自然资源，饲养多种家禽家畜，养殖水产品，为自身提供了充足的物质保障和丰富的食材来源，改善了日常生活饮食。村民们在此基础上创造出一批农家私房菜与时令食品，尽情地享受舌尖上的美食。

第一节 传统菜品

一、炒螺蛳

炒螺蛳

把养净（去掉泥沙）并剪掉尾部的螺蛳倒入滚烫的油锅里翻炒，火要旺。翻炒约15分钟后加佐料（食盐、酱油、老姜、黄酒等）和适量清水，盖上锅盖，焖烧约5分钟起锅，加些切细的香葱即可食用。可口的汤汁，鲜美的螺蛳肉，是一份不错的河鲜菜肴。

二、螺蛳炖酱

把养净并剪掉尾部的螺蛳放在一只大碗里，加适量的清水和佐料（食盐、老姜、香葱等），放一勺豆瓣酱，然后把螺蛳碗放在米饭锅上清炖，饭熟后螺蛳也熟了。食用时嫩滑爽口，俗话说："五样六样，勿及螺蛳炖酱。"

三、螺蛳肉炒韭菜

先将带壳的螺蛳洗净焯水。挑出螺蛳肉，用盐水泡5至10分钟，手抓几次后多冲洗几遍，将韭菜洗净切段备用。锅加热，油微热后放入干辣椒、姜片爆一下，倒入洗好的螺蛳肉炒1分钟后，加料酒接着煸炒一下，然后倒入韭菜大火煸炒，最后加盐等调料翻炒几下即成。该菜清香扑鼻，鲜嫩可口。

四、油煎虾饼

取塘虾（青虾）适量，去泥沙和杂质。再取适量的面粉用冷水拌成面糊，再把虾（剪掉虾脚和虾须）放入面糊里，加少许食盐和切细的香葱，用筷子拌匀。用铲刀把青虾和面糊（一小团）一起放入滚烫的油锅里煎炸数分钟。等虾变成粉红色，面糊显金黄色后用笊篱捞起来，就成了一只只香脆可口的虾饼。

五、白斩鸡

将鸡挖出内脏洗净，在鸡肚里塞姜、葱、花椒，倒黄酒加水用文火煮。去净浮沫，慢煮。待鸡硬酥适中时捞出，冷却后切块装盘。做成后的白斩鸡色泽亮里透黄，鲜、嫩、香，另用鲜酱油、麻油、辣油等调料调制后更是可口。白斩鸡是村民招待亲朋好友的家常菜，一般作为酒席上的冷盘菜。

六、糟鱼块

草鱼或青鱼杀后洗净放在大口容器内，加入盐、酒糟、姜丝、花椒、味精（鸡精）后压紧，腌制3～5小时以上。将腌好的鱼块清洗干净，待水烧开后倒入锅中，加入料酒、老姜、香葱、糟卤和少许花椒（去腥味），用文火烧开去净浮沫。起锅时碗中加上点猪油，汤碧而不冒热气，糟味扑鼻，鱼块鲜而嫩。

七、红烧东坡肉

红烧东坡肉选料严格，配料讲究，制作精细，独具特色。选择新鲜、肥瘦适宜的猪肋条肉（俗称五花肉），连同肋骨切成边长约15厘米，重约2.5斤的方块肉。接着将水煮开倒入方块肉再煮一会，即"焯水"。焯水后将肉捞起，用清水冲洗干净，放入锅内，同时把桂皮、茴香、姜葱、盐等调味品也加入锅内，加水直到肉都浸入水中为止。锅盖盖严，用急火烧沸60分钟后，将酱油和料酒放

红烧东坡肉

入，再以文火烧1~2小时，把白糖加入锅中进行收汁。起锅时再在肉上浇上汁水，一盘色泽桃红、甜而不腻、酥而不烂、入口即化的红烧东坡肉即可上桌。

第二节 时令食品

一、粽子

农历五月初五日，民间要包粽子。粽子按食材分为白粽、鲜肉粽、赤豆粽、蜜枣粽、蛋黄粽等。

粽子

用淘米箩淘好适量的糯米（根据实际需要），再把剪来的箬竹叶或芦叶用温水洗净煮一煮浸泡在水里，同时要准备一些干净的稻柴或扎线。各种材料准备好后就可裹粽子了。裹粽子并不难，可根据喜好在糯米中加入肉、赤豆、蜜枣等，然后裹成各式各样的粽子，如枕头粽、四角粽、小脚粽、秤砣粽等。裹好后把粽子放在锅里，水要盖过粽子。水烧开一段时间后，要根据水量的多少适量添加水，同时还要将粽子翻动，焖煮1~2个小时。停火后粽子还必须在锅里闷上2~3小时才能取出食用。

二、年糕

每年春节将至，农村家家户户都会自制传统的年糕。年糕又称"年年糕"，谐音"年年高"，寓意人们的生活水平一年比一年高。

传统的年糕品种比较多，有赤豆糕、蜜枣糕、桂花糕等。制作年糕的主要材料是糯米粉、粳米粉、白糖、红糖、赤豆、红枣、桂花、葡萄干等。先将糯米淘净并沥干水分，再把糯米和粳米分别磨成粉待用。将筛选好的赤豆洗净煮熟待用。红枣首先挑选出坏的、裂开的，用水冲洗掉表面的泥沙，捞出沥干水分待用，如制作其他味道的年糕，还要准备其他的材料。

年糕

将糯米粉和适量的粳米粉、赤豆、葡萄干、白糖或红糖，用少量温水拌均匀。将大锅内加满水，烧开。在水烧开之前，先在洗净的糕桶内放上垫子，装上拌好的糕粉。水烧开后将糕桶放在锅上盖上锅盖开始蒸。等蒸透以后，再在上面加糕粉，略低于糕桶即可，盖上锅盖继续蒸，蒸汽越足越好。锅内的水根据需要适时添加，不可烧干。蒸熟后，在表面按上红枣，撒上桂花，然后在台子上铺好湿毛巾（以免粘住毛巾）。将糕桶内的糕扣在湿毛巾上，取出糕垫，清水洗净，放回糕桶，再按上面的方法在糕桶内再次上粉，待锅内水开再去蒸第二轮蒸糕，蒸一轮蒸糕大约需要20分钟。待出锅的热糕稍凉一些，便可用湿毛巾把四周按压光滑（如果要求美观还可以在四周抹上糖水），用箬叶覆盖在上面，然后把糕反过来，年糕便做成了。

三、重阳糕

农历九月初九是重阳节，民间要蒸重阳糕。蒸重阳糕的方法与蒸年糕相同，不过糕要小一点、薄一点。为了美观易吃，人们把重阳糕的颜色制成五颜六色，还要在糕面上撒上一些桂花（故重阳糕又叫桂花糕）。这样制成的重阳糕，香甜可口。

四、糖芋头、糖山芋

中秋节除了吃月饼，本地还有一个流传至今的习俗，就是吃糖芋头或糖山芋。芋头亦称芋艿，山芋亦称红薯。选择适量的芋头，去皮洗净。在锅里放适量水，倒进芋头，大火煮开，再用小火慢慢熬制。大约 20 分钟，用筷子试戳一下，熟透后关火，盛至碗内，加入红糖（或在锅内直接放入红糖），略微搅拌，一份红糖芋头便成功了。如果没有芋头就用山芋代替，做法相同。

五、腊八粥

每年的农历腊月初八就是"腊八节"。这天村民要喝腊八粥。此习俗流传至今。

腊八粥是用多种食材熬制的粥。常用食材有糯米、粳米、籼米、黑米、黄米、江米等，红豆、绿豆、黑豆、豇豆、蚕豆、白芸豆、花芸豆、红腰豆等，还有荞麦、薏米仁、花生仁、高粱米、莲子、松子仁、栗子、葡萄干、胡桃仁、桂圆肉、核桃肉、红枣肉等。可以选择喜欢的食材，也可以利用自己手边现有的食材，食材一般不少于八种。

六、南瓜饼

南瓜饼又叫番瓜塌饼，是以南瓜为主要原料做成的饼。

南瓜饼

将南瓜洗净，去皮去籽去瓤，切成小块，放入蒸锅蒸屉上隔水蒸熟后取出。趁热用勺子将蒸熟的南瓜碾成南瓜泥。将糯米粉与南瓜泥混合，还可加入少量白糖，然后揉搓成团，再加入一小勺食用油，揉均匀后盖上保鲜膜放置一旁醒发 15 分钟。取醒发后鸡蛋大小的面团，包入适量的红豆馅，收口捏紧轻轻地搓圆后按扁，做成小圆饼。如此反复，将材料用完。将做好的南瓜饼两面沾裹白芝麻，往平底锅中倒入少许油，烧热后将南瓜饼放入，用中小火煎至两面金黄即可。

七、酒酿饼

酒酿饼是苏州地方传统名点，春季时令点心，外观和月饼相似，其色泽金黄，绵软而香甜。

取适量面粉和甜酒酿（没有酒酿可用"酒脚"，即米酒吃完后容器底部沉淀的白色糊状沉积物）拌匀揉成面团，在盆内放置5~6小时发酵。当其膨胀成双倍大时，将面团搓揉成长条状，再分出大小大致相等的小块，搓成圆团，再捏成盅状，内放置豆沙、芝麻或其他调好的馅，轻捏封口，轻轻地按扁成饼，然后将生饼放入平底锅内油煎至两面金黄时，泼入一勺清水迅即盖上锅盖，烧至水干，稍焖片刻，饼就熟了。揭开锅盖，满屋饼香。

八、甜酒酿

甜酒酿是本地区常见的美味佳肴，立夏前后做时机最佳，实际上只要温度控制得好，一年四季均可制作，好吃又养生。相传甜酒酿吃了能丰胸增乳，美容养颜。

糯米500克、酒曲2克、凉开水适量。

先将糯米淘洗净，用水泡2小时，再将泡好的米控出水分。锅里放水，放上笼屉，铺上笼布。把糯米倒在笼屉上用手指戳几个眼，这样米容易熟，盖上盖子蒸30分钟即可。

蒸熟的糯米取出倒在大口盆里晾凉。将酒曲研成粉末倒入晾凉的糯米饭里，

甜酒酿

搅拌均匀。把糯米饭装入瓷盆用勺子压实并在中间挖个洞以便于出酒。用盖子或用保鲜膜封口，放在温暖的地方（如气温低可用棉胎包裹保温），36~48小时发酵出甜酒即可食用。

九、青团子

青团子是清明前后域内乃至江南地区的传统特色小吃。用青艾的汁拌进糯米粉里，再包裹上豆沙或者莲蓉、芝麻、百果等不同的馅，不甜不腻，带有清淡却悠长的青草香气。现在店里做的青团，有的采用浆麦草汁，有的采用青艾汁，也有用其他绿叶蔬菜汁和糯米粉捣制，再以各种馅料为馅而成。

第十三章　村民印记

　　大渔村历史悠久，人杰地灵。大渔人在这片土地上努力发展经济，开拓创新，建设美丽幸福家园，这种积极向上的精神给村民留下深刻的记忆。

　　村民说事和大渔第一折射出大渔人生活的历练和缩影，反映出大渔村的历史变迁印迹。

第一节 村民说事

一、农业"三改"

大渔村地处太湖流域阳澄湖以东低洼地区,地下水位高、地面高程偏低,高田面积很少。旧时,水稻一般以一年一熟为主。种植的籼稻秋季收稻后,大都放白田,或灌水沤田(俗称水沤田)。一年适宜种植稻麦两熟的高田,数量很少,复种指数在120%左右。

中华人民共和国成立后,随着水利建设迅速发展,大渔村圩区建设取得成效,耕作制度也随之发生变化。20世纪50年代中后期,域内进行以水沤田改旱田、籼稻改粳稻、一熟制改二熟制为主要内容的耕作制度改革,即农业"三改"。1957年,域内杜绝秋收后放白田,冬沤田面积所剩无几,提高了土地利用率。域内全面推广种植"老来青"等晚粳品种,搭配少量中熟粳稻,粳稻面积占域内水稻总面积的90%;扩大三麦、油菜种植面积,搭种适量绿肥,实行水稻、三麦或者水稻、油菜两熟制轮作。大渔村形成秋熟以单季粳稻为主,夏熟以三麦、油菜为主的局面。当时,两熟田面积增加,复种指数升至170%。

大渔村通过"三改",不但提高了土地利用率,还提高了复种指数。通过扩大晚粳水稻种植面积,增加三麦、油菜的种植面积,提高了单产,也增加了总产。至60年代初,域内水稻亩产(大渔197.5公斤,友谊184.5公斤,斜泾178.8公斤)比"三改"前增加100公斤左右;域内三麦亩产(大渔83.5公斤、友谊59.2公斤、斜泾71.7公斤)比"三改"前增加35公斤左右。

二、耕牛

旧时，境域内一般有 20 亩左右农田（自有+租种）的农户都养有一头耕牛，田多的富裕人家养有两头耕牛。耕牛多为水牛，帮助农耕生产。

农田耕作是耕牛的主要"工作"，包括犁田、耙田，还有在农田上水后进行平整。

农田灌溉也是耕牛的主要劳作，利用牛力水车对水稻田进行灌溉。村民在田头建一固定的场地——"牛场基"，配装全套

耕牛图
（2019 年，顾建明提供）

木质水车。在"牛场基"上搭一个宽敞的"牛车棚"，供人、牛避暑。同样，利用牛力水车还能"干鱼塘"和排涝等。

域内个别殷实人家，利用牛力开设砻坊，在秋冬季节，充分发挥牛的作用，为自家和周边农家拉砻碾米。

凡饲养耕牛的农家都建有牛屋（牛圈），并辟有牛场和牛爬滩，讲究的人家还在牛场上搭一凉棚，避免日晒雨淋。夏天，农家都备有"牛污潭"，潭内备有稀稠泥浆。傍晚时分，农家将耕牛赶至"牛污潭"过夜，防止蚊、蝇叮咬。清晨，将耕牛牵至河滩，把牛身冲洗干净。

耕牛饲养因季节不同而异，春、夏、秋三季以野外看护放牧为主。一般由农家七八岁孩童放牛，富裕人家则雇用别人家的孩子去放牛。冬天和初春饲喂备好的干草与稻草等。

中华人民共和国成立初期，耕牛仍是农业生产的必备条件。20 世纪 80 年代后，随着农业机械化、电气化的发展，耕牛饲养和耕牛劳作场景逐渐消失。

三、改造"道字圩"

"道字圩"地处斜泾八队东北角，与斜泾七个队交界。该圩区呈不规则长方形，四周是大小不等、高低不平、时淹时现的荒滩地。少部分田块只能种植一季水稻，如遇连续暴雨，稻田即呈一片泽国。域内在 50 年代没有排涝机械，仅

靠七八部人力"踏水车"集中向外排水，收效甚微，往往待水位降低后，稻苗已半死不活，村民只能重新补种。水稻如果在孕穗期间遇水患将颗粒无收。

斜泾大队在全面开展农业学大寨的期间，1968年冬至1969年春，发动、组织全大队劳动力，对"道字圩"进行改造。去弯拓直，移高头填低洼，并开挖河底河，在"道字圩"建造独立的灌排系统，造出梯田百余亩，由相邻各生产队种植。"道字圩"造田运动，得到了昆山县革委会的肯定。

"道字圩"水域经过改造和整治，增加耕地面积120亩。

四、农用"三车"

"三车"即人力水车、牛力水车、风力水车。

农用"三车"曾是农田灌溉的主要工具。水车由车槽（或称"车筒"）、车轴、鹤膝、斗板、齿钵等零件组成。车槽用杉木板材，鹤膝、斗板用硬质板材制成。斗板固定在鹤膝上。鹤膝与鹤膝相连形成一个可以转动的木链，称为"龙骨"。车槽一端搁在岸上，一端用两根竹竿交叉架在河中，通过齿钵转动，带动龙骨旋转，借斗板把水刮入车槽，沿槽筒向上戽水。

（一）人力水车

人力水车根据使用人力的方式不同，分为手牵、脚踏两种。

手牵水车 在农用"三车"中，手牵水车是最小的一种结构形式。其结构：水车头部装一根木轴，中间装"拨度"一个，两侧有固定的木质轴承，轴上两端装"偏心"与牵杆连接，牵杆一头有横柄可供1人或2人同时牵动。工作原理是鹤膝、斗板与车头、车尾两个"拨度"相连成圈子，在车槽内往返循环戽水。其功效甚低，每小时仅提水16～20立方米，每车一天灌田约1～2亩。此种水车车槽较短，一般用于扬程不到1米的零星田块灌水、排水。适用于临时抽水。

脚踏水车 以人力脚踏为动力，岸上设扶手架，竖两根立柱，立柱上装一横架，以作人的扶手架，另有圆木制成躺轴一根。车型分为2人车、4人车、6人车三种。躺轴最长4米左右，最粗直径为25厘米左右，中间装有"拨度"，两边装置脚踏榔头，力点均匀，两端设有固定车轴座头。龙骨车身尾端放入河中，由竹竿支架固定，车头固定在暗渠口，鹤膝、斗板上端连接在躺轴的"拨度"上,其下端与"水拨度"环接。人立在躺轴榔头上,不停地脚踏,转动鹤膝、斗板在车槽内往复运行戽水脚踏水车功效比手牵水车高。此车不需要车基,便于移动和安装。圩区在排涝时集中多部水车,日夜戽水排出,俗称"踏大棚"。

(二)牛力水车

牛力水车以牛为动力,故称"牛车"。牛车结构与人力水车不同之处主要是另有车盘、墩芯、躺轴和固定车轴的轴承座等。这些部件均为木质。

牛车车槽结构与人力车相同。牛车一般需要有一个直径 5 米左右的地方作牛车基,以安放直径为 2 米的木制车盘和墩芯,并搭建圆形或方形的草棚(俗称"牛车棚"),避免在戽水时被烈日照晒,为牛防暑降温。戽水时,牛拉车盘旋转。为防止牛因长时间旋转脑昏,村民会给牛戴上用两片毛竹片做成的眼罩。车盘齿带动躺轴齿钵旋转,齿钵带动龙骨车的鹤膝、斗板旋转,提水上岸。水流经沟渠,灌溉田地。牛车效率较高,一部牛车一天可灌溉 20~30 亩水田。

(三)风力水车

风力水车依靠风力作为动力,又称"扬风车"。其结构由四方锥形立架,上躺轴(又称"天轴")、下躺轴(又称"地轴")、立轴、4 个水旱"拨度"、6 根篷竹、6 张风篷(用布做成)、前支架(亦称"马脚")等部件组成。在灌溉时,视风向移动前支架,视风力大小确定风篷展开张数及篷面受力角度。3 级风力即可吹动风篷,转动车轴(由上躺轴转动立轴,再转动下躺轴),并转动龙骨水车,提水上岸。如风力超过 6 级,则此车有翻车之虞,故须专人看管。风力水车一般一天能灌溉 30 亩左右。当时境域内风力水车甚少。

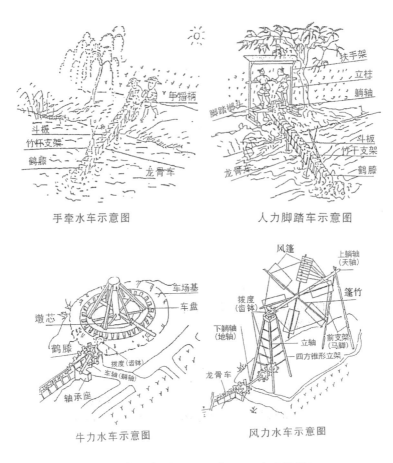

四种水车示意图（2019年，顾建明提供）

五、草屋

草屋俗称"草棚棚"。清末至民国时期，部分外籍人口落户域内，进行开荒种地，于是便在自己开垦的土地边上搭建简易的"人"字草棚（俗称"老虎头棚棚"），以遮风挡雨，供人居住。数年后，住房改造，基本是打墙泥，用毛竹做架子，在屋面铺上柴草即成草屋。

打墙泥时用两块长约3米、宽约40厘米的木板（俗称"泥墙板"）挡在两侧，中间放入泥土，用木榔头逐层将泥土打结实。沿墙基打完一圈，再把泥墙板抬高。每圈墙的宽度要稍微缩小3~5厘米（最底层一圈宽度约为50厘米）。同样依次打第二、三圈。一般只打四周的墙体（留好门窗），高度打五板，约2米。

屋顶用毛竹搭成架子,实竹作椽子,然后铺上草帘子,再在上面盖稻草。盖稻草要有一定的技术,需要反复学习才能掌握。

盖房时,将事先精选的稻草捆(把去掉柴壳的稻草捆成一头顺的小捆)传送到屋面。屋面与屋内两人上下配合。师傅从屋檐开始,把稻草平铺在屋面上,并用竹子压住稻草梢,再用竹扦(相当于引针)把细草绳头通过竹扦从上面穿到下面。下面屋内的人抽出绳头后说声"好了",上面的师傅就把竹扦拔出,稍微移过一点再穿插下去。下面的人再把绳子绕过椽竹将绳头重新穿入竹扦并大声告诉上面的人"串好了"。上面的人用力拔出竹扦,带出绳头后,在竹子上收紧并打结,往返几次将稻草全部压牢。以此类推,直到屋顶做好结束,一般间隔三年更新一次。

屋内用厚实的草帘子隔出卧室、客厅和厨房,有的人家一般另外搭建厨房。

屋外为防止雨淋毁坏墙体,还用稻草打成柴扇,钉挂在外墙,或用稀泥将稻草的梢整齐地糊在外墙上,一般要挂或糊1.5米左右高,必须每年更换一次。

20世纪60年代后,住户集中居住,形成自然村,散落在田头的草屋便消失了。70年代末,村民逐步翻建砖墙瓦房,草屋基本消失。

六、米窠

米窠是解放前传承下来的盛米工具,用稻草盘扎的米窠也叫围窠。米窠有圆柱形,也有椭圆形的,内空,上有盖子,一般能装150~200公斤大米,大一点的能装250~300公斤大米。

扎米窠的工具叫"囤铲",有铁制的,也有竹制的,一头削尖便于穿刺。

制作米窠前将去掉柴壳的青白稻草晒干,然后再制作。先选一小把稻草(约手臂粗细),用六七根稻草间隔8~10厘米扎一道(只要将扎草两头合并绕紧夹在草垄中,不需打结),捆扎几道然后边添加草把边盘托(椭圆形底的扎法)。圆柱形的底就扎成形,椭圆形的中间扎长一点,两头盘托形成圆的即可。盘扎时一定要将稻草压实扎紧,而且每次要在已扎好的两道扎草中间,并偏上三分之一的地方扎入铲子,利用囤铲中间的空洞穿六七根稻草(俗称生根),再与新添的稻草把扎牢。这样便连在一起。一圈一圈用同样的方法扎好窠底,再慢慢向上扎窠壁,依次类推,扎到一定的高度后,慢慢向里收口。

七、泥甏

20世纪60、70年代，域内盛行制作泥甏来盛米。社员的口粮都是由生产队集体去加工厂轧好米，回来再分给各家各户。各户需有盛放一年口粮的工具，在米窠退出家庭后，即用泥甏作为盛米工具。

涂泥甏一定要选择盛夏季节，因为此时气温高、阳光足，泥甏易完全干燥。泥甏的形状有圆柱形，也有椭圆形。制作时先用长的稻草交叉均匀地铺在平地上，然后用稻草和着烂泥捏成直径约为4~5厘米的泥草捆，盘捏甏底，一般盘至直径为60~70厘米，再向上盘捏泥甏的壁。底和内壁一定要同时涂抹平整、光滑，因为泥甏制成后就无法再细加工了。

泥甏不能一次制作完成，每天盘捏3~4层，等待先前涂捏的部分变干才能继续。

甏口须涂捏得和坛子口一样。等待甏整体干透后，再将底下的长稻草向上弯曲，用泥涂在外壁上增加底的拉力，使甏底不易脱落，同时将底部和外壁涂抹光滑、平整、晾干。

泥甏的制作简单，泥草混合分量轻，又不易破碎，干透后抬回家盛米。一只泥甏一般能装300~400斤大米。

八、银杏树

原斜泾村东官泾庙旁有一棵饱经风霜、苍劲古拙的古银杏树。此树栽于唐明宗年间（又说北宋年间）。树干高35米许，树冠直径20多米，树干底围直径1.8米许，四五个成年人手拉手才能合抱，方圆十里可见。树身上生有6只树乳，大小不等，最大的一只长70厘米许。

这棵银杏树生命力极强，因为高大，几经雷击，甚至遭受香火的焚烧（50年代末东官泾庙拆除，香客们便在银杏树旁烧香拜佛，因香火焚旺，不慎烧着银杏树的树干，小半边被烧毁），树身下截开裂，但依旧树叶繁茂，遮天蔽日，果实甚丰。不幸于1972年秋被伐。

九、大蒜

大渔村35组（原斜泾十队）自1963年起，在戴世元的引领下，坚持种植大蒜长达26年。

该生产队20来户人家，就有15户农户坚持常年种植。每年在立秋前，村民到太仓县双凤镇购进大蒜头种子，立秋后播种。一般元旦至春节期间，是大蒜苗销售旺季。

在20世纪70年代之前，农家先是利用房前屋后空地种植，随后逐渐至农家的蔬菜地种植；70年代后，大蒜种植步入高峰期，全组共种植6亩之多。

70年代前，每亩用大蒜种子款400元，亩产大蒜苗3 000公斤，每公斤市价在0.6~0.7元，亩均净收入1 500元左右。

70年代后，每亩用大蒜种子款1 000元，亩产大蒜苗3 500公斤，每公斤市价在2元以上，亩均净收入有6 000元之多。

大渔村35组的村民，当时形象地总结了一句"三间一转头，全靠大蒜头"谚语。

十、万元户

大渔村35组周逢根一家有10人，劳动力6个。1983年，域内实行家庭联产承包责任制后，他家分到责任田、口粮田16.4亩。周逢根把承包的农田交由子女们经营，夫妻俩重拾水上船运业务，添置7吨木质机动船，经营水上短途运输业务，获得较好的收益。当年，农业收入3 285元，队办厂上班（2人）收入1 440元，家庭副业收入7 040元，全年综合收入12 300元。

1984年春，周逢根参加城北乡"万元户"表彰大会。

第二节 大渔"第一"

第一个乡级机构——大渔乡人民政府和大渔乡党支部

1950年1月,大渔乡人民政府和大渔乡党支部在大渔乡5村(即域内红观音堂自然村)成立。

第一个互助组——三官堂互助组

1951年5月,境域内三官堂自然村陆阿生组织成立三官堂农业生产互助组(简称互助组)。这是大渔乡第一个互助组。

第一个村级集体所有制组织——高级社

1956年1月,大渔乡转办大渔乡高级社,下辖3个分社:大渔一社(大渔)、大渔二社(斜泾)、大渔三社(庙泾)。友谊时属黄泥乡。

第一个基层党组织——党支部

1956年3月后,境域内成立大渔高级社党支部和斜泾高级社党支部。

第一个生产大队——大渔大队

1958年9月,境域内大渔高级社、斜泾高级社和友谊高级社联合成立大渔大队。

第一个革命委员会——大渔大队革命委员会

1969年2月28日,城北公社革命委员会批复成立大渔大队革命委员会。

第一个水稻亩产超千斤的生产队——大渔大队第三生产队

1973年,大渔三队扩种100%双季稻,该队156亩稻田平均亩产1 001.3斤水稻。

第一个党总支部——大渔村党总支部

2005年11月,大渔村党支部升为大渔村党总支部。

第一个股份合作社——大渔社区专业股份合作社

2014年12月30日，大渔村农村社区股份合作社成立，并为3 472名村民办理固定股权登记，每年按股分配红利。

第一次实施医疗费用再报销——医疗普惠补助

2017年，大渔首次实施医疗普惠补助办法，全年为136位村民兑现医疗普惠补助款48.9万元。

第一次编纂村级志书——大渔村志

2019年6月，大渔村着手编纂《大渔村志》。

第一所小学——石家溇初级小学

1952年9月，境域内利用石家溇自然村空余民房，开办石家溇初级小学，校长为朱家权。

第一所完全小学——城西完全小学

1962年3月，石家溇初级小学移至大渔大队七队，利用三官堂沈阿龙家余房150平方米，开办城西完全小学，校长为周钰珍。

第一个合作医疗组织——大队合作医疗卫生室

1969年，大渔、斜经和友谊3个大队都办起合作医疗卫生室，实行队办队管。

第一个初中班——大渔学校初中班

1970年2月，大渔学校试办初中班。该初中班被称为"戴帽子"中学，也是城北公社首个初中班。

第一所幼儿园——斜泾幼儿园

1978年春，斜泾大队在现在大渔村村委会驻地开办斜泾幼儿园。

第一条县级公路——虹祺路（原名红旗路）

虹祺路自红旗制药厂至原312国道，全长7千米，域内段长3千米。1981年冬季筑成路基，1982年10月铺就泥结碎石路，1989年11月1日通车，1989年全程改为水泥路面。

第一条村际公路——三邻路

三邻路连通三邻村和大渔村（虹祺路），全长2千米，1984年3月筑成路基，1985年铺就砂石路，1997年改成水泥路面。

第一座自来水厂——三邻自来水厂

1991年10月,三邻自来水厂向三邻村208户用户供水。

第一次用上管道天然气

2018年12月,大渔新村490户住户用上安全清洁的管道天然气。

第一座灌溉排涝站——白窑站

1963年,域内在大渔大队二队(白窑村)建造28千瓦电力灌溉排涝站。

第一座专用排涝站——联合排涝站

1967年,域内在斜泾大队红观音堂河南端建造庙泾圩联合专用排涝站。

第一家粮食饲料加工厂——斜泾粮食饲料加工厂

1964年秋季,斜泾大队在大渔南站旁(庙泾十队)开办斜泾粮食饲料加工厂。

第一座防洪套闸——大渔套闸

1965年3月,大渔大队在三官堂河南端(庙泾河)建造防洪套闸。

第一座砖混结构桥梁——友谊桥

1965年5月,友谊大队在师古泾河中段(徐家库自然村东)建造砖混结构拱桥友谊桥。该桥呈南北走向,跨度20米,桥面宽3米。

第一辆手扶拖拉机——工农-7型手扶拖拉机

1966年,斜泾大队五队拥有一辆工农-7型7马力手扶拖拉机。

第一家队办厂——大渔石灰厂

1972年10月,大渔大队建大渔石灰厂。

第一家出口创汇企业——大渔玻璃制品厂

1987年大渔村创办大渔玻璃制品厂。该厂专业生产医用载玻片,产品全部出口。1988年交货额为88.62万元。

第一家商业经营户——李振华

1979年,李振华在城北石灰厂门卫旁,用租房和自搭简易棚的方式,开设"桃花商店"。

第一家私人企业——斜泾并铁厂

1993年9月,因企业转制,邱家福经营斜泾并铁厂。

第一户购置商品住房家庭——洪国庆家庭

1984年,洪国庆购置商品房68平方米。

第一户购置商业用房家庭——李振华家庭

1993年，李振华购置城北镇北门路店面房100平方米。

第一户建造楼房家庭——王德昌家庭

1980年春，王德昌建造110平方米"三下二上"砖混结构楼房。

中华人民共和国成立后光荣参军第一人——李桂林、顾叙生

1951年，大渔村李桂林、顾叙生应征入伍，1957年退役返乡。

接受血吸虫病治疗第一人——王德连

1952年2月，13岁的王德连在巴城区人民政府治疗点治疗血吸虫病。

公办教师第一人——朱家权

1952年，朱家权在石家溇初级小学任教。

民办教师第一人——李宗武

1962年，李宗武在大渔大队白窑小学任教。

工农兵大学生第一人——姜太保

1975年，姜太保被推荐就读于南京邮电学院，1978年6月毕业。

恢复高考后大学生第一人——邱金洪

邱金洪参加1979年高考，被东南大学录取，1983年毕业。

国外留学第一人——王中品

王中品于1998—2005年就读于伯明翰中央英格兰大学。

大学生村干部第一人——管奕雯

管奕雯毕业于江苏科技大学，2009年8月任大渔村村主任助理、团书记。

购置轿车第一人——顾旭明

顾旭明于1988年11月购置大众桑塔纳轿车一辆。

购置货运汽车第一人——季向明

季向明于1989年购置农用四缸柴油动力卡车一辆。

购置客车第一人——朱永泉

朱永泉于1998年购置东风45座客车一辆，参与昆山市客运运营。

出租车运营第一人——周玉娥

周玉娥于1990年承租昆山出租车运营公司的出租车，进行商业运营。

编后记

在昆山高新区党工委、管委会和大渔村党总支、村委会的领导下，在昆山市地方志办公室和昆山高新区村志办公室的指导下，经《大渔村志》编写人员共同努力，《大渔村志》历时三载终于付梓。

2019年6月，大渔村党总支、村委会组建《大渔村志》编纂委员会，由村党总支书记陈忠平任主任，组成《大渔村志》编纂委员会领导班子和编写班子。在昆山高新区村志办公室的具体指导下，村志编纂工作有序开展。

编纂组的成员们在资料征集和志书编写过程中，根据《昆山高新区村志编纂工作方案》的具体要求和计划部署，组织村域的老党员、老干部、老同志进行多次座谈，征集口述资料和信息；采用走出去、请进来、打电话等方法，征集资料和信息；通过阅志书、找资料、查档案等办法，寻找原始资料。在编写过程中，成员们还得到广大村民和各界人士的大力支持，获得了大量原始资料和口述资料。成员们以辩证唯物主义和历史唯物主义观点，认真考证史料真伪，经论证后转入志稿编写。其间，六易篇目，五易志稿，经多轮调整、修改、总纂，终成《大渔村志》。

编纂《大渔村志》是一项浩繁的社会工程，得到了广大村民、老干部、老同志和社会各界人士的真诚帮助和大力支持。我们谨在此一并表示衷心的感谢。

《大渔村志》编纂组
2022年11月

昆山高新区（玉山镇）村志系列丛书

大渔村志

村民家庭记载

DAYU CUNZHI CUNMIN JIATING JIZAI

昆山高新区（玉山镇）村志系列丛书编纂委员会 编

苏州大学出版社
Soochow University Press

图书在版编目（CIP）数据

大渔村志. 村民家庭记载 / 陈忠平主编；昆山高新区（玉山镇）村志系列丛书编纂委员会编. — 苏州：苏州大学出版社，2022.12

（昆山高新区（玉山镇）村志系列丛书）

ISBN 978-7-5672-4175-6

Ⅰ. ①大… Ⅱ. ①陈… ②昆… Ⅲ. ①村史–昆山 Ⅳ. ①K295.35

中国版本图书馆 CIP 数据核字（2022）第 240863 号

大渔村志　村民家庭记载

编　　者	昆山高新区（玉山镇）村志系列丛书编纂委员会
主　　编	陈忠平
责任编辑	倪锈霞
助理编辑	王晓磊
装帧设计	刘　俊
出版发行	苏州大学出版社
地　　址	苏州市十梓街1号
邮　　编	215006
电　　话	0512-67481020
网　　址	http：//www.sudapress.com
邮　　箱	sdcbs@suda.edu.cn
印　　刷	苏州市深广印刷有限公司
开　　本	787 mm×1 092 mm　1/16　插页16　印张37.5(共两册)　字数631千
版　　次	2022年12月第1版 2022年12月第1次印刷
书　　号	ISBN 978-7-5672-4175-6
定　　价	120.00元(共两册)

版权所有　侵权必究

目　录

村民家庭记载

001／　一、大渔村村民小组、户数
　　　　　一览表
003／　二、大渔村村民家庭记载
003／　大渔村第一村民小组
009／　大渔村第二村民小组
016／　大渔村第三村民小组
023／　大渔村第四村民小组
031／　大渔村第五村民小组
037／　大渔村第六村民小组
048／　大渔村第七村民小组
056／　大渔村第八村民小组
063／　大渔村第九村民小组
072／　大渔村第十村民小组
078／　大渔村第十一村民小组
089／　大渔村第十二村民小组
098／　大渔村第十三村民小组
103／　大渔村第十四村民小组
111／　大渔村第十五村民小组
115／　大渔村第十六村民小组
122／　大渔村第十七村民小组

129／　大渔村第十八村民小组
142／　大渔村第十九村民小组
154／　大渔村第二十村民小组
163／　大渔村第二十一村民小组
176／　大渔村第二十二村民小组
188／　大渔村第二十三村民小组
194／　大渔村第二十四村民小组
198／　大渔村第二十五村民小组
204／　大渔村第二十六村民小组
207／　大渔村第二十七村民小组
216／　大渔村第二十八村民小组
225／　大渔村第二十九村民小组
233／　大渔村第三十村民小组
239／　大渔村第三十一村民小组
250／　大渔村第三十二村民小组
260／　大渔村第三十三村民小组
268／　大渔村第三十四村民小组
276／　大渔村第三十五村民小组
284／　大渔村第三十六村民小组
289／　大渔村第三十七村民小组

村民家庭记载

2019年末，大渔村有户籍户695户，户籍人口2 566人，分设37个村民小组。在大渔村域，村民世代相传，以农耕为主，繁衍生息。随着时代变迁、社会发展，特别是进入21世纪，国家推进城乡一体化建设，村民告别传统的农村生活，转向城镇化的城市生活。

本册以2019年末村民家庭记载为依据，共登录村民住户763户，人口3 426人，对每户村民家庭的人员结构状况和家庭重大事项做记载（日期截至2019年12月31日）。家庭人员结构包含"人在户籍在、人在户籍不在、户籍在人不在"内容，客观反映家庭成员组成的完整性、延续性。个别家庭因各种缘由，不愿记载，故未登录。

村民家庭记载，上可告慰祖宗，下可惠泽子孙，尤为彰显的是自中华人民共和国成立以来，每个家庭生活中所发生的重大变化及重要事情。

一、大渔村村民小组、户数一览表

大渔村村民小组、户数一览表

村民小组	户数	村民小组	户数
第一村民小组	16	第六村民小组	27
第二村民小组	21	第七村民小组	21
第三村民小组	21	第八村民小组	19
第四村民小组	23	第九村民小组	29
第五村民小组	15	第十村民小组	15

续表

村民小组	户数	村民小组	户数
第十一村民小组	29	第二十五村民小组	15
第十二村民小组	27	第二十六村民小组	8
第十三村民小组	12	第二十七村民小组	23
第十四村民小组	20	第二十八村民小组	21
第十五村民小组	11	第二十九村民小组	21
第十六村民小组	21	第三十村民小组	18
第十七村民小组	20	第三十一村民小组	27
第十八村民小组	34	第三十二村民小组	24
第十九村民小组	32	第三十三村民小组	19
第二十村民小组	21	第三十四村民小组	22
第二十一村民小组	30	第三十五村民小组	22
第二十二村民小组	31	第三十六村民小组	13
第二十三村民小组	17	第三十七村民小组	9
第二十四村民小组	9	总计	763

二、大渔村村民家庭记载

大渔村第一村民小组

家庭成员	姓名	与户主关系	性别	出生年月	民族
	朱官芬	户主	男	1953年1月	汉
	龚 玲	妻子	女	1964年3月	汉
	朱成标	儿子	男	1981年9月	汉
	张 莉	儿媳	女	1982年8月	汉
	朱致远	孙子	男	2008年9月	汉

家庭大事	1981年，建平房3间60平方米； 2004年，自建两层别墅280平方米； 2004年，购入第1辆汽车，现有2辆。

家庭成员	姓名	与户主关系	性别	出生年月	民族
	张银琴	户主	女	1966年10月	汉
	朱 斌	儿子	男	1989年5月	汉

家庭大事	1981年，建两层楼房6间150平方米； 2004年，自建两层别墅280平方米； 2012年，购入第1辆汽车，现有1辆。

家庭成员	姓名	与户主关系	性别	出生年月	民族
	孙红华	户主	男	1972年1月	汉
	张根梅	妻子	女	1972年1月	汉
	孙国萍	女儿	女	1997年1月	汉

家庭大事	1989年，建楼房7间180平方米； 2004年，自建两层别墅280平方米； 2015年，孙国萍考入南京师范大学。

	姓名	与户主关系	性别	出生年月	民族
家庭成员	杨林妹	户主	女	1949年8月	汉
	陈 刚	儿子	男	1966年11月	汉

家庭大事	1989年，建两层楼房7间180平方米； 1996年，购入第1辆汽车，现有3辆； 2004年，自建两层别墅280平方米； 2005年，陈刚开办私营企业（广东）。

	姓名	与户主关系	性别	出生年月	民族
家庭成员	季德虎	户主	男	1967年12月	汉
	刘 燕	妻子	女	1980年12月	汉
	季平安	儿子	男	2001年12月	汉

家庭大事	1983年，季德虎应征入伍，1985年退伍； 1985年，购农村平房3间60平方米； 1995年，季德虎开办私营企业（广东）； 1997年，购商品房； 1999年，购入第1辆汽车，现有3辆； 2004年，自建两层别墅280平方米。

	姓名	与户主关系	性别	出生年月	民族
家庭成员	季德彪	户主	男	1967年1月	汉
	王金妹	妻子	女	1964年3月	汉
	季玉婷	女儿	女	1989年8月	汉
	季星彤	孙女	女	2012年8月	汉

家庭大事	1983年，建两层楼房5间130平方米； 2003年，购商品房； 2004年，自建两层别墅280平方米； 2010年，季德彪开办私营企业（广东）； 2014年，购入第1辆汽车，现有2辆。

	姓名	与户主关系	性别	出生年月	民族
家庭成员	朱忠仁	户主	男	1944年11月	汉
	陈志英	妻子	女	1955年4月	汉
	朱建华	儿子	男	1976年11月	汉
	富东梅	儿媳	女	1978年5月	汉
	朱以文	孙女	女	2001年9月	汉
	朱玲嘉	孙女	女	2008年	汉
家庭大事	1982年，建两层楼房6间150平方米； 2004年，自建两层别墅280平方米； 2015年，购入第1辆汽车，现有2辆； 2018年，朱以文就读于南京审计大学； 2019年，朱建华开办物流公司。				

	姓名	与户主关系	性别	出生年月	民族
家庭成员	朱官信	户主	男	1944年8月	汉
	周若珍	妻子	女	1949年8月	汉
	朱兰芳	女儿	女	1971年1月	汉
	景正中	女婿	男	1967年1月	汉
	朱忆秋	孙女	女	2000年9月	汉
家庭大事	1994年，建两层楼房7间196平方米； 2004年，自建两层别墅280平方米； 2015年，购商品房； 2015年，购入第1辆汽车，现有1辆； 2019年，朱忆秋考入盐城师范学院。				

	姓名	与户主关系	性别	出生年月	民族
家庭成员	吉顺弟	户主	男	1950年12月	汉
	王嘉珍	妻子	女	1953年7月	汉
	吉美芳	女儿	女	1981年4月	汉
	朱淼吉	孙女	女	2009年2月	汉
	朱自北	孙女	女	2014年5月	汉
家庭大事	1983年，建两层楼房5间130平方米； 2004年，自建两层别墅280平方米； 2017年，购入第1辆汽车，现有1辆。				

家庭成员	姓名	与户主关系	性别	出生年月	民族
	茅竹年	户主	男	1942年10月	汉
	符仁兰	妻子	女	1947年3月	汉
	茅洪文	儿子	男	1967年3月	汉
家庭大事	1986年,购农村平房60平方米; 2004年,自建两层别墅280平方米。				

家庭成员	姓名	与户主关系	性别	出生年月	民族
	胡华世	户主	男	1959年6月	汉
	朱桂兰	妻子	女	1964年10月	汉
	胡志松	儿子	男	1990年9月	汉
	计春燕	儿媳	女	1991年5月	汉
家庭大事	1995年,建两层楼房7间196平方米; 2004年,自建两层别墅280平方米; 2010年,胡志松毕业于苏州托普信息职业技术学院; 2010年,胡志松应征入伍,2016年退伍; 2014年,计春燕毕业于南京师范大学泰州学院; 2014年,购商品房; 2016年,购入第1辆汽车,现有2辆。				

家庭成员	姓名	与户主关系	性别	出生年月	民族
	朱忠同	户主	男	1942年3月	汉
	戒枝莲	妻子	女	1944年11月	汉
	朱洪明	儿子	男	1969年12月	汉
	张菊明	儿媳	女	1976年7月	汉
	朱奇峰	孙子	男	1992年9月	汉
家庭大事	1994年,建两层楼房7间196平方米; 2001年,购入第1辆汽车,现有4辆; 2002年,朱洪明毕业于苏州职工科技大学; 2004年,自建两层别墅280平方米; 2018年,朱奇峰毕业于苏州大学。				

家庭成员	姓名	与户主关系	性别	出生年月	民族
	吉顺同	户主	男	1948年12月	汉
	许松英	妻子	女	1953年1月	汉
	吉彦亚	儿子	男	1976年10月	汉
	朱红梅	儿媳	女	1978年5月	汉
	吉芯嫒	孙女	女	2004年10月	汉

家庭大事	1994年，建两层楼房7间170平方米； 2004年，自建两层别墅280平方米。

家庭成员	姓名	与户主关系	性别	出生年月	民族
	王德连	户主	男	1942年2月	汉
	王忠林	儿子	男	1969年12月	汉
	姚梅英	儿媳	女	1972年10月	汉
	王雪薇	孙女	女	1994年12月	汉

家庭大事	1982年，建平房4间80平方米； 2004年，自建两层别墅280平方米。

家庭成员	姓名	与户主关系	性别	出生年月	民族
	孙红宽	户主	男	1969年5月	汉
	郭林英	妻子	女	1970年4月	汉
	孙国栋	儿子	男	1992年8月	汉
	陈露	儿媳	女	1995年5月	汉
	凌凤	母亲	女	1945年2月	汉

家庭大事	1990年，建两层楼房6间168平方米； 2004年，自建两层别墅280平方米； 2013年，购入第1辆汽车，现有2辆。

家庭成员	姓名	与户主关系	性别	出生年月	民族
	朱中群	户主	男	1971年4月	汉
	郁雪琴	妻子	女	1968年9月	汉
	朱仁洁	女儿	女	1995年11月	汉
家庭大事	1984年，建两层楼房6间168平方米； 2004年，自建两层别墅280平方米； 2013年，购商品房； 2013年，购入第1辆汽车，现有1辆。				

大渔村第二村民小组

	姓名	与户主关系	性别	出生年月	民族
家庭成员	嵇少成	户主	男	1954年12月	汉
	朱芬根	妻子	女	1959年2月	汉
	嵇 静	女儿	女	1981年2月	汉
	嵇奕帆	孙女	女	2006年9月	汉
	嵇仁才	父亲	男	1934年8月	汉
	付秀英	母亲	女	1934年8月	汉
家庭大事	1990年，建两层楼房6间169平方米； 1998年，自建两层别墅280平方米。				

	姓名	与户主关系	性别	出生年月	民族
家庭成员	王 靓	户主	男	1982年10月	汉
	王 涵	女儿	女	2009年10月	汉
	王长根	父亲	男	1957年4月	汉
	石银娥	母亲	女	1957年6月	汉
	承月娥	祖母	女	1927年2月	汉
家庭大事	1976年，王长根入伍，1980年退伍； 1981年，购平房3间75平方米； 1998年，自建两层别墅280平方米； 2016年，购入第1辆汽车，现有1辆。				

	姓名	与户主关系	性别	出生年月	民族
家庭成员	徐正香	户主	女	1955年3月	汉
	王永根	丈夫	男	1953年8月	汉
	王 玲	女儿	女	1978年8月	汉
	潘志文	孙子	男	2002年5月	汉
家庭大事	1981年，建平房3间60平方米； 1998年，自建两层别墅280平方米； 2007年，购入第1辆汽车，现有1辆； 2014年，购商品房。				

	姓名	与户主关系	性别	出生年月	民族
家庭成员	蒋凤珍	户主	女	1949年2月	汉
	蒋根生	长子	男	1970年1月	汉
	蒋大兴	次子	男	1972年10月	汉
	余秧妹	儿媳	女	1971年12月	汉
	蒋玺燃	孙子	男	1994年1月	汉

家庭大事	1989年,建两层楼房7间180平方米; 1998年,自建两层别墅280平方米; 2011年,购商品房; 2016年,购入第1辆汽车,现有2辆。

	姓名	与户主关系	性别	出生年月	民族
家庭成员	王凤岐	户主	男	1952年9月	汉
	姚琴芳	妻子	女	1953年8月	汉
	王伟	儿子	男	1977年9月	汉
	季芳霞	儿媳	女	1980年8月	汉
	王世宇	女儿	女	2002年10月	汉
	王博英	孙子	男	2018年3月	汉

家庭大事	1990年,建两层楼房6间170平方米; 2018年,购置商品房。

	姓名	与户主关系	性别	出生年月	民族
家庭成员	王长弟	户主	男	1965年8月	汉
	孟召梅	妻子	女	1968年2月	汉
	王婧	女儿	女	1987年7月	汉
	叶罂荣	孙子	男	2012年6月	汉

家庭大事	1983年,购平房3间60平方米; 2004年,自建两层别墅280平方米; 2009年,王婧毕业于江苏省南通纺织工业学校; 2016年,购入第1辆汽车,现有1辆。

家庭成员	姓名	与户主关系	性别	出生年月	民族
	武顺浩	户主	男	1957年11月	汉
	朱学梅	妻子	女	1957年1月	汉
	武鹏	儿子	男	1985年5月	汉
	羊艳艳	儿媳	女	1982年10月	汉
	武珊明	孙女	女	2012年2月	汉
	武怡辰	孙女	女	2016年	汉

家庭大事	1977年，武顺浩入伍，1982年退伍； 1996年，购农村楼房6间150平方米； 2018年，购置商品房。

家庭成员	姓名	与户主关系	性别	出生年月	民族
	王福泉	户主	男	1951年3月	汉
	杨春妹	妻子	女	1953年3月	汉
	王翔	儿子	男	1974年3月	汉

家庭大事	1990年，翻建楼房6间170平方米； 2016年，购入第1辆汽车，现有1辆； 2018年，购置商品房。

家庭成员	姓名	与户主关系	性别	出生年月	民族
	杨金元	户主	男	1955年3月	汉
	顾杏秀	妻子	女	1960年2月	汉
	杨秋	女儿	女	1981年10月	汉

家庭大事	1984年，建两层楼房7间176平方米； 2004年，自购联排别墅130平方米； 2013年，购入第1辆汽车，现有1辆； 2018年，购置商品房。

家庭成员	姓名	与户主关系	性别	出生年月	民族
	王三宝	户主	男	1955年10月	汉

家庭大事	1986年，翻建楼房7间175平方米； 2018年，购置商品房。

家庭成员	姓名	与户主关系	性别	出生年月	民族
	袁茂德	户主	男	1944年3月	汉
	徐正元	妻子	女	1947年6月	汉

家庭大事	1983年，建平房3间75平方米； 1998年，自建两层别墅280平方米。

家庭成员	姓名	与户主关系	性别	出生年月	民族
	王忠明	户主	男	1957年9月	汉
	王海英	妻子	女	1958年6月	汉

家庭大事	2001年，翻建楼房6间150平方米； 2013年，购入第1辆汽车，现有1辆； 2018年，购商品房。

家庭成员	姓名	与户主关系	性别	出生年月	民族
	葛云龙	户主	男	1956年2月	汉
	王海珍	妻子	女	1955年2月	汉
	葛　琴	女儿	女	1976年4月	汉
	葛　军	儿子	男	1987年2月	汉
	袁学英	母亲	女	1932年12月	汉
	张芯怡	孙女	女	2000年11月	汉

家庭大事	1988年，建两层楼房6间170平方米； 2007年，购入第1辆汽车，现有2辆； 2018年，购商品房。

家庭成员	姓名	与户主关系	性别	出生年月	民族
	王长宝	户主	男	1950年2月	汉
	张友珍	妻子	女	1952年3月	汉
	王建东	儿子	男	1976年12月	汉
	曹小兰	儿媳	女	1976年10月	汉
	王丽文	孙女	女	1999年8月	汉

家庭大事	1989年，建两层楼房7间196平方米； 2000年，王建东开办电气工程经营公司； 2004年，自建两层别墅280平方米； 2006年，购入第1辆汽车，现有3辆； 2007年，购商品房； 2018年，王丽文就读于苏州大学。

家庭成员	姓名	与户主关系	性别	出生年月	民族
	王永才	户主	男	1964年1月	汉
	谈冬秀	妻子	女	1963年1月	汉
	王 晶	儿子	男	1986年12月	汉
	赵春芳	儿媳	女	1986年3月	汉
	王子轩	孙子	男	2011年11月	汉
	王紫辰	孙女	女	2014年6月	汉

家庭大事	1980年，建平房3间60平方米； 1988年，购商品房； 2004年，自建两层别墅280平方米； 2009年，王晶毕业于扬州大学； 2009年，赵春芳毕业于南通大学； 2010年，购入第1辆汽车，现有3辆； 2018年，购商品房。

家庭成员	姓名	与户主关系	性别	出生年月	民族
	王永军	户主	男	1970年5月	汉
	王 婷	妻子	女	1972年6月	汉
	王 洁	女儿	女	1993年12月	汉
	陈嘉伟	女婿	男	1994年9月	汉
	陈彦琦	孙子	男	2018年7月	汉

家庭大事	2004年,自购联排别墅130平方米; 2016年,购入第1辆汽车,现有2辆。

家庭成员	姓名	与户主关系	性别	出生年月	民族
	杨金凤	户主	女	1955年5月	汉
	沈德岐	丈夫	男	1950年7月	汉

家庭大事	1990年,建两层楼房7间180平方米; 2003年,购商品房; 2018年,购商品房。

家庭成员	姓名	与户主关系	性别	出生年月	民族
	杨水根	户主	男	1957年11月	汉
	彭梅兰	妻子	女	1955年11月	汉

家庭大事	1991年,建两层楼房6间170平方米; 2013年,购入第1辆汽车,现有1辆; 2018年,购商品房。

	姓名	与户主关系	性别	出生年月	民族
家庭成员	董建国	户主	男	1964年10月	汉
	吴必秀	妻子	女	1964年5月	汉
	董闻文	儿子	男	1988年4月	汉
	董雨泽	孙子	男	2013年6月	汉
	宋羽涵	孙女	女	2016年8月	汉
家庭大事	1996年，购农村楼房6间170平方米； 2011年，董闻文毕业于江苏技术师范学院； 2012年，购商品房； 2015年，购入第1辆汽车，现有2辆； 2018年，购商品房。				

	姓名	与户主关系	性别	出生年月	民族
家庭成员	杨纪静	户主	女	1969年9月	汉
	雍静雯	女儿	女	1991年8月	汉
	郑静晗	孙女	女	2018年2月	汉
家庭大事	1993年，建两层楼房6间170平方米； 2013年，购入第1辆汽车，现有1辆； 2016年，雍静雯毕业于南京林业大学； 2016年，购商品房； 2018年，购商品房。				

	姓名	与户主关系	性别	出生年月	民族
家庭成员	杨大弟	户主	男	1945年1月	汉
	范梅花	妻子	女	1952年9月	汉
	杨中伟	儿子	男	1972年5月	汉
	浦金珍	儿媳	女	1974年7月	汉
家庭大事	1985年，建两层楼房6间150平方米； 2010年，购入第1辆汽车，现有1辆； 2018年，购商品房。				

大渔村第三村民小组

	姓名	与户主关系	性别	出生年月	民族
家庭成员	顾惠明	户主	男	1965 年 5 月	汉
	承刘玲	妻子	女	1962 年 8 月	汉

家庭大事	1991 年，建两层楼房 7 间 196 平方米； 2000 年，购商品房； 2004 年，自建两层别墅 280 平方米； 2005 年，购入第 1 辆汽车，现有 1 辆。

	姓名	与户主关系	性别	出生年月	民族
家庭成员	陶春元	户主	男	1965 年 3 月	汉
	顾妙芬	妻子	女	1963 年 11 月	汉
	顾 涛	儿子	男	1988 年 2 月	汉
	顾梓瀚	孙子	男	2012 年 10 月	汉
	周梓昂	孙子	男	2017 年 7 月	汉

家庭大事	1985 年，陶春元从事个体经营； 1986 年，建平房 4 间 100 平方米； 2004 年，自建两层别墅 280 平方米。 2010 年，顾涛毕业于应天职业技术学院； 2016 年，购入第一辆汽车，现有 3 辆。

	姓名	与户主关系	性别	出生年月	民族
家庭成员	王德昌	户主	男	1945 年 6 月	汉
	何菊珍	妻子	女	1946 年 6 月	汉
	王惠东	儿子	男	1973 年 11 月	汉
	凌网扣	儿媳	女	1972 年 2 月	汉
	王志豪	孙子	男	1996 年 12 月	汉
	王志杰	孙子	男	1996 年 12 月	汉

家庭大事	1981 年，建两层楼房 6 间 150 平方米； 1995 年，购商品房； 2004 年，自建两层别墅 280 平方米； 2017 年，王志豪应征入伍，2019 年退伍； 2019 年，购入第 1 辆汽车，现有 1 辆。

家庭成员	姓名	与户主关系	性别	出生年月	民族
	陈惠元	户主	男	1957年10月	汉
	周扣英	妻子	女	1959年10月	汉
	陈刚	儿子	男	1982年12月	汉
	黄燕群	儿媳	女	1982年4月	汉
	陈俊轩	孙子	男	2006年10月	汉
	陈爱宝	母亲	女	1931年12月	汉
家庭大事	2004年，自建两层别墅280平方米； 2016年，购商品房； 2017年，购入第1辆汽车，现有1辆。				

家庭成员	姓名	与户主关系	性别	出生年月	民族
	王家仁	户主	男	1964年12月	汉
	朱花妹	妻子	女	1964年12月	汉
	王晨晴	女儿	女	1987年12月	汉
	王艺弘	孙子	男	2016年8月	汉
家庭大事	1984年，建平房4间100平方米； 1992年，购商品房； 2004年，自建两层别墅280平方米； 2008年，购入第1辆汽车，现有1辆； 2009年，王晨晴毕业于苏州健雄职业技术学院。				

家庭成员	姓名	与户主关系	性别	出生年月	民族
	季德祥	户主	男	1959年11月	汉
	丁银娣	妻子	女	1957年9月	汉
	季剑松	儿子	男	1983年4月	汉
	徐新娟	儿媳	女	1983年1月	汉
	季雅雯	孙女	女	2007年7月	汉
家庭大事	1989年，购农村楼房6间170平方米； 1992年，季剑松夫妇开办金属材料公司； 2004年，自建两层别墅280平方米； 2006年，购入第1辆汽车，现有1辆。				

	姓名	与户主关系	性别	出生年月	民族
家庭成员	顾泉明	户主	男	1966年4月	汉
	肖建芬	妻子	女	1965年2月	汉
	顾振华	儿子	男	1989年5月	汉
	杨桃妹	母亲	女	1932年3月	汉
家庭大事	1986年，建两层楼房6间150平方米； 2004年，自建两层别墅280平方米； 2012年，购入第1辆汽车，现有1辆。				

	姓名	与户主关系	性别	出生年月	民族
家庭成员	顾雪虎	户主	男	1952年12月	汉
	高金珍	妻子	女	1958年12月	汉
	顾燕琪	女儿	女	1981年6月	汉
家庭大事	1990年，建两层楼房6间170平方米； 2001年，顾燕琪大学毕业； 2004年，自建两层别墅280平方米； 2005年，购商品房； 2015年，购入第1辆汽车，现有1辆。				

	姓名	与户主关系	性别	出生年月	民族
家庭成员	俞小妹	户主	女	1941年3月	汉
	陈秀英	女儿	女	1966年3月	汉
	陈剑峰	孙子	男	1988年7月	汉
家庭大事	1986年，建两层楼房7间175平方米； 1998年，购商品房； 2004年，自建两层别墅280平方米； 2011年，购入第一辆汽车，现有1辆。				

家庭成员	姓名	与户主关系	性别	出生年月	民族
	王小龙	户主	男	1945 年 10 月	汉
	柳巧女	妻子	女	1950 年 10 月	汉
	王叶珍	长女	女	1974 年 8 月	汉
	王泉林	女婿	男	1973 年 9 月	汉
	王秋鹏	孙子	男	1997 年 10 月	汉
	王雪珍	次女	女	1976 年 3 月	汉

家庭大事	1988 年，建两层楼房 6 间 170 平方米； 2004 年，自建两层别墅 280 平方米； 2019 年，王秋鹏毕业于南通大学。

家庭成员	姓名	与户主关系	性别	出生年月	民族
	沈惠根	户主	男	1957 年 12 月	汉
	顾齐珍	妻子	女	1963 年 1 月	汉
	顾 超	儿子	男	1991 年 10 月	汉
	顾金泉	岳父	男	1940 年 10 月	汉

家庭大事	1989 年，建两层楼房 6 间 170 平方米； 2002 年，购商品房； 2004 年，自建两层别墅 280 平方米； 2014 年，购入第 1 辆汽车，现有 1 辆。

家庭成员	姓名	与户主关系	性别	出生年月	民族
	王家根	户主	男	1968 年 5 月	汉
	陆雪琴	妻子	女	1969 年 5 月	汉
	王春华	儿子	男	1991 年 2 月	汉
	叶晓娟	儿媳	女	1992 年 2 月	汉
	王奕嘉	孙子	男	2016 年 7 月	汉
	俞道伦	父亲	男	1938 年 10 月	汉
	王三妹	母亲	女	1938 年 3 月	汉

家庭大事	1983 年，建两层楼房 6 间 150 平方米； 2004 年，自建两层别墅 280 平方米； 2014 年，购入第 1 辆汽车，现有 1 辆。

	姓名	与户主关系	性别	出生年月	民族
家庭成员	顾泉根	户主	男	1963年7月	汉
	潘卫芬	妻子	女	1963年8月	汉
	顾　俊	儿子	男	1986年5月	汉
	顾小菲	孙子	男	2014年8月	汉
家庭大事	1983年，建两层楼房6间150平方米； 2004年，自建两层别墅280平方米； 2007年，顾俊应征入伍，2009年退伍。				

	姓名	与户主关系	性别	出生年月	民族
家庭成员	顾阿小	户主	男	1950年10月	汉
	顾惠娟	女儿	女	1979年4月	汉
	顾慕彦	孙子	男	2007年8月	汉
家庭大事	1981年，建平房3间60平方米； 2004年，自建两层别墅280平方米； 2012年，购入第1辆汽车，现有1辆。				

	姓名	与户主关系	性别	出生年月	民族
家庭成员	陈凤良	户主	男	1964年8月	汉
	钱米萍	妻子	女	1966年11月	汉
	陈则婷	女儿	女	1991年11月	汉
	陈文超	儿子	男	1993年6月	汉
家庭大事	1989年，建两层楼房6间170平方米； 2004年，自建两层别墅280平方米； 2013年，陈则婷毕业于金陵科技学院； 2015年，陈文超毕业于苏州大学应用科技学院； 2017年，购入第1辆汽车，现有1辆。				

家庭成员	姓名	与户主关系	性别	出生年月	民族
	顾妙琴	户主	女	1951 年 2 月	汉
	顾建芬	女儿	女	1972 年 5 月	汉
	周海星	女婿	男	1968 年 5 月	汉
	顾 莹	孙女	女	1994 年 2 月	汉

家庭大事	1992 年，建两层楼房 6 间 170 平方米； 2004 年，自建两层别墅 280 平方米； 2014 年，购入第 1 辆汽车，现有 1 辆。

家庭成员	姓名	与户主关系	性别	出生年月	民族
	顾杏元	户主	男	1963 年 10 月	汉
	王树英	妻子	女	1964 年 10 月	汉
	顾燕倩	女儿	女	1987 年 3 月	汉

家庭大事	1982 年，顾杏元应征入伍，1986 年退伍； 1986 年，建两层楼房 6 间 170 平方米； 2004 年，自建两层别墅 280 平方米； 2015 年，购入第 1 辆汽车，现有 2 辆。

家庭成员	姓名	与户主关系	性别	出生年月	民族
	顾小毛	户主	男	1958 年 7 月	汉
	宋国萍	妻子	女	1963 年 8 月	汉
	顾文剑	儿子	男	1990 年 7 月	汉

家庭大事	1983 年，建平房 4 间 70 平方米； 2004 年，购商品房。

家庭成员	姓名	与户主关系	性别	出生年月	民族
	顾惠良	户主	男	1972年7月	汉
	顾月芳	妻子	女	1972年6月	汉
	顾　鑫	儿子	男	1996年10月	汉
	顾凤明	父亲	男	1947年11月	汉

家庭大事	1987年,建两层楼房6间150平方米; 2004年,自建两层别墅280平方米; 2016年,顾鑫应征入伍,2018年退伍; 2019年,购入第1辆汽车,现有1辆。

家庭成员	姓名	与户主关系	性别	出生年月	民族
	陈金虎	户主	男	1948年11月	汉
	胡腊妹	妻子	女	1948年1月	汉
	陈梅芬	女儿	女	1970年12月	汉
	沈惠良	女婿	男	1969年9月	汉
	陈月华	孙子	男	1992年6月	汉

家庭大事	1989年,建两层楼房6间160平方米; 2004年,自建两层别墅280平方米; 2011年,购商品房; 2016年,购入第1辆汽车,现有1辆; 2018年,陈月华开办网络公司。

家庭成员	姓名	与户主关系	性别	出生年月	民族
	顾金海	户主	男	1936年7月	汉

家庭大事	与继子王家仁同住。

大渔村第四村民小组

	姓名	与户主关系	性别	出生年月	民族
家庭成员	朱冬兴	户主	男	1947 年 12 月	汉
	许小妹	妻子	女	1945 年 9 月	汉
	朱永明	儿子	男	1969 年 8 月	汉
	吴金花	儿媳	女	1968 年 1 月	汉
	朱 燕	孙女	女	1992 年 4 月	汉
	朱家奇	孙子	男	1996 年 9 月	汉

家庭大事	1987 年，建两层楼房 6 间 150 平方米； 2004 年，自建两层别墅 280 平方米； 2017 年，朱家奇毕业于无锡城市职业技术学院； 2018 年，购入第 1 辆汽车，现有 2 辆。

	姓名	与户主关系	性别	出生年月	民族
家庭成员	费弟明	户主	男	1954 年 9 月	汉
	费坤珍	妻子	女	1957 年 10 月	汉
	费国平	儿子	男	1977 年 5 月	汉
	顾 勤	儿媳	女	1977 年 6 月	汉
	费雯静	孙女	女	2000 年 5 月	汉

家庭大事	1981 年，建两层楼房 7 间 175 平方米； 2004 年，自建两层别墅 280 平方米； 2015 年，购入第 1 辆汽车，现有 1 辆。

家庭成员	姓名	与户主关系	性别	出生年月	民族
	殷小呆	户主	男	1953年1月	汉
	殷晨明	儿子	男	1983年1月	汉
	袁前兰	儿媳	女	1986年11月	汉
	殷正豪	孙子	男	2011年8	汉
	殷 玥	孙女	女	2017年3	汉

家庭大事	1990年，建两层楼房6间168平方米； 2000年，殷晨明应征入伍，2002年退伍； 2004年，自建两层别墅280平方米； 2012年，购商品房； 2014年，购入第1辆汽车，现有1辆。

家庭成员	姓名	与户主关系	性别	出生年月	民族
	张阿芬	户主	男	1959年7月	汉
	朱美华	女儿	女	1982年1月	汉
	周云辉	女婿	男	1980年3月	汉
	朱梓铭	孙子	男	2007年4	汉

家庭大事	1990年，建两层楼房7间196平方米； 1999年，周云辉应征入伍，2005年退伍； 2003年，朱美华毕业于南京林业大学； 2004年，自建两层别墅280平方米； 2007年，购入第1辆汽车，现有1辆。

家庭成员	姓名	与户主关系	性别	出生年月	民族
	朱阿小	户主	男	1955年3月	汉
	钱娣妹	妻子	女	1959年1月	汉
	朱金伟	儿子	男	1981年10月	汉
	柳朱浩	孙子	男	2013年7月	汉

家庭大事	1989年，建两层楼房6间170平方米； 2001年，朱金伟入伍，2003年退伍； 2004年，自建两层别墅280平方米； 2014年，购入第1辆汽车，现有1辆。

	姓名	与户主关系	性别	出生年月	民族
家庭成员	费雪林	户主	男	1957年6月	汉
	徐革英	妻子	女	1958年4月	汉
	费　康	儿子	男	1981年7月	汉
	陈长兰	儿媳	女	1981年12月	汉
	费诗瑶	孙女	女	2005年6月	汉
	费羽晨	孙女	女	2011年10月	汉
家庭大事	1989年，建两层楼房6间170平方米； 2004年，自建两层别墅280平方米； 2012年，购商品房； 2013年，购入第1辆汽车，现有1辆。				

	姓名	与户主关系	性别	出生年月	民族
家庭成员	陈福才	户主	男	1962年9月	汉
	王冬英	妻子	女	1963年12月	汉
	陈　芳	女儿	女	1985年8月	汉
	高　松	女婿	男	1984年8月	汉
	陈高远	孙子	男	2012年8月	汉
	高晓冉	孙女	女	2017年4月	汉
家庭大事	1983年，建平房3间60平方米； 1993年，购商品房； 2004年，自建两层别墅280平方米； 2008年，陈芳毕业于淮阴工学院； 2012年，购入第1辆汽车，现有1辆； 2013年，高松毕业于中国矿业大学。				

	姓名	与户主关系	性别	出生年月	民族
家庭成员	曹龙兴	户主	男	1955年7月	汉
	曹巧珍	母亲	女	1930年7月	汉
家庭大事	1984年，建两层楼房6间150平方米； 2004年，自建两层别墅280平方米。				

家庭成员	姓名	与户主关系	性别	出生年月	民族
	王忠义	户主	男	1963年7月	汉
	曹雪英	妻子	女	1964年1月	汉
	曹建华	儿子	男	1986年3月	汉
	曹玟萱	孙女	女	2001年3月	汉
	顾玟函	孙女	女	2015年12月	汉

家庭大事	1992年，建两层楼房7间196平方米； 2000年，购入第1辆汽车，现有2辆； 2004年，自建两层别墅280平方米。

家庭成员	姓名	与户主关系	性别	出生年月	民族
	朱巧金	户主	男	1935年4月	汉
	朱永泉	儿子	男	1966年5月	汉
	顾云芳	儿媳	女	1966年12月	汉
	朱　静	孙女	女	1989年5月	汉
	朱煌琪	曾孙	男	2014年8月	汉

家庭大事	1987年，建两层楼房7间175平方米； 2004年，自建两层别墅280平方米； 2010年，宋静华毕业于荆州职业技术学院； 2018年，购入第1辆汽车，现有1辆。

家庭成员	姓名	与户主关系	性别	出生年月	民族
	朱雪利	户主	男	1963年12月	汉
	袁水妹	妻子	女	1966月	汉
	张　军	儿子	男	1988年10月	汉

家庭大事	1989年，建两层楼房6间170平方米； 2004年，自建两层别墅280平方米； 2015年，购入第1辆汽车，现有1辆。

家庭成员	姓名	与户主关系	性别	出生年月	民族
	陈永才	户主	男	1951 年 12 月	汉
	夏祥妹	妻子	女	1963 年 11 月	汉
	陈　龙	儿子	男	1988 年 2 月	汉
	金梅花	儿媳	女	1989 年 3 月	汉
	陈金轩	孙子	男	2014 年 8 月	汉

家庭大事	1989 年，建两层楼房 6 间 170 平方米； 2004 年，自建两层别墅 280 平方米； 2015 年，购入第 1 辆汽车，现有 1 辆。

家庭成员	姓名	与户主关系	性别	出生年月	民族
	费雪根	户主	男	1949 年 3 月	汉
	陈市珍	妻子	女	1949 年 3 月	汉
	费永琴	女儿	女	1970 年 2 月	汉
	李惠中	女婿	男	1969 年 3 月	汉
	费思怡	孙女	女	1990 年 5 月	汉

家庭大事	1989 年，建两层楼房 7 间 175 平方米； 1990 年，李惠中应征入伍，1993 年退伍； 2002 年，购商品房。 2004 年，自建两层别墅 280 平方米； 2016 年，购入第 1 辆汽车，现有 1 辆。

家庭成员	姓名	与户主关系	性别	出生年月	民族
	费林根	户主	男	1956 年 12 月	汉
	王金娥	妻子	女	1954 年 11 月	汉
	费碧文	儿子	男	1982 年 4 月	汉
	何雯静	儿媳	女	1983 年 1 月	汉

家庭大事	1988 年，建两层楼房 7 间 196 平方米； 2004 年，费碧文毕业于南京师范大学； 2004 年，自建两层别墅 280 平方米； 2005 年，何雯静毕业于南京政治学院； 2013 年，购入第 1 辆汽车，现有 2 辆。

家庭成员	姓名	与户主关系	性别	出生年月	民族
	史国峰	户主	男	1983年2月	汉
	于正杉	妻子	女	1980年10月	汉
	史耀华	儿子	男	2007年2月	汉
	史蓓蓓	女儿	女	2017年2月	汉
	史爱金	祖母	女	1930年2月	汉

家庭大事	1983年，建平房3间80平方米； 2004年，自建两层别墅280平方米； 2015年，购入第1辆汽车，现有1辆； 2017年，购商品房。

家庭成员	姓名	与户主关系	性别	出生年月	民族
	殷菊林	户主	男	1965年7月	汉
	姚菊花	妻子	女	1967年8月	汉
	殷 钰	女儿	女	1988年8月	汉

家庭大事	1998年，建两层楼房6间180平方米； 2004年，自建两层别墅280平方米。

家庭成员	姓名	与户主关系	性别	出生年月	民族
	黄秀珍	户主	女	1954年9月	汉
	吴国东	儿子	男	1976年7月	汉
	金 燕	儿媳	女	1977年1月	汉
	吴奕昕	孙子	男	2000年8月	汉
	吴国琴	女儿	女	1978年12月	汉

家庭大事	1998年，建两层楼房6间170平方米； 2004年，自建两层别墅280平方米； 2015年，购入第1辆汽车，现有1辆； 2016年，购商品房。

	姓名	与户主关系	性别	出生年月	民族
家庭成员	李祥林	户主	男	1952年7月	汉
	江香玲	妻子	女	1955年5月	汉
	李明华	儿子	男	1976年11月	汉
	赵金凤	儿媳	女	1977年6月	汉
	李云飞	孙子	男	2000年8月	汉
家庭大事	1995年，购农村楼房7间196平方米； 2004年，自建两层别墅280平方米； 2014年，购入第1辆汽车，现有1辆； 2017年，购商品房。				

	姓名	与户主关系	性别	出生年月	民族
家庭成员	徐后福	户主	男	1954年5月	汉
	朱桂华	妻子	女	1955年8月	汉
	殷秋香	女儿	女	1982年8月	汉
	顾成菲	孙女	女	2008年5月	汉
	殷妹宝	母亲	女	1933年6月	汉
家庭大事	1992年，建两层楼房6间170平方米； 2004年，自建两层别墅280平方米； 2008年，购入第1辆汽车，现有1辆。				

	姓名	与户主关系	性别	出生年月	民族
家庭成员	殷阿二	户主	男	1955年1月	汉
	刘玉美	妻子	女	1954年1月	汉
	殷美红	女儿	女	1980年1月	汉
	张绍山	女婿	男	1974年7月	汉
	殷 杰	孙子	男	2006年6月	汉
家庭大事	1990年，建两层楼房7间196平方米； 2004年，自建两层别墅280平方米。				

家庭成员	姓名	与户主关系	性别	出生年月	民族
	费卫东	户主	男	1972年12月	汉
	夏物兰	妻子	女	1971年12月	汉
	费钰雯	女儿	女	1995年9月	汉
	殷水英	母亲	女	1955年8月	汉

家庭大事	1990年，建两层楼房6间170平方米； 2004年，自建两层别墅280平方米； 2012年，购入第1辆汽车，现有1辆； 2017年，费钰雯毕业于大连交通大学； 2017年，购商品房。

家庭成员	姓名	与户主关系	性别	出生年月	民族
	朱发明	户主	男	1970年11月	汉
	陈　南	妻子	女	1975年1月	汉
	朱宜文	女儿	女	1998年8月	汉
	张梅珍	母亲	女	1948年8月	汉

家庭大事	1980年，建平房3间60平方米； 1995年，购商品房； 2004年，自建两层别墅280平方米； 2010年，购入第1辆汽车，现有1辆。

家庭成员	姓名	与户主关系	性别	出生年月	民族
	殷向东	户主	男	1957年6月	汉
	殷小红	女儿	女	1982年10月	汉
	徐　亮	女婿	男	1983年8月	汉
	徐浩诚	孙子	男	2011年4月	汉

家庭大事	1986年，建平房3间60平方米； 2004年，殷小红毕业于南京大学； 2004年，徐亮毕业于南京大学； 2004年，自建两层别墅280平方米； 2014年，购入第1辆汽车，现有1辆； 2019年，购商品房。

大渔村第五村民小组

	姓名	与户主关系	性别	出生年月	民族
家庭成员	刘　晖	户主	男	1967 年 4 月	汉
	万凤金	妻子	女	1966 年 11 月	汉
	刘　静	女儿	女	1992 年 10 月	汉
	万毛苟	父亲	男	1946 年 9 月	汉
	陈林珍	母亲	女	1946 年 9 月	汉
家庭大事	1989 年，建两层楼房 7 间 175 平方米； 1989 年，刘晖毕业于苏州农业学校； 2004 年，自建两层别墅 280 平方米； 2015 年，刘静毕业于南京森林警察学院； 2018 年，购商品房； 2019 年，购入第 1 辆汽车，现有 1 辆。				

	姓名	与户主关系	性别	出生年月	民族
家庭成员	钱建明	户主	男	1968 年 4 月	汉
	张爱萍	妻子	女	1968 年 3 月	汉
	钱逸飞	儿子	男	1991 年 11 月	汉
	邹　萍	儿媳	女	1994 年 4 月	汉
	钱秭蒽	孙女	女	2017 年 11 月	汉
	钱仁兴	父亲	男	1926 年 6 月	汉
	钱阿二	母亲	女	1934 年 2 月	汉
家庭大事	1984 年，钱建明应征入伍，1989 年退伍； 1985 年，建两层楼房 5 间 130 平方米； 2001 年，购商品房； 2004 年，自建两层别墅 280 平方米； 2015 年，购入第 1 辆汽车，现有 1 辆。				

	姓名	与户主关系	性别	出生年月	民族
家庭成员	万阿八	户主	男	1942年2月	汉
	沈大妹	妻子	女	1944年11月	汉
	万卫长	儿子	男	1970年12月	汉
	李惠琴	儿媳	女	1970年3月	汉
	万水斌	孙子	男	1994年3月	汉
家庭大事	1986年，建两层楼房6间168平方米； 2004年，自建两层别墅280平方米； 2016年，购入第1辆汽车，现有1辆。				

	姓名	与户主关系	性别	出生年月	民族
家庭成员	费　明	户主	男	1967年4月	汉
	曹巧英	妻子	女	1969年7月	汉
	费云天	儿子	男	1990年9月	汉
家庭大事	1985年，建两层楼房5间130平方米； 2004年，自建两层别墅280平方米。				

	姓名	与户主关系	性别	出生年月	民族
家庭成员	陈阿木	户主	男	1936年3月	汉
	朱菊英	妻子	女	1938年3月	汉
	陈凤英	长女	女	1963年2月	汉
	钱坤全	女婿	男	1963年5月	汉
	陈兰英	次女	女	1968年11月	汉
	陈　玲	孙女	女	1986年5月	汉
	陈　婷	孙女	女	1991年3月	汉
	徐　晨	孙女	女	1992年7月	汉
	陈梓承	曾孙	男	2013年8月	汉
家庭大事	1982年，建两层楼房7间175平方米； 2004年，自建两层别墅280平方米； 2018年，购入第1辆汽车，现有1辆。				

家庭成员	姓名	与户主关系	性别	出生年月	民族
	万水根	户主	男	1970年7月	汉
	陈花	妻子	女	1971年1月	汉
	万晨	儿子	男	1997年1月	汉

家庭大事	1989年，建两层楼房7间175平方米； 1998年，购商品房； 2004年，自建两层别墅280平方米； 2018年，购入第1辆汽车，现有2辆。

家庭成员	姓名	与户主关系	性别	出生年月	民族
	费梅生	户主	男	1944年12月	汉
	王金妹	妻子	女	1950年1月	汉
	费秀明	儿子	男	1972年10月	汉
	张鸣芬	儿媳	女	1972年12月	汉
	费筠	孙女	女	1998年11月	汉

家庭大事	1985年，建两层楼房6间150平方米； 1997年，费秀明应征入伍，2000年退伍； 2002年，购商品房； 2004年，自建两层别墅280平方米； 2009年，购入第1辆汽车，现有2辆； 2016年，费筠考入大学。

家庭成员	姓名	与户主关系	性别	出生年月	民族
	潘银娣	户主	女	1958年5月	汉
	谈兰宝	丈夫	男	1951年12月	汉
	万金男	儿子	男	1982年3月	汉
	吴雪芹	儿媳	女	1982年11月	汉
	万金芳	女儿	女	1987年10月	汉

家庭大事	1990年，建两层楼房7间196平方米； 2004年，自建两层别墅280平方米； 2013年，购商品房； 2014年，购入第1辆汽车，现有1辆。

大渔村志·村民家庭记载

	姓名	与户主关系	性别	出生年月	民族
家庭成员	张凤良	户主	男	1970年10月	汉
	钱凤妹	妻子	女	1971年3月	汉
	张思远	儿子	男	1993年7月	汉
	张三小	父亲	男	1947年9月	汉
	洪芬女	母亲	女	1948年9月	汉
家庭大事	1984年，建两层楼房6间150平方米； 2004年，自建两层别墅280平方米； 2015年，购入第1辆汽车，现有2辆。				

	姓名	与户主关系	性别	出生年月	民族
家庭成员	陈国良	户主	男	1955年2月	汉
	沈妹芬	妻子	女	1958年3月	汉
	陈 伟	儿子	男	1981年5月	汉
	张丽芳	儿媳	女	1981年3月	汉
	陈馨怡	孙女	女	2013年11月	汉
	陈馨明	孙女	女	2013年9月	汉
家庭大事	1988年，建两层楼房8间290平方米； 2004年，自建两层别墅280平方米； 2018年，购入第1辆汽车，现有1辆。				

	姓名	与户主关系	性别	出生年月	民族
家庭成员	顾凤英	户主	男	1955年8月	汉
	钱志宏	儿子	男	1975年9月	汉
	金 芳	儿媳	女	1974年10月	汉
	钱佳欣	孙女	女	1998年9月	汉
	钱佳莹	孙女	女	1998年9月	汉
家庭大事	1985年，建两层楼房7间260平方米； 2004年，自建两层别墅280平方米； 2017年，购入第1辆汽车，现有1辆。				

家庭成员	姓名	与户主关系	性别	出生年月	民族
	林巧山	户主	男	1962年10月	汉
	万永珍	妻子	女	1964年4月	汉
	林锋	儿子	男	1989年5月	汉
	林俊敏	孙子	男	2016年9月	汉

家庭大事	1985年，购农村平房3间60平方米； 2001年，购商品房； 2004年，自建两层别墅280平方米； 2006年，购入第1辆汽车，现有1辆； 2011年，林锋毕业于昆山登云科技职业学院。

家庭成员	姓名	与户主关系	性别	出生年月	民族
	殷凤岐	户主	男	1950年1月	汉
	李林妹	妻子	女	1953年1月	汉
	殷卫兵	长子	男	1975年12月	汉
	张惠芳	儿媳	女	1975年7月	汉
	殷卫刚	次子	男	1978年10月	汉
	邓正进	儿媳	女	1982年9月	汉
	殷可欣	孙女	女	1998年11月	汉
	殷瑞韬	孙子	男	2008年2月	汉

家庭大事	1971年，殷凤岐应征入伍，1975年退伍； 1985年，建两层楼房6间150平方米； 2004年，自建两层别墅280平方米； 2004年，购联排别墅130平方米； 2019年，殷可欣就读于南京晓庄学院。

	姓名	与户主关系	性别	出生年月	民族
家庭成员	殷苗根	户主	男	1964年3月	汉
	金秀英	妻子	女	1963年9月	汉
	殷　敏	女儿	女	1987年12月	汉
	陈子殷	孙子	男	2010年3月	汉
家庭大事	1995年，建两层楼房6间250平方米； 2004年，自建两层别墅280平方米； 2004年，购商品房； 2015年，购入第1辆汽车，现有1辆。				

	姓名	与户主关系	性别	出生年月	民族
家庭成员	万阿小	户主	男	1960年9月	汉
	张影华	妻子	女	1963年9月	汉
	万　龙	儿子	男	1988年10月	汉
家庭大事	1980年，建平房3间60平方米； 2006年，购商品房。				

大渔村第六村民小组

	姓名	与户主关系	性别	出生年月	民族
家庭成员	陈建中	户主	男	1964年10月	汉
	唐玲妹	妻子	女	1964年10月	汉
	陈　娟	女儿	女	1988年11月	汉
	王秀金	母亲	女	1942年5月	汉
家庭大事	1983年，建两层楼房5间160平方米； 2004年，自建两层别墅280平方米； 2015年，购入第1辆汽车，现有1辆。				

	姓名	与户主关系	性别	出生年月	民族
家庭成员	陈白弟	户主	男	1949年1月	汉
	王雪英	妻子	女	1956年1月	汉
家庭大事	1984年，建两层楼房7间210平方米； 2004年，自建两层别墅280平方米； 2007年，购商品房； 2016年，购入第1辆汽车，现有1辆。				

	姓名	与户主关系	性别	出生年月	民族
家庭成员	邱金云	户主	男	1964年8月	汉
	黄文玲	妻子	女	1970年3月	汉
	邱荠槿	女儿	女	2003年1月	汉
家庭大事	1986年，购农村楼房6间175平方米； 2004年，自购联排别墅130平方米； 2006年，购商品房。				

	姓名	与户主关系	性别	出生年月	民族
家庭成员	范仕祥	户主	男	1968年5月	汉
	钱雪琴	妻子	女	1970年10月	汉
	钱沈超	儿子	男	1991年2月	汉
	钱梓一	孙女	女	2016年8月	汉
	沈自华	岳父	男	1950年3月	汉
	钱阿二	岳母	女	1949年1月	汉
家庭大事	1987年，建两层楼房7间210平方米； 2004年，自建两层别墅280平方米； 2013年，钱沈超毕业于宿迁学院； 2015年，购入第1辆汽车，现有1辆。				

	姓名	与户主关系	性别	出生年月	民族
家庭成员	陆杏坤	户主	男	1959年5月	汉
	李会杏	妻子	女	1963年7月	汉
	陆文彬	儿子	男	1988年2月	汉
	陆昱谦	孙子	男	2015年7月	汉
	陆阿妹	母亲	女	1933年10月	汉
家庭大事	1993年，建两层楼房7间205平方米； 2004年，自建两层别墅280平方米； 2014年，购入第1辆汽车，现有1辆； 2017年，购商品房。				

	姓名	与户主关系	性别	出生年月	民族
家庭成员	陈关兴	户主	男	1949年7月	汉
	邱梅珍	妻子	女	1949年3月	汉
	陈　清	女儿	女	1973年1月	汉
	陈新竹	孙女	女	1994年4月	汉
	王晨光	孙女婿	男	1990年10月	汉
	陈奕帆	曾孙子	男	2016年4月	汉
	陈奕朵	曾孙女	女	2014年3月	汉
家庭大事	1982年，建楼房7间175平方米（转让）； 1987年，建两层楼房8间270平方米； 2002年，建振华别墅320平方米； 2004年，自建两层别墅280平方米； 2007年，购入第1辆汽车，现有3辆； 2019年，陈新竹毕业于南京理工大学； 2019年，王晨光毕业于江南大学。				

	姓名	与户主关系	性别	出生年月	民族
家庭成员	徐　斌	户主	男	1968年12月	汉
	黄美珍	妻子	女	1968年6月	汉
	徐云华	儿子	男	1991年10月	汉
	徐熙蕾	孙女	女	2014年12月	汉
	徐吉祥	父亲	男	1945年6月	汉
	沈梅茅	母亲	女	1947年5月	汉
	徐　伟	弟弟	男	1971年7月	汉
家庭大事	1990年，建两层楼房7间210平方米； 2004年，购联排别墅130平方米； 2004年，自建两层别墅280平方米； 2013年，购入第1辆汽车，现有2辆。				

	姓名	与户主关系	性别	出生年月	民族
家庭成员	沈玉珍	户主	女	1956年4月	汉
	李慧生	丈夫	男	1946年5月	汉
	沈月文	儿子	男	1971年1月	汉
	许桂凤	儿媳	女	1973年3月	汉
	沈　飞	孙子	男	1997年4月	汉
家庭大事	1989年，建两层楼房6间170平方米； 2004年，自建两层别墅280平方米。				

	姓名	与户主关系	性别	出生年月	民族
家庭成员	沈阿木	户主	男	1941年12月	汉
	沈菊珍	女儿	女	1964年10月	汉
	周永清	女婿	男	1963年12月	汉
	沈亚萍	孙女	女	1986年10月	汉
	邱晓炜	孙女婿	男	1985年6月	汉
	邱馨妍	曾孙女	女	2012年1月	汉
	沈欣怡	曾孙女	女	2014年1月	汉
家庭大事	1986年，建两层楼房7间210平方米； 1995年，购商品房； 2004年，自建两层别墅280平方米； 2008年，邱晓炜毕业于苏州科技学院； 2009年，沈亚萍毕业于南京师范大学； 2009年，购入第1辆汽车，现有2辆。				

	姓名	与户主关系	性别	出生年月	民族
家庭成员	唐为东	户主	男	1968年11月	汉
	徐建珍	妻子	女	1971年02月	汉
	唐佳敏	女儿	女	1993年7月	汉
家庭大事	1985年，建平房3间90平方米； 1998年，购商品房； 2004年，自建两层别墅280平方米； 2005年，购入第1辆汽车，现有3辆； 2018年，唐佳敏大学毕业。				

	姓名	与户主关系	性别	出生年月	民族
家庭成员	张国忠	户主	男	1963年9月	汉
	浦金凤	妻子	女	1962年8月	汉
	张 羽	女儿	女	1985年12月	汉
	孙 权	女婿	男	1984年12月	汉
	孙从安	外甥	男	2019年10月	汉
家庭大事	1987年，建两层楼房7间210平方米； 1998年，购商品房； 2004年，自建两层别墅280平方米； 2007年，张羽毕业于江苏教育学院； 2009年，孙权毕业于扬州大学； 2009年，购入第1辆汽车，现有1辆。				

	姓名	与户主关系	性别	出生年月	民族
家庭成员	徐双喜	户主	男	1949年2月	汉
	徐银珍	妻子	女	1951年9月	汉
	徐 英	女儿	女	1973年6月	汉
	洪建强	女婿	男	1971年5月	汉
	徐洪静	孙女	女	1993年11月	汉
家庭大事	1989年，建两层楼房7间200平方米； 2004年，自建两层别墅280平方米。				

大渔村志·村民家庭记载

	姓名	与户主关系	性别	出生年月	民族
家庭成员	张惠明	户主	男	1950年11月	汉
	张阿梅	妻子	女	1953年2月	汉
	张建新	儿子	男	1974年6月	汉
	吴敏兰	儿媳	女	1974年7月	汉
	张 奕	孙女	女	1999年6月	汉
家庭大事	1988年，建两层楼房7间180平方米； 1992年，购商品房； 2004年，自建两层别墅280平方米； 2008年，购入第1辆汽车，现有1辆。				

	姓名	与户主关系	性别	出生年月	民族
家庭成员	吉永林	户主	男	1964年6月	汉
	余红妹	妻子	女	1964年11月	汉
	吉凤娟	女儿	女	1987年6月	汉
	徐林健	女婿	男	1986年12月	汉
	徐逸凡	孙子	男	2013年11月	汉
	吉逸晗	孙女	女	2016年8月	汉
家庭大事	1991年，建两层楼房7间200平方米； 2004年，自建两层别墅280平方米； 2009年，徐林健毕业于上海交通大学； 2015年，购入第1辆汽车，现有1辆； 2018年，吉凤娟毕业于盐城工学院。				

042

	姓名	与户主关系	性别	出生年月	民族
家庭成员	姜太保	户主	男	1952年4月	汉
	沈元英	妻子	女	1954年8月	汉
	姜　建	儿子	男	1979年4月	汉
	简飞艳	儿媳	女	1978年6月	汉
	姜乐阳	孙女	女	2000年8月	汉
	姜　彤	孙女	女	2017年2月	汉
	姜振华	次子	男	1983年12月	汉
家庭大事	1978年，姜太保毕业于南京邮电大学； 2002年，姜振华应征入伍，2004年退伍； 2004年，自建两层别墅280平方米； 2006年，购商品房。				

	姓名	与户主关系	性别	出生年月	民族
家庭成员	梅君蒋	户主	男	1948年10月	汉
	钱凤和	妻子	女	1946年6月	汉
	梅建强	儿子	男	1971年11月	汉
	钱梅雯	孙女	女	1995年9月	汉
家庭大事	1982年，建两层楼房6间180平方米； 2004年，自建两层别墅280平方米； 2015年，钱梅雯应征入伍，2017年退伍； 2019年，钱梅雯就读于盐城师范学院。				

	姓名	与户主关系	性别	出生年月	民族
家庭成员	陈益明	户主	男	1956年10月	汉
	方道芳	妻子	女	1960年4月	汉
	陈玉萍	女儿	女	1982年11月	汉
	张 勇	女婿	男	1982年1月	汉
	张晨欣	孙子	男	2005年4月	汉
	陈樟皓	孙子	男	2013年7月	汉
家庭大事	1990年,建两层楼房6间180平方米; 2004年,自建两层别墅280平方米; 2007年,购入第1辆汽车,现有2辆; 2011年,购商品房。				

	姓名	与户主关系	性别	出生年月	民族
家庭成员	陈惠明	户主	男	1958年1月	汉
	季阿四	妻子	女	1958年9月	汉
	季彩萍	女儿	女	1979年11月	汉
	季 妍	孙女	女	2003年10月	汉
	季乘风	孙子	男	2006年5月	汉
	季 凡	孙子	男	2006年5月	汉
家庭大事	1986年,建两层楼房7间210平方米; 2004年,自建两层别墅280平方米; 2006年,购第1辆汽车,现有1辆。				

家庭成员	姓名	与户主关系	性别	出生年月	民族
	陈剑平	户主	男	1975年9月	汉
	周春华	妻子	女	1974年4月	汉
	陈 镔	儿子	男	2000年3月	汉
	陈德明	父亲	男	1945年10月	汉

家庭大事	1965年,陈德明应征入伍,1969年退伍; 1985年,建两层楼房6间170平方米; 2001年,购商品房; 2004年,自建两层别墅280平方米; 2004年,购入第1辆汽车,现有1辆。

家庭成员	姓名	与户主关系	性别	出生年月	民族
	陈大男	户主	男	1939年5月	汉
	陈全妹	女儿	女	1963年3月	汉

家庭大事	1984年,建两层楼房175平方米; 2004年,自建两层别墅280平方米。

家庭成员	姓名	与户主关系	性别	出生年月	民族
	陈利明	户主	男	1962年7月	汉
	陈友妹	母亲	女	1928年11月	汉
	陈 玲	女儿	女	1985年12月	汉

家庭大事	1984年,建两层楼房6间170平方米; 2004年,自建两层别墅280平方米; 2015年,购入第1辆汽车,现有2辆。

家庭成员	姓名	与户主关系	性别	出生年月	民族
	吉成龙	户主	男	1940年12月	汉
	吉妹英	妻子	女	1941年12月	汉
	吉永根	儿子	男	1971年2月	汉
	吉凤霞	孙女	女	1994年2月	汉
家庭大事	1989年,建两层楼房6间170平方米; 2004年,自购联排别墅130平方米; 2015年,购入第1辆汽车,现有1辆。				

家庭成员	姓名	与户主关系	性别	出生年月	民族
	许石坤	户主	男	1949年8月	汉
	林桂珍	妻子	女	1956年5月	汉
	李凤清	女婿	男	1972年6月	汉
	林红梅	女儿	女	1975年6月	汉
	林宇斐	孙子	男	1996年7月	汉
家庭大事	1989年,建两层楼房6间180平方米; 2004年,自建两层别墅280平方米; 2009年,李凤清开办纺织品经贸公司; 2018年,购入第1辆汽车,现有3辆。				

家庭成员	姓名	与户主关系	性别	出生年月	民族
	陈惠兴	户主	男	1957年7月	汉
	孙福珍	妻子	女	1964年12月	汉
	陈 静	女儿	女	1986年8月	汉
	陈嘉鸣	外孙	男	2017年5月	汉
家庭大事	1988年,建平房3间80平方米; 1996年,购商品房; 2004年,自建两层别墅280平方米; 2012年,购入第1辆汽车,现有1辆。				

	姓名	与户主关系	性别	出生年月	民族
家庭成员	姜文彪	户主	男	1970年7月	汉
	陆惠琴	妻子	女	1973年11月	汉
	姜 琦	儿子	男	1996年1月	汉
	赵凤英	母亲	女	1946年9月	汉
家庭大事	1990年，建两层楼房180平方米； 2004年，自建两层别墅280平方米； 2015年，购入第1辆汽车，现有1辆； 2019年，姜琦毕业于泰州学院。				

	姓名	与户主关系	性别	出生年月	民族
家庭成员	张凤泉	户主	男	1956年12月	汉
	钱粉英	妻子	女	1957年5月	汉
家庭大事	1990年，建两层楼房7间194平方米； 2004年，购商品房。				

	姓名	与户主关系	性别	出生年月	民族
家庭成员	吉永明	户主	男	1966年3月	汉
	余马英	妻子	女	1966年12月	汉
	吉伟平	儿子	男	1989年4月	汉
	吴粉琴	儿媳	女	1991年10月	汉
	吉芯颖	孙女	女	2014年7月	汉
	吴芯悦	孙女	女	2017年12月	汉
家庭大事	1991年，建两层楼房6间175平方米； 2004年，自建两层别墅280平方米； 2014年，购入第1辆汽车，现有1辆。				

大渔村第七村民小组

	姓名	与户主关系	性别	出生年月	民族
家庭成员	陆友良	户主	男	1965年12月	汉
	王思雯	妻子	女	1963年7月	汉
	陆诚	儿子	男	1989年2月	汉
	陆妹君	孙女	女	2018年5月	汉
	陆阿妹	母亲	女	1941年1月	汉
家庭大事	1987年，建两层楼房7间200平方米； 2003年，自建两层别墅280平方米； 2009年，陆诚应征入伍，2001年退伍； 2018年，购入第1辆汽车，现有2辆。				

	姓名	与户主关系	性别	出生年月	民族
家庭成员	陆炳良	户主	男	1963年7月	汉
	杨金秀	妻子	女	1963年10月	汉
	陆敏	儿子	男	1987年2月	汉
	朱琳	儿媳	女	1986年6月	汉
	陆言熙	孙女	女	2011年12月	汉
家庭大事	1985年，建两层楼房7间200平方米； 1997年，购商品房； 2003年，购商品房； 2009年，陆敏毕业于华中科技大学； 2009年，朱琳毕业于华中科技大学； 2010年，购入第1辆汽车，现有1辆。				

	姓名	与户主关系	性别	出生年月	民族
	沈阿龙	户主	男	1952年10月	汉
	姚妹忠	妻子	女	1953年8月	汉
家庭成员	沈江	儿子	男	1974年11月	汉
	肖建琴	儿媳	女	1974年11月	汉
	沈锋	次子	男	1977年11月	汉
	沈阳	孙女	女	1998年4月	汉

家庭大事	1988年,建两层楼房8间230平方米; 2004年,自建两层别墅280平方米; 2010年,购入第1辆汽车,现有1辆。

	姓名	与户主关系	性别	出生年月	民族
	吉成凤	户主	男	1957年4月	汉
	伍林娣	妻子	女	1957年9月	汉
家庭成员	吉永泉	儿子	男	1981年4月	汉
	张培	儿媳	女	1979年4月	汉
	吉一鸣	孙子	男	2005年3月	汉

家庭大事	1991年,建两层楼房7间204平方米; 2004年,自建两层别墅280平方米; 2011年,购入第1辆汽车,现有2辆。

	姓名	与户主关系	性别	出生年月	民族
	江美华	户主	女	1955年8月	汉
家庭成员	张建荣	儿子	男	1974年11月	汉
	章炎	儿媳	女	1975年11月	汉
	张子超	孙子	男	2000年7月	汉

家庭大事	1988年,建两层楼房7间190平方米; 1999年,购商品房; 2004年,自建两层别墅280平方米; 2012年,购入第1辆汽车,现有1辆。

家庭成员	姓名	与户主关系	性别	出生年月	民族
	姚为星	户主	男	1970年11月	汉
	王 芳	妻子	女	1976年6月	汉
	姚 瑶	女儿	女	2006年5月	汉
	姚 敏	女儿	女	1996年1月	汉
	潘巧喜	继父	男	1949年2月	汉
	张小桃	母亲	女	1943年3月	汉

家庭大事	1994年，建两层楼房6间175平方米； 2004年，自建两层别墅280平方米。

家庭成员	姓名	与户主关系	性别	出生年月	民族
	徐根富	户主	男	1957年12月	汉
	张玉芳	妻子	女	1964年10月	汉
	徐 叶	女儿	女	1992年1月	汉

家庭大事	2004年，自购联排别墅130平方米。

家庭成员	姓名	与户主关系	性别	出生年月	民族
	钱玉根	户主	男	1967年1月	汉
	费秀花	妻子	女	1967年11月	汉
	钱湘云	女儿	女	1990年7月	汉

家庭大事	1989年，建两层楼房6间170平方米； 1992年，购商品房； 2002年，购入第1辆汽车，现有3辆； 2004年，自建两层别墅280平方米； 2018年，钱湘云开办宠物连锁店。

家庭成员	姓名	与户主关系	性别	出生年月	民族
	张春良	户主	男	1964年9月	汉
	陈瑞琴	妻子	女	1966年10月	汉
	张磊	儿子	男	1982年3月	汉
	张涵予	孙女	女	2010年3月	汉

家庭大事	1991年，建两层楼房6间175平方米； 2004年，自建两层别墅280平方米； 2016年，购入第1辆汽车，现有1辆。

家庭成员	姓名	与户主关系	性别	出生年月	民族
	张友妹	户主	女	1955年8月	汉

家庭大事	1990年，建两层楼房6间160平方米； 2003年，安置商品房； 2013年，购入第1辆汽车，现有1辆。

家庭成员	姓名	与户主关系	性别	出生年月	民族
	张建良	户主	男	1968年10月	汉
	丁元珍	妻子	女	1968年3月	汉
	张园	女儿	女	1992年2月	汉
	陆平	女婿	男	1989年11月	汉
	张桂林	父亲	男	1941年7月	汉
	张阿鸣	母亲	女	1944年3月	汉
	陆韵蓉	孙女	女	2014年11月	汉

家庭大事	1986年，建平房4间100平方米； 2004年，自建两层别墅280平方米； 2018年，购入第1辆汽车，现有1辆。

大渔村志·村民家庭记载

	姓名	与户主关系	性别	出生年月	民族
家庭成员	黄品林	户主	男	1952年3月	汉
	陈凤宝	妻子	女	1953年1月	汉
	黄 华	女儿	女	1975年5月	汉
	黄 挺	儿子	男	1977年6月	汉
	沈惠清	儿媳	女	1979年6月	汉
	黄梓铭	孙子	男	2002年5月	汉
家庭大事	1991年，建两层楼房7间200平方米； 1995年，购商品房； 1998年，沈惠清毕业于南京财经学院； 2004年，自建两层别墅280平方米； 2008年，购入第1辆汽车，现有1辆。				

	姓名	与户主关系	性别	出生年月	民族
家庭成员	沈大妹	户主	女	1939年9月	汉
家庭大事	1990年，建两层楼房6间160平方米； 2003年，建两层别墅280平方米。				

	姓名	与户主关系	性别	出生年月	民族
家庭成员	张建新	户主	男	1967年11月	汉
	李连英	妻子	女	1966年7月	汉
	张 莉	女儿	女	1990年11月	汉
家庭大事	2004年，自建两层别墅280平方米； 2015年，购商品房； 2019年，购入第1辆汽车，现有1辆。				

	姓名	与户主关系	性别	出生年月	民族
家庭成员	陆耀明	户主	男	1964年9月	汉
	张杏花	妻子	女	1965年3月	汉
	陆雯薇	女儿	女	1989年10月	汉
	陆大梁	父亲	男	1938年5月	汉
	陆白妹	母亲	女	1939年10月	汉
家庭大事	1990年，建两层楼房6间175平方米； 2003年，自建两层别墅280平方米； 2012年，陆雯薇毕业于苏州大学文正学院； 2012年，购入第1辆汽车，现有1辆。				

	姓名	与户主关系	性别	出生年月	民族
家庭成员	黄品琪	户主	男	1955年10月	汉
	顾凤娥	妻子	女	1956年9月	汉
	黄 剑	女儿	女	1980年2月	汉
	黄钲洋	孙子	男	2004年7月	汉
家庭大事	1989年，建两层楼房6间180平方米； 2003年，自建两层别墅280平方米； 2011年，购入第1辆汽车，现有1辆。				

	姓名	与户主关系	性别	出生年月	民族
家庭成员	陆祥宝	户主	女	1929年5月	汉
	陆文明	儿子	男	1968年3月	汉
	陆惠娟	儿媳	女	1971年11月	汉
	陆家豪	孙子	男	1993年7月	汉
家庭大事	1983年，建平房3间70平方米； 1999年，购商品房； 2003年，购商品房； 2017年，陆家豪进入中国人民大学法学院，博士在读。				

家庭成员	姓名	与户主关系	性别	出生年月	民族
	蒋凤珍	户主	女	1945 年 8 月	汉
	邵玲琴	女儿	女	1970 年 7 月	汉
	邵超华	孙子	男	1993 年 11 月	汉

家庭大事	1991 年，建两层楼房 6 间 175 平方米； 2004 年，建两层别墅 280 平方米； 2016 年，邵超华毕业于南京师范大学泰州学院。

家庭成员	姓名	与户主关系	性别	出生年月	民族
	陆建明	户主	男	1962 年 6 月	汉
	龚娣妹	妻子	女	1962 年 8 月	汉
	陆雯强	儿子	男	1984 年 6 月	汉

家庭大事	1983 年，建平房 3 间 70 平方米； 2003 年，购商品房； 2015 年，购入第 1 辆汽车，现有 1 辆。

家庭成员	姓名	与户主关系	性别	出生年月	民族
	陆惠明	户主	男	1960 年 8 月	汉
	吉林妹	妻子	女	1961 年 10 月	汉
	陆雯婷	女儿	女	1985 年 7 月	汉

家庭大事	1980 年，建平房 3 间 60 平方米； 1989 年，购商品房； 2003 年，自建两层别墅 280 平方米； 2007 年，陆雯婷毕业于南京信息工程大学； 2012 年，购入第 1 辆汽车，现有 1 辆。

	姓名	与户主关系	性别	出生年月	民族
家庭成员	陆惠琪	户主	男	1945年3月	汉
	陆惠华	妻子	女	1947年11月	汉
	陆菊明	儿子	男	1965年1月	汉
	王淑云	儿媳	女	1968年3月	汉
	陆 锋	孙子	男	1988年6月	汉
家庭大事	1988年，建两层楼房6间175平方米； 2003年，自建两层别墅280平方米； 2018年，购入第1辆汽车，现有1辆。				

大渔村第八村民小组

	姓名	与户主关系	性别	出生年月	民族
家庭成员	郭　峰	户主	男	1971年10月	汉
	周兰妹	妻子	女	1971年05月	汉
	郭振超	儿子	男	1995年10月	汉

家庭大事	1995年，建两层楼房7间204平方米； 2004年，自建两层别墅280平方米； 2017年，郭振超应征入伍。

	姓名	与户主关系	性别	出生年月	民族
家庭成员	许晓根	户主	男	1966年10月	汉
	聂　琴	妻子	女	1981年9月	汉
	许睿涵	女儿	女	2006年8月	汉

家庭大事	1986年，建平房2间50平方米； 2004年，自购联体别墅130平方米。

	姓名	与户主关系	性别	出生年月	民族
家庭成员	许学红	户主	男	1958年5月	汉
	李玉芳	妻子	女	1961年2月	汉
	孙　飞	女婿	男	1978年5月	汉
	许晓雯	女儿	女	1981年10月	汉
	许孙鑫	孙子	男	2001年8月	汉

家庭大事	1989年，建两层楼房7间195平方米； 2004年，自建两层别墅280平方米； 2008年，购商品房； 2016年，购入第1辆汽车，现有1辆。

家庭成员	姓名	与户主关系	性别	出生年月	民族
	夏建华	户主	男	1949年4月	汉
	胡桂英	妻子	女	1947年9月	汉
	夏为明	儿子	男	1970年5月	汉
	夏 莹	孙女	女	1993年9月	汉
	夏 新	孙子	男	2002年8月	汉

家庭大事	1990年，建两层楼房6间175平方米； 2004年，自建两层别墅280平方米； 2014年，购入第1辆汽车，现有1辆。

家庭成员	姓名	与户主关系	性别	出生年月	民族
	秦宏明	户主	男	1962年3月	汉
	余香珠	妻子	女	1962年7月	汉
	秦一雷	儿子	男	1987年4月	汉

家庭大事	1990年，建两层楼房6间175平方米； 2004年，自购联体别墅130平方米； 2013年，购入第1辆汽车，现有1辆。

家庭成员	姓名	与户主关系	性别	出生年月	民族
	刘府生	户主	男	1969年9月	汉
	王粉红	妻子	女	1971年3月	汉
	刘 泉	女儿	女	1992年3月	汉
	刘阿山	父亲	男	1940年7月	汉
	王小妹	母亲	女	1934年1月	汉

家庭大事	1985年，建平房3间65平方米； 1989年，购农村楼房5间150平方米； 2004年，自建两层别墅280平方米。

家庭成员	姓名	与户主关系	性别	出生年月	民族
	丁志成	户主	男	1947年12月	汉
	刘凤英	妻子	女	1950年1月	汉
	丁网胜	儿子	男	1969年4月	汉
	丁网巧	女儿	女	1969年7月	汉
	陈倍蓉	孙女	女	1991年4月	汉

家庭大事	1994年，建两层楼房7间204平方米； 1997年，丁网胜大学毕业； 2004年，自建两层别墅280平方米； 2009年，购入第1辆汽车，现有1辆； 2014年，陈倍蓉毕业于丽江文化旅游学院。

家庭成员	姓名	与户主关系	性别	出生年月	民族
	许春根	户主	男	1969年4月	汉
	孙晓红	妻子	女	1969年12月	汉
	许臻霆	儿子	男	1992年3月	汉
	许锦萱	孙女	女	2018年3月	汉
	许学珠	父亲	男	1935年9月	汉
	周素珍	母亲	女	1934年12月	汉

家庭大事	1994年，建两层楼房7间200平方米； 2004年，自建两层别墅280平方米； 2014年，购入第1辆汽车，现有1辆。

家庭成员	姓名	与户主关系	性别	出生年月	民族
	夏建国	户主	男	1952年8月	汉
	赵桂兰	妻子	女	1956年12月	汉
	夏为冬	儿子	男	1979年4月	汉
	夏君豪	孙子	男	2004年8月	汉

家庭大事	1971年，夏建国应征入伍，1976年退伍； 1990年，建两层楼房6间175平方米； 2004年，自建两层别墅280平方米； 2012年，购入第1辆汽车，现有2辆。

家庭成员	姓名	与户主关系	性别	出生年月	民族
	丁志才	户主	男	1958年8月	汉
	吉红芬	妻子	女	1969年6月	汉
	丁　清	女儿	女	1989年11月	汉
	燕桂州	女婿	男	1987年6月	汉
	丁燕宇	孙子	男	2011年8月	汉

家庭大事	1991年，建两层楼房6间175平方米； 2004年，自建两层别墅280平方米； 2019年，购入第1辆汽车，现有1辆。

家庭成员	姓名	与户主关系	性别	出生年月	民族
	丁志强	户主	男	1962年9月	汉
	顾丽娜	妻子	女	1962年7月	汉
	丁世文	儿子	男	1986年11月	汉
	苏　黎	儿媳	女	1986年12月	汉
	丁煜宸	孙子	男	2015年11月	汉

家庭大事	1986年，建平房3间74平方米； 2004年，自建两层别墅280平方米； 2009年，丁世文毕业于江南大学； 2009年，苏黎毕业于扬州大学广陵学院； 2010年，购入第1辆汽车，现有2辆； 2012年，丁世文开办金属制品厂。

家庭成员	姓名	与户主关系	性别	出生年月	民族
	余秀洪	户主	男	1969年10月	汉
	蔡必连	妻子	女	1972年7月	汉
	余宝龙	儿子	男	1996年9月	汉
	沈兰英	母亲	女	1934年11月	汉

家庭大事	1990年，建两层楼房6间175平方米； 2004年，自建两层别墅280平方米； 2015年，余宝龙应征入伍。

	姓名	与户主关系	性别	出生年月	民族
家庭成员	周林哨	户主	男	1969年4月	汉
	薛涛芳	妻子	女	1970年2月	汉
	周荣锦	儿子	男	1992年3月	汉
	周喜贤	孙子	男	2019年7月	汉
	顾粉根	母亲	女	1940年1月	汉
家庭大事	1985年,建平房3间86平方米; 2004年,自建两层别墅280平方米; 2014年,周荣锦毕业于南京师范大学; 2015年,购入第1辆汽车,现有1辆。				

	姓名	与户主关系	性别	出生年月	民族
家庭成员	张 明	户主	男	1968年2月	汉
	李宗琳	母亲	女	1934年10月	汉
	张顾君	儿子	男	1998年11月	汉
家庭大事	1985年,建两层楼房6间166平方米; 2004年,自建两层别墅280平方米; 2015年,购入第1辆汽车,现有1辆。				

	姓名	与户主关系	性别	出生年月	民族
家庭成员	许友才	户主	男	1966年3月	汉
	许 兵	儿子	男	1999年11月	汉
家庭大事	2004年,自购联体别墅130平方米。				

	姓名	与户主关系	性别	出生年月	民族
家庭成员	仲粉娣	户主	女	1944年8月	汉
	许友根	儿子	男	1964年2月	汉
	魏冬梅	儿媳	女	1966年12月	汉
	许魏	孙子	男	1988年8月	汉
	许郡芯	曾孙女	女	2017年8月	汉
家庭大事	1986年，建平房3间60平方米； 2004年，自建两层别墅280平方米； 2014年，购入第1辆汽车，现有1辆。				

	姓名	与户主关系	性别	出生年月	民族
家庭成员	丁志华	户主	男	1963年7月	汉
	张粉珍	妻子	女	1967年10月	汉
	丁勇	儿子	男	1989年10月	汉
	丁熙纯	孙子	男	2017年4月	汉
	王凤英	母亲	女	1938年8月	汉
家庭大事	1988年，建两层楼房6间175平方米； 1995年，购商品房； 2004年，自建两层别墅280平方米； 2008年，购入第1辆汽车，现有3辆； 2008年，丁志华开办金属材料公司。				

	姓名	与户主关系	性别	出生年月	民族
家庭成员	刘良华	户主	男	1970年1月	汉
	丁存红	妻子	女	1969年10月	汉
	刘玉杰	儿子	男	1992年3月	汉
	王寒莉	儿媳	女	1994年8月	汉
	刘梓苋	孙子	男	2015年4月	汉
家庭大事	1988年，建平房4间85平方米； 2004年，自建两层别墅280平方米； 2017年，购入第1辆汽车，现有1辆。				

	姓名	与户主关系	性别	出生年月	民族
家庭成员	刘小存	户主	男	1952年12月	汉
	丁存凤	妻子	女	1955年12月	汉
	刘　萍	女儿	女	1987年6月	汉
	刘一琴	女儿	女	1976年7月	汉
	刘晨悦	孙女	女	2010年1月	汉
	陈刘宇	孙子	男	2014年12月	汉
家庭大事	1990年，建两层楼房7间175平方米； 2004年，自建两层别墅280平方米； 2013年，购商品房； 2017年，购入第1辆汽车，现有2辆。				

大渔村第九村民小组

家庭成员	姓名	与户主关系	性别	出生年月	民族
	吴冬兰	户主	女	1951年10月	汉

家庭大事	1983年，建平房2间40平方米； 2004年，购商品房。

家庭成员	姓名	与户主关系	性别	出生年月	民族
	陈德才	户主	男	1964年6月	汉
	赵志良	妻子	女	1964年12月	汉
	陈 伟	儿子	男	1987年1月	汉

家庭大事	1989年，建平房3间65平方米； 2004年，自建两层别墅280平方米。

家庭成员	姓名	与户主关系	性别	出生年月	民族
	余兴旺	户主	男	1964年10月	汉
	谈冬妹	妻子	女	1964年1月	汉
	余 杰	儿子	男	1987年6月	汉
	沈嘉琪	儿媳	女	1989年8月	汉
	沈梓瑄	孙女	女	2012年3月	汉
	余梓豪	孙子	男	2013年11月	汉

家庭大事	1984年，建平房3间65平方米； 1996年，购商品房； 2004年，自建两层别墅280平方米； 2004年，购入第1辆汽车，现有3辆。

家庭成员	姓名	与户主关系	性别	出生年月	民族
	张龙根	户主	男	1972年2月	汉
	董船英	母亲	女	1940年11月	汉

家庭大事	1991年，建两层楼房6间175平方米； 2004年，自建两层别墅280平方米。

家庭成员	姓名	与户主关系	性别	出生年月	民族
	张根林	户主	男	1976年1月	汉
	陈从平	妻子	女	1980年10月	汉
	张 青	儿子	男	2002年2月	汉
	张福根	父亲	男	1940年5月	汉
	周文英	母亲	女	1952年10月	汉
家庭大事	1990年，建两层楼房6间175平方米； 2004年，自建两层别墅280平方米； 2011年，购入第1辆汽车，现有1辆。				

家庭成员	姓名	与户主关系	性别	出生年月	民族
	夏国兴	户主	男	1949年2月	汉
	夏国珍	哥哥	男	1938年2月	汉
家庭大事	1986年，建平房3间60平方米； 2004年，自购联体别墅130平方米。				

家庭成员	姓名	与户主关系	性别	出生年月	民族
	叶庆学	户主	男	1956年5月	汉
	叶代林	儿子	男	1981年6月	汉
	方 芳	儿媳	女	1983年11月	汉
	叶承昊	孙子	男	2013年3月	汉
	叶诚俊	孙子	男	2007年3月	汉
家庭大事	1991年，建两层楼房6间175平方米； 2004年，自建两层别墅280平方米。				

家庭成员	姓名	与户主关系	性别	出生年月	民族
	叶勤夫	户主	男	1952年4月	汉
	王金英	妻子	女	1952年6月	汉
家庭大事	1988年，建两层楼房6间170平方米； 2003年，购商品房。				

家庭成员	姓名	与户主关系	性别	出生年月	民族
	田巧珍	户主	女	1945年9月	汉
	鲁网珍	女儿	女	1971年2月	汉
	鲁昆明	儿子	男	1972年11月	汉
	周月红	儿媳	女	1983年3月	汉
	鲁耀琴	孙女	女	1995年10月	汉
	徐岩松	孙子	男	1997年12月	汉
	鲁耀霆	孙子	男	2013年3月	汉
	潘馨辰	曾孙女	女	2018年11月	汉

家庭大事	1984年，建两层楼房6间170平方米； 2004年，自建两层别墅280平方米； 2017，购入第1辆汽车，现有2辆。

家庭成员	姓名	与户主关系	性别	出生年月	民族
	叶祝明	户主	男	1975年12月	汉
	李素珍	妻子	女	1975年4月	汉
	叶 一	女儿	女	1999年2月	汉
	叶庆贵	父亲	男	1948年1月	汉
	翟兰英	母亲	女	1955年12月	汉

家庭大事	1990年，建两层楼房6间170平方米； 2004年，自建两层别墅280平方米； 2017年，购入第1辆汽车，现有2辆； 2018年，购商品房。

家庭成员	姓名	与户主关系	性别	出生年月	民族
	叶祝平	户主	男	1978年7月	汉
	孙海霞	妻子	女	1984年9月	汉
	叶兴龙	儿子	男	2007年6月	汉

家庭大事	2004年，自购联体别墅130平方米； 2012年，购入第1辆汽车，现有1辆； 2018年，购商品房。

	姓名	与户主关系	性别	出生年月	民族
家庭成员	吴惠荣	户主	男	1970年3月	汉
	金梅芬	妻子	女	1969年5月	汉
	吴伊萍	女儿	女	1993年3月	汉
家庭大事	1986年，建平房2间50平方米； 2004年，自购联体别墅130平方米； 2015年，吴伊萍毕业于广西师范学院； 2016年，购入第1辆汽车，现有1辆。				

	姓名	与户主关系	性别	出生年月	民族
家庭成员	张粉官	户主	男	1965年4月	汉
	张琴	女儿	女	1989年9月	汉
	王兰英	妻子	女	1968年12月	汉
	丁冰	女婿	男	1989年1月	汉
	丁浩辰	孙子	男	2019年10月	汉
家庭大事	1990年，建两层楼房6间170平方米； 2004年，自建两层别墅280平方米； 2009年，购入第1辆汽车，现有1辆； 2015年，购商品房。				

	姓名	与户主关系	性别	出生年月	民族
家庭成员	王志强	户主	男	1949年8月	汉
	张凤珍	妻子	女	1952年5月	汉
	王小平	女儿	女	1970年11月	汉
	王晓云	儿子	男	1973年10月	汉
	胡桂芬	儿媳	女	1974年1月	汉
	王雨	孙女	女	1998年6月	汉
	王阿仔	母亲	女	1927年12月	汉
家庭大事	1990年，建两层楼房6间175平方米； 2004年，自建两层别墅280平方米。				

	姓名	与户主关系	性别	出生年月	民族
家庭成员	周永旺	户主	男	1972年5月	汉
	周佳文	儿子	男	1996年10月	汉
	周桂成	父亲	男	1947年11月	汉
	许凤英	母亲	女	1945年8月	汉
家庭大事	1983年，建两层楼房6间175平方米； 2004年，自建两层别墅280平方米； 2016年，周佳文应征入伍，2018年退伍； 2017年，购入第1辆汽车，现有1辆。				

	姓名	与户主关系	性别	出生年月	民族
家庭成员	余同海	户主	男	1931年7月	汉
	徐如林	妻子	女	1941年10月	汉
	余兴明	儿子	男	1969年3月	汉
	鲁兰英	儿媳	女	1969年2月	汉
	余 莹	孙女	女	1992年12月	汉
	张洛睿	曾孙	男	2018年	汉
家庭大事	1989年，建两层楼房6间170平方米； 2004年，自建两层别墅280平方米； 2016年，购入第1辆汽车，现有1辆。				

	姓名	与户主关系	性别	出生年月	民族
家庭成员	陈德生	户主	男	1967年1月	汉
	陆红珍	妻子	女	1967年8月	汉
	陈 兵	儿子	男	1990年11月	汉
	周佳琪	儿媳	女	1995年6月	汉
	陈歆昱	孙子	男	2011年5月	汉
	鲁兰珍	母亲	女	1944年12月	汉
家庭大事	1987年，建两层楼房7间195平方米； 2004年，自建两层别墅280平方米； 2010年，周佳琪应征入伍，2012年退伍； 2013年，购入第1辆汽车，现有1辆。				

家庭成员	姓名	与户主关系	性别	出生年月	民族
	张桃红	户主	男	1973年4月	汉
	陈金凤	妻子	女	1972年11月	汉
	张 磊	儿子	男	1996年10月	汉

家庭大事	1987年，建平房3间80平方米； 2004年，自建两层别墅280平方米； 2012年，购入第1辆汽车，现有1辆。

家庭成员	姓名	与户主关系	性别	出生年月	民族
	周永才	户主	男	1970年8月	汉
	周雯秀	女儿	女	1995年11月	汉

家庭大事	2004年，自购联体别墅130平方米。

家庭成员	姓名	与户主关系	性别	出生年月	民族
	戴春林	户主	男	1951年4月	汉
	周杨女	妻子	女	1954年6月	汉
	戴红妹	女儿	女	1976年12月	汉
	童满昌	女婿	男	1973年10月	汉
	戴皇平	孙子	男	1993年10月	汉
	戴红花	女儿	女	1981年6月	汉
	赵俊杰	孙子	男	2005年1月	汉

家庭大事	2000年，建两层楼房6间190平方米； 2004年，自建两层别墅280平方米； 2013年，购入第1辆汽车，现有1辆。

家庭成员	姓名	与户主关系	性别	出生年月	民族
	周永根	户主	男	1968年11月	汉
	郑来华	妻子	女	1967年2月	汉
	周 娟	女儿	女	1990年7月	汉
	周天瑜	孙女	女	2015年9月	汉

家庭大事	1989年，建两层楼房7间210平方米； 2004年，自建两层别墅280平方米。

家庭成员	姓名	与户主关系	性别	出生年月	民族
	周桂龙	户主	男	1958年11月	汉
	王凤妹	妻子	女	1964年9月	汉
	周永福	儿子	男	1985年2月	汉
	宋丽娟	儿媳	女	1985年11月	汉
	周诗语	孙女	女	2009年1月	汉

家庭大事	1988年，建平房3间75平方米； 2004年，自建两层别墅280平方米。

家庭成员	姓名	与户主关系	性别	出生年月	民族
	吴玉夫	户主	男	1944年8月	汉
	秦梅珍	妻子	女	1948年1月	汉
	吴惠明	儿子	男	1967年6月	汉
	谈三妹	儿媳	女	1966年3月	汉
	吴敏珠	孙女	女	1989年11月	汉

家庭大事	1988年，建平房3间75平方米； 2004年，自建两层别墅280平方米。

家庭成员	姓名	与户主关系	性别	出生年月	民族
	张龙扣	户主	男	1969年6月	汉
	吴志英	妻子	女	1966年10月	汉
	张 强	儿子	男	1995年2月	汉
	董船英	母亲	女	1940年11月	汉
	张龙根	弟弟	男	1970年12月	汉
家庭大事	1989年，建两层楼房6间150平方米； 2004年，自建两层别墅280平方米。				

家庭成员	姓名	与户主关系	性别	出生年月	民族
	王春海	户主	男	1941年1月	汉
	杨粉嘉	妻子	女	1946年7月	汉
	王永洪	儿子	男	1971年2月	汉
	王秋华	儿媳	女	1971年9月	汉
	王 栋	孙子	男	1993年11月	汉
	王禹霖	曾孙	男	2019年7月	汉
家庭大事	1983年，建平房3间75平方米； 2004年，自建两层别墅280平方米； 2016年，王栋毕业于湖州师范学院； 2017年，王永洪开办塑料制品厂。				

家庭成员	姓名	与户主关系	性别	出生年月	民族
	王永明	户主	男	1968年8月	汉
	陈 英	妻子	女	1972年6月	汉
	王 程	儿子	男	1991年12月	汉
	孙 艳	儿媳	女	1995年2月	汉
	王梓豪	孙子	男	2016年3月	汉
家庭大事	1986年，建平房4间100平方米； 2004年，自建两层别墅280平方米； 2014年，购入第1辆汽车，现有1辆。				

	姓名	与户主关系	性别	出生年月	民族
家庭成员	王城英	户主	女	1945年11月	汉
	张友才	儿子	男	1971年3月	汉
	张友林	儿子	男	1968年8月	汉
	戴小勤	儿媳	女	1968年9月	汉
	张艺园	孙女	女	1993年8月	汉
家庭大事	1989年，建平房4间100平方米； 2014年，张艺园毕业于常熟理工学院； 2003年，自建两层别墅280平方米。				

	姓名	与户主关系	性别	出生年月	民族
家庭成员	张龙官	户主	男	1964年8月	汉
	陆金女	妻子	女	1966年3月	汉
	张　丽	女儿	女	1987年8月	汉
	冯本耀	女婿	男	1984年10月	汉
	张耀任	外孙	男	2008年3月	汉
家庭大事	1985年，建两层楼房6间170平方米； 2004年，冯本耀大学毕业； 2004年，自建两层别墅280平方米； 2013年，购入第1辆汽车，现有1辆； 2015年，购商品房。				

	姓名	与户主关系	性别	出生年月	民族
家庭成员	王永桂	户主	男	1977年1月	汉
	徐伟霞	妻子	女	1982年7月	汉
	王思捷	儿子	男	2008年1月	汉
	张善兰	母亲	女	1951年6月	汉
	王春山	父亲	男	1944年5月	汉
家庭大事	1989年，建平方3间75平方米； 2004年，自建两层别墅280平方米。				

大渔村第十村民小组

家庭成员	姓名	与户主关系	性别	出生年月	民族
	顾郁民	户主	男	1944年4月	汉
	余美珍	妻子	女	1954年3月	汉
	顾 俭	女儿	女	1979年2月	汉

家庭大事	1986年,建平房4间100平方米; 2004年,自建两层别墅280平方米。

家庭成员	姓名	与户主关系	性别	出生年月	民族
	金贵权	户主	男	1956年5月	汉
	王春兰	妻子	女	1957年2月	汉
	金惠莹	女儿	女	1986年4月	汉
	金承翰	孙子	男	2009年8月	汉
	郭承熙	孙女	女	2012年5月	汉

家庭大事	1990年,建平方3间75平方米; 2003年,自建两层别墅280平方米; 2018年,购入第1辆汽车,现有1辆。

家庭成员	姓名	与户主关系	性别	出生年月	民族
	金圣权	户主	男	1950年7月	汉

家庭大事	1990年,建平房3间75平方米; 2004年,自建两层别墅280平方米。

家庭成员	姓名	与户主关系	性别	出生年月	民族
	姜圣裕	户主	男	1946年12月	汉
	盛喜玲	妻子	女	1950年2月	汉
	盛卫娟	女儿	女	1972年4月	汉
	李 宾	女婿	男	1972年10月	汉
	盛嘉辉	孙子	男	1995年6月	汉

家庭大事	1990年,建两层楼房6间175平方米; 2004年,自建两层别墅280平方米; 2015年,购入第1辆汽车,现有2辆。

家庭成员	姓名	与户主关系	性别	出生年月	民族
	余粉古	户主	女	1957年3月	汉
	王 华	女儿	女	1979年1月	汉

家庭大事	1993年,建两层楼房6间175平方米; 2006年,购商品房; 2007年,购入第1辆汽车,现有1辆。

家庭成员	姓名	与户主关系	性别	出生年月	民族
	朱钱龙	户主	男	1943年10月	汉
	陆昆芙	妻子	女	1955年12月	汉
	朱延明	儿子	男	1977年7月	汉
	郭其群	儿媳	女	1976年1月	汉
	朱子星	孙女	女	2004年10月	汉

家庭大事	1981年,建平房4间80平方米; 2004年,自建两层别墅280平方米。

家庭成员	姓名	与户主关系	性别	出生年月	民族
	王凤宝	户主	男	1967年9月	汉
	水凤香	妻子	女	1968年10月	汉
	王 琴	女儿	女	1990年7月	汉
	刘王灿	孙子	男	2016年2月	汉

家庭大事	1986年,建平房3间75平方米; 2004年,自购联体别墅130平方米; 2017年,购入第1辆汽车,现有1辆。

家庭成员	姓名	与户主关系	性别	出生年月	民族
	余汉军	户主	男	1962年5月	汉
	周巧珍	妻子	女	1963年6月	汉
	余梅芳	女儿	女	1985年6月	汉
	祝圣垚	孙子	男	2011年9月	汉
	余凤树	父亲	男	1937年3月	汉
	王裕珍	母亲	女	1936年3月	汉

家庭大事	1996年,建两层楼房6间210平方米; 2004年,自建两层别墅280平方米; 2015年,购入第1辆汽车,现有1辆。

	姓名	与户主关系	性别	出生年月	民族
家庭成员	王庆祥	户主	男	1954年3月	汉
	杨粉兰	妻子	女	1958年1月	汉
	王秋华	女儿	女	1987年12月	汉
	徐达松	女婿	男	1982年10月	汉
	杨梓鑫	孙子	男	2009年1月	汉
	徐茂奕	孙女	女	2019年8月	汉
家庭大事	1989年，建两层楼房6间175平方米； 2004年，自建两层别墅280平方米； 2012年，购入第1辆汽车，现有1辆。				

	姓名	与户主关系	性别	出生年月	民族
家庭成员	王银宝	户主	男	1962年6月	汉
	徐兰英	妻子	女	1963年5月	汉
	王丽萍	女儿	女	1985年6月	汉
	王丽娜	女儿	女	1985年6月	汉
	吴尚容	孙子	男	2018年12月	汉
家庭大事	1980年，建平房3间75平方米； 2004年，自建两层别墅280平方米； 2008年，王丽萍毕业于南京信息工程大学； 2017年，购入第1辆汽车，现有1辆。				

	姓名	与户主关系	性别	出生年月	民族
家庭成员	金永龙	户主	男	1926年11月	汉
	金友权	儿子	男	1964年3月	汉
家庭大事	1991年，建两层楼房4间140平方米； 2004年，自建两层别墅280平方米。				

姓名	与户主关系	性别	出生年月	民族
余红古	户主	男	1948年7月	汉
余妹妹	女儿	女	1978年11月	汉
胡 剑	女婿	男	1975年9月	汉
胡愉榕	孙女	女	2001年9月	汉
余胡芊	孙女	女	2009年12月	汉

家庭成员（如上表）

家庭大事

1990年，建两层楼房6间175平方米；
1993年，胡剑应征入伍，1996年退伍；
2004年，自建两层别墅280平方米；
2004年，购商品房；
2012年，购入第1辆汽车，现有2辆。

姓名	与户主关系	性别	出生年月	民族
金真权	户主	男	1953年1月	汉
曹杭妹	妻子	女	1957年1月	汉
金伟东	儿子	男	1979年2月	汉
金伟中	儿子	男	1977年4月	汉
刘龙英	儿媳	女	1978年6月	汉
金 鑫	孙女	女	2001年4月	汉

家庭大事

1990年，建两层楼房4间120平方米；
2004年，自建两层别墅280平方米；
2015年，购入第1辆汽车，现有1辆。

	姓名	与户主关系	性别	出生年月	民族
家庭成员	翟扣林	户主	男	1962年10月	汉
	顾雪花	妻子	女	1963年8月	汉
	翟叶红	女儿	女	1985年9月	汉
	金石城	女婿	男	1981年12月	汉
	金文婕	孙女	女	2006年12月	汉
	翟文舒	孙女	女	2018年12月	汉
家庭大事	1980年,建平房4间80平方米; 2004年,自建两层别墅280平方米; 2014年,购入第1辆汽车,现有2辆。				

	姓名	与户主关系	性别	出生年月	民族
家庭成员	余红德	户主	男	1950年12月	汉
	孙金妹	妻子	女	1965年4月	汉
	余兰花	女儿	女	1986年1月	汉
	吴书童	女婿	男	1979年7月	汉
	吴余辰杨	孙子	男	2007年1月	汉
家庭大事	1983年,建平房70平方米; 2004年,自建两层别墅280平方米; 2014年,购入第1辆汽车,现有1辆。				

大渔村第十一村民小组

	姓名	与户主关系	性别	出生年月	民族
家庭成员	汪春峰	户主	男	1956年1月	汉
	金银娣	妻子	女	1958年9月	汉
	汪 勇	儿子	男	1981年11月	汉
	汪梓涵	孙子	男	2006年10月	汉
	程梓萱	孙女	女	2010年2月	汉
	张梅珍	母亲	女	1932年3月	汉
家庭大事	1985年，建楼房7间170平方米（后转让）； 1992年，购商品房； 2002年，汪勇应征入伍，2004年退伍； 2009年，购入第1辆汽车，现有3辆； 2012年，购联体别墅130平方米； 2016年，购两层别墅280平方米。				

	姓名	与户主关系	性别	出生年月	民族
家庭成员	王根林	户主	男	1966年6月	汉
	王玉梅	妻子	女	1969年11月	汉
	王 晨	儿子	男	1981年11月	汉
家庭大事	1984年，建平房4间80平方米； 2004年，自建两层别墅280平方米。				

	姓名	与户主关系	性别	出生年月	民族
家庭成员	丁小龙	户主	男	1966年10月	汉
	陆建芳	妻子	女	1970年10月	汉
	丁家力	儿子	男	1997年10月	汉
家庭大事	1984年，建平房4间80平方米； 2004年，自建两层别墅280平方米； 2016年，丁家力应征入伍，2018年退伍； 2018年，购入第1辆汽车，现有1辆。				

	姓名	与户主关系	性别	出生年月	民族
家庭成员	丁秋早	户主	男	1968年10月	汉
	金根巧	妻子	女	1970年7月	汉
	丁 超	儿子	男	1993年11月	汉
	左 玉	儿媳	女	1993年10月	汉
	丁存郁	孙子	男	2018年4月	汉
家庭大事	1988年,建两层楼房5间150平方米; 2004年,自建两层别墅280平方米; 2017年,购入第1辆汽车,现有1辆; 2018年,丁超毕业于南京医科大学; 2018年,左玉毕业于南京财经大学。				

	姓名	与户主关系	性别	出生年月	民族
家庭成员	刘小林	户主	男	1963年1月	汉
	王小凤	妻子	女	1964年10月	汉
	刘毓平	儿子	男	1986年10月	汉
	王 洁	儿媳	女	1987年7月	汉
	刘王骏	孙子	男	2010年6月	汉
	王译骏	孙子	男	2015年4月	汉
家庭大事	1985年,建平房4间80平方米; 2004年,自建两层别墅280平方米; 2009年,购入第1辆汽车,现有1辆; 2011年,购商品房。				

家庭成员	姓名	与户主关系	性别	出生年月	民族
	丁凤明	户主	男	1964年1月	汉
	王小菊	妻子	女	1965年5月	汉
	丁建伟	儿子	男	1989年5月	汉
	丁美玲	女儿	女	1987年10月	汉
	蒋云超	女婿	男	1988年4月	汉
	丁翊恒	孙子	男	2013年8月	汉
家庭大事	1984年,建两层楼房8间225平方米; 1990年,丁凤明开办彩印厂; 2004年,自建两层别墅280平方米; 2010年,购商品房; 2010年,购入第1辆汽车,现有2辆。				

家庭成员	姓名	与户主关系	性别	出生年月	民族
	徐官宝	户主	男	1943年1月	汉
	曹文秀	妻子	女	1940年11月	汉
	徐春弟	儿子	男	1971年3月	汉
	陈小兰	儿媳	女	1973年2月	汉
	徐嘉伟	孙子	男	1996年6月	汉
家庭大事	1984年,建楼房8间220平方米; 2004年,自建两层别墅280平方米; 2013年,购入第1辆汽车,现有1辆; 2015年,购商品房。				

家庭成员	姓名	与户主关系	性别	出生年月	民族
	王海凤	户主	女	1953年9月	汉
	杨 军	儿子	男	1978年1月	汉
	王 红	儿媳	女	1977年5月	汉
	杨敏慧	孙女	女	2000年9月	汉
	钟 云	女婿	男	1973年10月	汉
	杨丽华	女儿	女	1976年10月	汉
	钟杨妍妍	孙女	女	1998年6月	汉

家庭大事	1985年，建两层楼房6间170平方米； 2004年，自建两层别墅280平方米； 2013年，购入第1辆汽车，现有1辆； 2015年，购商品房； 2016年，钟杨妍妍就读于上海体育学院。

家庭成员	姓名	与户主关系	性别	出生年月	民族
	刘雪林	户主	男	1966年11月	汉
	钮杨妹	妻子	女	1967年3月	汉
	刘 兵	儿子	男	1990年8月	汉
	周 娟	儿媳	女	1990年7月	汉
	刘昊天	孙子	男	2013年7月	汉

家庭大事	1988年，建两层楼房6间170平方米； 2004年，自建两层别墅280平方米； 2012年，购入第1辆汽车，现有1辆。

	姓名	与户主关系	性别	出生年月	民族
家庭成员	汪春植	户主	男	1971年11月	汉
	宣碧云	妻子	女	1978年3月	汉
	汪 霞	女儿	女	1993年12月	汉
	汪正阳	儿子	男	2002年7月	汉
	汪增荣	父亲	男	1940年5月	汉
	博士云	母亲	女	1943年12月	汉
家庭大事	1993年，购楼房7间200平方米； 2004年，自建两层别墅280平方米； 2016年，购商品房； 2018年，购入第1辆汽车，现有1辆。				

	姓名	与户主关系	性别	出生年月	民族
家庭成员	陆桂珠	户主	女	1971年2月	汉
	陆 敏	女儿	女	1990年9月	汉
家庭大事	1981年，建平房2间40平方米； 2004年，自购联体别墅130平方米。				

	姓名	与户主关系	性别	出生年月	民族
家庭成员	张平宝	户主	男	1970年3月	汉
	李桂秀	妻子	女	1976年12月	汉
	张 琴	女儿	女	1997年12月	汉
	张 伟	儿子	男	2008年5月	汉
家庭大事	1983年，建平房3间60平方米； 2004年，自购联体别墅130平方米。				

	姓名	与户主关系	性别	出生年月	民族
家庭成员	丁双喜	户主	女	1955年8月	汉
家庭大事	1991年，建两层楼房7间210平方米； 2004年，自建两层别墅280平方米。				

家庭成员	姓名	与户主关系	性别	出生年月	民族
	吴素珍	户主	女	1957年1月	汉
	徐　芳	女儿	女	1978年1月	汉
	宋建军	女婿	男	1977年1月	汉
	徐雨萌	孙女	女	2000年12月	汉
家庭大事	1990年，建两层楼房7间210平方米； 2004年，自建两层别墅280平方米。				

家庭成员	姓名	与户主关系	性别	出生年月	民族
	丁春早	户主	男	1966年3月	汉
	张龙美	妻子	女	1966年5月	汉
	邹　剑	女婿	男	1989年9月	汉
	丁玉芳	女儿	女	1989年5月	汉
家庭大事	1992年，建两层楼房6间170平方米； 2004年，自建两层别墅280平方米； 2008年，邹剑应征入伍，2010年退伍； 2016年，购入第1辆汽车，现有1辆。				

家庭成员	姓名	与户主关系	性别	出生年月	民族
	王阿林	户主	男	1963年9月	汉
	秦宏英	妻子	女	1964年10月	汉
	王　杰	儿子	男	1986年7月	汉
	高　伟	儿媳	女	1997年4月	汉
家庭大事	1995年，建两层楼房7间210平方米； 2004年，自建两层别墅280平方米； 2010年，购入第1辆汽车，现有1辆。				

	姓名	与户主关系	性别	出生年月	民族
家庭成员	王成刚	户主	男	1978年6月	汉
	卞田春	妻子	女	1981年2月	汉
	王子涵	女儿	女	2007年5月	汉
	全秧妹	母亲	女	1949年8月	汉
家庭大事	1988年，建两层楼房6间170平方米； 2004年，自建两层别墅280平方米； 2015年，购入第1辆汽车，现有1辆。				

	姓名	与户主关系	性别	出生年月	民族
家庭成员	王小弟	户主	男	1958年7月	汉
	李叶华	妻子	女	1957年8月	汉
	王　强	儿子	男	1981年12月	汉
	薛小丽	儿媳	女	1981年3月	汉
	王宇轩	孙子	男	2006年4月	汉
家庭大事	1991年，建两层楼房6间170平方米； 2004年，自建两层别墅280平方米； 2013年，购入第1辆汽车，现有1辆。				

	姓名	与户主关系	性别	出生年月	民族
家庭成员	刘凤英	户主	女	1955年3月	汉
	李　琴	女儿	女	1992年4月	汉
	张　涛	儿子	男	1991年10月	汉
	张宸溟	孙子	男	2014年11月	汉
家庭大事	1992年，建两层楼房6间170平方米； 2004年，自建两层别墅280平方米； 2014年，购入第1辆汽车，现有1辆。				

家庭成员	姓名	与户主关系	性别	出生年月	民族
	解龙根	户主	男	1964 年 11 月	汉
	范传珍	妻子	女	1964 年 7 月	汉
	解成枫	儿子	男	1988 年 5 月	汉
	解一涵	孙子	男	2016 年 8 月	汉
	田采凤	母亲	女	1942 年 5 月	汉

家庭大事	1982 年，建平房 3 间 60 平方米； 2004 年，自建两层别墅 280 平方米； 2011 年，解成枫毕业于三江学院； 2014 年，购入第 1 辆汽车，现有 1 辆。

家庭成员	姓名	与户主关系	性别	出生年月	民族
	王大凤	户主	女	1964 年 6 月	汉
	宋昌九	丈夫	男	1963 年 11 月	汉
	王 亮	儿子	男	1987 年 1 月	汉
	张 燕	儿媳	女	1985 年 1 月	汉
	宋丽娅	女儿	女	1986 年 10 月	汉
	王宇洋	孙子	男	2016 年 8 月	汉
	王春林	弟弟	男	1969 年 3 月	汉

家庭大事	1990 年，建两层楼房 8 间 230 平方米； 2004 年，自建两层别墅 280 平方米； 2009 年，购入第 1 辆汽车，现有 1 辆。

	姓名	与户主关系	性别	出生年月	民族
家庭成员	吴白妹	户主	女	1958年5月	汉
	陈国祥	丈夫	男	1957年10月	汉
	刘 平	儿子	男	1981年4月	汉
	杨 燕	儿媳	女	1983年7月	汉
	刘思雅	孙女	女	2006年3月	汉
	刘嘉莹	孙女	女	2017年4月	汉
家庭大事	1981年,建两层楼房7间206平方米; 2004年,自建两层别墅280平方米; 2014年,购入第1辆汽车,现有1辆。				

	姓名	与户主关系	性别	出生年月	民族
家庭成员	李德林	户主	男	1969年1月	汉
	夏丽芳	妻子	女	1971年7月	汉
	沈希文	女儿	女	1992年1月	汉
	周君澜	孙子	男	2017年5月	汉
	沈小妹	母亲	女	1936年2月	汉
家庭大事	1989年,建两层楼房6间170平方米; 2004年,自建两层别墅280平方米; 2013年,沈希文毕业于江苏师范大学; 2014年,购入第1辆汽车,现有2辆。				

家庭成员	姓名	与户主关系	性别	出生年月	民族
	陈巧英	户主	女	1956年10月	汉
	周学俊	丈夫	男	1954年2月	汉
	丁苏诚	儿子	男	1991年11月	汉
	邓 娟	儿媳	女	1992年4月	汉
	丁若淇	孙女	女	2015年6月	汉
	丁素琴	女儿	女	1990年7月	汉

家庭大事	1985年,建平房3间60平方米; 2004年,自建两层别墅280平方米; 2018年,购入第1辆汽车,现有1辆。

家庭成员	姓名	与户主关系	性别	出生年月	民族
	王树向	户主	男	1970年5月	汉
	冯筛女	妻子	女	1973年1月	汉
	王敏臻	儿子	男	1993年5月	汉

家庭大事	2004年,自购联排别墅130平方米; 2016年,王敏臻毕业于南京晓庄学院; 2017年,购入第1辆汽车,现有1辆。

家庭成员	姓名	与户主关系	性别	出生年月	民族
	刘春林	户主	男	1969年4月	汉
	汪春霞	妻子	女	1969年12月	汉
	刘 晨	儿子	男	1993年10月	汉
	宣佳丽	儿媳	女	1996年7月	汉

家庭大事	1987年,建两层楼房6间170平方米; 1989年,刘春林应征入伍,1991年退伍; 1996年,购商品房; 2004年,自建两层别墅280平方米; 2006年,购入第1辆汽车,现有3辆; 2006年,刘春林开办房地产建设公司; 2013年,刘晨应征入伍,2015年退伍。

家庭成员	姓名	与户主关系	性别	出生年月	民族
	王招福	户主	男	1946 年 4 月	汉
	王傅英	妻子	女	1950 年 11 月	汉
	王树平	儿子	男	1971 年 11 月	汉
	曹颖琼	儿媳	女	1974 年 5 月	汉
	王韵菲	孙女	女	2002 年 8 月	汉
	王韵琪	孙女	女	2007 年 3 月	汉

家庭大事	1992 年，建两层楼房 7 间 210 平方米； 2004 年，自建两层别墅 280 平方米； 2012 年，购入第 1 辆汽车，现有 1 辆； 2019 年，王韵菲就读于苏州大学。

家庭成员	姓名	与户主关系	性别	出生年月	民族
	徐四小	户主	男	1959 年 12 月	汉
	杜美珍	妻子	女	1958 年 8 月	汉

家庭大事	1988 年，建两层楼房 6 间 170 平方米； 2004 年，自建两层别墅 280 平方米。

家庭成员	姓名	与户主关系	性别	出生年月	民族
	王招华	户主	男	1941 年 6 月	汉
	杜主妹	妻子	女	1942 年 9 月	汉
	王树林	儿子	男	1967 年 2 月	汉
	陈小妹	儿媳	女	1963 年 11 月	汉
	王 琴	孙女	女	1989 年 9 月	汉
	徐欣怡	曾孙女	女	2018 年 1 月	汉

家庭大事	1988 年，建两层楼房 6 间 170 平方米； 2004 年，自建两层别墅 280 平方米； 2014 年，购入第 1 辆汽车，现有 1 辆。

大渔村第十二村民小组

	姓名	与户主关系	性别	出生年月	民族
家庭成员	王明才	户主	男	1963年6月	汉
	丁凤金	妻子	女	1966年11月	汉
	王伟清	儿子	男	1990年6月	汉
	魏　圆	儿媳	女	1990年11月	汉
	王泽昊	孙子	男	2017年8月	汉
家庭大事	1996年，建两层楼房6间180平方米； 2004年，自建两层别墅280平方米； 2015年，购入第1辆汽车，现有1辆； 2018年，购商品房。				

	姓名	与户主关系	性别	出生年月	民族
家庭成员	王德明	户主	男	1967年4月	汉
	张丽花	妻子	女	1968年6月	汉
	王　莹	女儿	女	1992年1月	汉
	张婧瑶	孙女	女	2019年9月	汉
家庭大事	2013年，购商品房； 2014年，购入第1辆汽车，现有1辆； 2015年，购商品房。				

	姓名	与户主关系	性别	出生年月	民族
家庭成员	王桃林	户主	男	1963年4月	汉
	王晨侠	儿子	男	1986年9月	汉
	王晨阳	儿子	男	2001年6月	汉
	王文昊	孙子	男	2010年10月	汉
	王小招	母亲	女	1938年2月	汉
家庭大事	1986年，建平房4间80平方米； 2008年，自购大渔新村店面房； 2015年，购商品房； 2017年，王桃林开办模具公司。				

家庭成员	姓名	与户主关系	性别	出生年月	民族
	顾雪元	户主	男	1952年3月	汉
	肖巧金	妻子	女	1955年3月	汉
	何卫兵	女婿	男	1977年11月	汉
	顾建英	女儿	女	1978年7月	汉
	何昔桐	孙女	女	2013年7月	汉

家庭大事	1989年，建两层楼房6间170平方米； 2004年，自建两层别墅280平方米； 2018年，购商品房； 2018年，购入第1辆汽车，现有2辆。

家庭成员	姓名	与户主关系	性别	出生年月	民族
	钱吉林	户主	男	1959年10月	汉
	陆美蓉	妻子	女	1962年10月	汉
	钱黎婷	女儿	女	1986年2月	汉

家庭大事	1984年，建平房3间70平方米； 2004年，自建两层别墅280平方米； 2008年，钱黎婷毕业于南京农业大学； 2013年，购入第1辆汽车，现有1辆。

家庭成员	姓名	与户主关系	性别	出生年月	民族
	顾阿腊	户主	男	1948年10月	汉
	刘水云	妻子	女	1951年3月	汉
	顾利明	儿子	男	1972年10月	汉
	顾利华	儿子	男	1975年2月	汉
	顾怡雯	孙女	女	2001年10月	汉

家庭大事	1999年，建两层楼房6间170平方米； 2004年，自建两层别墅280平方米； 2011年，购入第1辆汽车，现有2辆。

家庭成员	姓名	与户主关系	性别	出生年月	民族
	王友明	户主	男	1954年6月	汉
	石妙珍	妻子	女	1956年9月	汉
	王　霞	女儿	女	1980年12月	汉
	王陆乐	孙子	男	2007年6月	汉

家庭大事	1973年，王友明应征入伍，1976年退伍； 1985年，建两层楼房7间200平方米； 2014年，购入第1辆汽车，现有1辆； 2015年，购商品房。

家庭成员	姓名	与户主关系	性别	出生年月	民族
	顾阿二	户主	男	1948年2月	汉
	顾菊明	儿子	男	1970年11月	汉
	陈静珠	儿媳	女	1970年10月	汉

家庭大事	1985年，建两层楼房6间170平方米； 2004年，自建两层别墅280平方米； 2013年，购入第1辆汽车，现有2辆。

家庭成员	姓名	与户主关系	性别	出生年月	民族
	李梅林	户主	女	1934年11月	汉

家庭大事	随儿子居住。

家庭成员	姓名	与户主关系	性别	出生年月	民族
	王泉宝	户主	男	1953年4月	汉
	王素琴	妻子	女	1953年4月	汉
	王义和	女婿	男	1976年12月	汉
	王 琴	女儿	女	1978年9月	汉
	王羽麒	孙子	男	2007年9月	汉
家庭大事	1990年，建两层楼房6间170平方米； 2013年，购商品房； 2015年，购入第1辆汽车，现有2辆； 2015年，购商品房。				

家庭成员	姓名	与户主关系	性别	出生年月	民族
	殷泉英	户主	女	1950年9月	汉
	王 丰	儿子	男	1971年2月	汉
家庭大事	1991年，建两层楼房6间170平方米； 2013年，购入第1辆汽车，现有1辆； 2015年，购商品房； 2019年，购大渔新村店面房（住）。				

家庭成员	姓名	与户主关系	性别	出生年月	民族
	莫凤兰	户主	女	1959年2月	汉
家庭大事	1993年，建两层楼房6间170平方米； 2015年，购商品房。				

家庭成员	姓名	与户主关系	性别	出生年月	民族
	沈峰章	户主	男	1940年9月	汉
家庭大事	1986年，建平房5间100平方米； 2015年，购商品房。				

家庭成员	姓名	与户主关系	性别	出生年月	民族
	顾惠林	户主	男	1969 年 3 月	汉
	赵 欢	妻子	女	1989 年 10 月	汉
	顾美杰	儿子	男	2015 年 12 月	汉

家庭大事	1995 年，建平房 3 间 60 平方米； 2012 年，购商品房； 2019 年，购入第 1 辆汽车，现有 1 辆。

家庭成员	姓名	与户主关系	性别	出生年月	民族
	王泉生	户主	男	1953 年 4 月	汉
	王红妹	妻子	女	1957 年 11 月	汉
	杨敬刚	女婿	男	1975 年 8 月	汉
	王丽亚	女儿	女	1981 年 6 月	汉
	王亦杨	孙女	女	2005 年 9 月	汉

家庭大事	1990 年，建两层楼房 7 间 200 平方米； 2003 年，购第一辆汽车，现有 2 辆； 2015 年，购商品房。

家庭成员	姓名	与户主关系	性别	出生年月	民族
	王三男	户主	男	1933 年 3 月	汉
	唐小妹	妻子	女	1941 年 2 月	汉
	王泉明	儿子	男	1973 年 11 月	汉
	姜秀芹	儿媳	女	1974 年 10 月	汉
	王雨暄	孙女	女	2002 年 9 月	汉

家庭大事	1991 年，建两层楼房 6 间 170 平方米； 2015 年，购商品房； 2016 年，购入第 1 辆汽车，现有 2 辆。

	姓名	与户主关系	性别	出生年月	民族
家庭成员	顾惠弟	户主	男	1966年3月	汉
	钱 娟	妻子	女	1966年8月	汉
	顾志强	儿子	男	1989年3月	汉
	顾爱妹	母亲	女	1938年11月	汉
家庭大事	1986年，建平房4间80平方米； 2012年，购商品房； 2013年，购入第1辆汽车，现有2辆。				

	姓名	与户主关系	性别	出生年月	民族
家庭成员	王梅生	户主	男	1959年02月	汉
	浦金妹	妻子	女	1963年08月	汉
	王秋敏	儿子	男	1985年08月	汉
	李 慧	儿媳	女	1986年04月	汉
	杨采金	母亲	女	1934年10月	汉
	王梓涵	孙子	男	2012年12月	汉
家庭大事	1990年，建两层楼房6间170平方米； 2012年，购入第1辆汽车，现有2辆； 2015年，购商品房。				

	姓名	与户主关系	性别	出生年月	民族
家庭成员	顾凤鸣	户主	男	1968年06月	汉
	顾晓晨	儿子	男	1991年12月	汉
	顾延昍	孙子	男	2019年05月	汉
家庭大事	1987年，建平房4间80平方米； 2015年，购商品房； 2016年，购入第1辆汽车，现有1辆。				

家庭成员	姓名	与户主关系	性别	出生年月	民族
	王秀英	户主	女	1950 年 07 月	汉
	张 妹	女儿	女	1976 年 10 月	汉
	刘君运	女婿	男	1974 年 10 月	汉
	刘怡恬	孙女	女	2005 年 06 月	汉

家庭大事	1986 年，建平房 4 间 80 平方米； 1996 年，刘君运毕业于南京理工大学； 1997 年，张妹毕业于湖南大学； 2012 年，购入第 1 辆汽车，现有 2 辆； 2015 年，购商品房。

家庭成员	姓名	与户主关系	性别	出生年月	民族
	王国民	户主	男	1970 年 04 月	汉
	韩廷芳	妻子	女	1968 年 11 月	汉
	王 军	儿子	男	1992 年 12 月	汉
	王悦希	孙女	女	2018 年 06 月	汉

家庭大事	1988 年，购农村楼房 7 间 170 平方米； 2015 年，购商品房； 2016 年，购入第 1 辆汽车，现有 2 辆。

家庭成员	姓名	与户主关系	性别	出生年月	民族
	顾金元	户主	男	1957 年 03 月	汉
	王惠英	妻子	女	1958 年 11 月	汉
	顾 君	女儿	女	1985 年 03 月	汉
	钱亦恒	孙子	男	2012 年 12 月	汉

家庭大事	2004 年，自购大渔新村店面房； 2006 年，顾君毕业于安徽理工大学； 2007 年，购入第 1 辆汽车，现有 1 辆； 2015 年，购商品房。

	姓名	与户主关系	性别	出生年月	民族
家庭成员	王腊林	户主	男	1965年01月	汉
	陈鹤妹	妻子	女	1968年04月	汉
	王 坚	女儿	女	1990年11月	汉
	王思齐	孙女	女	2016年12月	汉
家庭大事	1986年，建平房3间70平方米； 1998年，购商品房； 2014年，购入第1辆汽车，现有1辆； 2015年，购商品房。				

	姓名	与户主关系	性别	出生年月	民族
家庭成员	王明生	户主	男	1957年02月	汉
	张勤芬	妻子	女	1960年08月	汉
	王 晶	儿子	男	1983年10月	汉
	韩 芹	儿媳	女	1982年07月	汉
	王宇晨	孙子	男	2013年03月	汉
家庭大事	1991年，建两层楼房7间200平方米； 2015年，购商品房。				

	姓名	与户主关系	性别	出生年月	民族
家庭成员	顾阿虎	户主	男	1957年08月	汉
	陆好妹	妻子	女	1951年05月	汉
	顾利良	长子	男	1973年10月	汉
	顾利强	次子	男	1977年05月	汉
	顾 瑞	孙子	男	2004年08月	汉
家庭大事	1986年，建两层楼房6间170平方米； 1993年，顾利强应征入伍，1996年退伍； 2015年，购入第1辆汽车，现有1辆； 2019年，购商品房。				

家庭成员	姓名	与户主关系	性别	出生年月	民族
	王杏英	户主	女	1940年02月	汉

家庭大事	1984年，建平房4间80平方米； 2008年，自购大渔新村店面房（住）； 2015年，购商品房。

家庭成员	姓名	与户主关系	性别	出生年月	民族
	王小弟	户主	男	1946年03月	汉
	黄荣芬	妻子	女	1952年09月	汉
	王进泉	长子	男	1978年06月	汉
	王进发	次子	男	1978年06月	汉
	王燕琴	女儿	女	1976年09月	汉
	许浩冉	孙子	男	2008年05月	汉
	包秋峰	孙子	男	1998年09月	汉

家庭大事	1985年，建两层楼房8间240平方米； 2015年，购商品房。

大渔村第十三村民小组

家庭成员	姓名	与户主关系	性别	出生年月	民族
	解秧根	户主	男	1953年5月	汉
	杜桂芹	妻子	女	1947年10月	汉
	解层高	儿子	男	1978年10月	汉
	庄巧芳	儿媳	女	1979年4月	汉
	解文斌	孙子	男	2002年11月	汉
家庭大事	1989年，建两层楼房6间170平方米； 1993年，解层高应征入伍，1996年退伍； 2004年，自建两层别墅280平方米； 2015年，购入第1辆汽车，现有1辆。				

家庭成员	姓名	与户主关系	性别	出生年月	民族
	张友明	户主	男	1954年12月	汉
	钱巧林	妻子	女	1957年4月	汉
	张国华	儿子	男	1980年12月	汉
	张 景	孙女	女	2007年9月	汉
	景雨婷	孙女	女	2011年3月	汉
家庭大事	1989年，建两层楼房7间200平方米； 2003年，自建两层别墅280平方米； 2012年，购入第1辆汽车，现有2辆。				

家庭成员	姓名	与户主关系	性别	出生年月	民族
	顾日生	户主	男	1947年12月	汉
	王春和	妻子	女	1949年3月	汉
	顾照军	长子	男	1971年11月	汉
	刘惠芬	儿媳	女	1974年9月	汉
	顾志辉	孙子	男	1997年1月	汉
	顾照春	次子	男	1974年3月	汉
	程龙花	儿媳	女	1974年7月	汉
	顾　磊	孙子	男	1997年6月	汉

家庭大事	1985年，购农村楼房6间170平方米； 2004年，自建两层别墅280平方米； 2013年，购入第1辆汽车，现有1辆。

家庭成员	姓名	与户主关系	性别	出生年月	民族
	孙由军	户主	男	1975年10月	汉
	寇建玉	妻子	女	1974年5月	汉
	孙　坤	儿子	男	1998年12月	汉

家庭大事	1986年，购农村平房3间60平方米； 2004年，自建两层别墅280平方米； 2010年，购商品房； 2014年，购入第1辆汽车，现有1辆。

家庭成员	姓名	与户主关系	性别	出生年月	民族
	姚进良	户主	男	1957年6月	汉
	黄彩玲	妻子	女	1958年9月	汉

家庭大事	1987年，建两层楼房6间170平方米； 2004年，自建两层别墅280平方米； 2008年，购商品房。

家庭成员	姓名	与户主关系	性别	出生年月	民族
	周 刚	户主	男	1963年9月	汉
	吴素梅	妻子	女	1963年1月	汉
	周建伟	儿子	男	1987年12月	汉
	高月亭	儿媳	女	1986年6月	汉
	周心蕊	孙女	女	2012年8月	汉
	周子杰	孙子	男	2017年8月	汉

家庭大事	1987年，购农村楼房6间150平方米； 2004年，自购联体别墅130平方米； 2017年，购入第1辆汽车，现有1辆。

家庭成员	姓名	与户主关系	性别	出生年月	民族
	刘三子	户主	男	1939年11月	汉

家庭大事	1985年，建平房3间60平方米； 2003年，购商品房。

家庭成员	姓名	与户主关系	性别	出生年月	民族
	刘阿来	户主	男	1934年9月	汉
	阮秀英	妻子	女	1943年6月	汉

家庭大事	1991年，建两层楼房6间170平方米； 2004年，自建两层别墅280平方米。

家庭成员	姓名	与户主关系	性别	出生年月	民族
	陆俊康	户主	男	1946年6月	汉
	吉桂兰	妻子	女	1955年2月	汉
	吉 玲	女儿	女	1981年11月	汉
	宋冬辉	女婿	男	1989年4月	汉
	吉茹萍	孙女	女	2004年10月	汉
	宋施臣	孙子	男	2015年1月	汉
	薛成珍	岳母	女	1933年8月	汉

家庭大事	1986年，建平房4间80平方米； 2004年，自建两层别墅280平方米； 2015年，购入第1辆汽车，现有1辆。

家庭成员	姓名	与户主关系	性别	出生年月	民族
	夏秀芳	户主	女	1974年11月	汉
	张保友	丈夫	男	1972年6月	汉
	夏丽娟	长女	女	1995年12月	汉
	夏丽萍	次女	女	2004年12月	汉

家庭大事	1984年，建平房4间80平方米； 2004年，自建两层别墅280平方米； 2014年，购入第1辆汽车，现有1辆。

家庭成员	姓名	与户主关系	性别	出生年月	民族
	沈志国	户主	男	1964年8月	汉
	徐龙妹	妻子	女	1964年7月	汉
	沈 君	儿子	男	1988年5月	汉
	沈则宇	孙子	男	2015年4月	汉
	刘阿毛	父亲	男	1933年8月	汉

家庭大事	1986年，建平房3间60平方米； 2004年，自建两层别墅280平方米； 2015年，购入第1辆汽车，现有1辆。

	姓名	与户主关系	性别	出生年月	民族
家庭成员	张泉根	户主	男	1964年12月	汉
	周齐珍	妻子	女	1966年4月	汉
	张雯超	女儿	女	1988年8月	汉
	张锦鸿	孙子	男	2017年3月	汉
家庭大事	1983年，建平房3间60平方米； 1989年，购商品房； 2002年，购入第1辆汽车，现有3辆； 2004年，自建两层别墅280平方米； 2011年，张雯超毕业于郑州航空工业管理学院。				

大渔村第十四村民小组

	姓名	与户主关系	性别	出生年月	民族
家庭成员	钱根凤	户主	男	1959年5月	汉
	顾芳芳	妻子	女	1968年10月	汉
	钱蓉蓉	女儿	女	1981年6月	汉
	钱晓琳	女儿	女	2002年10月	汉
家庭大事	1991年，建两层楼房6间170平方米； 2004年，自建两层别墅280平方米。				

	姓名	与户主关系	性别	出生年月	民族
家庭成员	丁友根	户主	男	1970年4月	汉
	丁红珍	妻子	女	1970年9月	汉
	丁芯	女儿	女	1994年11月	汉
家庭大事	1990年，丁友根应征入伍，1993年退伍； 2004年，自建两层别墅280平方米； 2016年，丁芯毕业于苏州大学。				

	姓名	与户主关系	性别	出生年月	民族
家庭成员	孙德俊	户主	男	1957年12月	汉
	顾菊凤	妻子	女	1953年10月	汉
	孙建峰	儿子	男	1981年10月	汉
	王永爱	儿媳	女	1971年4月	汉
	孙晨文	孙女	女	2007年11月	汉
家庭大事	1977年，孙德俊应征入伍，1980年退伍； 1989年，建两层楼房7间210平方米； 2004年，自建两层别墅280平方米； 2012年，购入第1辆汽车，现有1辆。				

	姓名	与户主关系	性别	出生年月	民族
家庭成员	丁炳生	户主	男	1962年4月	汉
	俞菜女	妻子	女	1961年10月	汉
	丁凤君	儿子	男	1985年10月	汉
家庭大事	1988年,建两层楼房6间170平方米; 2004年,自建两层别墅280平方米; 2016年,购入第1辆汽车,现有1辆。				

	姓名	与户主关系	性别	出生年月	民族
家庭成员	周林妹	户主	女	1969年1月	汉
	王 建	儿子	男	1994年2月	汉
	王 云	女儿	女	1989年6月	汉
	祖彦晓	孙女	女	2014年10月	汉
家庭大事	1988年,建两层楼房6间170平方米; 2004年,自建两层别墅280平方米; 2014年,购入第1辆汽车,现有1辆。				

	姓名	与户主关系	性别	出生年月	民族
家庭成员	杜小龙	户主	男	1965年1月	汉
	韩素珍	妻子	女	1966年9月	汉
	杜 明	儿子	男	1988年5月	汉
家庭大事	1987年,建两层楼房6间170平方米; 2004年,自建两层别墅280平方米; 2006年,杜明应征入伍,2011年退伍; 2013年,购入第1辆汽车,现有1辆。				

家庭成员	姓名	与户主关系	性别	出生年月	民族
	丁凤根	户主	男	1965年7月	汉
	许友萍	妻子	女	1963年8月	汉
	丁 荔	儿子	男	1988年7月	汉

家庭大事	1984年，建平房3间60平方米； 2004年，自建两层别墅280平方米； 2011年，丁荔毕业于扬州大学； 2011年，购入第1辆汽车，现有1辆。

家庭成员	姓名	与户主关系	性别	出生年月	民族
	杜小羊	户主	男	1967年7月	汉
	李爱华	妻子	女	1968年1月	汉
	杜云霞	女儿	女	1990年8月	汉

家庭大事	1992年，建两层楼房6间170平方米； 2004年，自建两层别墅280平方米。

家庭成员	姓名	与户主关系	性别	出生年月	民族
	丁凤林	户主	男	1964年5月	汉
	肖洪妹	妻子	女	1965年11月	汉
	丁大伟	儿子	男	1988年12月	汉
	丁斯羽	孙女	女	2012年10月	汉
	张斯恒	孙子	男	2015年7月	汉
	刘善狗	母亲	女	1934年12月	汉

家庭大事	1988年，建两层楼房6间170平方米； 2004年，自建两层别墅280平方米； 2010年，购入第1辆汽车，现有1辆。

	姓名	与户主关系	性别	出生年月	民族
家庭成员	杜文炳	户主	男	1948年3月	汉
	李惠英	妻子	女	1952年2月	汉
	杜小冬	儿子	男	1971年1月	汉
	张建香	儿媳	女	1972年3月	汉
	杜依萍	女儿	女	1974年8月	汉
	杜佳薇	孙女	女	1996年2月	汉
家庭大事	1989年,建两层楼房6间170平方米; 2004年,自建两层别墅280平方米。				

	姓名	与户主关系	性别	出生年月	民族
家庭成员	丁凤祥	户主	男	1970年3月	汉
	华国平	妻子	女	1972年11月	汉
	丁宏伟	儿子	男	1994年2月	汉
	王竹庆	母亲	女	1936年5月	汉
家庭大事	1986年,建平房4间100平方米; 2004年,自建两层别墅280平方米; 2012年,购入第1辆汽车,现有1辆。				

	姓名	与户主关系	性别	出生年月	民族
家庭成员	韩友洪	户主	男	1969年11月	汉
	庄巧云	妻子	女	1973年10月	汉
	韩磊	孙子	男	1994年3月	汉
	王招云	母亲	女	1941年2月	汉
	韩友富	弟弟	男	1972年7月	汉
	韩婷	侄女	女	1996年4月	汉
	韩润	侄女	女	2008年2月	汉
家庭大事	1989年，建楼房6间170平方米； 2004年，自建两层别墅280平方米； 2016年，购入第1辆汽车，现有1辆。				

	姓名	与户主关系	性别	出生年月	民族
家庭成员	杨连宝	户主	男	1954年1月	汉
	吉爱珍	妻子	女	1955年2月	汉
	杨林	儿子	男	1977年10月	汉
	王蓉	儿媳	女	1982年12月	汉
	杨晨逸	孙子	男	2005年12月	汉
家庭大事	1987年，建两层楼房6间170平方米； 2004年，自建两层别墅280平方米； 2018年，购入第1辆汽车，现有1辆。				

	姓名	与户主关系	性别	出生年月	民族
家庭成员	王宏志	户主	男	1971年4月	汉
	张月珍	妻子	女	1970年2月	汉
	王冬叶	儿子	男	1996年1月	汉
家庭大事	1989年，建两层楼房7间210平方米； 1990年，王宏志应征入伍，1993年退伍； 2004年，自建两层别墅280平方米； 2006年，购入第1辆汽车，现有1辆； 2012年，购商品房； 2018年，王冬叶大学毕业。				

大渔村志·村民家庭记载

	姓名	与户主关系	性别	出生年月	民族
家庭成员	余中根	户主	男	1968年5月	汉
	郑萍华	妻子	女	1968年5月	汉
	余　众	儿子	男	1991年12月	汉
	支美新	儿媳	女	1993年11月	汉
	余林芳	孙女	女	2017年1月	汉
	余兴国	父亲	女	1949年10月	汉
	陈培芳	母亲	女	1951年8月	汉
	余秧华	妹妹	女	1977年6月	汉
	钱建卫	外甥	男	2002年7月	汉
家庭大事	1985年，建平房3间75平方米； 2004年，自建两层别墅280平方米。				

	姓名	与户主关系	性别	出生年月	民族
家庭成员	钱根银	户主	男	1963年11月	汉
	朱妹妹	妻子	女	1971年12月	汉
	钱　芳	长女	女	1987年12月	汉
	钱　佳	次女	女	1999年1月	汉
	王陆妮	孙女	女	2009年8月	汉
	陆嘉铭	孙子	男	2012年5月	汉
家庭大事	1984年，建两层楼房6间150平方米； 2004年，自建两层别墅280平方米。				

108

家庭成员	姓名	与户主关系	性别	出生年月	民族
	杨存锁	户主	男	1947年7月	汉
	王小牛	妻子	女	1949年4月	汉
	杨 东	儿子	男	1975年12月	汉
	赵 敏	儿媳	女	1980年1月	汉
	杨明辉	孙子	男	2000年10月	汉
家庭大事	1994年，建两层楼房6间170平方米； 2004年，自建两层别墅280平方米； 2011年，购入第1辆汽车，现有1辆。				

家庭成员	姓名	与户主关系	性别	出生年月	民族
	丁培根	户主	男	1957年7月	汉
	王于珍	妻子	女	1957年6月	汉
	丁凤妹	女儿	女	1982年1月	汉
家庭大事	1991年，建两层楼房6间170平方米； 2004年，自建两层别墅280平方米。				

家庭成员	姓名	与户主关系	性别	出生年月	民族
	杜凤生	户主	男	1952年1月	汉
	范加林	妻子	女	1951年1月	汉
	杜春龙	儿子	男	1976年3月	汉
	徐 茅	儿媳	女	1979年2月	汉
	杜可欣	孙女	女	2008年5月	汉
	杜金雯	孙女	女	2016年3月	汉
家庭大事	1992年，建两层楼房7间210平方米； 2004年，自建两层别墅280平方米； 2011年，购入第1辆汽车，现有1辆。				

	姓 名	与户主关系	性别	出生年月	民族
家庭成员	丁阿四	户主	男	1943年6月	汉
	韩荷花	妻子	女	1947年12月	汉
	顾存贵	女婿	男	1966年7月	汉
	丁红英	女儿	女	1968年6月	汉
	丁　雯	孙女	女	1990年5月	汉
	丁彦博	曾孙	男	2019年10月	汉
	丁国纬	曾孙	男	2018年4月	汉
家庭大事	1989年，建两层楼房6间170平方米； 2000年，购商品房； 2004年，自建两层别墅280平方米； 2013年，丁雯毕业于南京财经大学； 2015年，购入第1辆汽车，现有1辆。				

大渔村第十五村民小组

	姓名	与户主关系	性别	出生年月	民族
家庭成员	徐 云	户主	男	1965年10月	汉
	刘想珍	妻子	女	1966年12月	汉
	徐晓娟	女儿	女	1988年6月	汉
	唐徐婕	孙女	女	2017年8月	汉
家庭大事	1992年，建两层楼房6间170平方米； 2004年，自建两层别墅280平方米； 2011年，购入第1辆汽车，现有1辆。				

	姓名	与户主关系	性别	出生年月	民族
家庭成员	陈 明	户主	男	1970年2月	汉
	刘 虹	妻子	女	1967年9月	汉
	陈琰翎	女儿	女	1997年2月	汉
	陈治翰	儿子	男	2008年10月	汉
	陈志琳	女儿	女	2013年4月	汉
	张 寅	母亲	女	1938年12月	汉
家庭大事	1988年，建两层楼房6间170平方米； 2004年，自建两层别墅280平方米； 2010年，购入第1辆汽车，现有1辆； 2010年，陈明开办餐饮公司； 2014年，购商品房； 2018年，陈琰翎就读于南京理工大学。				

家庭成员	姓名	与户主关系	性别	出生年月	民族
	陈友支	户主	男	1947年10月	汉
	姜连珠	妻子	女	1951年2月	汉
	陈 洪	长子	男	1975年1月	汉
	陈 平	次子	男	1977年12月	汉
	陈嘉玮	孙子	男	1998年2月	汉

家庭大事	1990年，建两层楼房6间170平方米； 2003年，自建两层别墅280平方米； 2005年，购入第1辆汽车，现有2辆； 2008年，购商品房。

家庭成员	姓名	与户主关系	性别	出生年月	民族
	徐阿根	户主	男	1969年5月	汉
	周友妹	妻子	女	1969年1月	汉
	徐梦莹	女儿	女	1991年8月	汉

家庭大事	1993年，建两层楼房6间170平方米； 2004年，自建两层别墅280平方米。

家庭成员	姓名	与户主关系	性别	出生年月	民族
	韩 林	户主	男	1956年5月	汉
	高桂苑	妻子	女	1958年10月	汉
	韩国英	女儿	女	1980年2月	汉
	韩伟萍	外孙女	女	2007年8月	汉

家庭大事	1985年，建平房3间60平方米； 2004年，购二层联排别墅130平方米； 2012年，购入第1辆汽车，现有1辆。

家庭成员	姓名	与户主关系	性别	出生年月	民族
	杨存喜	户主	女	1936年10月	汉

家庭大事	1984年，建平房3间60平方米； 2004年，自建两层别墅280平方米。

家庭成员	姓名	与户主关系	性别	出生年月	民族
	水友林	户主	男	1957年11月	汉
	杨金妹	妻子	女	1958年5月	汉
	水梅华	女儿	女	1982年3月	汉
	谢晓飞	女婿	男	1983年8月	汉
	水志彬	孙子	男	2009年11月	汉
	谢志晨	孙子	男	2013年6月	汉

家庭大事	1985年，建平房3间60平方米； 1994年，水梅华毕业于南通大学； 1995年，谢晓飞毕业于无锡江南学院； 2004年，自建两层别墅280平方米； 2012年，购入第1辆汽车，现有1辆。

家庭成员	姓名	与户主关系	性别	出生年月	民族
	姜桂英	户主	女	1978年2月	汉
	姜忆雯	女儿	女	2004年2月	汉

家庭大事	1993年，建两层楼房6间170平方米； 2004年，自建两层别墅280平方米。

	姓名	与户主关系	性别	出生年月	民族
家庭成员	姜友宝	户主	男	1962年1月	汉
	张雪琴	妻子	女	1963年11月	汉
	姜志华	儿子	男	1987年11月	汉
	杨 子	儿媳	女	1988年11月	汉
	姜羽菲	孙女	女	2015年1月	汉
家庭大事	1981年，建平房3间60平方米； 1994年，购商品房； 2004年，自建两层别墅280平方米； 2010年，姜志华毕业于南京审计大学； 2010年，杨子毕业于南京财经大学； 2019年，购入第1辆汽车，现有2辆。				

	姓名	与户主关系	性别	出生年月	民族
家庭成员	姜友发	户主	男	1951年9月	汉
家庭大事	2004年，自购联体别墅130平方米。				

	姓名	与户主关系	性别	出生年月	民族
家庭成员	许明坤	户主	男	1954年3月	汉
	许丽君	女儿	女	1991年7月	汉
	蒋明壮	女婿	男	1987年12月	汉
	蒋许恒	孙子	男	2019年6月	汉
家庭大事	1984年，建平房4间80平方米； 1990年，购商品房； 2004年，自建两层别墅280平方米； 2010年，蒋明壮毕业于内蒙古财经学院； 2010年，购入第1辆汽车，现有1辆； 2014年，许丽君毕业于南京林业大学。				

大渔村第十六村民小组

家庭成员	姓名	与户主关系	性别	出生年月	民族
	沈元龙	户主	男	1950年12月	汉
	季爱囡	妻子	女	1953年12月	汉
	徐和萍	儿媳	女	1976年3月	汉
	沈国清	儿子	男	1974年12月	汉
	沈国峰	儿子	男	1977年7月	汉
	沈 川	孙子	男	2000年7月	汉

家庭大事	1990年，建两层楼房7间206平方米； 2004年，自建两层别墅280平方米。

家庭成员	姓名	与户主关系	性别	出生年月	民族
	沈秀珍	户主	女	1976年9月	汉
	刘建华	丈夫	男	1968年3月	汉
	沈义凯	儿子	男	1990年12月	汉

家庭大事	1995年，购商品房； 2004年，自购联体别墅130平方米； 2014年，购入第1辆汽车，现有1辆。

家庭成员	姓名	与户主关系	性别	出生年月	民族
	沈顾弟	户主	男	1946年9月	汉
	王野妹	妻子	女	1946年12月	汉
	沈 静	女儿	女	1984年4月	汉
	沈蒽熙	孙子	男	2011年10月	汉
	沈叶紫	孙女	女	2015年7月	汉

家庭大事	1986年，建两层楼房7间210平方米； 2004年，自建两层别墅280平方米； 2009年，购入第1辆汽车，现有1辆； 2014年，购商品房。

	姓名	与户主关系	性别	出生年月	民族
家庭成员	徐郁民	户主	男	1976年6月	汉
	朱菊花	妻子	女	1968年10月	汉
	徐雯婷	女儿	女	1990年5月	汉
家庭大事	1988年,建两层楼房6间170平方米; 1996年,购商品房; 2004年,自建两层别墅280平方米; 2016年,徐雯婷大学毕业。				

	姓名	与户主关系	性别	出生年月	民族
家庭成员	张国忠	户主	男	1960年6月	汉
	张专红	妻子	女	1962年10月	汉
	张海宝	儿子	男	1990年5月	汉
	张恩杰	孙子	男	2014年11月	汉
家庭大事	1995年,购农村楼房6间170平方米; 2004年,自建两层别墅280平方米; 2008年,张海宝应征入伍,2010年退伍; 2018年,购入第1辆汽车,现有1辆。				

	姓名	与户主关系	性别	出生年月	民族
家庭成员	沈菊生	户主	男	1957年10月	汉
	徐金珍	妻子	女	1952年5月	汉
	沈永良	儿子	男	1974年11月	汉
	沈 涛	孙子	男	2004年4月	汉
家庭大事	1988年,建两层楼房7间210平方米; 2004年,自建两层别墅280平方米。				

家庭成员	姓名	与户主关系	性别	出生年月	民族
	沈阿根	户主	男	1962 年 11 月	汉
	陈桃花	妻子	女	1962 年 2 月	汉
	沈 薇	女儿	女	1985 年 8 月	汉
	沈君烨	孙子	男	2009 年 10 月	汉

家庭大事	1992 年，建两层楼房 7 间 210 平方米； 2004 年，自建两层别墅 280 平方米； 2016 年，购入第 1 辆汽车，现有 1 辆。

家庭成员	姓名	与户主关系	性别	出生年月	民族
	郁桃英	户主	女	1958 年 4 月	汉
	陈月如	丈夫	男	1956 年 6 月	汉
	陈 岗	儿子	男	1981 年 10 月	汉
	魏明明	儿媳	女	1987 年 5 月	汉
	陈可馨	孙女	女	2014 年 2 月	汉

家庭大事	1986 年，建平房 4 间 100 平方米； 2004 年，自建两层别墅 280 平方米； 2019 年，购入第 1 辆汽车，现有 1 辆。

家庭成员	姓名	与户主关系	性别	出生年月	民族
	沈宗根	户主	男	1948 年 11 月	汉
	庄凤娣	妻子	女	1949 年 2 月	汉
	沈 华	儿子	男	1974 年 1 月	汉
	沈 卓	孙女	女	1997 年 2 月	汉
	沈俊赫	孙子	男	2015 年 3 月	汉

家庭大事	1990 年，建两层楼房 7 间 210 平方米； 2003 年，购入第 1 辆汽车，现有 1 辆； 2003 年，建两层别墅 280 平方米。

家庭成员	姓名	与户主关系	性别	出生年月	民族
	沈裕兴	户主	男	1957年2月	汉
	刘菊珍	妻子	女	1960年11月	汉

家庭大事	1976年,沈裕兴应征入伍,1979年退伍; 1990年,建两层楼房6间170平方米; 1996年,购商品房; 2004年,购商品房; 2016年,购第1辆汽车,现有1辆。

家庭成员	姓名	与户主关系	性别	出生年月	民族
	沈巧根	户主	男	1965年3月	汉
	俞春花	妻子	女	1964年2月	汉
	沈　斌	儿子	男	1988年10月	汉
	周晓兰	儿媳	女	1987年10月	汉
	沈梓辰	孙女	女	2016年8月	汉

家庭大事	1986年,建平房4间100平方米; 1996年,购商品房; 2004年,自建两层别墅280平方米; 2011年,沈斌大学毕业; 2012年,周晓兰大学毕业; 2014年,购入第1辆汽车,现有1辆。

家庭成员	姓名	与户主关系	性别	出生年月	民族
	王大龙	户主	男	1988年11月	汉

家庭大事	1987年,购农村平房3间60平方米; 2004年,自建两层别墅280平方米。

家庭成员	姓名	与户主关系	性别	出生年月	民族
	郁大弟	户主	男	1951年10月	汉

家庭大事	1981年，建平房2间40平方米； 2004年，自购联体别墅130平方米。

家庭成员	姓名	与户主关系	性别	出生年月	民族
	郁阿兴	户主	男	1948年12月	汉
	庄梅香	妻子	女	1954年11月	汉

家庭大事	1990年，建两层楼房6间170平方米； 2004年，建两层别墅280平方米。

家庭成员	姓名	与户主关系	性别	出生年月	民族
	沈卫英	户主	女	1963年12月	汉
	顾为明	丈夫	男	1962年7月	汉
	沈敏娟	女儿	女	1984年12月	汉
	杨医舟	女婿	男	1988年4月	汉

家庭大事	1988年，建两层楼房6间170平方米； 2004年，自建两层别墅280平方米。 2017年，购商品房； 2018年，购入第1辆汽车，现有1辆； 2019年，沈敏娟毕业于苏州科技大学； 2019年，杨医舟毕业于苏州科技大学；

家庭成员	姓名	与户主关系	性别	出生年月	民族
	沈建良	户主	男	1968年9月	汉
	周慧琴	妻子	女	1970年10月	汉
	沈倩云	女儿	女	1994年9月	汉

家庭大事	1993年，建两层楼房6间170平方米； 2001年，购商品房； 2004年，自建两层别墅280平方米； 2016年，沈倩云毕业于首都师范大学； 2016年，购入第1辆汽车，现有1辆。

	姓名	与户主关系	性别	出生年月	民族
家庭成员	周国良	户主	男	1967年5月	汉
	陈国花	妻子	女	1968年11月	汉
	周 辰	儿子	男	1991年12月	汉
	朱星伊	儿媳	女	1990年8月	汉
	周亿然	孙子	男	2017年2月	汉
	周亿萱	孙女	女	2019年8月	汉
	沈阿木	母亲	女	1942年1月	汉
家庭大事	1989年，建两层楼房6间170平方米； 2004年，自建两层别墅280平方米； 2010年，朱星伊大学毕业； 2013年，购入第1辆汽车，现有2辆。				

	姓名	与户主关系	性别	出生年月	民族
家庭成员	沈凤良	户主	男	1966年2月	汉
	殷三妹	妻子	女	1967年3月	汉
	沈 洁	女儿	女	1989年11月	汉
	沈阿炳	父亲	男	1935年3月	汉
	居雪妹	母亲	女	1936年1月	汉
家庭大事	1985年，建平房4间100平方米； 2004年，自建两层别墅280平方米。				

	姓名	与户主关系	性别	出生年月	民族
家庭成员	沈元兴	户主	男	1962年12月	汉
	高雪珍	妻子	女	1963年5月	汉
	沈美蝉	女儿	女	1986年7月	汉
	沈家熠	孙子	男	2015年8月	汉
	沈老大	父亲	男	1934年12月	汉
家庭大事	1993年，建两层楼房7间210平方米； 2004年，自建两层别墅280平方米。				

家庭成员	姓名	与户主关系	性别	出生年月	民族
	郁建明	户主	男	1957年6月	汉
	李花英	妻子	女	1963年4月	汉
	郁 亮	儿子	男	1984年8月	汉
	郁静怡	孙女	女	2012年12月	汉
家庭大事	1992年，建两层楼房7间210平方米； 2004年，自建两层别墅280平方米； 2007年，郁亮毕业于淮海工学院； 2010年，购入第1辆汽车，现有1辆。				

家庭成员	姓名	与户主关系	性别	出生年月	民族
	邵新岐	户主	男	1947年1月	汉
	俞春妹	妻子	女	1949年8月	汉
家庭大事	1990年，建两层楼房7间210平方米； 2004年，自建两层别墅280平方米。				

大渔村第十七村民小组

	姓名	与户主关系	性别	出生年月	民族
家庭成员	周龙林	户主	男	1952年12月	汉
	周国华	儿子	男	1977年8月	汉
	施 妍	儿媳	女	1979年5月	汉
	周施佳	孙子	男	2000年7月	汉
家庭大事	1976年，建平房4间110平方米； 2004年，自建两层别墅280平方米； 2005年，购入第1辆汽车，现有1辆。				

	姓名	与户主关系	性别	出生年月	民族
家庭成员	邵锡龙	户主	男	1963年5月	汉
	沈惠琴	妻子	女	1965年7月	汉
	邵雅芳	女儿	女	1986年4月	汉
	高 明	女婿	男	1986年6月	汉
	邵嘉俊	孙子	男	2010年10月	汉
	高嘉霖	孙子	男	2013年2月	汉
	邵阿五	母亲	女	1928年12月	汉
家庭大事	1985年，建平房4间110平方米； 2000年，购商品房； 2004年，自建两层别墅280平方米； 2009年，购入第1辆汽车，现有1辆。				

	姓名	与户主关系	性别	出生年月	民族
家庭成员	马桃根	户主	男	1966年7月	汉
	陈秀芳	妻子	女	1968年4月	汉
	马 婷	女儿	女	1993年11月	汉
家庭大事	1989年，建两层楼房7间210平方米； 2004年，自建两层别墅280平方米； 2016年，马婷大学毕业； 2019年，购入第1辆汽车，现有1辆。				

	姓名	与户主关系	性别	出生年月	民族
家庭成员	马桃香	户主	女	1955年4月	汉
	朱小山	丈夫	男	1953年10月	汉
	朱永华	儿子	男	1977年5月	汉
	陈华英	儿媳	女	1978年12月	汉
	朱佳蓉	孙女	女	2001年1月	汉
家庭大事	1982年，建平房8间120平方米； 2000年，购商品房； 2004年，自建两层别墅280平方米； 2015年，购入第1辆汽车，现有1辆。				

	姓名	与户主关系	性别	出生年月	民族
家庭成员	沈金元	户主	男	1963年3月	汉
	钱金秀	妻子	女	1963年7月	汉
	沈娟	女儿	女	1986年5月	汉
	谈皓轩	孙子	男	2009年10月	汉
	沈筱萌	孙女	女	2013年2月	汉
	沈阿林	母亲	女	1936年7月	汉
家庭大事	1946年，建老式瓦房3间100平方米； 2000年，购商品房； 2000年，购入第1辆汽车，现有4辆； 2004年，自建两层别墅280平方米； 2012年，沈娟毕业于华中科技大学。				

	姓名	与户主关系	性别	出生年月	民族
家庭成员	马冬英	户主	男	1955年11月	汉
	徐伟	儿子	男	1976年11月	汉
	徐忆韬	孙子	男	2001年4月	汉
家庭大事	1983年，建平房3间104平方米； 2004年，自购联体别墅130平方米； 2019年，徐忆韬就读于苏州健雄职业技术学院。				

家庭成员	姓名	与户主关系	性别	出生年月	民族
	马惠清	户主	男	1973年3月	汉
	查琴芳	妻子	女	1975年1月	汉
	马思微	女儿	女	1999年12月	汉

家庭大事	1992年，马惠清应征入伍，1995年退伍； 2003年，购商品房； 2004年，自建两层别墅280平方米； 2009年，购入第1辆汽车，现有1辆； 2018年，马思微入读扬州大学。

家庭成员	姓名	与户主关系	性别	出生年月	民族
	马惠龙	户主	男	1966年6月	汉
	谢玉珍	妻子	女	1971年8月	汉
	马 燕	女儿	女	1993年1月	汉
	钱少华	女婿	男	1990年6月	汉
	钱俊廷	孙子	男	2018年8月	汉
	夏秀英	母亲	女	1949年6月	汉

家庭大事	1992年，建两层楼房7间240平方米； 2004年，自建两层别墅280平方米； 2015年，马燕毕业于苏州大学。

家庭成员	姓名	与户主关系	性别	出生年月	民族
	沈华明	户主	男	1966年2月	汉
	陈莉萍	妻子	女	1970年5月	汉
	沈瑞馨	女儿	女	1991年10月	汉
	沈锡元	父亲	男	1943年3月	汉
	苏凤英	母亲	女	1945年1月	汉

家庭大事	1968年，建平房3间90平方米； 1990年，购第1辆汽车，现有1辆； 2004年，自建两层别墅280平方米； 2017年，沈瑞馨毕业于南京林业大学。

家庭成员	姓名	与户主关系	性别	出生年月	民族
	沈秀英	户主	女	1957年3月	汉
	吴永根	丈夫	男	1956年8月	汉
	沈 芳	女儿	女	1984年2月	汉
	张晓钧	女婿	男	1982年9月	汉
	张景涵	外孙	男	2012年6月	汉

家庭大事	1991年,购商品房; 2000年,购入第1辆汽车,现有3辆; 2004年,自购联体别墅130平方米。

家庭成员	姓名	与户主关系	性别	出生年月	民族
	朱秋华	户主	男	1965年8月	汉
	戴桂香	妻子	女	1965年9月	汉
	朱翠萍	女儿	女	1989年1月	汉
	谈爱英	母亲	女	1937年10月	汉

家庭大事	1979年,建平房3间90平方米; 1984年,朱秋华入伍,1988年退伍; 2003年,购商品房。

家庭成员	姓名	与户主关系	性别	出生年月	民族
	邵金龙	户主	男	1954年1月	汉
	钱小妹	妻子	女	1955年6月	汉
	邵琴芳	女儿	女	1975年12月	汉
	顾伟清	女婿	男	1972年9月	汉
	邵嘉辉	孙子	男	2000年4月	汉

家庭大事	1976年,建平房4间110平方米; 2000年,购商品房; 2004年,购入第1辆汽车,现有1辆。

家庭成员	姓名	与户主关系	性别	出生年月	民族
	柯小龙	户主	男	1962年3月	汉
	沙荣芳	妻子	女	1967年5月	汉
	柯梦倩	女儿	女	1989年2月	汉

家庭大事	1980年，建平房4间112平方米； 2003年，购商品房； 2004年，自建两层别墅280平方米； 2017年，购入第1辆汽车，现有1辆。

家庭成员	姓名	与户主关系	性别	出生年月	民族
	柯龙宝	户主	男	1954年12月	汉
	沙荣珍	妻子	女	1960年2月	汉
	柯燕	女儿	女	1982年4月	汉
	许斌	女婿	男	1974年7月	汉
	沈馨怡	孙子	男	2004年6月	汉
	许沐忆	孙子	男	2019年11月	汉

家庭大事	2004年，购商品房。

家庭成员	姓名	与户主关系	性别	出生年月	民族
	沈昆红	户主	男	1968年4月	汉
	范志娅	妻子	女	1971年5月	汉
	沈赟	女儿	女	1995年1月	汉
	汤庆哲	女婿	男	1995年10月	汉
	汤承阳	孙子	男	2019年10月	汉
	季金莲	母亲	女	1939年2月	汉

家庭大事	1979年，购农村平房4间110平方米； 2003年，自建两层别墅280平方米； 2008年，购入第1辆汽车，现有2辆； 2016年，沈赟毕业于南京晓庄学院； 2016年，汤庆哲毕业于南京晓庄学院。

家庭成员	姓名	与户主关系	性别	出生年月	民族
	沈坤元	户主	男	1962年8月	汉
	谈春娥	妻子	女	1963年2月	汉
	沈　卿	儿子	男	1986年6月	汉
	顾思卉	儿媳	女	1988年3月	汉
	沈商冉	孙女	女	2015年3月	汉

家庭大事	1979年，建平房4间110平方米； 1986年，购商品房； 1998年，购入第1辆汽车，现有3辆； 2004年，自建两层别墅280平方米； 2005年，顾思卉毕业于英国朴次茅斯大学； 2012年，沈卿毕业于高丽大学。

家庭成员	姓名	与户主关系	性别	出生年月	民族
	沈惠元	户主	男	1956年12月	汉
	杨秧妹	妻子	女	1958年4月	汉
	沈　峰	儿子	男	1981年11月	汉
	吴　燕	儿媳	女	1983年2月	汉
	吴晓曦	孙子	男	2006年2月	汉
	沈晓玥	孙女	女	2009年5月	汉

家庭大事	1979年，建两层楼房7间256平方米； 2004年，自建两层别墅280平方米； 2009年，购商品房； 2010年，购入第1辆汽车，现有4辆。

家庭成员	姓名	与户主关系	性别	出生年月	民族
	杨阿小	户主	男	1966年1月	汉
	沈惠芬	妻子	女	1968年3月	汉
	杨程	儿子	男	1990年11月	汉
	钱婷婷	儿媳	女	1990年9月	汉
	杨泽凯	外孙	男	2014年1月	汉
家庭大事	1990年，建平房4间114平方米； 2004年，自购联体别墅130平方米； 2004年，购商品房； 2012年，购入第1辆汽车，现有2辆。				

家庭成员	姓名	与户主关系	性别	出生年月	民族
	柯龙法	户主	男	1949年4月	汉
	王锦妹	妻子	女	1954年11月	汉
	柯坚	儿子	男	1975年2月	汉
	程含	儿媳	女	1979年5月	汉
	柯易程	外孙	男	2004年2月	汉
家庭大事	1980年，建平房4间104平方米； 2001年，购商品房； 2002年，程含毕业于南京大学； 2004年，自建两层别墅280平方米； 2009年，购入第1辆汽车，现有1辆。				

大渔村第十八村民小组

	姓名	与户主关系	性别	出生年月	民族
家庭成员	李长林	户主	男	1949年10月	汉
	朱菊珍	妻子	女	1956年12月	汉
	王 林	儿媳	女	1979年6月	汉
	郑月芊	孙女	女	2002年6月	汉
	郑 前	孙子	男	2012年7月	汉
家庭大事	1996年，建平房3间108平方米； 2004年，自建两层别墅280平方米。				

	姓名	与户主关系	性别	出生年月	民族
家庭成员	沈明杰	户主	男	1955年2月	汉
	沈梅珍	妻子	女	1961年11月	汉
	沈利峰	儿子	男	1984年12月	汉
	戴燕棠	儿媳	女	1984年1月	汉
	沈子涵	孙女	女	2009年10月	汉
家庭大事	1983年，建平房4间110平方米； 1996年，购商品房； 2004年，自建两层别墅280平方米； 2006年，沈利峰毕业于苏州大学； 2006年，戴燕棠毕业于苏州大学； 2008年，购入第1辆汽车，现有1辆。				

	姓名	与户主关系	性别	出生年月	民族
家庭成员	缪阿三	户主	男	1962年5月	汉
	沈意华	妻子	女	1962年8月	汉
	缪 青	女儿	女	1986年12月	汉
家庭大事	1983年，建两层楼房6间180平方米； 2004年，自建两层别墅280平方米； 2009年，购入第1辆汽车，现有2辆； 2013年，购商品房。				

	姓名	与户主关系	性别	出生年月	民族
家庭成员	缪红扣	户主	男	1957年5月	汉
	顾玉香	妻子	女	1957年3月	汉
	缪秀芳	女儿	女	1982年12月	汉
	陆春明	女婿	男	1980年1月	汉
	陆缪杰	孙子	男	2004年5月	汉
	缪司晨	孙子	男	2010年3月	汉
家庭大事	1978年,建平房3间80平方米; 1999年,购商品房; 2004年,自建两层别墅280平方米; 2011年,购入第1辆汽车,现有1辆。				

	姓名	与户主关系	性别	出生年月	民族
家庭成员	沈阿六	户主	男	1952年6月	汉
	周孟英	妻子	女	1954年12月	汉
	沈 伟	儿子	男	1977年5月	汉
	沈 黎	儿媳	女	1977年2月	汉
	沈硕韵	孙女	女	2003年10月	汉
家庭大事	1980年,建平房3间84平方米; 2000年,购商品房; 2003年,购入第1辆汽车,现有2辆; 2004年,自建两层别墅280平方米。				

家庭成员	姓名	与户主关系	性别	出生年月	民族
	王秋根	户主	男	1954年9月	汉
	沙小妹	妻子	女	1954年10月	汉
	徐建华	女婿	男	1975年1月	汉
	王　芳	女儿	女	1978年11月	汉
	王俊杰	孙子	男	1999年10月	汉
家庭大事	1990年，建两层楼房6间210平方米； 2000年，购商品房； 2004年，自建两层别墅280平方米； 2009年，购入第1辆汽车，现有1辆； 2018年，王俊杰毕业于南京师范大学泰州学院。				

家庭成员	姓名	与户主关系	性别	出生年月	民族
	沈兴泉	户主	男	1962年4月	汉
	孙凤菊	妻子	女	1963年1月	汉
	沈　洁	女儿	女	1986年2月	汉
	顾晓明	女婿	男	1985年2月	汉
	顾诗轩	孙女	女	2009年2月	汉
	顾逸轩	孙子	男	2013年7月	汉
家庭大事	1985年，建两层楼房6间192平方米； 2002年，购商品房； 2004年，自建两层别墅280平方米； 2009年，购入第1辆汽车，现有1辆； 2010年，沈洁毕业于扬州大学； 2010年，顾晓明毕业于扬州大学。				

家庭成员	姓名	与户主关系	性别	出生年月	民族
	缪牛哥	户主	男	1949年12月	汉
	缪兰女	母亲	女	1932年11月	汉
	缪　英	妹	女	1968年1月	汉
家庭大事	1978年，建平房2间56平方米； 2004年，自购联体别墅130平方米。				

家庭成员	姓名	与户主关系	性别	出生年月	民族
	王阿三	户主	男	1961年10月	汉
	杨静珍	妻子	女	1961年5月	汉
	王 琴	女儿	女	1985年12月	汉
	王思涵	外孙	男	2011年6月	汉

家庭大事	1976年，建平房4间100平方米； 2004年，自建两层别墅280平方米； 2004年，购商品房； 2009年，王琴毕业于盐城师范学院； 2017年，购入第1辆汽车，现有1辆。

家庭成员	姓名	与户主关系	性别	出生年月	民族
	陆 益	户主	男	1970年1月	汉
	俞菊妹	妻子	女	1973年6月	汉
	陆 锋	儿子	男	1997年10月	汉

家庭大事	1990年，购平房3间80平方米； 2004年，自购联体别墅130平方米。

家庭成员	姓名	与户主关系	性别	出生年月	民族
	沈卫国	户主	男	1969年4月	汉
	沈雁冰	儿子	男	1991年12月	汉
	凌章妹	母亲	女	1936年10月	汉

家庭大事	1985年，建两层楼房5间150平方米； 2017年，购商品房； 2017年，购入第1辆汽车，现有1辆。

家庭成员	姓名	与户主关系	性别	出生年月	民族
	季叶林	户主	男	1965年2月	汉
	沈阿凤	妻子	女	1966年6月	汉
	季燕捷	儿子	男	1995年3月	汉

家庭大事	1993年，建两层楼房6间240平方米； 2004年，自建两层别墅280平方米； 2013年，季燕捷应征入伍，2015年退伍； 2017年，购入第1辆汽车，现有1辆。

家庭成员	姓名	与户主关系	性别	出生年月	民族
	周 默	户主	男	1979年11月	汉
	赵 露	妻子	女	1981年5月	汉
	周烨辰	儿子	男	2010年12月	汉
	周晓龙	父亲	男	1952年7月	汉

家庭大事	1972年，周晓龙应征入伍，1978年退伍； 1979年，建平房3间84平方米； 1998年，周默应征入伍，2000年退伍； 2004年，自建两层别墅280平方米； 2008年，购入第1辆汽车，现有2辆。

家庭成员	姓名	与户主关系	性别	出生年月	民族
	俞光辉	户主	男	1968年2月	汉
	谈广兰	妻子	女	1967年2月	汉
	俞雯婷	女儿	女	1990年9月	汉

家庭大事	1990年，建两层楼房6间168平方米； 1992年，俞光辉经营机械配件厂； 2004年，自建两层别墅280平方米； 2009年，购入第1辆汽车，现有1辆； 2012年，俞雯婷毕业于南京航空航天大学。

	姓名	与户主关系	性别	出生年月	民族
家庭成员	周解根	户主	男	1947年11月	汉
	沈阿香	妻子	女	1951年12月	汉
	周红亮	儿子	男	1971年5月	汉
	陈幺妹	儿媳	女	1972年6月	汉
	周雅婷	孙女	女	1995年9月	汉
家庭大事	1986年，建两层楼房7间220平方米； 1995年，购商品房； 2004年，自建两层别墅280平方米； 2005年，购入第1辆汽车，现有1辆； 2017年，周雅婷大学毕业。				

	姓名	与户主关系	性别	出生年月	民族
家庭成员	沈巧明	户主	男	1962年10月	汉
	丁存珍	妻子	女	1962年12月	汉
	沈　杰	儿子	男	1986年7月	汉
	曹燕华	儿媳	女	1988年5月	汉
	沈彦臣	孙子	男	2014年12月	汉
家庭大事	1988年，购商品房； 1991年，购入第1辆汽车，现有2辆； 2004年，自建两层别墅280平方米； 2009年，沈杰毕业于江苏大学； 2013年，曹燕华毕业于江苏第二师范学院。				

	姓名	与户主关系	性别	出生年月	民族
家庭成员	沈永昌	户主	男	1958年4月	汉
	黄国萍	妻子	女	1964年8月	汉
	沈伟	儿子	男	1986年3月	汉
	王丽娟	儿媳	女	1985年10月	汉
	沈景灿	孙女	女	2010年12月	汉
家庭大事	1978年，建平房3间76平方米； 1982年，购商品房； 2004年，自建两层别墅280平方米； 2007年，购入第1辆汽车，现有2辆； 2008年，王丽娟毕业于安徽大学。				

	姓名	与户主关系	性别	出生年月	民族
家庭成员	沈建荣	户主	男	1965年5月	汉
	周金凤	妻子	女	1966年8月	汉
家庭大事	1984年，建两层楼房6间210平方米； 2004年，自建两层别墅280平方米； 2009年，购入第1辆汽车，现有1辆。				

	姓名	与户主关系	性别	出生年月	民族
家庭成员	俞阿五	户主	男	1955年2月	汉
	俞荣荣	儿子	男	1981年12月	汉
	周慧媛	儿媳	女	1983年5月	汉
	俞文杰	孙子	男	2008年5月	汉
	俞文馨	孙子	男	2012年7月	汉
家庭大事	1974年，俞阿五入伍，1977年退伍； 1988年，建两层楼房6间216平方米； 2004年，自建两层别墅280平方米； 2005年，俞荣荣毕业于南京大学； 2005年，周慧媛毕业于南京大学； 2015年，购入第1辆汽车，现有2辆。				

	姓名	与户主关系	性别	出生年月	民族
家庭成员	沈阿三	户主	男	1946年1月	汉
	周翠英	妻子	女	1948年10月	汉
	沈建珍	女儿	女	1968年9月	汉
	崔凤龙	女婿	男	1970年2月	汉
	沈崔华	孙子	男	1990年10月	汉
	陈　纯	孙媳	女	1991年2月	汉
	沈奕帆	曾孙	男	2018年5月	汉
家庭大事	1984年，建两层楼房6间220平方米； 2000年，购商品房； 2004年，自建两层别墅280平方米； 2004年，购入第1辆汽车，现有3辆； 2014年，沈崔华毕业于江南大学。				

	姓名	与户主关系	性别	出生年月	民族
家庭成员	沈坤林	户主	男	1972年8月	汉
	沈伟强	儿子	男	1993年7月	汉
家庭大事	1979年，建平房4间110平方米； 2009年，购入第1辆汽车，现有1辆； 2010年，购商品房。				

	姓名	与户主关系	性别	出生年月	民族
家庭成员	缪牛珍	户主	女	1953年3月	汉
	许　萍	女儿	女	1979年2月	汉
	张静华	女婿	男	1978年11月	汉
	许张妍	外孙	女	2003年9月	汉
家庭大事	1983年，建平房3间72平方米； 1995年，购商品房； 2004年，自购联体别墅130平方米； 2015年，购入第1辆汽车，现有1辆。				

家庭成员	姓名	与户主关系	性别	出生年月	民族
	沈仲林	户主	男	1950 年 1 月	汉
	魏永梅	妻子	女	1965 年 10 月	汉
	沈 明	长子	男	1981 年 2 月	汉
	沈 斌	次子	男	1992 年 1 月	汉

家庭大事	1978 年，建平房 3 间 76 平方米； 1997 年，购商品房； 2004 年，自建两层别墅 280 平方米； 2010 年，沈斌应征入伍，2012 年退伍； 2015 年，购入第 1 辆汽车，现有 2 辆。

家庭成员	姓名	与户主关系	性别	出生年月	民族
	李维东	户主	男	1950 年 8 月	汉
	陈恕云	妻子	女	1951 年 5 月	汉
	李长军	长子	男	1975 年 7 月	汉
	沈雪琴	长媳	女	1977 年 4 月	汉
	李沈竞尧	孙子	男	2001 年 5 月	汉
	李长红	次子	男	1978 年 3 月	汉
	李玲玲	女儿	女	1990 年 8 月	汉

家庭人事	1993 年，购农村楼房 6 间 180 平方米； 2004 年，自建两层别墅 280 平方米； 2010 年，购商品房； 2012 年，购入第 1 辆汽车，现有 1 辆。

家庭成员	姓名	与户主关系	性别	出生年月	民族
	沈巧珍	户主	女	1954年6月	汉
	郑章南	丈夫	男	1948年2月	汉
	郑 宇	儿子	男	1975年10月	汉
	韩莺燕	媳妇	女	1975年7月	汉
	郑雯月	孙女	女	2003年11月	汉

家庭大事	1980年，购农村平房1间25平方米； 2000年，购入第1辆汽车，现有2辆； 2004年，自建两层别墅280平方米。

家庭成员	姓名	与户主关系	性别	出生年月	民族
	王小兰	户主	女	1954年1月	汉
	陈建荣	儿子	男	1975年5月	汉
	许 沐	儿媳	女	1981年10月	汉
	陆许泽	孙子	男	2005年7月	汉
	陆忆开	孙子	男	2018年12月	汉

家庭大事	1979年，建平房3间72平方米； 2003年，购商品房； 2009年，购入第1辆汽车，现有2辆。

家庭成员	姓名	与户主关系	性别	出生年月	民族
	李凤金	户主	女	1953年5月	汉
	俞益民	儿子	男	1974年10月	汉
	孙阿妹	儿媳	女	1974年4月	汉
	俞晓菁	孙女	女	1997年11月	汉

家庭大事	1986年，建两层楼房7间236平方米； 2004年，自建两层别墅280平方米； 2009年，购入第1辆汽车，现有1辆； 2010年，购商品房。

家庭成员	姓名	与户主关系	性别	出生年月	民族
	王秋生	户主	男	1956年8月	汉
	薛益平	妻子	女	1956年2月	汉
	王 英	女儿	女	1981年9月	汉
	聂 伟	女婿	男	1980年6月	汉
	聂王杰	外孙	男	2004年11月	汉

家庭大事	1976年,王秋生入伍,1981年退伍; 1980年,建平房3间84平方米; 2000年,购商品房。

家庭成员	姓名	与户主关系	性别	出生年月	民族
	李小妹	户主	女	1945年7月	汉
	王金根	儿子	男	1968年5月	汉
	王浩霖	孙子	男	1991年10月	汉

家庭大事	1985年,建两层楼房6间168平方米; 2004年,自购联体别墅130平方米。

家庭成员	姓名	与户主关系	性别	出生年月	民族
	沈建明	户主	男	1957年3月	汉
	朱静琪	妻子	女	1956年10月	汉
	沈慧峰	儿子	男	1981年12月	汉
	吴秋菊	儿媳	女	1983年11月	汉
	沈彧翀	孙子	男	2008年4月	汉
	吴彧琦	孙女	女	2011年1月	汉

家庭大事	1982年,建两层楼房6间186平方米; 1995年,购商品房; 2002年,建别墅320平方米; 2004年,沈慧峰毕业于东南大学; 2005年,购入第1辆汽车,现有3辆; 2006年,吴秋菊毕业于南京林业大学。

	姓名	与户主关系	性别	出生年月	民族
家庭成员	彭惠海	户主	女	1958年8月	汉
	李倩	女儿	女	1984年9月	汉
	李铭轩	孙子	男	2011年3月	汉

家庭大事	1986年，建平房4间110平方米； 2004年，自建两层别墅280平方米； 2009年，购入第1辆汽车，现有1辆。

	姓名	与户主关系	性别	出生年月	民族
家庭成员	唐祖兴	户主	男	1948年10月	汉
	俞爱林	妻子	女	1951年4月	汉
	俞菊英	女儿	女	1968年3月	汉
	俞晨	孙子	男	1989年10月	汉

家庭大事	1985年，建平房7间228平方米； 2004年，自建两层别墅280平方米； 2015年，购商品房； 2015年，购入第1辆汽车，现有2辆汽车。

	姓名	与户主关系	性别	出生年月	民族
家庭成员	俞春林	户主	男	1944年1月	汉
	张阿芬	妻子	女	1944年9月	汉
	俞光明	儿子	男	1966年10月	汉
	许爱珍	儿媳	女	1968年5月	汉
	俞雯雯	孙女	女	1990年12月	汉

家庭大事	1986年，建两层楼房6间168平方米； 2004年，自建两层别墅280平方米。

家庭成员	姓名	与户主关系	性别	出生年月	民族
	沈阿五	户主	男	1945年11月	汉
	孙凤娟	妻子	女	1952年11月	汉
	沈建冬	儿子	男	1973年12月	汉
	李　青	儿媳	女	1973年7月	汉
	沈　意	孙子	男	1997年1月	汉
家庭大事	1983年，建两层楼房6间210平方米； 2000年，购商品房； 2000年，购入第1辆汽车，现有1辆汽车； 2004年，自建两层别墅280平方米。				

大渔村第十九村民小组

	姓名	与户主关系	性别	出生年月	民族
家庭成员	肖兴元	户主	男	1955年11月	汉
	周菊妹	妻子	女	1956年2月	汉
	肖　敏	儿子	男	1979年5月	汉
	徐爱娟	儿媳	女	1982年2月	汉
	肖梓凝	孙女	女	2006年5月	汉
	肖梓添	孙子	男	2018年3月	汉
	肖金翠	母亲	女	1933年11月	汉
家庭大事	1975年，肖兴元应征入伍，1978年退伍； 1988年，建两层楼房7间270平方米； 2002年，购商品房； 2004年，自建两层别墅280平方米； 2009年，购入第1辆汽车，现有1辆。				

	姓名	与户主关系	性别	出生年月	民族
家庭成员	肖永元	户主	男	1962年10月	汉
	陈红英	妻子	女	1963年11月	汉
	肖　磊	儿子	男	1985年1月	汉
	徐　艳	儿媳	女	1986年10月	汉
	肖翊江	孙子	男	2012年6月	汉
	徐宁怿	孙女	女	2018年12月	汉
家庭大事	1998年，购商品房； 2000年，建平房3间108平方米； 2004年，自建两层别墅280平方米； 2007年，肖磊毕业于三江学院； 2012年，徐艳毕业于江苏大学； 2013年，购入第1辆汽车，现有2辆。				

家庭成员	姓名	与户主关系	性别	出生年月	民族
	肖福岐	户主	男	1942 年 6 月	汉
	胡小香	妻子	女	1941 年 3 月	汉
	肖建良	儿子	男	1966 年 10 月	汉
	俞玉珍	儿媳	女	1967 年 2 月	汉
	肖　烨	孙子	男	1990 年 8 月	汉
	陈　云	孙媳	女	1990 年 3 月	汉
	肖艺涵	曾孙女	女	2017 年 1 月	汉

家庭大事	1986 年，建两层楼房 7 间 220 平方米； 2004 年，自建两层别墅 280 平方米； 2005 年，购入第 1 辆汽车，现有 1 辆； 2017 年，购商品房。

家庭成员	姓名	与户主关系	性别	出生年月	民族
	陆招生	户主	男	1953 年 6 月	汉
	范秋香	妻子	女	1951 年 8 月	汉
	肖建峰	儿子	男	1926 年 1 月	汉
	李　英	儿媳	女	1973 年 11 月	汉
	肖宇杰	孙子	男	1998 年 12 月	汉

家庭大事	1986 年，建两层楼房 7 间 220 平方米； 1995 年，肖建峰应征入伍，1997 年退伍； 2004 年，自建两层别墅 280 平方米； 2010 年，购入第 1 辆汽车，现有 1 辆； 2016 年，肖宇杰入读淮海工学院。

	姓名	与户主关系	性别	出生年月	民族
家庭成员	肖林元	户主	男	1957年7月	汉
	雷小春	妻子	女	1960年5月	汉
	肖　俊	儿子	男	1982年10月	汉
	黄　婷	儿媳	女	1985年9月	汉
	肖宸泽	孙子	男	2009年6月	汉
	黄宸照	孙女	女	2014年11月	汉
家庭大事	1976年，肖林元应征入伍，1980年退伍； 1981年，建平房3间96平方米； 2002年，购商品房； 2004年，自建两层别墅280平方米； 2008年，购入第1辆汽车，现有2辆。				

	姓名	与户主关系	性别	出生年月	民族
家庭成员	肖林男	户主	男	1947年7月	汉
	肖国琴	女儿	女	1971年11月	汉
	顾首幼	女婿	男	1970年1月	汉
	肖艳夏	孙女	女	1992年11月	汉
	徐浩天	孙女婿	男	1992年7月	汉
	徐梓博	曾孙	男	2018年8月	汉
家庭大事	1987年，建两层楼房7间224平方米； 2004年，自建两层别墅280平方米； 2015年，肖艳夏毕业于江苏理工学院； 2018年，购入第1辆汽车，现有1辆。				

家庭成员	姓名	与户主关系	性别	出生年月	民族
	肖炳元	户主	男	1960年2月	汉
	丁杏妹	妻子	女	1962年3月	汉
	肖晨烨	儿子	男	1985年3月	汉
	沈红勤	儿媳	女	1984年1月	汉
	肖驿蘅	孙子	男	2012年10月	汉

家庭大事	1979年，建平房4间100平方米； 1992年，购商品房； 2004年，自建两层别墅280平方米； 2008年，肖晨烨毕业于东华理工大学； 2008年，沈红勤毕业于南京工业大学； 2012年，购入第1辆汽车，现有2辆。

家庭成员	姓名	与户主关系	性别	出生年月	民族
	全福元	户主	男	1964年11月	汉
	包吉静	妻子	女	1964年3月	汉
	全钰慧	女儿	女	1987年10月	汉
	徐 俊	女婿	男	1986年11月	汉
	徐昕卓	孙女	女	2012年11月	汉
	徐圣卓	孙子	男	2016年6月	汉

家庭大事	1976年，建平房4间116平方米； 1995年，购商品房； 2001年，全钰慧毕业于常熟理工学院； 2001年，徐俊毕业于扬州大学； 2001年，购入第1辆汽车，现有1辆； 2004年，自建两层别墅280平方米。

	姓名	与户主关系	性别	出生年月	民族
家庭成员	全根元	户主	男	1967年2月	汉
	刘江琴	妻子	女	1967年5月	汉
	全佳慧	女儿	女	1990年9月	汉
	周　健	女婿	男	1989年8月	汉
	周　全	孙女	女	2012年8月	汉
	周书宇	孙子	男	2015年11月	汉
家庭大事	1987年,建平房4间110平方米; 2004年,自建两层别墅280平方米; 2015年,购入第1辆汽车,现有1辆。				

	姓名	与户主关系	性别	出生年月	民族
家庭成员	全三男	户主	男	1970年4月	汉
	周美珍	妻子	女	1970年4月	汉
	全俊杰	儿子	男	1996年11月	汉
	王兰英	母亲	女	1945年8月	汉
家庭大事	1990年,建平房4间110平方米; 2004年,自建两层别墅280平方米; 2017年,购入第1辆汽车,现有1辆。				

	姓名	与户主关系	性别	出生年月	民族
家庭成员	肖永清	户主	男	1965年3月	汉
	陆金芬	妻子	女	1966年7月	汉
	肖云若	女儿	女	1989年8月	汉
	蒲昕媛	孙女	女	2017年10月	汉
	顾全英	母亲	女	1942年8月	汉
家庭大事	1988年,建两层楼房7间208平方米; 2004年,自建两层别墅280平方米; 2014年,肖云若毕业于浙江大学; 2018年,购入第1辆汽车,现有1辆。				

	姓名	与户主关系	性别	出生年月	民族
家庭成员	肖永敏	户主	男	1965年11月	汉
	施桃妹	妻子	女	1966年4月	汉
	肖月盛	儿子	男	1989年1月	汉
	李凤珍	母亲	女	1945年3月	汉
家庭大事	1987年,建两层楼房7间208平方米; 2004年,自建两层别墅280平方米; 2015年,购入第1辆汽车,现有1辆。				

	姓名	与户主关系	性别	出生年月	民族
家庭成员	肖惠明	户主	男	1954年9月	汉
	顾小香	妻子	女	1955年1月	汉
	肖雪华	儿子	男	1975年11月	汉
	金建红	儿媳	女	1975年5月	汉
	肖奕君	孙子	男	2004年10月	汉
家庭大事	1988年,建两层楼房7间210平方米; 2004年,自建两层别墅280平方米; 2004年,购商品房; 2009年,购入第1辆汽车,现有2辆。				

	姓名	与户主关系	性别	出生年月	民族
家庭成员	肖福宝	户主	男	1927年6月	汉
	肖雨珍	女儿	女	1962年3月	汉
	贾健康	女婿	男	1967年5月	汉
	贾潇俊	孙子	男	1991年1月	汉
家庭大事	1979年,建平房3间84平方米; 2004年,自建两层别墅280平方米; 2004年,购商品房; 2014年,贾潇俊毕业于广西师范学院; 2016年,购入第1辆汽车,现有1辆。				

	姓名	与户主关系	性别	出生年月	民族
家庭成员	全永其	户主	男	1971年5月	汉
	宗琴	妻子	女	1974年12月	汉
	全程	儿子	男	1995年11月	汉
家庭大事	1990年，建两层楼房7间220平方米； 2004年，自建两层别墅280平方米； 2016年，全程应征入伍，2018年退伍； 2018年，购入第1辆汽车，现有2辆。				

	姓名	与户主关系	性别	出生年月	民族
家庭成员	全秧生	户主	男	1948年5月	汉
	蔡阿娣	妻子	女	1947年11月	汉
	全玉明	儿子	男	1975年4月	汉
	汪芳	儿媳	女	1974年5月	汉
	全嘉祺	孙子	男	2000年10月	汉
家庭大事	1985年，建两层楼房6间192平方米； 2004年，自建两层别墅280平方米； 2009年，购入第1辆汽车，现有1辆。				

	姓名	与户主关系	性别	出生年月	民族
家庭成员	全爱国	户主	男	1957年7月	汉
	周小兰	妻子	女	1963年2月	汉
	全玲	女儿	女	1984年1月	汉
	周建明	女婿	男	1982年8月	汉
	全奕阳	孙子	男	2006年3月	汉
	周安琪	孙女	女	2014年5月	汉
家庭大事	1981年，建两层楼房6间216平方米； 2004年，自建两层别墅280平方米； 2009年，购入第1辆汽车，现有2辆； 2014年，购商品房。				

家庭成员	姓名	与户主关系	性别	出生年月	民族
	金四宝	户主	女	1945 年 7 月	汉
	全卫斌	儿子	男	1973 年 9 月	汉
	全卫忠	儿子	男	1968 年 2 月	汉
	全志超	孙子	男	1997 年 12 月	汉

家庭大事	1989 年，建两层楼房 7 间 208 平方米； 2004 年，自建两层别墅 280 平方米。

家庭成员	姓名	与户主关系	性别	出生年月	民族
	肖早元	户主	男	1950 年 8 月	汉
	周文英	妻子	女	1950 年 4 月	汉
	肖　斌	儿子	男	1980 年 1 月	汉
	嵇　瑜	儿媳	女	1981 年 4 月	汉
	肖　尧	孙子	男	2005 年 12 月	汉

家庭大事	1990 年，建两层楼房 7 间 256 平方米； 2004 年，自建两层别墅 280 平方米； 2005 年购第 1 辆汽车，现有 1 辆。

家庭成员	姓名	与户主关系	性别	出生年月	民族
	全阿小	户主	男	1955 年 6 月	汉
	陆华妹	妻子	女	1956 年 3 月	汉
	全　荣	儿子	男	1980 年 12 月	汉
	李　妍	儿媳	女	1979 年 12 月	汉
	全　鑫	孙子	男	2006 年 1 月	汉

家庭大事	1991 年，建两层楼房 7 间 230 平方米； 2004 年，自建两层别墅 280 平方米； 2014 年，购入第 1 辆汽车，现有 2 辆； 2015 年，购商品房。

家庭成员	姓名	与户主关系	性别	出生年月	民族
	全永林	户主	男	1965年11月	汉
	莫美兰	妻子	女	1967年9月	汉
	全　琴	女儿	女	1990年7月	汉
	金以宝	母亲	女	1931年9月	汉

家庭大事	1997年，建两层楼房6间240平方米； 2004年，自建两层别墅280平方米。

家庭成员	姓名	与户主关系	性别	出生年月	民族
	肖革新	户主	男	1960年3月	汉

家庭大事	1997年，建两层楼房6间240平方米； 2004年，自建两层别墅280平方米。

家庭成员	姓名	与户主关系	性别	出生年月	民族
	肖水根	户主	男	1963年5月	汉
	李培英	妻子	女	1964年6月	汉
	肖　林	儿子	男	1987年10月	汉

家庭大事	1985年，建两层楼房4间120平方米； 2004年，自建两层别墅280平方米； 2017年，购入第1辆汽车，现有1辆。

家庭成员	姓名	与户主关系	性别	出生年月	民族
	肖立新	户主	男	1969年5月	汉
	易小容	妻子	女	1973年2月	汉
	肖睿智	女儿	女	1999年7月	汉

家庭大事	1985年，建平房3间76平方米； 2004年，自建两层别墅280平方米。

家庭成员	姓名	与户主关系	性别	出生年月	民族
	田阿小	户主	女	1960年5月	汉
	肖菊华	女儿	女	1982年10月	汉
	严 征	女婿	男	1982年10月	汉
	严兴雯	孙女	女	2003年3月	汉
	严兴雨	孙女	女	2011年6月	汉

家庭大事	1990年，购商品房； 2010年，购入第1辆汽车，现有2辆。

家庭成员	姓名	与户主关系	性别	出生年月	民族
	史宝林	户主	男	1945年12月	汉
	李五宝	妻子	女	1944年5月	汉
	史银龙	儿子	男	1969年2月	汉
	苏春英	儿媳	女	1971年3月	汉
	史凤羽	孙子	男	1994年10月	汉

家庭大事	1987年，建两层楼房4间144平方米； 2004年，自建两层别墅280平方米； 2015年，购入第1辆汽车。

家庭成员	姓名	与户主关系	性别	出生年月	民族
	史春龙	户主	男	1974年3月	汉
	陈小琴	妻子	女	1976年5月	汉
	史凤翔	儿子	男	1995年7月	汉

家庭大事	1987年，建两层楼房4间144平方米； 2004年，自建两层别墅280平方米； 2015年，史凤翔毕业于淮阴师范学院，本科； 2016年，购入第1辆汽车，现有1辆。

	姓名	与户主关系	性别	出生年月	民族
家庭成员	史金花	户主	女	1966年1月	汉
	刘志庆	丈夫	男	1967年10月	汉
	刘 颖	女儿	女	1998年11月	汉
家庭大事	1988年，刘志庆毕业于西安科技大学； 1997年，购商品房； 2017年，刘颖入读中南林业科技大学。				

	姓名	与户主关系	性别	出生年月	民族
家庭成员	全福妹	户主	女	1940年2月	汉
	陈大刚	丈夫	男	1935年5月	汉
	陈建昆	长子	男	1967年8月	汉
	陈建秋	次子	男	1970年10月	汉
家庭大事	1970年，建平房3间80平方米； 2000年，购商品房； 2000年，建别墅240平方米（紫竹路）； 2005年，购入第1辆汽车，现有2辆。				

	姓名	与户主关系	性别	出生年月	民族
家庭成员	陈建英	户主	女	1965年9月	汉
	高惠良	丈夫	男	1964年8月	汉
	高 琛	长子	男	1989年9月	汉
	高 政	次子	男	1989年9月	汉
家庭大事	1983年，高惠良应征入伍，1988年退伍； 2000年，购商品房； 2000年，建别墅240平方米（紫竹路）； 2000年，购入第1辆汽车，现有2辆； 2012年，高琛毕业于江海职业技术学院； 2014年，高政毕业于常州工学院。				

家庭成员	姓名	与户主关系	性别	出生年月	民族
	肖惠宝	户主	女	1962年6月	汉
	卫家新	丈夫	男	1959年10月	汉
	卫　娟	女儿	女	1998年12月	汉
家庭大事	2005年，购商品房； 2015年，购入第1辆汽车，现有1辆。				

家庭成员	姓名	与户主关系	性别	出生年月	民族
	付秀英	户主	女	1950年5月	汉
	全美英	女儿	女	1983年3月	汉
家庭大事	母女二人现定居云南。				

大渔村第二十村民小组

	姓名	与户主关系	性别	出生年月	民族
家庭成员	季德征	户主	男	1951年7月	汉
	俞巧林	妻子	女	1952年12月	汉
	季 冬	儿子	男	1973年11月	汉
	陈 利	儿媳	女	1972年8月	汉
	季铭慧	孙女	女	1999年10月	汉
家庭大事	1987年，建两层楼房6间216平方米； 1996年，季冬毕业于吉林工业大学； 1996年，陈利毕业于吉林工业大学； 2004年，自建两层别墅280平方米； 2006年，购入第1辆汽车，现有2辆。				

	姓名	与户主关系	性别	出生年月	民族
家庭成员	吴小弟	户主	男	1959年7月	汉
	谈秀琴	妻子	女	1960年7月	汉
	沈慧峰	女婿	男	1981年12月	汉
	吴秋菊	女儿	女	1983年11月	汉
家庭大事	1983年，建两层楼房6间192平方米； 1992年，吴小弟开办昆山三友医药原料有限公司； 1995年，购商品房； 2000年，购入第1辆汽车，现有3辆； 2004年，自建两层别墅280平方米； 2007年，吴秋菊毕业于东南大学； 2009年，沈慧峰毕业于东南大学。				

家庭成员	姓名	与户主关系	性别	出生年月	民族
	吴兴弟	户主	男	1950 年 3 月	汉
	华粉锁	妻子	女	1956 年 9 月	汉
	吴周明	儿子	男	1977 年 4 月	汉
	朱永娟	儿媳	女	1974 年 10 月	汉
	吴文玟	孙女	女	1999 年 9 月	汉

家庭大事	1983 年，建两层楼房 6 间 192 平方米； 2004 年，自建两层别墅 280 平方米； 2011 年，购入第 1 辆汽车，现有 1 辆； 2012 年，购商品房； 2017 年，吴文玟就读于南京林业大学。

家庭成员	姓名	与户主关系	性别	出生年月	民族
	季瑞元	户主	男	1961 年 12 月	汉
	张金英	妻子	女	1963 年 7 月	汉
	季丰	儿子	男	1985 年 2 月	汉
	季哲钦	孙子	男	2007 年 6 月	汉

家庭大事	1985 年，建两层楼房 6 间 190 平方米； 2000 年，购商品房； 2004 年，自建两层别墅 280 平方米； 2009 年，购入第 1 辆汽车，现有 2 辆。

家庭成员	姓名	与户主关系	性别	出生年月	民族
	金岐元	户主	男	1945 年 10 月	汉
	肖福妹	妻子	女	1946 年 5 月	汉
	金国华	儿子	男	1970 年 9 月	汉
	杜小红	儿媳	女	1973 年 5 月	汉
	金忆宁	孙女	女	1997 年 7 月	汉

家庭大事	1986 年，建两层楼房 7 间 224 平方米； 2002 年，购商品房； 2004 年，自建两层别墅 280 平方米； 2009 年，购入第 1 辆汽车，现有 1 辆； 2019 年，金忆宁大学毕业。

	姓名	与户主关系	性别	出生年月	民族
家庭成员	丁清泉	户主	男	1958年3月	汉
	丁慧佳	女儿	女	1992年3月	汉
	丁慧荟	儿子	男	1981年12月	汉
	陈　珊	儿媳	女	1983年7月	汉
	丁文星	孙女	女	2008年4月	汉
	丁文照	孙女	女	2017年11月	汉
家庭大事	2000年，丁慧荟应征入伍，2002年退伍； 2004年，自建两层别墅280平方米； 2010年，购商品房； 2012年，购入第1辆汽车，现有1辆。				

	姓名	与户主关系	性别	出生年月	民族
家庭成员	季文学	户主	男	1968年9月	汉
	龚红芬	妻子	女	1972年8月	汉
	季　萍	女儿	女	1993年5月	汉
	陆振宇	女婿	男	1992年12月	汉
	季靖戎	孙子	男	2018年4月	汉
	陆阿招	母亲	女	1935年11月	汉
家庭大事	1995年，建两层楼房6间192平方米； 2000年，购商品房； 2004年，自建两层别墅280平方米； 2009年，购入第1辆汽车，现有2辆。				

家庭成员	姓名	与户主关系	性别	出生年月	民族
	李建元	户主	男	1965年6月	汉
	陈小妹	妻子	女	1964年2月	汉
	李　静	女儿	女	1988年5月	汉
	钱亦瑄	孙女	女	2015年9月	汉

家庭大事	1979年，建平房3间76平方米； 2004年，自建两层别墅280平方米； 2018年，购入第1辆汽车，现有1辆。

家庭成员	姓名	与户主关系	性别	出生年月	民族
	金继春	户主	男	1972年3月	汉
	姚　勤	妻子	女	1972年5月	汉
	金桢浩	儿子	男	1996年11月	汉
	金敖生	父亲	男	1950年10月	汉
	张妹新	母亲	女	1951年9月	汉

家庭大事	1971年，建平房3间90平方米； 2004年，自建两层别墅280平方米； 2012年，购入第1辆汽车，现有2辆； 2014年，购商品房； 2016年，金桢浩大学毕业。

家庭成员	姓名	与户主关系	性别	出生年月	民族
	季月平	户主	男	1954年8月	汉
	李雨珍	妻子	女	1957年1月	汉
	季琴芳	女儿	女	1980年5月	汉
	祝永刚	女婿	男	1979年3月	汉
	祝亦茂	孙子	男	2002年8月	汉
	季亦卓	孙子	男	2008年8月	汉

家庭大事	1984年，建两层楼房6间216平方米； 1989年，购商品房； 1998年，购入第1辆汽车，现有1辆； 2004年，自建两层别墅280平方米。

大渔村志·村民家庭记载

	姓名	与户主关系	性别	出生年月	民族
家庭成员	郁凤琴	户主	女	1966 年 4 月	汉
	倪百锷	丈夫	男	1953 年 8 月	汉
	倪　勤	女儿	女	1984 年 9 月	汉
家庭大事	2004 年，自购联体别墅 130 平方米； 2007 年，倪勤毕业于上海中医药大学； 2010 年，购入第 1 辆汽车，现有 2 辆。				

	姓名	与户主关系	性别	出生年月	民族
家庭成员	周惠良	户主	男	1966 年 11 月	汉
	顾文英	妻子	女	1966 年 12 月	汉
	周宸同	儿子	男	1989 年 8 月	汉
	赵晓艳	儿媳	女	1991 年 6 月	汉
	周洛羽	孙女	女	2017 年 8 月	汉
家庭大事	2001 年购商品房； 2001 年，购入第 1 辆汽车，现有 2 辆； 2004 年，自购联体别墅 130 平方米； 2012 年，周宸同大学毕业。				

	姓名	与户主关系	性别	出生年月	民族
家庭成员	顾大奎	户主	男	1943 年 9 月	汉
	吴兴芳	妻子	女	1945 年 3 月	汉
	顾进华	儿子	男	1971 年 8 月	汉
	徐小芳	儿媳	女	1973 年 10 月	汉
	顾烨苗	孙女	女	1993 年 11 月	汉
家庭大事	1994 年，建两层楼房 6 间 210 平方米； 1998 年，购商品房； 2004 年，自建两层别墅 280 平方米； 2007 年，购入第 1 辆汽车，现有 3 辆； 2016 年，顾烨苗大学毕业。				

	姓名	与户主关系	性别	出生年月	民族
家庭成员	李建平	户主	男	1962年9月	汉
	顾凤金	妻子	女	1964年7月	汉
	李 芸	女儿	女	1987年10月	汉
	徐亚明	女婿	男	1986年4月	汉
	徐静熙	孙女	女	2010年1月	汉
	李天佑	孙子	男	2013年11月	汉
家庭大事	1979年，建平房3间96平方米； 2004年，自建两层别墅280平方米； 2008年，购入第1辆汽车，现有1辆。				

	姓名	与户主关系	性别	出生年月	民族
家庭成员	丁柳弟	户主	男	1965年7月	汉
	丁慧昱	儿子	男	1993年8月	汉
	金 琳	儿媳	女	1992年5月	汉
	丁六弟	父亲	男	1928年11月	汉
家庭大事	1997年，建两层楼房6间190平方米； 2004年，自建两层别墅280平方米； 2015年，金琳毕业于江苏师范大学； 2015年，购入第1辆汽车，现有2辆。				

	姓名	与户主关系	性别	出生年月	民族
家庭成员	杨和生	户主	男	1955年8月	汉
	季瑞宝	妻子	女	1957年12月	汉
	杨春楼	儿子	男	1982年3月	汉
	王晓红	儿媳	女	1982年5月	汉
	杨梦怡	孙女	女	2007年1月	汉
	杨梦甜	孙女	女	2016年12月	汉
家庭大事	1980年，建平房3间102平方米； 2000年，购商品房； 2004年，自建两层别墅280平方米； 2010年，购入第1辆汽车，现有1辆。				

	姓名	与户主关系	性别	出生年月	民族
家庭成员	李阿腊	户主	男	1934年11月	汉
	高梅花	妻子	女	1941年1月	汉
	李文杰	儿子	男	1968年8月	汉
	奚花红	儿媳	女	1968年4月	汉
	李　媛	孙女	女	1991年4月	汉
	赵晓冬	孙女婿	男	1991年12月	汉
家庭大事	1984年，建两层楼房6间190平方米； 1994年，购商品房； 2004年，自建两层别墅280平方米； 2014年，赵晓冬、李媛大学毕业； 2014年，购入第1辆汽车，现有2辆。				

家庭成员	姓名	与户主关系	性别	出生年月	民族
	季向明	户主	男	1948年3月	汉
	金金妹	妻子	女	1953年9月	汉
	季雪青	儿子	男	1968年12月	汉
	张琳娜	儿媳	女	1975年5月	汉
	季佩伦	孙子	男	1992年11月	汉
	季佩仪	孙女	女	2011年8月	汉

家庭大事	1987年，建两层楼房6间216平方米； 1999年，张琳娜毕业于长春中医药大学，本科； 2000年，购商品房； 2004年，自建两层别墅280平方米； 2004年，购入第1辆汽车，现有2辆； 2014年，季佩伦毕业于常熟理工学院。

家庭成员	姓名	与户主关系	性别	出生年月	民族
	郁桂林	户主	男	1943年9月	汉
	顾秀宝	妻子	女	1545年1月	汉
	郁月琴	女儿	女	1970年7月	汉

家庭大事	1996年，建两层楼房6间206平方米； 2004年，自建两层别墅280平方米。

家庭成员	姓名	与户主关系	性别	出生年月	民族
	季建文	户主	男	1969年12月	汉
	张雪花	妻子	女	1969年2月	汉
	季怡敏	女儿	女	1992年10月	汉
	朱超群	女婿	男	1992年10月	汉
	朱宸希	孙子	男	2017年9月	汉
	陆兴生	父亲	男	1940年3月	汉

家庭大事	1996年，建两层楼房6间200平方米； 2004年，自建两层别墅280平方米； 2004年，购入第1辆汽车，现有1辆； 2015年，季怡敏毕业于南京邮电大学； 2015年，朱超群毕业于常州大学。

家庭成员	姓名	与户主关系	性别	出生年月	民族
	朱静初	户主	男	1950年12月	汉
	林妙珍	妻子	女	1953年10月	汉
家庭大事	1996年，建两层楼房6间216平方米； 2004年，自建两层别墅280平方米。				

大渔村第二十一村民小组

	姓名	与户主关系	性别	出生年月	民族
家庭成员	李正华	户主	男	1954年3月	汉
	印桃妹	妻子	女	1955年4月	汉
	李国平	儿子	男	1980年7月	汉
	林 媛	儿媳	女	1986年4月	汉
	李孟轩	孙女	女	2009年6月	汉
	林 轩	孙子	男	2010年5月	汉
家庭大事	1981年，建两层楼房6间216平方米； 1993年，购商品房； 2000年，购入第1辆汽车，现有3辆。 2001年，李正华创办新型建材公司； 2004年，自建两层别墅280平方米； 2006年，李国平毕业于爱尔兰阿斯隆理工学院； 2010年，林媛大学毕业。				

	姓名	与户主关系	性别	出生年月	民族
家庭成员	谈炳兴	户主	男	1964年1月	汉
	沈小妹	妻子	女	1962年12月	汉
	沈佳伟	儿子	男	1992年4月	汉
	刘 颖	儿媳	女	1991年11月	汉
	沈子渊	孙子	男	2018年6月	汉
	谈美玉	女儿	女	1986年11月	汉
	范敏杰	女婿	男	1986年11月	汉
	范梓骏	孙子	男	2013年10月	汉
	范梓嫣	孙女	女	2017年8月	汉
	沈桃妹	母亲	女	1938年4月	汉
家庭大事	1977年，建平房6间168平方米； 2002年，购商品房； 2004年，自建两层别墅280平方米； 2009年，购入第1辆汽车，现有4辆； 2009年，谈美玉毕业于南京工业大学； 2010年，范敏杰毕业于江南大学； 2014年，沈佳伟毕业于苏州大学； 2014年，刘颖毕业于东华大学。				

家庭成员	姓名	与户主关系	性别	出生年月	民族
	钱永其	户主	男	1966年12月	汉
	冷凤珍	妻子	女	1966年7月	汉
	钱初华	儿子	男	1989年2月	汉
	苏丽婷	儿媳	女	1988年10月	汉
	钱沫菡	孙子	男	2014年5月	汉

家庭大事	1986年，建平房3间84平方米； 1992年，购商品房； 1992年，购入第1辆汽车，现有1辆； 2010年，苏丽婷毕业于南京信息工程大学。

家庭成员	姓名	与户主关系	性别	出生年月	民族
	李正霞	户主	男	1951年10月	汉
	张扣英	妻子	女	1951年9月	汉
	李吉新	儿子	男	1974年9月	汉
	全 霞	儿媳	女	1977年2月	汉
	李 钢	孙子	男	1998年5月	汉
	李雨桐	孙女	女	2007年7月	汉

家庭大事	1982年，建两层楼房6间210平方米； 1987年，购商品房； 2004年，自建两层别墅280平方米； 2009年，购入第1辆汽车，现有1辆； 2018年，李钢就读于金陵科技学院。

家庭成员	姓名	与户主关系	性别	出生年月	民族
	李正荣	户主	男	1950年3月	汉
	张响林	妻子	女	1951年2月	汉
	李国明	儿子	男	1975年9月	汉
	陈丽华	儿媳	女	1973年12月	汉
	李宇沁	孙女	女	1999年5月	汉
	李宇诚	孙子	男	2010年7月	汉

家庭大事	1985年，建两层楼房6间210平方米； 2000年，购商品房； 2003年，购入第1辆汽车，现有1辆； 2004年，自建两层别墅280平方米。

家庭成员	姓名	与户主关系	性别	出生年月	民族
	冷永元	户主	男	1962年7月	汉
	沈惠琴	妻子	女	1962年10月	汉
	冷颖华	女儿	女	1985年11月	汉
	徐云峰	女婿	男	1983年5月	汉
	徐尚卿	孙子	男	2011年5月	汉
	冷东生	父亲	男	1933年2月	汉

家庭大事	1980年，建平房3间96平方米； 1989年，购商品房； 2004年，自建两层别墅280平方米； 2007年，徐云峰毕业于南京工业大学； 2008年，冷颖华毕业于南京工业大学； 2008年，购入第1辆汽车，现有3辆。

家庭成员	姓名	与户主关系	性别	出生年月	民族
	朱世根	户主	男	1967年2月	汉

家庭大事	1987年，建平房3间91平方米； 2004年，自建两层别墅280平方米。

	姓名	与户主关系	性别	出生年月	民族
家庭成员	李秀珍	户主	女	1967年2月	汉
	唐建新	丈夫	男	1956年8月	汉
	李 斌	儿子	男	1988年5月	汉
	蒋宇婷	儿媳	女	1990年9月	汉
	李辰希	孙子	男	2012年2月	汉
	陆惠英	母亲	女	1937年10月	汉
家庭大事	1979年，建平房3间70平方米； 2004年，自建两层别墅280平方米； 2007年，李斌应征入伍，2009年退伍； 2012年，购入第1辆汽车，现有1辆。				

	姓名	与户主关系	性别	出生年月	民族
家庭成员	沈友明	户主	男	1953年3月	汉
	王友妹	妻子	女	1956年8月	汉
	沈 坚	儿子	男	1977年11月	汉
	徐震花	儿媳	女	1974年5月	汉
	沈志远	孙子	男	2004年1月	汉
家庭大事	1990年，建两层楼房6间240平方米； 2000年，购商品房； 2004年，自建两层别墅280平方米； 2017年，购入第1辆汽车，现有1辆。				

家庭成员	姓名	与户主关系	性别	出生年月	民族
	李国兴	户主	男	1974 年 7 月	汉
	顾何林	妻子	女	1975 年 1 月	汉
	李培溪	女儿	女	2013 年 1 月	汉
	李培艺	女儿	女	1998 年 3 月	汉
	李正贵	父亲	男	1946 年 3 月	汉
	江巧林	母亲	女	1952 年 1 月	汉

家庭大事	1982 年，建平房 2 间 56 平方米； 1998 年，购商品房； 2004 年，自建两层别墅 280 平方米； 2009 年，购入第 1 辆汽车，现有 1 辆。

家庭成员	姓名	与户主关系	性别	出生年月	民族
	姜圣明	户主	男	1953 年 12 月	汉
	周小妹	妻子	女	1954 年 2 月	汉
	周姜俊	儿子	男	1985 年 8 月	汉
	屈芸芸	儿媳	女	1985 年 8 月	汉
	周屈静萱	孙女	女	2013 年 3 月	汉

家庭大事	1985 年，建两层楼房 6 间 210 平方米； 2004 年，自建两层别墅 280 平方米； 2008 年，屈芸芸毕业于苏州大学； 2015 年，购入第 1 辆汽车，现有 1 辆； 2017 年，购商品房。

	姓名	与户主关系	性别	出生年月	民族
家庭成员	冷发明	户主	男	1967年5月	汉
	顾惠娟	妻子	女	1966年10月	汉
	冷佳骅	女儿	女	1990年5月	汉
	方芃宇	女婿	男	1991年8月	汉
	方玥莹	外甥女	女	2016年9月	汉
	王芬连	母亲	女	1945年2月	汉
家庭大事	1985年，建平房3间96平方米； 1993年，购商品房； 2001年，购入第1辆汽车，现有4辆。 2004年，自建两层别墅280平方米； 2013年，冷佳骅毕业于常州机电职业技术学院； 2013年，方芃宇毕业于常州机电职业技术学院；				

	姓名	与户主关系	性别	出生年月	民族
家庭成员	冷柏元	户主	男	1964年8月	汉
	高庆荣	妻子	女	1968年1月	汉
	冷孟梦	女儿	女	1993年5月	汉
	张　强	女婿	男	1993年1月	汉
家庭大事	1983年，建平房3间102平方米； 1990年，购商品房； 2004年，自建两层别墅280平方米； 2014年，冷孟梦毕业于南京中医药大学； 2015年，张强毕业于南京中医药大学； 2017年，购入第1辆汽车，现有1辆。				

	姓名	与户主关系	性别	出生年月	民族
家庭成员	李国良	户主	男	1969年9月	汉
	冷巧珍	妻子	女	1968年1月	汉
	李培华	女儿	女	1992年7月	汉
	王立栋	女婿	男	1992年10月	汉
	王彦曦	孙子	男	2017年5月	汉
家庭大事	1982年，建平房2间56平方米； 2004年，自建两层别墅280平方米； 2014年，购入第1辆汽车，现有2辆； 2017年，李培华毕业于江苏第二师范学院； 2017年，王立栋毕业于江苏第二师范学院。				

	姓名	与户主关系	性别	出生年月	民族
家庭成员	章扣宝	户主	男	1958年3月	汉
	谈小妹	妻子	女	1963年12月	汉
	章荣	儿子	男	1985年4月	汉
	张婷婷	儿媳	女	1986年5月	汉
	章皓轩	孙子	男	2014年5月	汉
家庭大事	1985年，建平房4间116平方米； 2004年，自建两层别墅280平方米； 2009年，购商品房； 2016年，购入第1辆汽车，现有1辆。				

	姓名	与户主关系	性别	出生年月	民族
家庭成员	李国祥	户主	男	1965年11月	汉
	顾玉珍	妻子	女	1968年11月	汉
	李萍	女儿	男	1989年9月	汉
	单海龙	女婿	女	1986年10月	汉
	李单泽	孙子	男	2010年1月	汉
家庭大事	1978年，建平房3间100平方米； 2004年，自建两层别墅280平方米； 2009年，购入第1辆汽车，现有1辆。				

家庭成员	姓名	与户主关系	性别	出生年月	民族
	李阿三	户主	男	1940年2月	汉
	张阿二	妻子	女	1942年3月	汉
	李文华	儿子	男	1966年12月	汉
	顾金珍	儿媳	女	1966年12月	汉
	李春燕	孙女	女	1989年2月	汉
	王羽天	曾孙	男	2015年5月	汉

家庭大事	1986年，建两层楼房6间216平方米； 2004年，自建两层别墅280平方米； 2013年，李春燕毕业于南京大学； 2014年，购入第1辆汽车，现有1辆。

家庭成员	姓名	与户主关系	性别	出生年月	民族
	李正泉	户主	男	1956年12月	汉
	顾菊珍	妻子	女	1958年6月	汉
	李学芳	女儿	女	1983年2月	汉

家庭大事	1986年，建平房3间90平方米； 1990年，购商品房； 2004年，李学芳毕业于常熟理工学院； 2015年，购入第1辆汽车，现有1辆。

家庭成员	姓名	与户主关系	性别	出生年月	民族
	李明花	户主	女	1967年2月	汉
	陶泓宇	丈夫	男	1963年9月	汉
	李丽	女儿	女	1988年2月	汉

家庭大事	1984年，建平房3间96平方米； 2004年，自建两层别墅280平方米； 2008年，购入第1辆汽车，现有2辆。

家庭成员	姓名	与户主关系	性别	出生年月	民族
	李建明	户主	男	1959年3月	汉
	顾梅花	妻子	女	1961年12月	汉
	李　雅	女儿	女	1983年1月	汉
	王中品	女婿	男	1978年12月	汉
	王宥函	孙子	男	2013年12月	汉
	朱桂宝	母亲	女	1938年3月	汉

家庭大事	1973年，建平房3间96平方米； 2004年，自建两层别墅280平方米； 2005年，李雅毕业于苏州大学； 2005年，王中品毕业于伯明翰中央英格兰大学； 2009年，购入第1辆汽车，现有3辆； 2009年，李建明开办模具厂。

家庭成员	姓名	与户主关系	性别	出生年月	民族
	张国华	户主	男	1970年12月	汉
	张玉婷	女儿	女	1993年12月	汉

家庭大事	1991年，建两层楼房6间200平方米； 2005年，购商品房。

家庭成员	姓名	与户主关系	性别	出生年月	民族
	李鞋句	户主	男	1930年9月	汉
	李梦佳	孙女	女	1990年10月	汉
	赵毓泊	孙女婿	男	1988年1月	汉
	赵灵一	曾孙	男	2018年11月	汉

家庭大事	1984年，建平房3间96平方米； 2004年，购联体别墅130平方米； 2012年，李梦佳毕业于常熟理工学院； 2015年，购入第1辆汽车，现有1辆。

家庭成员	姓名	与户主关系	性别	出生年月	民族
	孙凤来	户主	男	1963年4月	汉
	张梅芳	妻子	女	1971年1月	汉
	孙彦超	女儿	女	2002年3月	汉

家庭大事	2009年，购商品房。

家庭成员	姓名	与户主关系	性别	出生年月	民族
	肖林花	户主	女	1963年5月	汉
	冷敏华	女儿	女	1987年11月	汉

家庭大事	1998年，购入第1辆汽车，现有2辆； 2000年，购商品房； 2013年，冷敏华毕业于华中农业大学。

家庭成员	姓名	与户主关系	性别	出生年月	民族
	朱世民	户主	男	1964年11月	汉
	李香妹	妻子	女	1963年3月	汉
	朱 晔	儿子	男	1987年6月	汉
	吴燕苹	儿媳	女	1987年4月	汉
	朱子欣	孙女	女	2009年2月	汉

家庭大事	1997年，建三层楼房9间270平方米； 1998年，自建两层别墅280平方米； 2009年，购入第1辆汽车，现有1辆。

	姓名	与户主关系	性别	出生年月	民族
家庭成员	李坤荣	户主	男	1945年1月	汉
	彭长娣	妻子	女	1948年12月	汉
	李建珍	女儿	女	1968年8月	汉
	张永文	女婿	男	1968年12月	汉
	李叶青	孙女	女	1992年6月	汉
	张鹏	孙女婿	男	1993年6月	汉

家庭大事	1990年，建两层楼房7间224平方米； 2002年，购商品房； 2004年，自建两层别墅280平方米； 2005年，购入第1辆汽车，现有2辆； 2014年，李叶青毕业于江苏大学； 2015年，张鹏毕业于苏州科技大学。

	姓名	与户主关系	性别	出生年月	民族
家庭成员	李正茂	户主	男	1957年9月	汉
	周兰妹	妻子	女	1960年8月	汉
	李琴	女儿	女	1981年10月	汉
	谢涛	女婿	男	1977年11月	汉
	李雨瑶	孙女	女	2005年	汉
	谢雨恒	孙子	男	2017年	汉

家庭大事	1976年，李正茂应征入伍，1981年退伍； 1983年，建平房3间96平方米； 1989年，购商品房； 2000年，谢涛大学毕业； 2004年，自建两层别墅280平方米； 2016年，购入第1辆汽车，现有1辆。

	姓名	与户主关系	性别	出生年月	民族
家庭成员	沈惠元	户主	男	1958年11月	汉
	李小玲	妻子	女	1962年9月	汉
	沈　萍	女儿	女	1985年3月	汉
	沈菊林	父亲	男	1934年10月	汉
	沈悦宝	母亲	女	1935年7月	汉
家庭大事	1982年，建平房3间96平方米； 2004年，自建两层别墅280平方米； 2009年，购入第1辆汽车，现有1辆。				

	姓名	与户主关系	性别	出生年月	民族
家庭成员	李建忠	户主	男	1968年1月	汉
	俞雯文	妻子	女	1968年4月	汉
	李诗文	女儿	女	1994年8月	汉
	李慎非	儿子	男	2011年12月	汉
家庭大事	2004年，建两层别墅280平方米（与沈建林合建）； 2004年，购入第1辆汽车，现有1辆； 2011年，购商品房； 2016年，李诗文毕业于南京财经大学。				

家庭成员	姓名	与户主关系	性别	出生年月	民族
	沈建林	户主	男	1964年4月	汉
	李建英	妻子	女	1964年11月	汉
	沈　宇	儿子	男	1989年3月	汉
	宋丽君	儿媳	女	1988年8月	汉
	沈羽丞	孙子	男	2018年8月	汉

家庭大事	2004年，与李建忠合建两层别墅； 2005年，购商品房； 2006年，购入第1辆汽车，现有3辆； 2009年，沈建林大学毕业； 2012年，沈宇毕业于英国伯明翰大学； 2013年，宋丽君毕业于哈尔滨工业大学。

大渔村·村民家庭记载

大渔村第二十二村民小组

	姓名	与户主关系	性别	出生年月	民族
家庭成员	周三喜	户主	男	1962年5月	汉
	王昆英	妻子	女	1963年10月	汉
	周振华	儿子	男	1986年12月	汉
	邢梦霞	儿媳	女	1986年12月	汉
	周雨蓉	孙女	女	2014年5月	汉
	周雨翔	孙子	男	2016年10月	汉
家庭大事	1981年,建平房4间110平方米; 1997年,购商品房; 2004年,自建两层别墅280平方米; 2009年,周振华毕业于南京财经大学; 2009年,邢梦霞毕业于南京医科大学康达学院; 2010年,购入第1辆汽车,现有2辆。				

	姓名	与户主关系	性别	出生年月	民族
家庭成员	周连喜	户主	男	1968年2月	汉
	郭小平	妻子	女	1970年12月	汉
	周志强	儿子	男	1993年3月	汉
家庭大事	1990年,建平房3间100平方米; 2004年,自建两层别墅280平方米; 2015年,周志强毕业于江苏大学; 2019年,购入第1辆汽车,现有1辆。				

	姓名	与户主关系	性别	出生年月	民族
	石建龙	户主	男	1959 年 5 月	汉
	张桂花	妻子	女	1962 年 8 月	汉
家庭成员	石　超	女儿	女	1985 年 5 月	汉
	陆　伟	女婿	男	1985 年 5 月	汉
	石安岩	孙子	男	2009 年 8 月	汉
	石阿桂	父亲	男	1931 年 10 月	汉
	谈凤英	母亲	女	1933 年 6 月	汉

家庭大事	1977 年，建平房 4 间 116 平方米； 2000 年，购商品房； 2004 年，自建两层别墅 280 平方米； 2006 年，石超大学毕业； 2006 年，陆伟大学毕业； 2009 年，购入第 1 辆汽车，现有 2 辆。

	姓名	与户主关系	性别	出生年月	民族
	石有龙	户主	男	1962 年 3 月	汉
家庭成员	陆玉芳	妻子	女	1963 年 10 月	汉
	石　钧	儿子	男	1986 年 4 月	汉
	杨松艳	儿媳	女	1989 年 4 月	汉

家庭大事	1977 年，建平房 3 间 97 平方米； 2004 年，自建两层别墅 280 平方米； 2010 年，石钧毕业于苏州大学； 2013 年，杨松艳毕业于苏州大学； 2018 年，购入第 1 辆汽车，现有 2 辆。

家庭成员	姓名	与户主关系	性别	出生年月	民族
	花金元	户主	男	1954年3月	汉
	周美英	妻子	女	1958年12月	汉
	花萌越	女儿	女	1982年5月	汉
	杨俊达	女婿	男	1978年2月	汉
	杨诗雨	孙子	男	2004年2月	汉
	杨博宇	孙子	男	2010年4月	汉

家庭大事	1973年，建平房6间144平方米； 2000年，购商品房； 2004年，自购联体别墅130平方米； 2009年，购入第1辆汽车，现有1辆。

家庭成员	姓名	与户主关系	性别	出生年月	民族
	夏惠明	户主	男	1964年8月	汉
	赵福珍	妻子	女	1963年2月	汉
	夏　泽	儿子	男	1988年2月	汉
	沈舟舟	儿媳	女	1988年12月	汉
	夏梦遥	孙女	女	2014年6月	汉
	夏梦泽	孙女	女	2017年7月	汉
	谈美英	母亲	女	1937年3月	汉

家庭大事	1976年，建平房4间100平方米； 2000年，购商品房； 2004年，自建两层别墅280平方米； 2011年，购入第1辆汽车，现有2辆； 2012年，夏泽毕业于南京审计学院； 2012年，沈舟舟毕业于苏州科技学院。

家庭成员	姓名	与户主关系	性别	出生年月	民族
	谈书林	户主	男	1965年11月	汉
	谈伟杰	儿子	男	1989年6月	汉
	叶舟舟	儿媳	女	1989年6月	汉
	谈小良	父亲	男	1932年2月	汉
	张爱兰	母亲	女	1944年3月	汉

家庭大事	1982年，建平房4间104平方米； 2004年，自建两层别墅280平方米； 2017年，购入第1辆汽车，现有2辆。

家庭成员	姓名	与户主关系	性别	出生年月	民族
	杨桂泉	户主	男	1957年10月	汉
	余秀琴	妻子	女	1958年6月	汉
	杨　雯	女儿	女	1982年10月	汉
	李泽皓	孙子	男	2005年10月	汉
	杨芮淼	孙子	男	2013年4月	汉
	谈彩英	母亲	女	1936年10月	汉

家庭大事	1979年，建平房4间100平方米； 2004年，杨雯大学毕业； 2004年，自建两层别墅280平方米； 2009年，购入第1辆汽车，现有1辆。

	姓名	与户主关系	性别	出生年月	民族
家庭成员	谈书平	户主	男	1963年9月	汉
	张凤花	妻子	女	1965年4月	汉
	谈 琳	女儿	女	1988年6月	汉
	王云飞	女婿	男	1988年12月	汉
	王萌昊	孙子	男	2014年3月	汉
	谈芊妤	孙女	女	2017年12月	汉
	谈双喜	父亲	男	1937年5月	汉
家庭大事	1982年，建平房6间176平方米； 1998年，购商品房； 2004年，自建两层别墅280平方米； 2009年，购入第1辆汽车，现有2辆； 2011年，谈琳毕业于常州大学； 2011年，王云飞大学毕业； 2013年，谈书平开办精密仪表公司。				

	姓名	与户主关系	性别	出生年月	民族
家庭成员	谈宣华	户主	男	1956年10月	汉
	王海云	妻子	女	1959年6月	汉
	谈明利	哥哥	男	1936年10月	汉
	谈 君	儿子	男	1983年7月	汉
家庭大事	1992年，建两层楼房6间132平方米； 2003年，谈君毕业于武汉科技大学； 2004年，自建两层别墅280平方米； 2009年，购入第1辆汽车，现有1辆； 2014年，购商品房。				

家庭成员	姓名	与户主关系	性别	出生年月	民族
	马东达	户主	男	1948年3月	汉
	金宝凤	妻子	女	1954年9月	汉
	马金秀	女儿	女	1974年11月	汉
	马天亮	孙子	男	1996年3月	汉
	徐思仪	孙媳	女	1996年9月	汉

家庭大事	1981年,建平房5间136平方米; 2004年,自购联体别墅130平方米; 2014年,马天亮应征入伍,2016年退伍; 2015年,购入第1辆汽车,现有1辆。

家庭成员	姓名	与户主关系	性别	出生年月	民族
	马东发	户主	女	1944年12月	汉
	马春梅	女儿	女	1967年5月	汉
	马振达	孙子	男	2003年8月	汉

家庭大事	1979年,建平房4间116平方米; 2004年,自建两层别墅280平方米; 2011年,购入第1辆汽车,现有1辆。

家庭成员	姓名	与户主关系	性别	出生年月	民族
	杨桂青	户主	男	1970年5月	汉
	王建芬	妻子	女	1970年10月	汉
	杨芸	女儿	女	1993年4月	汉
	杨天浩	孙子	男	2016年4月	汉

家庭大事	1979年,建平房4间100平方米; 2000年,购商品房; 2004年,自建两层别墅280平方米; 2004年,购入第1辆汽车,现有3辆。

	姓名	与户主关系	性别	出生年月	民族
家庭成员	谈仁荣	户主	男	1965年2月	汉
	顾美华	妻子	女	1970年6月	汉
	谈玉青	女儿	女	1990年12月	汉
	谈宣洪	父亲	男	1940年8月	汉
	徐凤英	母亲	女	1945年4月	汉
家庭大事	1981年，建平房6间160平方米； 2004年，自建两层别墅280平方米； 2009年，购商品房； 2013年，谈玉青毕业于江南大学。				

	姓名	与户主关系	性别	出生年月	民族
家庭成员	谈宣喜	户主	男	1951年7月	汉
	乔振娥	妻子	女	1953年7月	汉
	谈书锋	儿子	男	1983年7月	汉
	关义颜	儿媳	女	1990年8月	汉
	谈一闻	孙子	男	2006年1月	汉
	谈宣平	弟弟	男	1946年10月	汉
家庭大事	1980年，建平房6间130平方米； 2004年，自建两层别墅280平方米； 2015年，购入第1辆汽车，现有1辆。				

	姓名	与户主关系	性别	出生年月	民族
家庭成员	彭裕扣	户主	男	1954年5月	汉
	彭俊华	儿子	男	1978年12月	汉
	陆春红	儿媳	女	1974年4月	汉
	彭欣怡	孙女	女	2002年2月	汉
	彭欣蓉	孙女	女	2007年11月	汉
家庭大事	1983年，建平房4间120平方米； 2004年，自建两层别墅280平方米； 2008年，购入第1辆汽车，现有2辆； 2011年，购商品房。				

家庭成员	姓名	与户主关系	性别	出生年月	民族
	陆爱生	户主	男	1950年1月	汉
	马粉女	妻子	女	1954年4月	汉
	陆 岐	儿子	男	1979年12月	汉
	李慧敏	儿媳	女	1979年12月	汉

家庭大事	1981年，建平房6间120平方米； 2004年，自建两层别墅280平方米； 2016年，购入第1辆汽车，现有1辆。

家庭成员	姓名	与户主关系	性别	出生年月	民族
	谈福兴	户主	男	1960年4月	汉
	彭 芬	妻子	女	1961年11月	汉
	谈 庆	女儿	女	1987年10月	汉
	刘晨光	女婿	男	1987年6月	汉
	刘诗瑶	孙女	女	2012年12月	汉
	谈小兴	弟弟	男	1967年5月	汉

家庭大事	1982年，建平房4间126平方米； 2004年，自建两层别墅280平方米； 2005年，刘晨光应征入伍，2010年退伍； 2016年，购商品房； 2016年，购入第1辆汽车，现有1辆。

家庭成员	姓名	与户主关系	性别	出生年月	民族
	谈宣帮	户主	男	1936年12月	汉
	谈正妹	女儿	女	1968年2月	汉
	陈其井	女婿	男	1968年9月	汉
	谈礼程	孙子	男	2002年4月	汉

家庭大事	1990年，建两层楼房6间216平方米； 2004年，自建两层别墅280平方米。

家庭成员	姓名	与户主关系	性别	出生年月	民族
	石利明	户主	男	1980年12月	汉
	王 英	妻子	女	1982年10月	汉
	石佳仪	女儿	女	2003年12月	汉
	彭小妹	母亲	女	1958年6月	汉

家庭大事	1974年，建平房6间150平方米； 2004年，自购联体别墅130平方米； 2016年，购入第1辆汽车，现有1辆。

家庭成员	姓名	与户主关系	性别	出生年月	民族
	孙由道	户主	男	1944年9月	汉
	彭秀英	妻子	女	1942年1月	汉
	彭春红	女儿	女	1968年3月	汉
	李菊明	女婿	男	1969年5月	汉
	彭 涛	孙子	男	1991年10月	汉

家庭大事	1977年，建平房5间150平方米； 2004年，自建两层别墅280平方米； 2009年，购商品房； 2014年，彭涛毕业于南京林业大学； 2015年，购入第1辆汽车，现有1辆。

家庭成员	姓名	与户主关系	性别	出生年月	民族
	谈平兴	户主	男	1959年7月	汉
	张兰珍	妻子	女	1963年6月	汉
	谈书文	儿子	男	1986年2月	汉
	徐 燕	儿媳	女	1986年6月	汉
	徐舒窈	孙女	女	2011年11月	汉
	谈云裳	孙女	女	2016年6月	汉

家庭大事	1982年，建平房4间120平方米； 2004年，自购联体别墅130平方米； 2009年，谈书文毕业于东南大学； 2009年，徐燕毕业于东南大学； 2013年，购入第1辆汽车，现有2辆。

家庭成员	姓名	与户主关系	性别	出生年月	民族
	谈德明	户主	男	1953年5月	汉
	袁安林	妻子	女	1963年11月	汉
	谈萍萍	女儿	女	1984年10月	汉

家庭大事	1979年，建平房3间90平方米； 1997年，购商品房； 2007年，谈萍萍大学毕业； 2015年，购入第1辆汽车，现有1辆。

家庭成员	姓名	与户主关系	性别	出生年月	民族
	谈书龙	户主	男	1965年10月	汉
	王美玉	妻子	女	1966年6月	汉
	谈丽娟	女儿	女	1990年3月	汉
	张 逸	女婿	男	1987年5月	汉
	张暖欣	孙子	男	2018年9月	汉

家庭大事	1984年，谈书龙应征入伍，1989年退伍； 1993年，购商品房； 2004年，自建两层别墅280平方米； 2009年，张逸毕业于南京邮电大学； 2015年，谈丽娟毕业于南京工业大学； 2019年，购入第1辆汽车，现有1辆。

家庭成员	姓名	与户主关系	性别	出生年月	民族
	谈书强	户主	男	1972年2月	汉
	李 琴	妻子	女	1974年11月	汉
	谈佩文	女儿	女	1996年5月	汉
	张永会	母亲	女	1945年12月	汉

家庭大事	1982年，建平房3间96平方米； 2004年，自建两层别墅280平方米； 2009年，购入第1辆汽车，现有2辆； 2015年，购商品房； 2019年，谈佩文毕业于江苏师范大学。

家庭成员	姓名	与户主关系	性别	出生年月	民族
	周胜利	户主	男	1960年6月	汉
	谈芬芬	女儿	女	1984年6月	汉

家庭大事	1982年，建平房4间130平方米； 2000年，购商品房； 2005年，谈芬芬毕业于南京大学； 2005年，购入第1辆汽车，现有1辆。

家庭成员	姓名	与户主关系	性别	出生年月	民族
	周巧芳	户主	女	1967年12月	汉
	周 新	儿子	男	1990年2月	汉
	周姚琦	孙子	男	2016年4月	汉

家庭大事	1990年，建平房5间150平方米； 2004年，自建两层别墅280平方米； 2016年，购入第1辆汽车，现有1辆。

家庭成员	姓名	与户主关系	性别	出生年月	民族
	谈宣明	户主	男	1949年7月	汉
	蔡小妹	妻子	女	1950年4月	汉

家庭大事	1979年，建平房5间150平方米； 2004年，自建两层别墅280平方米； 2005年，购商品房； 2014年，购入第1辆汽车，现有1辆。

家庭成员	姓名	与户主关系	性别	出生年月	民族
	谈书明	户主	男	1970年11月	汉
	朱红珍	妻子	女	1972年4月	汉
	谈伟艺	女儿	女	1996年3月	汉

家庭大事	1982年，建平房4间100平方米； 2004年，自建两层别墅280平方米； 2018年，谈伟艺毕业于南京财经大学。

家庭成员	姓名	与户主关系	性别	出生年月	民族
	周根喜	户主	男	1965年7月	汉
	袁安会	妻子	女	1966年10月	汉
	周淞	儿子	男	1989年4月	汉

家庭大事	1986年，建平房4间130平方米； 2004年，自建两层别墅280平方米。

家庭成员	姓名	与户主关系	性别	出生年月	民族
	包会会	户主	女	1972年3月	汉
	燕稳飞	丈夫	男	1967年7月	汉
	石琳	女儿	女	1998年2月	汉
	燕定豪	儿子	男	2012年10月	汉

家庭大事	2004年，自购联体别墅130平方米； 2008年，购入第1辆汽车，现有2辆； 2013年，购商品房； 2016年，石琳考入大学。

大渔村第二十三村民小组

	姓名	与户主关系	性别	出生年月	民族
家庭成员	孙汉民	户主	男	1974年1月	汉
	夏　瑛	妻子	女	1977年1月	汉
	孙欣桓	儿子	男	2004年10月	汉
	夏浩桓	儿子	男	2012年5月	汉
	张小妹	母亲	女	1935年2月	汉
家庭大事	1975年，建平房8间200平方米； 1998年，孙汉民毕业于华东师范大学； 2000年，购入第1辆汽车，现有2辆； 2001年，购商品房； 2004年，自建两层别墅280平方米。				

	姓名	与户主关系	性别	出生年月	民族
家庭成员	朱根元	户主	男	1954年8月	汉
	王红珍	妻子	女	1958年6月	汉
	朱永亮	儿子	男	1981年9月	汉
	徐其娇	儿媳	女	1980年6月	汉
	朱予捷	孙女	女	2006年3月	汉
	朱予昊	孙子	男	2012年7月	汉
家庭大事	1991年，建两层楼房7间224平方米； 1999年，朱承亮应征入伍，2001年退伍； 2004年，自建两层别墅280平方米； 2011年，购入第1辆汽车，现有1辆。				

家庭成员	姓名	与户主关系	性别	出生年月	民族
	沈建青	户主	男	1970年4月	汉
	李 丽	妻子	女	1976年6月	汉
	沈千惠	女儿	女	1993年4月	汉
	沈 桐	儿子	男	2005年5月	汉
	沈小弟	父亲	男	1936年8月	汉
	徐水妹	母亲	女	1938年7月	汉

家庭大事	1976年，建平房3间84平方米； 2004年，自建两层别墅280平方米。

家庭成员	姓名	与户主关系	性别	出生年月	民族
	唐全龙	户主	男	1950年9月	汉
	沈小花	妻子	女	1952年12月	汉
	唐锦珍	女儿	女	1973年11月	汉
	吴东泉	女婿	男	1971年3月	汉
	唐 威	孙子	男	1995年3月	汉

家庭大事	1988年，建两层楼房7间236平方米； 2004年，自建两层别墅280平方米； 2015年，购入第1辆汽车，现有1辆。

家庭成员	姓名	与户主关系	性别	出生年月	民族
	孙凤明	户主	男	1968年4月	汉
	张毓珍	妻子	女	1970年10月	汉
	孙 燕	女儿	女	1993年5月	汉
	周家威	女婿	男	1992年12月	汉
	孙羽潼	外孙	女	2017年6月	汉

家庭大事	1990年，建两层楼房6间200平方米； 2002年，购商品房； 2004年，自建两层别墅280平方米； 2014年，周家威毕业于盐城师范学院； 2017年，购入第1辆汽车，现有1辆。

家庭成员	姓名	与户主关系	性别	出生年月	民族
	孙凤良	户主	男	1964年5月	汉
	姚菊英	妻子	女	1965年10月	汉
	孙莺	女儿	女	1996年1月	汉

家庭大事	1990年，建两层楼房6间200平方米； 1993年，孙凤良开办三邻香料厂； 2001年，购入第1辆汽车，现有2辆； 2004年，自建两层别墅280平方米； 2004年，购商品房； 2018年，孙莺毕业于南开大学。

家庭成员	姓名	与户主关系	性别	出生年月	民族
	谈罗根	户主	男	1954年9月	汉
	周巧林	妻子	女	1957年4月	汉
	谈益	儿子	男	1981年1月	汉
	李媛	儿媳	女	1979年11月	汉
	谈子萱	孙女	女	2010年3月	汉

家庭大事	1987年，建两层楼房7间240平方米； 2003年，李媛毕业于南开大学； 2004年，自建两层别墅280平方米； 2010年，购入第1辆汽车，现有1辆。

家庭成员	姓名	与户主关系	性别	出生年月	民族
	孙凤泉	户主	男	1968年5月	汉
	黄雪琴	妻子	女	1969年2月	汉
	孙雅雯	女儿	女	1990年12月	汉
	孙绎心	孙子	男	2016年5月	汉

家庭大事	1977年，建平房2间64平方米； 1995年，购商品房； 2004年，自购联体别墅130平方米； 2013年，孙雅雯毕业于江苏师范大学； 2015年，购入第1辆汽车，现有1辆。

	姓名	与户主关系	性别	出生年月	民族
家庭成员	孙凤江	户主	男	1955年5月	汉
	姚巧珍	妻子	女	1958年1月	汉
	孙　健	儿子	男	1981年12月	汉
	周永华	儿媳	女	1981年7月	汉
	孙靖轩	孙子	男	2006年7月	汉
家庭大事	1987年，建两层楼房6间216平方米； 2004年，孙健毕业于苏州大学； 2004年，周永华毕业于苏州大学； 2004年，自建两层别墅280平方米； 2011年，购入第1辆汽车，现有1辆； 2017年，购商品房。				

	姓名	与户主关系	性别	出生年月	民族
家庭成员	俞宝元	户主	男	1965年1月	汉
	何奎芬	妻子	女	1966年8月	汉
	俞　龙	儿子	男	1988年12月	汉
	唐金珠	儿媳	女	1990年4月	汉
	俞星唐	孙女	女	2016年1月	汉
家庭大事	1983年，建两层楼房4间144平方米； 2004年，翻建楼房； 2009年，俞龙毕业于吉林财经大学； 2009年，唐金珠毕业于硅湖职业技术学院； 2014年，购入第1辆汽车，现有1辆。				

	姓名	与户主关系	性别	出生年月	民族
家庭成员	徐招元	户主	男	1945年5月	汉
	徐小妹	妻子	女	1948年6月	汉
	陈建军	儿子	男	1969年1月	汉
	陈亭伊	孙女	女	1991年9月	汉
家庭大事	1984年，建两层楼房6间190平方米； 1998年，购商品房； 2004年，自建两层别墅280平方米； 2009年，购入第1辆汽车，现有1辆。				

家庭成员	姓名	与户主关系	性别	出生年月	民族
	谈泉根	户主	男	1967年2月	汉
	李梦佳	女儿	女	1990年10月	汉

家庭大事	2010年，购商品房； 2013年，李梦佳大学毕业。

家庭成员	姓名	与户主关系	性别	出生年月	民族
	朱惠元	户主	男	1963年5月	汉
	顾志红	妻子	女	1971年1月	汉
	李倩雯	女儿	女	1996年1月	汉

家庭大事	1990年，建平房3间100平方米； 2001年，购商品房。

家庭成员	姓名	与户主关系	性别	出生年月	民族
	孙凤岐	户主	男	1971年3月	汉
	刘 芳	妻子	女	1973年11月	汉
	孙 露	女儿	女	1997年12月	汉
	孙小弟	父亲	男	1940年4月	汉
	俞三九	母亲	女	1945年8月	汉

家庭大事	1994年，建两层楼房6间210平方米； 2004年，自建两层别墅280平方米； 2016年，孙露大学毕业。

家庭成员	姓名	与户主关系	性别	出生年月	民族
	俞福元	户主	男	1968年4月	汉
	沈金英	妻子	女	1967年11月	汉
	俞 莉	女儿	女	1990年1月	汉
	孙 伟	女婿	男	1990年2月	汉

家庭大事	1981年，建两层楼房4间144平方米； 1986年，购商品房； 2003年，购第1辆汽车，现有2辆； 2004年，自建两层别墅280平方米； 2005年，孙伟、俞莉大学毕业。

家庭成员	姓名	与户主关系	性别	出生年月	民族
	周桂武	户主	男	1950年6月	汉
	唐腊妹	妻子	女	1953年1月	汉
	唐克松	儿子	男	1972年12月	汉
	赵 静	儿媳	女	1973年7月	汉
	唐寅易	孙女	女	1998年9月	汉

家庭大事	1986年，建两层楼房7间230平方米； 2004年，自建两层别墅280平方米； 2016年，购入第1辆汽车，现有2辆； 2018年，购商品房。

家庭成员	姓名	与户主关系	性别	出生年月	民族
	沈建华	户主	男	1963年4月	汉
	孙桂花	妻子	女	1964年8月	汉
	沈 彬	儿子	男	1987年1月	汉
	洪 芳	儿媳	女	1983年12月	汉
	沈金酌	孙子	男	2017年11月	汉

家庭大事	1980年，建平房4间200平方米； 2004年，自建两层别墅280平方米； 2007年，洪芳毕业于南京财经大学； 2011年，沈彬毕业于淮阴学院； 2013年，购入第1辆汽车，现有2辆； 2018年，购商品房。

大渔村第二十四村民小组

	姓名	与户主关系	性别	出生年月	民族
家庭成员	沈惠明	户主	男	1956年5月	汉
	李杏英	妻子	女	1955年3月	汉
	李 华	儿子	男	1981年8月	汉
	邹 琳	儿媳	女	1979年8月	汉
	李析叶	孙女	女	2003年3月	汉
家庭大事	1991年，建两层楼房7间224平方米； 2002年，购商品房； 2004年，自建两层别墅280平方米。				

	姓名	与户主关系	性别	出生年月	民族
家庭成员	李阿三	户主	男	1949年2月	汉
	淘秀芳	妻子	女	1954年9月	汉
	李 敏	女儿	女	1976年11月	汉
家庭大事	1994年，建两层楼房6间216平方米； 1998年，购商品房； 2003年，购入第1辆汽车，现有2辆； 2004年，自建两层别墅280平方米。				

	姓名	与户主关系	性别	出生年月	民族
家庭成员	刘阿苟	户主	男	1963年5月	汉
	刘雪妹	妻子	女	1964年1月	汉
	刘基敏	女儿	女	1985年12月	汉
	刘昕宇	孙子	男	2008年8月	汉
	李金宝	母亲	女	1938年11月	汉
家庭大事	1988年，建两层楼房6间210平方米； 1998年，购商品房； 2004年，自建两层别墅280平方米； 2004年，购入第1辆汽车，现有1辆。				

家庭成员	姓名	与户主关系	性别	出生年月	民族
	李阿火	户主	男	1962年4月	汉
	李秀英	妻子	女	1964年8月	汉
	李 杰	儿子	男	1985年5月	汉
	许婷婷	儿媳	女	1984年10月	汉
	李帅霖	孙子	男	2006年9月	汉

家庭大事	1990年，建两层楼房6间200平方米； 2004年，自建两层别墅280平方米； 2009年，购商品房； 2013年，购入第1辆汽车，现有1辆。

家庭成员	姓名	与户主关系	性别	出生年月	民族
	李秧妹	户主	女	1963年5月	汉
	顾丽琴	女儿	女	1985年2月	汉
	朱子墨	孙女	女	2013年11月	汉

家庭大事	1994年，建两层楼房6间200平方米； 2004年，自建两层别墅280平方米； 2008年，顾丽琴毕业于淮阴师范学院； 2015年，购入第1辆汽车，现有1辆。

家庭成员	姓名	与户主关系	性别	出生年月	民族
	李 成	户主	男	1970年2月	汉
	顾红梅	女儿	女	1970年1月	汉
	李 慧	孙女	女	1994年8月	汉

家庭大事	1995年，建两层楼房4间130平方米； 2004年，自建两层别墅280平方米； 2016年，李慧大学毕业； 2016年，购入第1辆汽车，现有1辆。

	姓名	与户主关系	性别	出生年月	民族
家庭成员	李觉民	户主	男	1960年8月	汉
	沈秀英	妻子	女	1960年5月	汉
	李　峰	儿子	男	1984年1月	汉
	李忆明	孙子	女	2019年8月	汉
家庭大事	1990年，建两层楼房6间220平方米； 2004年，建两层别墅280平方米； 2010年，购入第1辆汽车，现有1辆。				

	姓名	与户主关系	性别	出生年月	民族
家庭成员	沈有贤	户主	男	1935年9月	汉
	许香妹	妻子	女	1943年8月	汉
	沈月根	儿子	男	1976年3月	汉
	杨四方	儿媳	女	1979年10月	汉
	沈家宜	孙子	男	2000年9月	汉
家庭大事	1992年，建两层楼房6间200平方米； 2004年，自建两层别墅280平方米； 2015年，购商品房； 2018年，沈家宜考入大学； 2019年，购入第1辆汽车，现有1辆。				

	姓名	与户主关系	性别	出生年月	民族
家庭成员	李火生	户主	男	1943年9月	汉
	张士珍	妻子	女	1945年11月	汉
	李冬生	儿子	男	1969年2月	汉
	金巧芬	儿媳	女	1967年12月	汉
	李强	孙子	男	1991年11月	汉
	王雪薇	孙媳	女	1994年1月	汉
	李晟泽	曾孙	男	2015年12月	汉
家庭大事	1989年，建两层楼房6间210平方米； 2004年，自建两层别墅280平方米； 2013年，购入第1辆汽车，现有1辆； 2016年，李强大学毕业； 2018年，购商品房。				

大渔村第二十五村民小组

家庭成员	姓名	与户主关系	性别	出生年月	民族
	季金生	户主	男	1949年1月	汉
	季 春	儿子	男	1972年12月	汉
	季黎爱	儿媳	女	1970年11月	汉
	季晓力	曾孙	男	2016年3月	汉

家庭大事	2004年，自购联体别墅130平方米。

家庭成员	姓名	与户主关系	性别	出生年月	民族
	李泉龙	户主	男	1950年10月	汉
	徐梅珍	妻子	女	1952年9月	汉
	李建英	女儿	女	1975年4月	汉
	陈 磊	女婿	男	1969年11月	汉
	李晨鸣	孙子	男	1999年2月	汉

家庭大事	1988年，建两层楼房6间210平方米； 1991年，陈磊毕业于山东大学； 2000年，购商品房； 2004年，自建两层别墅280平方米； 2009年，购入第1辆汽车，现有1辆； 2017年，李晨鸣入读哈尔滨商业大学。

家庭成员	姓名	与户主关系	性别	出生年月	民族
	季 珍	户主	女	1976年2月	汉
	徐 明	丈夫	男	1977年3月	汉
	徐泽晖	儿子	男	2000年3月	汉

家庭大事	1986年，建两层楼房6间210平方米； 2004年，自建两层别墅280平方米； 2012年，购入第1辆汽车，现有2辆； 2016年，购商品房。

家庭成员	姓名	与户主关系	性别	出生年月	民族
	金雨龙	户主	男	1951年12月	汉
	朱金妹	妻子	女	1953年11月	汉
	金亚明	儿子	男	1976年10月	汉
	金建英	儿媳	女	1978年5月	汉
	金永辉	孙子	男	1999年6月	汉

家庭大事	1973年,建平房3间120平方米; 1988年,购商品房; 2004年,自建两层别墅280平方米; 2009年,购入第1辆汽车,现有1辆; 2018年,金永辉考入大学。

家庭成员	姓名	与户主关系	性别	出生年月	民族
	李坤元	户主	男	1970年7月	汉
	陈晓燕	妻子	女	1971年10月	汉
	李欣怡	女儿	女	2014年11月	汉
	张大妹	母亲	女	1945年11月	汉

家庭大事	2004年,自购联体别墅130平方米。

家庭成员	姓名	与户主关系	性别	出生年月	民族
	季弟生	户主	男	1945年8月	汉
	金银花	妻子	女	1946年9月	汉
	季秀琴	女儿	女	1967年1月	汉
	肖建新	女婿	男	1964年10月	汉
	季叶青	孙子	男	1985年5月	汉

家庭大事	1986年,建两层楼房6间210平方米; 2000年,肖建新开办建筑装饰公司; 2000年,购入第1辆汽车,现有2辆; 2004年,自建两层别墅280平方米; 2009年,季叶青毕业于扬州大学。

	姓名	与户主关系	性别	出生年月	民族
家庭成员	李凤明	户主	男	1969年3月	汉
	陆金英	妻子	女	1972年6月	汉
	李志鹏	儿子	男	1994年9月	汉
	王　佳	儿媳	女	1994年5月	汉
	沈玉英	母亲	女	1940年11月	汉
	夏国民	继父	男	1943年5月	汉
家庭大事	1991年，建两层楼房6间210平方米； 2004年，自建两层别墅280平方米； 2010年，购商品房； 2015年，购入第1辆汽车，现有1辆； 2016年，李志鹏毕业于扬州大学广陵学院； 2016年，王佳毕业于上海师范大学天华学院。				

	姓名	与户主关系	性别	出生年月	民族
家庭成员	李柏林	户主	男	1941年9月	汉
	王桂珍	妻子	女	1943年8月	汉
	李玉花	女儿	女	1969年2月	汉
	李文荣	女婿	男	1966年1月	汉
	李靓倩	孙女	女	1990年4月	汉
家庭大事	1974年，建平房3间100平方米； 1988年，购商品房； 2004年，自建两层别墅280平方米； 2012年，李靓倩毕业于南京传媒学院； 2012年，购入第1辆汽车，现有1辆。				

	姓名	与户主关系	性别	出生年月	民族
家庭成员	李惠元	户主	男	1961年10月	汉
	崔海梅	妻子	女	1962年5月	汉
	李 琴	女儿	女	1986年1月	汉
	毛雪刚	女婿	男	1981年4月	汉
	毛梓卿	孙女	女	2010年4月	汉
	毛梓晨	孙子	男	2013年8月	汉
	李金娥	母亲	女	1934年3月	汉
家庭大事	1977年，建平房3间100平方米； 1998年，购商品房； 2004年，毛雪刚毕业于扬州大学； 2004年，自建两层别墅280平方米； 2009年，李琴毕业于西南科技大学； 2010年，购入第1辆汽车，现有1辆。				

	姓名	与户主关系	性别	出生年月	民族
家庭成员	李凤元	户主	男	1973年4月	汉
	苏春梅	妻子	女	1972年6月	汉
	李 浩	儿子	男	1997年11月	汉
	李 洁	女儿	女	2004年2月	汉
家庭大事	1986年，建两层楼房6间210平方米； 2004年，自建两层别墅280平方米。				

	姓名	与户主关系	性别	出生年月	民族
家庭成员	李文元	户主	男	1967年11月	汉
	陈惠琴	妻子	女	1968年1月	汉
	李晨萱	女儿	女	1991年12月	汉
家庭大事	1999年，购商品房； 2004年，自建两层别墅280平方米； 2014年，购入第1辆汽车，现有1辆。				

	姓名	与户主关系	性别	出生年月	民族
家庭成员	周洪妹	户主	女	1962年11月	汉
	李　娟	女儿	女	1984年6月	汉
	刘　锦	女婿	男	1983年12月	汉
	李昱萱	孙女	女	2011年5月	汉
	刘昱涵	孙子	男	2013年1月	汉
家庭大事	1977年，建平房4间120平方米； 2004年，自建两层别墅280平方米； 2006年，李娟毕业于南京林业大学； 2006年，刘锦毕业于南京林业大学； 2012年，购入第1辆汽车，现有1辆。				

	姓名	与户主关系	性别	出生年月	民族
家庭成员	季菊生	户主	男	1944年5月	汉
	林妙芬	妻子	女	1946年2月	汉
	季裕元	儿子	男	1965年8月	汉
	顾小妹	儿媳	女	1969年2月	汉
	季晨阳	孙子	男	1990年12月	汉
	许　慧	孙媳	女	1991年8月	汉
	季东延	曾孙	男	2016年12月	汉
家庭大事	1980年，建两层楼房6间210平方米； 2004年，自建两层别墅280平方米； 2009年，季晨阳应征入伍，2011年退伍； 2009年，购商品房； 2016年，购入第1辆汽车，现有2辆。				

	姓名	与户主关系	性别	出生年月	民族
家庭成员	季华弟	户主	男	1957 年 6 月	汉
	邱梅珠	妻子	女	1959 年 5 月	汉
	季雪强	儿子	男	1982 年 6 月	汉
	吕秋霞	儿媳	女	1981 年 11 月	汉
	季钇各	孙子	男	2008 年 7 月	汉
	季钇心	孙女	女	2011 年 11 月	汉
家庭大事	1984 年，建两层楼房 6 间 210 平方米； 2000 年，购商品房； 2004 年，自建两层别墅 280 平方米； 2010 年，购入第 1 辆汽车，现有 1 辆。				

	姓名	与户主关系	性别	出生年月	民族
家庭成员	李香元	户主	男	1965 年 8 月	汉
	周小琴	妻子	女	1967 年 7 月	汉
	李 晶	女儿	女	1993 年 8 月	汉
	姜 川	女婿	男	1989 年 6 月	汉
	姜语润	孙女	女	2019 年 11 月	汉
家庭大事	1989 年，建两层楼房 6 间 216 平方米； 2004 年，自建两层别墅 280 平方米； 2011 年，姜川毕业于淮阴师范学院； 2015 年，购入第 1 辆汽车，现有 2 辆。				

大渔村第二十六村民小组

家庭成员	姓名	与户主关系	性别	出生年月	民族
	王建平	户主	男	1959年11月	汉
	范玉梅	妻子	女	1963年2月	汉
	王蓓蕾	女儿	女	1989年11月	汉
	王蓓英	女儿	女	1999年12月	汉

家庭大事	1989年,建两层楼房5间140平方米; 2003年,自建两层别墅280平方米; 2016年,王蓓英入读南京航空航天大学。

家庭成员	姓名	与户主关系	性别	出生年月	民族
	须安德	户主	男	1946年8月	汉
	高珍娣	妻子	女	1946年6月	汉

家庭大事	1982年,建两层楼房6间200平方米; 2003年,自建两层别墅280平方米。

家庭成员	姓名	与户主关系	性别	出生年月	民族
	梁学红	户主	男	1965年9月	汉
	蒋足英	妻子	女	1968年4月	汉
	梁波	儿子	男	1987年2月	汉
	梁欣怡	孙女	女	2014年8月	汉

家庭大事	2000年,购农村平房3间75平方米; 2003年,自建两层别墅280平方米。

家庭成员	姓名	与户主关系	性别	出生年月	民族
	王建康	户主	男	1963年8月	汉
	刘玉华	妻子	女	1963年11月	汉
	王　正	儿子	男	1994年12月	汉
	王芊诺	孙女	女	2017年8月	汉

家庭大事	60年代，有平房5间100平方米； 2003年，自建两层别墅280平方米。

家庭成员	姓名	与户主关系	性别	出生年月	民族
	范士根	户主	男	1955年5月	汉
	葛　玲	妻子	女	1952年8月	汉
	范　娟	女儿	女	1984年12月	汉
	范　菲	女儿	女	1986年1月	汉
	范　英	儿子	男	1988年1月	汉
	赵书涵	孙子	男	2007年8月	汉

家庭大事	1998年，购农村平房3间75平方米； 2003年，自建两层别墅280平方米。

家庭成员	姓名	与户主关系	性别	出生年月	民族
	顾昌根	户主	男	1950年6月	汉
	顾水花	妻子	女	1954年9月	汉
	顾永华	儿子	男	1975年2月	汉
	顾佳怡	孙女	女	2001年6月	汉

家庭大事	2003年，购商品房； 2010年，购入第1辆汽车，现有1辆； 2019年，顾佳怡毕业于昆山广播电视大学。

家庭成员	姓名	与户主关系	性别	出生年月	民族
	王惠东	户主	男	1969年6月	汉
	周益英	妻子	女	1968年8月	汉
	王 润	女儿	女	1993年4月	汉
	王爱宝	母亲	女	1936年4月	汉
家庭大事	1999年，购商品房； 2015年，王润毕业于常州工学院； 2016年，购入第1辆汽车，现有1辆。				

家庭成员	姓名	与户主关系	性别	出生年月	民族
	张 倪	户主	女	1938年3月	汉
家庭大事	张倪生活在敬老院。				

大渔村第二十七村民小组

	姓名	与户主关系	性别	出生年月	民族
家庭成员	周进才	户主	男	1935年3月	汉
	周罗英	女儿	女	1960年6月	汉
	李银娄	女婿	男	1955年3月	汉
	周 平	孙子	男	1982年9月	汉
	解玉琴	孙媳	女	1984年11月	汉
	周鑫宇	曾孙	男	2007年11月	汉
家庭大事	1989年，建两层楼房7间220平方米； 2003年，自建两层别墅280平方米； 2003年，购商品房； 2017年，购入第1辆汽车，现有1辆； 2019年，购商品房。				

	姓名	与户主关系	性别	出生年月	民族
家庭成员	唐喜童	户主	男	1974年3月	汉
	张机梅	妻子	女	1973年11月	汉
	唐钱隆	儿子	男	1996年9月	汉
	唐秀英	母亲	女	1946年2月	汉
家庭大事	1985年，建两层楼房7间220平方米； 2018年，购商品房； 2019年，购商品房。				

	姓名	与户主关系	性别	出生年月	民族
家庭成员	陈建良	户主	男	1970年1月	汉
	朱昌芳	妻子	女	1968年9月	汉
	陈　超	儿子	男	1993年8月	汉
	陈一诺	孙子	男	2017年7月	汉
	费树云	母亲	女	1936年12月	汉
家庭大事	1989年，建两层楼房6间200平方米； 2010年，购入第1辆汽车，现有1辆； 2011年，购商品房； 2012年，陈超应征入伍，2014退伍； 2017年，购商品房。				

	姓名	与户主关系	性别	出生年月	民族
家庭成员	包世胜	户主	男	1958年5月	汉
	费冬妹	妻子	女	1962年1月	汉
	包美娟	女儿	女	1983年9月	汉
	王玟婷	孙女	女	2005年8月	汉
	包家瑞	孙子	男	2011年9月	汉
家庭大事	1981年，建两层楼房6间200平方米； 1997年，购商品房； 2000年，购入第1辆汽车，现有1辆； 2019年，购商品房。				

	姓名	与户主关系	性别	出生年月	民族
家庭成员	包定良	户主	男	1941年1月	汉
	包水坤	儿子	男	1964年5月	汉
	包水明	儿子	男	1966年11月	汉
	包水清	儿子	男	1973年5月	汉
	包圆倩	孙女	女	1997年7月	汉
	包宇腾	孙子	男	2014年11月	汉
	包　佳	孙女	女	1987年3月	汉
家庭大事	1986年，建两层楼房6间180平方米； 1992年，购商品房； 2018年，购入第1辆汽车，现有1辆； 2018年，购商品房。				

	姓名	与户主关系	性别	出生年月	民族
家庭成员	李红芬	户主	女	1945年3月	汉
	周益名	儿子	男	1968年12月	汉
	郁惠琴	儿媳	女	1968年04月	汉
	周晓琰	孙女	女	1989年11月	汉
	姚成良	孙女婿	男	1987年9月	汉
	周滢淇	曾孙女	女	2017年8月	汉
家庭大事	1985年，建两层楼房6间190平方米； 2010年，姚成良毕业于南京晓庄学院； 2012年，周晓琰毕业于南京晓庄学院； 2018年，购两层别墅280平方米。				

	姓名	与户主关系	性别	出生年月	民族
家庭成员	唐明洪	户主	男	1958年4月	汉
	袁菊莲	妻子	女	1961年8月	汉
	唐爱莲	女儿	女	1983年9月	汉
	马 涛	女婿	男	1980年12月	汉
	唐浩然	孙子	男	2018年7月	汉
	唐悠然	孙女	女	2006年11月	汉
家庭大事	1991年,自建两层别墅280平方米; 2017年,购入第1辆汽车,现有1辆。				

	姓名	与户主关系	性别	出生年月	民族
家庭成员	姚金奎	户主	男	1946年8月	汉
	刘桂英	夫妻	女	1946年7月	汉
	姚 琴	女儿	女	1967年10月	汉
	钱国华	女婿	女	1968年12月	汉
	姚晓宇	孙子	男	1992年11月	汉
家庭大事	1990年,建两层楼房7间220平方米; 2010年,购入第1辆汽车,现有1辆; 2019年,购两层别墅280平方米。				

	姓名	与户主关系	性别	出生年月	民族
家庭成员	费树勤	户主	男	1942年9月	汉
	徐兰英	妻子	女	1951年2月	汉
	费国华	儿子	男	1973年9月	汉
	杨建英	儿媳	女	1973年12月	汉
	费钰博	孙子	男	2009年2月	汉
	费佳玲	孙女	女	1996年7月	汉
家庭大事	1986年,建两层楼房6间190平方米; 2000年,购入商品房; 2013年,购入第1辆汽车,现有1辆; 2018年,费佳玲毕业于南通大学; 2019年,购商品房。				

	姓名	与户主关系	性别	出生年月	民族
家庭成员	李小马	户主	男	1942年2月	汉
	王金凤	妻子	女	1944年9月	汉
	李国建	儿子	男	1974年2月	汉
	李国珍	女儿	女	1972年1月	汉
	张文杰	外孙	男	1997年1月	汉
家庭大事	1983年,建平房4间100平方米; 2019年,购商品房。				

	姓名	与户主关系	性别	出生年月	民族
家庭成员	顾丽娟	户主	女	1953年8月	汉
	费建忠	儿子	男	1973年11月	汉
	吴海燕	儿媳	女	1978年9月	汉
	费玥	孙女	女	2000年1月	汉
家庭大事	1991年,建两层楼房6间200平方米; 2007年,费建忠毕业于江苏省委党校; 2008年,购入第1辆汽车,现有1辆; 2013年,购商品房; 2018年,费玥就读于江苏师范大学; 2019年,购商品房。				

	姓名	与户主关系	性别	出生年月	民族
家庭成员	唐胜根	户主	男	1951年6月	汉
	唐彩英	妻子	女	1953年6月	汉
	唐军伟	儿子	男	1975年5月	汉
	唐军华	儿子	男	1979年4月	汉
	唐梓轩	孙子	男	2001年1月	汉
	唐梓豪	孙子	男	2008年12月	汉
家庭大事	1970年，唐胜根应征入伍，1974年退伍； 1985年，建两层楼房7间220平方米； 2006年，购商品房； 2015年，购入第1辆汽车，现有1辆； 2019年，唐梓轩就读于徐州工程学院； 2019年，购商品房。				

	姓名	与户主关系	性别	出生年月	民族
家庭成员	李银山	户主	男	1950年9月	汉
	包玲娣	妻子	女	1949年11月	汉
	李　清	儿子	男	1976年10月	汉
	金利娟	儿媳	女	1974年7月	汉
	李紫怡	孙女	女	2001年1月	汉
家庭大事	1985年，建两层楼房5间180平方米； 2000年，购商品房； 2015年，李紫怡考入大学； 2017年，购入第1辆汽车，现有1辆； 2019年，购商品房。				

	姓名	与户主关系	性别	出生年月	民族
家庭成员	唐长洪	户主	男	1952年7月	汉
家庭大事	2009年，建两层别墅280平方米； 2016年，购商品房。				

	姓名	与户主关系	性别	出生年月	民族
家庭成员	唐忠良	户主	男	1949年10月	汉
	蒋仙珠	妻子	女	1960年3月	汉
	唐建兵	儿子	男	1981年3月	汉
	胡　建	儿媳	女	1981年10月	汉
	唐云翔	孙子	男	2013年4月	汉
	唐云飞	孙子	男	2003年9月	汉
家庭大事	1986年，建两层楼房6间200平方米； 2003年，购商品房； 2011年，购入第1辆汽车，现有1辆； 2019年，购商品房。				

	姓名	与户主关系	性别	出生年月	民族
家庭成员	陈建明	户主	男	1968年1月	汉
	韩志英	妻子	女	1967年8月	汉
	陈　晨	儿子	男	1991年11月	汉
家庭大事	1986年，建平房4间100平方米； 2011年，购商品房； 2019年，购商品房。				

	姓名	与户主关系	性别	出生年月	民族
家庭成员	徐祥狗	户主	男	1946年12月	汉
	孟怀玉	妻子	女	1953年8月	汉
	徐永军	儿子	男	1973年9月	汉
	吴明娟	儿媳	女	1975年11月	汉
	徐若欣	孙女	女	2000年10月	汉
家庭大事	1990年，建平房3间75平方米； 1994年，徐永军考入大学； 2009年，购商品房； 2011年，购入第1辆汽车，现有1辆； 2019年，徐若欣就读于南京师范大学泰州学院； 2019年，购商品房。				

家庭成员	姓名	与户主关系	性别	出生年月	民族
	李国平	户主	男	1969年6月	汉
	杜彩英	妻子	女	1969年1月	汉
	李 涛	儿子	男	1994年12月	汉
	李庭威	孙子	男	2017年12月	汉

家庭大事	2002年，建两层别墅280平方米； 2012年，购商品房； 2017年，购入第1辆汽车，现有1辆； 2019年，购商品房。

家庭成员	姓名	与户主关系	性别	出生年月	民族
	徐福祥	户主	男	1940年2月	汉

家庭大事	2003年，建两层别墅280平方米。

家庭成员	姓名	与户主关系	性别	出生年月	民族
	李人才	户主	男	1964年8月	汉
	陶志兰	妻子	女	1964年6月	汉
	李 玲	女儿	女	1991年1月	汉
	李群书	父亲	男	1936年5月	汉
	王素珍	母亲	女	1941年8月	汉

家庭大事	2003年，建两层别墅280平方米； 2009年，购商品房； 2011年，李玲考入大学； 2014年，购入第1辆汽车，现有1辆。

家庭成员	姓名	与户主关系	性别	出生年月	民族
	费国富	户主	男	1971年1月	汉
	朗星华	妻子	女	1970年6月	汉
	费 强	儿子	男	1993年10月	汉

家庭大事	2017年，费强就读于南通大学。

家庭成员	姓名	与户主关系	性别	出生年月	民族
	费国民	户主	男	1969年1月	汉
	丁凤兰	妻子	女	1949年12月	汉
	费　斌	儿子	男	1992年8月	汉
	周　琦	儿媳	女	1993年10月	汉
	费昕珂	孙女	女	2018年5月	汉
家庭大事	1982年，建两层楼房6间200平方米； 2015年，周琦就读于长沙医学院； 2016年，费斌就读于长沙医学院； 2017年，购商品房； 2017年，购入第1辆汽车，现有1辆； 2018年，购商品房。				

家庭成员	姓名	与户主关系	性别	出生年月	民族
	吴晓梅	户主	女	1964年10月	汉
	陆　艳	女儿	女	1987年8月	汉
家庭大事	1995年，购商品房。				

大渔村第二十八村民小组

	姓名	与户主关系	性别	出生年月	民族
家庭成员	周三孝	户主	男	1967年4月	汉
	陈艳丽	妻子	女	1965年2月	汉
	周园	女儿	女	1989年9月	汉
	盛怡晨	孙子	男	2017年11月	汉
家庭大事	1990年,建平房3间75平方米; 2000年,建两层楼房8间230平方米; 2011年,周园毕业于扬州大学; 2017年,购入第1辆汽车,现有1辆; 2019年,购商品房。				

	姓名	与户主关系	性别	出生年月	民族
家庭成员	顾鸿斌	户主	男	1968年2月	汉
	孙凌雯	妻子	女	1969年2月	汉
	顾和晨	儿子	男	1990年1月	汉
	时梦洁	儿媳	女	1992年10月	汉
	顾籽杺	孙女	女	2017年10月	汉
家庭大事	1997年,购商品房; 2007年,购入第1辆汽车,现有2辆; 2009年,建两层别墅280平方米。				

	姓名	与户主关系	性别	出生年月	民族
家庭成员	周志良	户主	男	1953年1月	汉
	王秀芳	妻子	女	1954年3月	汉
	周春华	儿子	男	1977年4月	汉
	张家萍	儿媳	女	1978年1月	汉
	周晓芸	孙女	女	2000年3月	汉
家庭大事	1984年，建两层楼房6间180平方米； 2006年，购商品房； 2012年，购入第1辆汽车，现有1辆； 2018年，周晓芸就读于阜阳师范大学； 2019年，购商品房。				

	姓名	与户主关系	性别	出生年月	民族
家庭成员	周明良	户主	男	1950年3月	汉
	赵芬兰	妻子	女	1951年5月	汉
	周金华	儿子	男	1978年3月	汉
	张 琼	儿媳	女	1978年7月	汉
	周金霞	女儿	女	1976年9月	汉
	张子玖	孙子	男	2001年5月	汉
	周晨苇	孙子	男	2001年7月	汉
家庭大事	1992年，建两层楼房7间220平方米； 2010年，购商品房； 2011年，购入第1辆汽车，现有1辆； 2019年，周晨苇就读于湖北理工学院； 2019年，张子玖就读于南通大学； 2019年，购商品房。				

	姓名	与户主关系	性别	出生年月	民族
家庭成员	沈广高	户主	男	1942年5月	汉
	张大妹	妻子	女	1944年10月	汉
	沈小华	女儿	女	1972年1月	汉
	陆文华	女婿	男	1971年10月	汉
	陆金欣	孙女	女	2002年2月	汉
	沈嘉威	孙子	男	1994年4月	汉
家庭大事	1992年，建两层楼房7间220平方米； 2005年，购商品房； 2013年，购入第1辆汽车，现有1辆； 2019年，购商品房。				

	姓名	与户主关系	性别	出生年月	民族
家庭成员	何士良	户主	男	1939年5月	汉
	周月娣	妻子	女	1938年11月	汉
	田如忠	女婿	男	1958年5月	汉
	何巧英	女儿	女	1962年3月	汉
	田伟敏	孙子	男	1982年9月	汉
家庭大事	1992年，建两层楼房7间220平方米； 2011年，购入第1辆汽车，现有1辆； 2016年，购商品房； 2019年，购商品房。				

家庭成员	姓名	与户主关系	性别	出生年月	民族
	周金弟	户主	男	1963年7月	汉
	姚玉珍	妻子	女	1964年5月	汉
	周 婷	女儿	女	1986年12月	汉
	魏 伟	女婿	男	1980年9月	汉
	魏欣彤	孙女	女	2018年2月	汉
	周俊哲	孙子	男	2012年12月	汉
家庭大事	1992年,建两层楼房7间220平方米; 2018年,购商品房。				

家庭成员	姓名	与户主关系	性别	出生年月	民族
	费春林	户主	男	1968年6月	汉
	李芬扣	妻子	女	1968年9月	汉
	费 翔	儿子	男	1991年6月	汉
	费予涵	孙女	女	2016年2月	汉
	费花孝	继兄	男	1946年10月	汉
	蔡翠凤	母亲	女	1932年2月	汉
家庭大事	1991年,建两层楼房6间200平方米; 1993年,购商品房; 2003年,自建两层别墅280平方米; 2013年,购入第1辆汽车,现有1辆; 2019年,购商品房。				

	姓名	与户主关系	性别	出生年月	民族
家庭成员	张银龙	户主	男	1957年4月	汉
	何巧珍	妻子	女	1960年10月	汉
	张　丽	女儿	女	1981年11月	汉
	凌小刚	女婿	男	1975年12月	汉
	凌欣怡	孙女	女	2003年9月	汉
家庭大事	1991年，建两层楼房6间200平方米； 2003年，购商品房； 2018年，购入第1辆汽车，现有1辆； 2019年，购商品房。				

	姓名	与户主关系	性别	出生年月	民族
家庭成员	王海荣	户主	男	1948年9月	汉
	王巧英	妻子	女	1953年6月	汉
	王建忠	儿子	男	1970年11月	汉
	马月琴	儿媳	女	1968年7月	汉
	王雅卓	孙女	女	1994年3月	汉
家庭大事	1990年，建两层楼房6间200平方米； 2014年，购商品房； 2019年，购入第1辆汽车，现有1辆； 2019年，购商品房。				

	姓名	与户主关系	性别	出生年月	民族
家庭成员	顾阿菊	户主	男	1941年12月	汉
	赵春林	妻子	女	1946年11月	汉
	顾阿明	儿子	男	1969年12月	汉
	陈粉香	儿媳	女	1967年8月	汉
	顾山宝	孙子	男	1996年6月	汉
家庭大事	1988年，建两层楼房6间180平方米； 2015年，购商品房； 2017年，购入第1辆汽车，现有1辆。				

家庭成员	姓名	与户主关系	性别	出生年月	民族
	蔡寿山	户主	男	1963年9月	汉
	李银珠	妻子	女	1968年2月	汉
	蔡丽娟	女儿	女	1988年10月	汉
	吴　刚	女婿	男	1989年5月	汉
	蔡月杉	孙女	女	2014年7月	汉
家庭大事	1996年，建两层楼房6间200平方米； 2016年，购入第1辆汽车，现有2辆； 2019年，购商品房。				

家庭成员	姓名	与户主关系	性别	出生年月	民族
	沈广平	户主	男	1952年6月	汉
	裴正兰	妻子	女	1954年12月	汉
	沈　健	儿子	男	1979年3月	汉
	沈小岚	孙女	女	2003年2月	汉
家庭大事	1988年，购农村两层楼房8间200平方米； 2019年，购入第1辆汽车，现有1辆； 2019年，购商品房。				

家庭成员	姓名	与户主关系	性别	出生年月	民族
	张卫良	户主	男	1966年6月	汉
	余小兰	妻子	女	1966年10月	汉
	张　玲	女儿	女	1990年6月	汉
	卫永刚	女婿	男	1989年8月	汉
	卫思聪	孙子	男	2018年2月	汉
家庭大事	1985年，建平房4间100平方米； 2003年，建两层别墅280平方米； 2012年，购入第1辆汽车，现有2辆； 2013年，张玲大学毕业； 2015年，购商品房。				

	姓名	与户主关系	性别	出生年月	民族
家庭成员	张志平	户主	男	1956年7月	汉
	周凤娟	妻子	女	1966年4月	汉
	周子群	女儿	女	1992年1月	汉
家庭大事	1984年，建平房4间100平方米； 2003年，自建两层别墅280平方米； 2006年，购入第1辆汽车，现有1辆； 2011年，购商品房； 2014年，周子群毕业于三江学院。				

	姓名	与户主关系	性别	出生年月	民族
家庭成员	张坤龙	户主	男	1964年7月	汉
	周巧凤	妻子	女	1965年1月	汉
	张 萍	女儿	女	1987年11月	汉
	杨雪峰	女婿	男	1987年11月	汉
	杨睿熙	孙女	女	2016年2月	汉
	张嘉晨	孙子	男	2012年8月	汉
	张杏弟	父亲	男	1935年10月	汉
家庭大事	1992年，建两层楼房6间220平方米； 2003年，自建两层别墅280平方米； 2008年，张萍毕业于江苏城市职业学院，本科； 2008年，杨雪峰毕业于钟山职业技术学院； 2009年，购入第1辆汽车，现有2辆。				

家庭成员	姓名	与户主关系	性别	出生年月	民族
	张卫荣	户主	男	1970年3月	汉
	陈丽萍	妻子	女	1971年11月	汉
	张嘉怡	女儿	女	1994年7月	汉
	赵桂芬	母亲	女	1946年8月	汉

家庭大事	1986年，建平房3间75平方米； 1990年，张卫荣应征入伍，1993年退伍； 2003年，自建两层别墅280平方米； 2013年，购入第1辆汽车，现有1辆； 2015年，张卫荣毕业于华中科技大学； 2018年，张嘉怡毕业于苏州大学； 2018年，购商品房。

家庭成员	姓名	与户主关系	性别	出生年月	民族
	周扣孝	户主	男	1952年9月	汉
	王连英	妻子	女	1956年2月	汉
	周勇	儿子	男	1981年1月	汉
	蒋燕	儿媳	女	1979年8月	汉
	周文涛	孙子	男	2003年8月	汉

家庭大事	1986年，建两层楼房6间200平方米； 2003年，自建两层别墅280平方米； 2015年，购入第1辆汽车，现有1辆。

家庭成员	姓名	与户主关系	性别	出生年月	民族
	周金泉	户主	男	1969年10月	汉
	李秀梅	妻子	女	1970年8月	汉
	周恒宇	儿子	男	2011年2月	汉
	周永良	父亲	男	1934年6月	汉
	周吉娣	母亲	女	1934年6月	汉

家庭大事	1987年，建两层楼房6间200平方米； 2003年，自建两层别墅280平方米； 2004年，购入第1辆汽车，现有1辆。

家庭成员	姓名	与户主关系	性别	出生年月	民族
	沈瑞林	户主	男	1950年6月	汉
	张水妹	妻子	女	1949年3月	汉
	沈荣根	儿子	男	1971年2月	汉
	朱秋芬	儿媳	女	1972年5月	汉
	沈心蕊	孙女	女	1998年4月	汉
	沈荣华	儿子	男	1974年9月	汉
	陆　亮	儿媳	女	1976年8月	汉
	沈心怡	孙女	女	2001年9月	汉
	沈心皓	孙子	男	2015年1月	汉

家庭大事	1984年，建两层楼房6间200平方米； 1989年，沈荣根毕业于连云港财经学校； 2003年，自建两层别墅280平方米； 2012年，购入第1辆汽车，现有1辆； 2014年，购商品房； 2018年，沈心蕊毕业于英国帝国理工大学； 2018年，沈心怡毕业于南京师范大学泰州学院。

家庭成员	姓名	与户主关系	性别	出生年月	民族
	惠明秀	户主	男	1958年11月	汉
	惠杰思	儿子	男	1984年4月	汉
	柯向霞	儿媳	女	1986年1月	汉
	惠子轩	孙子	男	2012年1月	汉
	惠熙雯	孙女	女	2009年4月	汉

家庭大事	1979年，购农村平房3间70平方米； 2006年，惠杰思毕业于河海大学常州校区； 2009年，购入第1辆汽车，现有1辆； 2015年，购商品房。

大渔村第二十九村民小组

	姓名	与户主关系	性别	出生年月	民族
家庭成员	顾凤元	户主	男	1949 年 1 月	汉
	卞殿凤	妻子	女	1954 年 11 月	汉
	顾玉珍	女儿	男	1971 年 10 月	汉
	房国斌	女婿	男	1978 年 1 月	汉
	顾永坚	孙子	男	2000 年 5 月	汉
家庭大事	1988 年，建两层楼房 6 间 200 平方米； 2015 年，购商品房； 2016 年，购入第 1 辆汽车，现有 1 辆； 2019 年，购商品房。				

	姓名	与户主关系	性别	出生年月	民族
家庭成员	杨立康	户主	男	1956 年 1 月	汉
	单才香	妻子	女	1963 年 4 月	汉
	杨 红	女儿	女	1989 年 1 月	汉
	杨 阳	儿子	男	1991 年 4 月	汉
	张笑博	孙子	男	2014 年 10 月	汉
家庭大事	1984 年，购农村平房 3 间 75 平方米； 2013 年，购商品房； 2016 年，购商品房； 2017 年，购入第 1 辆汽车，现有 1 辆。				

	姓名	与户主关系	性别	出生年月	民族
家庭成员	顾敏芳	户主	女	1958年6月	汉
	蔡恒友	丈夫	男	1952年2月	汉
	顾全权	女儿	女	1982年2月	汉
	赵锦页	孙女	女	2004年2月	汉
	解玉琴	孙媳	女	1984年11月	汉
家庭大事	1987年,建两层楼房6间200平方米; 2003年,自建两层别墅280平方米; 2015年,购入第1辆汽车,现有1辆; 2018年,购商品房。				

	姓名	与户主关系	性别	出生年月	民族
家庭成员	顾福如	户主	男	1940年1月	汉
	须珍德	妻子	女	1943年8月	汉
家庭大事	随子女生活。				

	姓名	与户主关系	性别	出生年月	民族
家庭成员	徐荣初	户主	男	1945年8月	汉
	钱凤宝	妻子	女	1946年11月	汉
	钱建华	儿子	男	1969年5月	汉
	于云芳	儿媳	女	1969年5月	汉
	徐佳栋	孙子	男	1992年1月	汉
	盛琦云	孙媳	女	1992年5月	汉
	钱建元	儿子	男	1972年5月	汉
	单介凤	儿媳	女	1975年6月	汉
	钱佳玲	孙女	女	1996年2月	汉
	钱佳萱	孙女	女	2010年10月	汉
家庭大事	1985年,建两层楼房7间200平方米; 2015年,购入第1辆汽车,现有3辆; 2016年,购商品房; 2018年,钱佳玲毕业于常州理工学院。				

家庭成员	姓名	与户主关系	性别	出生年月	民族
	顾为良	户主	男	1968年11月	汉
	王振芳	妻子	女	1971年3月	汉
	顾志超	女儿	女	1992年6月	汉
家庭大事	1987年，建两层楼房7间220平方米； 2004年，购入第1辆汽车，现有1辆； 2014年，购商品房。				

家庭成员	姓名	与户主关系	性别	出生年月	民族
	顾建龙	户主	男	1964年11月	汉
	徐桂芳	妻子	女	1969年7月	汉
	顾徐海	儿子	男	1992年7月	汉
家庭大事	1989年，建两层楼房7间220平方米； 2016年，购商品房； 2018年，购商品房。				

家庭成员	姓名	与户主关系	性别	出生年月	民族
	顾建良	户主	男	1969年9月	汉
	朱正洪	妻子	女	1974年3月	汉
	顾志豪	儿子	男	1995年4月	汉
	顾志超	儿子	男	1995年4月	汉
家庭大事	1980年，建平房4间100平方米； 2010年，购商品房； 2014年，购入第1辆汽车，现有1辆； 2016年，购商品房； 2017年，顾志豪毕业于南通大学。				

家庭成员	姓名	与户主关系	性别	出生年月	民族
	杨巧珍	户主	女	1935年3月	汉
	陈友根	儿子	男	1961年7月	汉
	严明兰	儿媳	女	1964年11月	汉
	陈　辰	孙子	男	1985年7月	汉
	张秀梅	孙媳	女	1987年2月	汉
	陈众楷	曾孙	男	2008年8月	汉
	陈涵宾	曾孙	男	2016年7月	汉

家庭大事	1982年，建平房4间100平方米； 1990年，建两层楼房5间180平方米； 2003年，陈辰应征入伍，2005年退伍； 2004年，购商品房； 2008年，购入第1辆汽车，现有1辆； 2016年，购商品房； 2018年，张秀梅就读于华北理工大学。

家庭成员	姓名	与户主关系	性别	出生年月	民族
	黄其林	户主	男	1941年11月	汉

家庭大事	1984年，建平房3间75平方米； 2016年，购商品房。

家庭成员	姓名	与户主关系	性别	出生年月	民族
	吴桂英	户主	女	1962年9月	汉
	陈坤龙	丈夫	男	1960年5月	汉
	陈　枫	儿子	男	1984年12月	汉

家庭大事	1984年，建平房3间75平方米； 1995年，购商品房； 2007年，陈枫毕业于盐城师范学院。

	姓名	与户主关系	性别	出生年月	民族
家庭成员	顾建国	户主	男	1961年10月	汉
	朱艳芹	妻子	男	1963年8月	汉
	顾春花	女儿	女	1985年12月	汉
	顾博文	孙子	男	2013年3月	汉
	徐婧瑶	孙女	女	2017年5月	汉
家庭大事	1982年，建平房3间75平方米； 2005年，购入第1辆汽车，现有1辆； 2008年，购商品房； 2015年，购商品房。				

	姓名	与户主关系	性别	出生年月	民族
家庭成员	陈阿木	户主	男	1947年9月	汉
	顾雪兰	妻子	女	1952年6月	汉
	王世才	女婿	男	1970年2月	汉
	陈 芳	女儿	女	1973年11月	汉
	陈 琳	孙女	女	1994年9月	汉
家庭大事	1982年，建平房3间75平方米； 1989年，王世才应征入伍，1991年退伍； 1991年，建两层楼房5间180平方米； 2012年，购入第1辆汽车，现有1辆； 2016年，陈琳毕业于盐城师范学院； 2018年，购商品房。				

	姓名	与户主关系	性别	出生年月	民族
家庭成员	吴金根	户主	男	1933年1月	汉
	吴林妹	妻子	女	1937年1月	汉
	吴裕清	儿子	男	1966年5月	汉
	鲁网扣	儿媳	女	1966年10月	汉
	吴耀平	孙子	男	1988年10月	汉
	吴允熙	曾孙女	女	2012年10月	汉
	吴允晨	曾孙子	男	2014年10月	汉
家庭大事	1983年，建平房3间75平方米； 1994年，建两层楼房5间180平方米； 2011年，购入第1辆汽车，现有1辆； 2018年，购商品房。				

	姓名	与户主关系	性别	出生年月	民族
家庭成员	黄其彬	户主	男	1968年5月	汉
	黄粉英	妻子	女	1970年4月	汉
	黄小宇	儿子	男	1993年10月	汉
	黄 婷	女儿	女	1992年11月	汉
家庭大事	1989年，建平房两间50平方米； 1991年，购商品房； 2016年，购商品房。				

	姓名	与户主关系	性别	出生年月	民族
家庭成员	王 俊	户主	男	1981年5月	汉
	朱翠莲	妻子	女	1988年3月	汉
	王星宇	儿子	男	2013年10月	汉
	王芯怡	女儿	女	2017年1月	汉
	戴井兰	母亲	女	1952年12月	汉
家庭大事	1987年，建两层楼房5间180平方米； 2003年，自建两层别墅280平方米； 2018年，购商品房。				

家庭成员	姓名	与户主关系	性别	出生年月	民族
	薛庆宝	户主	男	1964年10月	汉
	吴金珍	妻子	女	1964年4月	汉
	薛松	儿子	男	1990年9月	汉

家庭大事	1984年，薛松应征入伍，1989年退伍； 2005年，建平房4间100平方米； 2010年，自建两层别墅280平方米； 2012年，购入第1辆汽车，现有1辆； 2013年，薛松大学毕业。

家庭成员	姓名	与户主关系	性别	出生年月	民族
	陈龙女	户主	女	1953年3月	汉
	高喆	女儿	女	1974年6月	汉

家庭大事	

家庭成员	姓名	与户主关系	性别	出生年月	民族
	顾建明	户主	男	1957年3月	汉
	皋德娟	妻子	女	1962年6月	汉
	顾志慧	儿子	男	1983年1月	汉
	张莉	儿媳	女	1982年7月	汉
	顾煜鹏	孙子	女	2006年12月	汉

家庭大事	1983年，建平房3间75平方米； 1998年，购商品房； 2005年，张莉大学毕业； 2009年，购入第1辆汽车，现有2辆； 2016年，购商品房。

家庭成员	姓名	与户主关系	性别	出生年月	民族
	薛冬宝	户主	男	1961年12月	汉
	顾根妹	妻子	女	1964年3月	汉
	陆薛浩	孙子	男	2010年2月	汉
家庭大事	1986年,建两层楼房6间220平方米; 2007年,购商品房; 2018年,购商品房。				

家庭成员	姓名	与户主关系	性别	出生年月	民族
	顾建忠	户主	男	1966年12月	汉
	吴粉根	妻子	女	1968年3月	汉
	顾志萍	女儿	女	1992年3月	汉
	顾煜轩	孙子	男	2018年8月	汉
家庭大事	1986年,建两层楼房6间200平方米; 2009年,购商品房; 2018年,购商品房。				

大渔村第三十村民小组

	姓名	与户主关系	性别	出生年月	民族
家庭成员	吴金华	户主	男	1949 年 2 月	汉
	吴 萍	女儿	女	1976 年 4 月	汉
	杨宝兴	女婿	男	1972 年 6 月	汉
	杨明哲	孙女	女	2001 年 9 月	汉

家庭大事	1985 年，购农村平房 3 间 80 平方米； 2014 年，购入第 1 辆汽车，现有 1 辆； 2015 年，购商品房； 2018 年，杨明哲就读于昆山登云科技职业学院。

	姓名	与户主关系	性别	出生年月	民族
家庭成员	袁建芬	户主	女	1965 年 8 月	汉
	田作军	丈夫	男	1956 年 7 月	汉
	顾云霞	女儿	女	1987 年 5 月	汉
	胡 犇	女婿	男	1980 年 10 月	汉

家庭大事	1995 年，建两层楼房 5 间 180 平方米； 2000 年，胡犇毕业于苏州大学； 2016 年，购商品房； 2017 年，购入第 1 辆汽车，现有 1 辆。

	姓名	与户主关系	性别	出生年月	民族
家庭成员	苏成坤	户主	男	1946 年 5 月	汉
	陈留英	夫妻	女	1949 年 4 月	汉
	苏正权	儿子	男	1969 年 6 月	汉
	裴增香	儿媳	女	1973 年 1 月	汉
	苏 荣	孙子	男	1994 年 9 月	汉

家庭大事	1985 年，建两层楼房 6 间 200 平方米； 2013 年，苏荣应征入伍，2015 年退伍； 2015 年，购商品房； 2016 年，购入第 1 辆汽车，现有 1 辆； 2016 年，购商品房。

	姓名	与户主关系	性别	出生年月	民族
家庭成员	顾雪珍	户主	女	1962年5月	汉
	郭昌龙	儿子	男	1985年7月	汉
	吉 吉	儿媳	女	1985年10月	汉
	解桂英	婆婆	女	1928年10月	汉
家庭大事	1989年，建两层楼房6间200平方米； 2016年，购商品房； 2018年，购入第1辆汽车，现有1辆。				

	姓名	与户主关系	性别	出生年月	民族
家庭成员	徐步红	户主	男	1953年3月	汉
	朱长兰	妻子	女	1954年1月	汉
	徐玉坤	儿子	男	1981年10月	汉
	王玉希	儿媳	女	1981年10月	汉
	徐 可	孙女	女	2006年1月	汉
	徐玉祥	儿子	男	1986年12月	汉
	彭 莉	儿媳	女	1986年10月	汉
	徐奕歆	孙女	女	2011年1月	汉
	徐成则	孙子	男	2014年8月	汉
	徐诣惠	孙女	女	2015年2月	汉
家庭大事	1982年，购农村平房3间80平方米； 2009年，徐玉祥毕业于南京工程学院； 2009年，彭莉毕业于苏州大学； 2009年，购商品房； 2009年，购入第1辆汽车，现有2辆； 2016年，购商品房。				

家庭成员	姓名	与户主关系	性别	出生年月	民族
	商宜凤	户主	女	1956年4月	汉
	贺红云	女儿	女	1980年1月	汉
	贺红顺	儿子	男	1983年1月	汉
	贺顾玮	孙子	男	2007年4月	汉

家庭大事	1985年，购农村平房3间80平方米； 1998年，自建两层别墅280平方米； 2006年，购入第1辆汽车，现有1辆； 2013年，购商品房。

家庭成员	姓名	与户主关系	性别	出生年月	民族
	吴雪弟	户主	男	1957年1月	汉
	周志英	妻子	女	1958年1月	汉
	吴　勇	儿子	男	1982年3月	汉
	孟晓兰	儿媳	女	1983年1月	汉
	吴泽博	孙子	男	2009年2月	汉

家庭大事	1980年，建平房3间75平方米； 1998年，自建两层别墅280平方米； 2005年，吴勇毕业于徐州师范大学； 2005年，孟晓兰毕业于徐州师范大学； 2011年，购入第1辆汽车，现有1辆。

家庭成员	姓名	与户主关系	性别	出生年月	民族
	顾贲承	户主	男	1962年5月	汉
	顾凤珍	妻子	女	1964年7月	汉
	顾宝奇	儿子	男	1988年5月	汉
	顾欣悦	孙女	女	2012年6月	汉
	王伟宸	孙子	男	2016年6月	汉

家庭大事	1983年，建平房3间75平方米； 1998年，自建两层别墅280平方米； 2009年，购入第1辆汽车，现有1辆； 2010年，购商品房。

大渔村志·村民家庭记载

家庭成员	姓名	与户主关系	性别	出生年月	民族
	周泉林	户主	男	1968年4月	汉
	梁三妹	妻子	女	1968年3月	汉
	周 莉	女儿	女	1991年10月	汉
	闵煜萌	孙女	女	2015年10月	汉
	周煜芯	孙女	女	2017年7月	汉
	叶根娣	母亲	女	1947年8月	汉

家庭大事	1983年,建平房3间75平方米; 1998年,自建两层别墅280平方米。

家庭成员	姓名	与户主关系	性别	出生年月	民族
	顾贲戬	户主	男	1966年1月	汉
	顾惠琴	妻子	女	1968年11月	汉
	顾 莺	女儿	女	1989年12月	汉
	季鑫妍	孙女	女	2014年5月	汉
	顾杰森	孙子	男	2016年4月	汉

家庭大事	1983年,建平房3间75平方米; 1998年,自建两层别墅280平方米; 2012年,顾莺毕业于扬州大学; 2013年,购入第1辆汽车,现有1辆。

家庭成员	姓名	与户主关系	性别	出生年月	民族
	陈宏亚	户主	女	1965年11月	汉
	吴翠红	妻子	女	1966年10月	汉
	陈丽丽	女儿	女	1990年12月	汉
	陈昊宇	孙女	女	2014年7月	汉
	陈昊轩	孙子	男	2017年11月	汉

家庭大事	1984年,购农村平房3间75平方米; 1998年,自建两层别墅280平方米; 2015年,购入第1辆汽车,现有1辆。

家庭成员	姓名	与户主关系	性别	出生年月	民族
	薛丰弟	户主	男	1971年10月	汉
	顾云妹	妻子	女	1971年9月	汉
	薛文婷	女儿	女	1994年4月	汉

家庭大事	1980年，建两层楼房6间200平方米； 1998年，自建两层别墅280平方米； 2009年，购入第1辆汽车，现有2辆； 2016年，薛文婷毕业于南京师范大学泰州学院。

家庭成员	姓名	与户主关系	性别	出生年月	民族
	吴雪男	户主	男	1953年3月	汉
	薛丰英	妻子	女	1955年2月	汉
	吴娟	女儿	女	1978年12月	汉
	吴嘉敏	孙女	女	2000年9月	汉

家庭大事	1985年，建两层楼房6间200平方米； 1998年，自建两层别墅280平方米； 1998年，购商品房； 2012年，购入第1辆汽车，现有1辆； 2019年，吴嘉敏就读于东南大学成贤学院。

家庭成员	姓名	与户主关系	性别	出生年月	民族
	吴雪根	户主	男	1960年3月	汉
	王建芬	妻子	女	1963年10月	汉
	吴斌	儿子	男	1987年8月	汉
	夏海莉	儿媳	女	1987年5月	汉
	吴嘉宁	孙女	女	2010年5月	汉

家庭大事	1983年，建平房3间75平方米； 2005年，自建两层别墅280平方米； 2018年，购入第1辆汽车，现有1辆。

大渔村志·村民家庭记载

	姓名	与户主关系	性别	出生年月	民族
家庭成员	顾宝坤	户主	男	1950年5月	汉
	王桂珍	妻子	女	1949年2月	汉
	周美女	母亲	女	1933年11月	汉
家庭大事	1984年，建平房3间75平方米； 2005年，自建两层别墅280平方米。				

	姓名	与户主关系	性别	出生年月	民族
家庭成员	顾宝清	户主	男	1965年9月	汉
	钱惠珍	妻子	女	1967年9月	汉
	顾 澄	儿子	男	1989年12月	汉
	顾芝菡	孙女	女	2018年10月	汉
家庭大事	1981年，建平房3间75平方米； 1998年，购商品房； 1998年，翻建楼房； 2012年，顾澄毕业于淮阴工学院； 2015年，购入第1辆汽车，现有1辆。				

	姓名	与户主关系	性别	出生年月	民族
家庭成员	周泉英	户主	女	1970年2月	汉
	薛 成	儿子	男	1994年12月	汉
家庭大事	1995年，购入第1辆汽车，现有1辆。				

	姓名	与户主关系	性别	出生年月	民族
家庭成员	周抢生	户主	男	1956年9月	汉
	陈洪萍	妻子	女	1963年3月	汉
	周 莹	女儿	女	1985年5月	汉
	陈欣妍	孙女	女	2008年12月	汉
	周欣容	孙女	女	2010年12月	汉
家庭大事	2004年，购入第1辆汽车，现有1辆； 2008年，周莹毕业于南京财经大学； 2010年，购商品房。				

大渔村第三十一村民小组

	姓名	与户主关系	性别	出生年月	民族
家庭成员	刘 军	户主	男	1964 年 2 月	汉
	王德琴	妻子	女	1963 年 11 月	汉
	刘 颉	儿子	男	1989 年 6 月	汉
	刘 帆	儿媳	女	1988 年 3 月	汉
	刘宇涵	孙子	男	2013 年 5 月	汉
	刘雨桐	孙女	女	2019 年 6 月	汉
家庭大事	1984 年，刘军应征入伍，1989 年退伍； 1997 年，建平房 4 间 100 平方米； 2010 年，购入第 1 辆汽车，现有 1 辆； 2012 年，购商品房。				

	姓名	与户主关系	性别	出生年月	民族
家庭成员	陈昌金	户主	男	1944 年 12 月	汉
	陆法珍	妻子	女	1951 年 6 月	汉
	刘龙峰	儿子	男	1982 年 3 月	汉
	朱永翠	儿媳	女	1984 年 1 月	汉
	陈刘豪	孙子	男	2017 年 7 月	汉
	陈刘杰	孙子	男	2017 年 7 月	汉
	陈刘月	孙女	女	2005 年 12 月	汉
家庭大事	1989 年，建平房 4 间 100 平方米； 2015 年，购入第 1 辆汽车，现有 1 辆； 2019 年，购商品房。				

	姓名	与户主关系	性别	出生年月	民族
家庭成员	石小妹	户主	女	1931 年 4 月	汉
家庭大事	2000 年，石小妹随子女生活。				

	姓名	与户主关系	性别	出生年月	民族
家庭成员	汪禄顺	户主	男	1946年11月	汉
	杜家兰	妻子	女	1952年3月	汉
	汪　兵	儿子	男	1984年10月	汉
	刘小云	儿媳	女	1984年3月	汉
	汪　涛	孙子	男	2007年4月	汉
家庭大事	1987年，购农村平房4间100平方米； 2003年，汪兵应征入伍，2005年退伍； 2015年，购入第1辆汽车，现有1辆； 2016年，购商品房； 2017年，购商品房。				

	姓名	与户主关系	性别	出生年月	民族
家庭成员	戴步英	户主	女	1958年12月	汉
	陈　佳	女儿	女	1988年12月	汉
	陈　健	儿子	男	2002年2月	汉
	姜陈宸	孙子	男	2014年8月	汉
家庭大事	1992年，建两层楼房5间180平方米； 2013年，购入第1辆汽车，现有1辆； 2018年，购商品房。				

	姓名	与户主关系	性别	出生年月	民族
家庭成员	陈小文	户主	男	1951年4月	汉
	徐腊妹	妻子	女	1954年6月	汉
	徐建明	儿子	男	1979年6月	汉
	倪腊妹	儿媳	女	1981年1月	汉
	陈晞	孙女	女	2001年4月	汉
	倪徐蕊	孙女	女	2006年6月	汉
	倪晨蕊	孙女	女	2012年1月	汉
家庭大事	1988年，建两层楼房6间200平方米； 2014年，购入第1辆汽车，现有1辆； 2016年，购商品房。				

	姓名	与户主关系	性别	出生年月	民族
家庭成员	吴罗英	户主	女	1948年4月	汉
	陈新	儿子	男	1974年3月	汉
	姜秀花	儿媳	女	1971年11月	汉
	陈军	孙子	男	1996年11月	汉
家庭大事	1989年，建两层楼房6间200平方米； 2011年，购入第1辆汽车，现有1辆； 2015年，陈军应征入伍，2017年退伍； 2019年，购商品房。				

家庭成员	姓名	与户主关系	性别	出生年月	民族
	吴爱妹	户主	女	1940年4月	汉
	李惠东	儿子	男	1967年4月	汉
	孙扣兰	儿媳	女	1965年3月	汉
	李　萍	孙女	女	1990年5月	汉
	栾　飞	孙女婿	女	1989年11月	汉
	栾沐阳	曾孙	男	2014年11月	汉

家庭大事	1985年，建两层楼房6间200平方米； 2016年，购入第1辆汽车，现有1辆； 2019年，购商品房。

家庭成员	姓名	与户主关系	性别	出生年月	民族
	李海林	户主	男	1946年10月	汉

家庭大事	1990年，建平房2间50平方米； 2018年，购商品房。

家庭成员	姓名	与户主关系	性别	出生年月	民族
	李为明	户主	男	1943年9月	汉
	董云宝	妻子	女	1947年12月	汉
	谢兰萍	儿媳	女	1965年1月	汉
	孙云周	女婿	男	1972年3月	汉
	李碧珺	孙女	女	1992年1月	汉
	李　豪	孙子	男	1996年9月	汉

家庭大事	1987年，建两层楼房6间200平方米； 2014年，李碧珺毕业于江苏师范大学； 2017年，购入第1辆汽车，现有1辆； 2019年，购商品房。

	姓名	与户主关系	性别	出生年月	民族
家庭成员	费春祖	户主	男	1944年4月	汉
	王秀英	妻子	女	1947年3月	汉
	费革林	儿子	男	1970年2月	汉
	孙爱珍	儿媳	女	1970年11月	汉
	费家兵	孙子	男	1994年4月	汉
家庭大事	1986年，建两层楼房7间220平方米； 2011年，购商品房； 2016年，购入第1辆汽车，现有1辆； 2019年，购商品房。				

	姓名	与户主关系	性别	出生年月	民族
家庭成员	夏 明	户主	男	1965年7月	汉
	胡安莲	妻子	女	1963年3月	汉
	夏满琴	女儿	女	1985年12月	汉
	王 凯	女婿	男	1985年10月	汉
家庭大事	1986年，购农村两层楼房7间220平方米； 2013年，夏满琴毕业于兰州交通大学； 2013年，王凯毕业于兰州交通大学； 2014年，购商品房； 2016年，购商品房。				

	姓名	与户主关系	性别	出生年月	民族
家庭成员	夏 群	户主	男	1970年1月	汉
	王玉兰	妻子	女	1969年10月	汉
	夏茂华	儿子	男	1989年11月	汉
	王悠娟	儿媳	女	1988年8月	汉
	夏语馨	孙女	女	2013年4月	汉
家庭大事	1990年，购农村两层楼房8间240平方米； 2015年，购入第1辆汽车，现有1辆； 2019年，购商品房。				

	姓名	与户主关系	性别	出生年月	民族
家庭成员	陈 峰	户主	女	1971年12月	汉
	胥传国	丈夫	男	1968年12月	汉
	陈秋萍	女儿	女	1992年10月	汉
	周 清	女婿	男	1989年7月	汉
	周语涵	孙女	女	2017年5月	汉
家庭大事	1984年，建两层楼房7间220平方米； 2009年，购入第1辆汽车，现有1辆； 2011年，周清毕业于扬州市职业大学； 2013年，购商品房； 2019年，购商品房。				

	姓名	与户主关系	性别	出生年月	民族
家庭成员	张秀銮	户主	女	1944年1月	汉
	夏茂玲	孙女	女	1997年8月	汉
家庭大事	1984年，购农村两层楼房5间180平方米； 2018年，购商品房。				

	姓名	与户主关系	性别	出生年月	民族
家庭成员	夏 超	户主	男	1975年2月	汉
	李洪仿	妻子	女	1973年10月	汉
	夏茂秋	儿子	男	1998年8月	汉
	夏茂成	儿子	男	1998年8月	汉
家庭大事	2015年，建两层楼房6间240平方米； 2015年，购入第1辆汽车，现有1辆； 2019年，购商品房。				

家庭成员	姓名	与户主关系	性别	出生年月	民族
	费革命	户主	男	1967年10月	汉
	周巧莲	妻子	女	1967年4月	汉
	费　琴	女儿	女	1991年1月	汉
	胡晶剑	女婿	男	1991年2月	汉
	胡　歌	孙子	男	2019年5月	汉

家庭大事	1986年，建两层楼房5间180平方米； 2012年，胡晶剑毕业于南京林业大学； 2013年，购商品房； 2014年，费琴毕业于南京财经大学； 2019年，购商品房。

家庭成员	姓名	与户主关系	性别	出生年月	民族
	费三孝	户主	男	1950年10月	汉
	沈水娣	妻子	女	1953年3月	汉
	张大寨	女婿	男	1967年12月	汉
	费巧英	女儿	女	1970年5月	汉
	费　斌	孙子	男	1991年2月	汉
	张　庭	孙子	男	2002年12月	汉

家庭大事	1982年，建两层楼房6间200平方米； 1994年，购商品房； 2003年，购入第1辆汽车，现有3辆； 2013年，费斌毕业于常州大学； 2019年，购商品房。

	姓名	与户主关系	性别	出生年月	民族
家庭成员	袁阿才	户主	男	1955年7月	汉
	许阿妹	妻子	女	1956年8月	汉
	袁志刚	儿子	男	1980年12月	汉
	黄向红	儿媳	女	1981年10月	汉
	袁宏杰	孙子	男	2003年11月	汉
	袁士炳	父亲	男	1933年6月	汉
家庭大事	1989年,建两层楼房6间220平方米; 2006年,购商品房; 2019年,购入第1辆汽车,现有1辆。				

	姓名	与户主关系	性别	出生年月	民族
家庭成员	袁建华	户主	男	1962年10月	汉
	孙书红	妻子	女	1964年12月	汉
	袁志强	儿子	男	1987年9月	汉
	肖银平	儿媳	女	1987年4月	汉
	袁语泽	孙子	男	2011年1月	汉
家庭大事	1982年,建两层楼房6间200平方米; 2009年,购商品房; 2018年,购商品房。				

	姓名	与户主关系	性别	出生年月	民族
家庭成员	陈昌银	户主	男	1946年8月	汉
	管龙女	妻子	女	1952年2月	汉
	陈月城	儿子	男	1976年12月	汉
	黄白芹	儿媳	女	1976年7月	汉
	陈志飞	孙子	男	1999年11月	汉
家庭大事	1984年,建两层楼房6间220平方米; 2016年,购入第1辆汽车,现有1辆; 2019年,购商品房。				

	姓名	与户主关系	性别	出生年月	民族
家庭成员	陈 明	户主	男	1963年11月	汉
	顾建梅	妻子	女	1965年12月	汉
	陈琼薇	女儿	女	1988年1月	汉
	唐乐恒	女婿	男	1989年12月	汉
	陈妍薇	女儿	女	1993年3月	汉
	徐煜茗	女婿	男	1991年11月	汉
	徐晨皓	孙子	男	2014年6月	汉
	陈宇卿	孙子	男	2017年7月	汉
	余根娣	母亲	女	1947年12月	汉
家庭大事	2008年，自建两层别墅280平方米； 2009年，购入第1辆汽车，现有2辆； 2010年，徐煜茗应征入伍，2012年退伍； 2013年，陈琼薇毕业于江南大学； 2014年，购商品房。				

	姓名	与户主关系	性别	出生年月	民族
家庭成员	陈昌盛	户主	男	1941年10月	汉
	陈剑英	妻子	女	1946年2月	汉
	陈鹤翔	儿子	男	1966年9月	汉
	钱永芬	儿媳	女	1969年2月	汉
	陈 颉	孙女	女	1991年11月	汉
	陈鹤英	女儿	女	1970年5月	汉
家庭大事	1985年，建两层楼房6间200平方米； 2007年，购入第1辆汽车，现有1辆； 2013年，购商品房； 2016年，购商品房。				

	姓名	与户主关系	性别	出生年月	民族
家庭成员	刘金泉	户主	男	1957年1月	汉
	徐国珍	妻子	女	1959年4月	汉
	刘剑锋	儿子	男	1982年1月	汉
	盛　敏	儿媳	女	1987年5月	汉
	刘宇飞	孙子	男	2013年4月	汉
家庭大事	1985年，建两层楼房5间180平方米； 2004年，购入第1辆汽车，现有1辆； 2010年，盛敏毕业于淮阴师范学院； 2015年，购商品房。				

	姓名	与户主关系	性别	出生年月	民族
家庭成员	张阿妹	户主	女	1938年10月	汉
家庭大事	随子女生活。				

	姓名	与户主关系	性别	出生年月	民族
家庭成员	陈昌才	户主	男	1960年3月	汉
	夏粉红	妻子	女	1963年12月	汉
	陈　颢	女儿	女	1988年7月	汉
	徐云茂	女婿	男	1985年4月	汉
	陈梓歆	孙女	女	2018年4月	汉
家庭大事	1979年，陈昌才应征入伍，1981年退伍； 1987年，购商品房； 2014年，购入第1辆汽车，现有1辆。				

	姓名	与户主关系	性别	出生年月	民族
家庭成员	陈昌来	户主	男	1954年12月	汉
	顾成宝	妻子	女	1958年8月	汉
	陈 晔	儿子	男	1981年7月	汉
	陈 霞	儿媳	女	1982年10月	汉
	陈邵劼	孙子	男	2005年10月	汉
	陈汐慧	孙子	男	2011年1月	汉
家庭大事	1989年，购商品房。				

大渔村第三十二村民小组

	姓名	与户主关系	性别	出生年月	民族
家庭成员	徐建中	户主	男	1955年4月	汉
	李银凤	妻子	女	1957年9月	汉
	徐　峰	儿子	男	1981年3月	汉
	徐陆媛	孙女	女	2007年1月	汉
	徐陆瑶	孙子	男	2015年1月	汉
	纬根娣	岳母	女	1932年5月	汉
家庭大事	1993年，购商品房； 2003年，购入第1辆汽车，现有1辆； 2004年，自建两层别墅280平方米； 2019年，购两层别墅280平方米。				

	姓名	与户主关系	性别	出生年月	民族
家庭成员	焦同根	户主	男	1966年10月	汉
	冯冬年	妻子	女	1968年12月	汉
	焦婷婷	女儿	女	1990年2月	汉
	焦宝强	儿子	男	1991年12月	汉
	徐金晴	女婿	男	1990年12月	汉
家庭大事	1985年，购农村两层楼房7间210平方米； 2015年，徐金晴毕业于江苏第二师范学院； 2016年，购商品房； 2017年，购商品房； 2017年，购入第1辆汽车，现有1辆。				

	姓名	与户主关系	性别	出生年月	民族
家庭成员	仲岳秀	户主	女	1948年5月	汉
	张国民	儿子	男	1966年10月	汉
	李　芳	儿媳	女	1968年10月	汉
	张　婷	孙女	女	1991年3月	汉
	刘闯闯	孙女婿	男	1991年5月	汉
家庭大事	1986年，建两层楼房7间210平方米； 2007年，购入第1辆汽车，现有1辆； 2014年，刘闯闯毕业于南京航空航天大学； 2015年，张婷毕业于南京航空航天大学； 2015年，购商品房。				

	姓名	与户主关系	性别	出生年月	民族
家庭成员	陈昌国	户主	男	1952年4月	汉
	何玉萍	妻子	女	1952年8月	汉
	陈　旭	儿子	男	1982年6月	汉
	刘　萍	儿媳	女	1985年2月	汉
	陈老禹	孙子	男	2010年9月	汉
	陈寒芹	女儿	女	1978年1月	汉
	高雪峰	女婿	男	1969年8月	汉
	高　俊	孙子	男	2002年4月	汉
	陈春芹	女儿	女	1980年2月	汉
	夏海军	女婿	男	1982年8月	汉
	夏陈颖	孙女	女	2005年9月	汉
家庭大事	1998年，建两层楼房6间190平方米； 2002年，陈旭应征入伍，2004年退伍； 2003年，自建两层别墅280平方米； 2015年，购入第1辆汽车，现有1辆； 2018年，建两层楼房6间190平方米； 2019年，陈春芹毕业于四川广播电视大学。				

	姓名	与户主关系	性别	出生年月	民族
家庭成员	俞雪昆	户主	男	1968年5月	汉
	李红露	妻子	女	1968年11月	汉
	俞 杰	儿子	男	1995年7月	汉
	李玉清	儿媳	女	1997年1月	汉
	俞子强	孙子	男	2016年6月	汉
家庭大事	2002年,建两层楼房6间190平方米; 2013年,购商品房; 2018年,购商品房; 2019年,购入第1辆汽车,现有1辆。				

	姓名	与户主关系	性别	出生年月	民族
家庭成员	王文龙	户主	男	1947年10月	汉
	王振华	儿子	男	1969年10月	汉
	周慧英	儿媳	女	1970年10月	汉
	王 缘	孙子	男	1995年10月	汉
	王才泉	父亲	男	1921年11月	汉
家庭大事	1990年,建两层楼房7间210平方米; 2011年,购入第1辆汽车,现有2辆; 2015年,购商品房; 2019年,购商品房。				

	姓名	与户主关系	性别	出生年月	民族
家庭成员	洪惠琴	户主	女	1966年12月	汉
	周建国	丈夫	男	1969年1月	汉
	周振宇	儿子	男	1992年4月	汉
家庭大事	1989年,周建国毕业于南京建筑工程学院; 2003年,自建两层别墅280平方米; 2010年,购入第1辆汽车,现有2辆; 2014年,购商品房; 2015年,周振宇毕业于南京师范大学。				

	姓名	与户主关系	性别	出生年月	民族
家庭成员	龚雪龙	户主	男	1950年2月	汉
	陈雪英	妻子	女	1952年7月	汉
	龚建平	儿子	男	1978年7月	汉
	高 燕	儿媳	女	1981年4月	汉
	龚 悠	孙女	女	2010年5月	汉
家庭大事	1989年,建两层楼房6间190平方米; 2003年,自建两层别墅280平方米; 2007年,购入第1辆汽车,现有1辆; 2016年,购商品房。				

	姓名	与户主关系	性别	出生年月	民族
家庭成员	周爱东	户主	男	1975年12月	汉
	陈永琴	妻子	女	1974年6月	汉
	周 悦	女儿	女	1998年11月	汉
	陈巧英	母亲	女	1949年11月	汉
家庭大事	1988年,建两层楼房6间200平方米; 2003年,自建两层别墅280平方米; 2015年,购入第1辆汽车,现有1辆; 2018年,周悦就读于江苏师范大学。				

	姓名	与户主关系	性别	出生年月	民族
家庭成员	洪国武	户主	男	1945年11月	汉
	陈梅英	妻子	女	1947年12月	汉
	洪 军	儿子	男	1968年9月	汉
	张秀珍	儿媳	女	1968年10月	汉
	洪 雁	孙女	女	1993年5月	汉
	洪叶飞	孙子	男	2001年6月	汉
家庭大事	1987年,建两层楼房7间210平方米; 2003年,自建两层别墅280平方米; 2018年,洪叶飞就读于昆山登云科技职业学院。				

家庭成员	姓名	与户主关系	性别	出生年月	民族
	钱雨明	户主	男	1961年11月	汉
	浦玲英	妻子	女	1963年9月	汉
	钱　剑	儿子	男	1986年5月	汉
	沈娟娟	儿媳	女	1986年2月	汉
	钱盛泽	孙子	男	2009年12月	汉
	沈泽轩	孙子	男	2013年1月	汉
	龚凤英	母亲	女	1939年11月	汉
家庭大事	1990年，建两层楼房7间210平方米； 2003年，自建两层别墅280平方米； 2008年，沈娟娟毕业于常州大学； 2013年，购商品房； 2015年，购入第1辆汽车，现有2辆。				

家庭成员	姓名	与户主关系	性别	出生年月	民族
	余宗根	户主	男	1969年2月	汉
	殷　花	妻子	女	1968年10月	汉
	余玉婷	女儿	女	1991年8月	汉
	赵云飞	女婿	男	1989年4月	汉
	赵婉茹	孙女	女	2017年2月	汉
家庭大事	1987年，建两层楼房6间200平方米； 1998年，购商品房； 2003年，自建两层别墅280平方米； 2012年，赵云飞毕业于南京东方文理研修学院； 2015年，购入第1辆汽车，现有1辆。				

家庭成员	姓名	与户主关系	性别	出生年月	民族
	顾道荣	户主	男	1975年3月	汉
	顾妹芬	妻子	女	1977年2月	汉
	顾依宁	女儿	女	1998年1月	汉

家庭大事	1988年，建两层楼房6间190平方米； 2003年，自建两层别墅280平方米； 2006年，购商品房； 2013年，购入第1辆汽车，现有1辆； 2016年，顾依宁就读于南京师范大学泰州学院。

家庭成员	姓名	与户主关系	性别	出生年月	民族
	龚金龙	户主	男	1947年4月	汉
	裴华芳	妻子	女	1946年8月	汉
	龚静东	儿子	男	1972年2月	汉
	张慧芹	儿媳	女	1984年10月	汉
	龚晔阳	孙子	男	1994年11月	汉
	龚晔成	孙子	男	2008年1月	汉

家庭大事	1989年，建两层楼房6间200平方米； 2003年，自建两层别墅280平方米； 2009年，购入第1辆汽车，现有1辆； 2011年，购商品房。

家庭成员	姓名	与户主关系	性别	出生年月	民族
	祁红喜	户主	男	1942年2月	汉
	杜秀英	妻子	女	1945年6月	汉
	祁国良	儿子	男	1973年11月	汉
	吴月芳	儿媳	女	1976年11月	汉
	祁伟	孙子	男	1998年1月	汉

家庭大事	1988年，建两层楼房6间190平方米； 2003年，自建两层别墅280平方米； 2010年，购入第1辆汽车，现有1辆； 2014年，购商品房。

家庭成员	姓名	与户主关系	性别	出生年月	民族
	洪卫平	户主	男	1968年8月	汉
	洪鑫楠	女儿	女	1993年3月	汉
	洪鑫毅	儿子	男	2007年8月	汉
	洪国庆	父亲	男	1937年3月	汉
	陈莲英	母亲	女	1944年9月	汉
家庭大事	1962年，洪国庆中专毕业； 1983年，建平房3间75平方米； 2003年，自建两层别墅280平方米； 2014年，洪鑫楠大学毕业。				

家庭成员	姓名	与户主关系	性别	出生年月	民族
	张余贵	户主	男	1943年6月	汉
	龚彩英	妻子	女	1944年4月	汉
	张月明	儿子	男	1972年1月	汉
	张　虹	儿媳	女	1974年7月	汉
	张欣昀	孙女	女	1999年7月	汉
	张欣皓	孙子	男	1999年7月	汉
家庭大事	1988年，建两层楼房6间200平方米； 2003年，自建两层别墅280平方米； 2007年，购商品房； 2009年，购入第1辆汽车，现有1辆； 2019年，张欣昀毕业于苏州幼儿师范高等专科学校； 2019年，张欣皓就读于南京医科大学。				

家庭成员	姓名	与户主关系	性别	出生年月	民族
	钱金其	户主	男	1962 年 5 月	汉
	于白妹	妻子	女	1962 年 1 月	汉
	钱玉洁	女儿	女	1985 年 11 月	汉
	陆炜华	女婿	男	1983 年 10 月	汉
	陆彦斌	孙子	男	2010 年 5 月	汉
	钱于睿	外孙	男	2014 年 5 月	汉

家庭大事	1988 年，建两层楼房 7 间 210 平方米； 1998 年，购商品房； 2003 年，自建两层别墅 280 平方米； 2007 年，钱玉洁毕业于江苏财经学院； 2007 年，陆炜华毕业于江苏大学； 2008 年，购入第 1 辆汽车，现有 1 辆。

家庭成员	姓名	与户主关系	性别	出生年月	民族
	俞雪明	户主	男	1966 年 6 月	汉
	张根妹	妻子	女	1966 年 6 月	汉
	俞赟	女儿	女	1990 年 10 月	汉

家庭大事	1982 年，建平房 3 间 75 平方米； 1990 年，购商品房； 2003 年，自建两层别墅 280 平方米。

家庭成员	姓名	与户主关系	性别	出生年月	民族
	张汉友	户主	男	1955 年 9 月	汉
	赵小扣	妻子	女	1957 年 11 月	汉
	赵俊明	儿子	男	1979 年 1 月	汉
	赵洋	儿媳	女	1978 年 8 月	汉
	赵月平	孙子	男	2005 年 5 月	汉

家庭大事	1992 年，建两层楼房 6 间 200 平方米； 2003 年，自建两层别墅 280 平方米； 2011 年，购入第 1 辆汽车，现有 2 辆； 2013 年，购商品房。

	姓名	与户主关系	性别	出生年月	民族
家庭成员	余宗明	户主	男	1964年3月	汉
	谢国珍	妻子	女	1963年2月	汉
	于君	儿子	男	1986年12月	汉
	戈琳	儿媳	女	1986年12月	汉
	于熠轩	孙子	男	2011年5月	汉
	戈栩泽	孙子	男	2017年5月	汉
	费春英	母亲	女	1940年2月	汉
家庭大事	1987年，建两层楼房6间200平方米； 2003年，自建两层别墅280平方米； 2008年，于君应征入伍，2010年退伍； 2009年，戈琳毕业于淮海工学院； 2013年，购入第1辆汽车，现有1辆； 2017年，购商品房。				

	姓名	与户主关系	性别	出生年月	民族
家庭成员	朱水平	户主	男	1961年8月	汉
	童巧妹	妻子	女	1964年9月	汉
	朱少伟	儿子	男	1985年10月	汉
	陈欢	儿媳	女	1984年11月	汉
	朱宸怡	孙女	女	2008年11月	汉
	朱宸嶙	孙子	男	2016年12月	汉
家庭大事	1982年，建平房3间75平方米； 1995年，购商品房； 2003年，自建两层别墅280平方米； 2006年，陈欢毕业于扬州大学； 2010年，购入第1辆汽车，现有1辆。				

家庭成员	姓名	与户主关系	性别	出生年月	民族
	朱　磊	户主	男	1991年5月	汉
	朱　珣	女儿	女	2017年10月	汉
	朱怀平	父亲	男	1967年5月	汉
	朱小红	祖父	男	1934年2月	汉
	祁英小	祖母	女	1934年9月	汉

家庭大事	2000年，建平房3间75平方米； 2003年，自建两层别墅280平方米； 2011年，购商品房； 2012年，购入第1辆汽车，现有2辆； 2016年，朱磊毕业于扬州大学。

家庭成员	姓名	与户主关系	性别	出生年月	民族
	钱玉峰	户主	男	1988年11月	汉
	钱敏佳	女儿	女	2014年9月	汉
	张美华	母亲	女	1963年10月	汉

家庭大事	1992年，建两层楼房6间200平方米； 2003年，自建两层别墅280平方米； 2015年，购入第1辆汽车，现有1辆。

大渔村第三十三村民小组

家庭成员	姓名	与户主关系	性别	出生年月	民族
	宋春荣	户主	男	1988 年 1 月	汉
	倪晓莉	妻子	女	1987 年 10 月	汉
	宋恩锐	儿子	男	2013 年 8 月	汉
	俞雪妹	母亲	女	1964 年 12 月	汉
	张菜康	继父	男	1962 年 7 月	汉

家庭大事	2003 年，自建两层别墅 280 平方米； 2015 年，倪晓莉毕业于昆山广播电视大学； 2015 年，购商品房； 2016 年，购入第 1 辆汽车，现有 1 辆。

家庭成员	姓名	与户主关系	性别	出生年月	民族
	顾惠良	户主	男	1946 年 2 月	汉
	夏冬妹	妻子	女	1947 年 11 月	汉
	顾建平	儿子	男	1970 年 2 月	汉
	顾竹毅	孙子	男	1993 年 2 月	汉

家庭大事	1985 年，建两层楼房 7 间 230 平方米； 2003 年，自建两层别墅 280 平方米； 2011 年，顾竹毅应征入伍，2013 年退伍； 2014 年，购商品房； 2014 年，购入第 1 辆汽车，现有 1 辆。

家庭成员	姓名	与户主关系	性别	出生年月	民族
	殷美英	户主	女	1964 年 11 月	汉
	周效华	丈夫	男	1961 年 7 月	汉
	宋春正	儿子	男	1992 年 2 月	汉
	何 灵	儿媳	女	1991 年 9 月	汉
	宋皓天	孙子	男	2018 年 11 月	汉

家庭大事	1985 年，建两层楼房 5 间 180 平方米； 2007 年，购商品房； 2014 年，购入第 1 辆汽车，现有 1 辆； 2015 年，宋春正应征入伍，2017 年退伍。

家庭成员	姓名	与户主关系	性别	出生年月	民族
	赵观德	户主	男	1946年1月	汉
	夏芬桂	妻子	女	1950年11月	汉
	赵国平	儿子	男	1969年7月	汉
	张贞芬	儿媳	女	1969年5月	汉
	赵雅	孙女	女	1992年10月	汉

家庭大事：
1986年，建两层楼房7间220平方米；
2001年，购商品房；
2001年，购入第1辆汽车，现有1辆；
2014年，赵雅大学毕业。

家庭成员	姓名	与户主关系	性别	出生年月	民族
	赵观富	户主	男	1952年2月	汉
	皋德花	妻子	女	1955年4月	汉

家庭大事：
1986年，建两层楼房6间200平方米；
2002年，购商品房；
2019年，购商品房。

家庭成员	姓名	与户主关系	性别	出生年月	民族
	陆俊华	户主	男	1966年12月	汉
	谈罗英	妻子	女	1965年11月	汉
	陆锦程	儿子	男	1989年9月	汉
	胡妍	儿媳	女	1991年12月	汉
	陆淇悦	孙女	女	2014年5月	汉
	陆伽烨	孙子	男	2017年11月	汉

家庭大事：
1995年，建两层楼房9间200平方米；
2006年，购商品房；
2011年，陆锦程毕业于昆山登云科技职业学院；
2014年，购入第1辆汽车，现有1辆。

家庭成员	姓名	与户主关系	性别	出生年月	民族
	赵观宝	户主	男	1961年9月	汉
	姚银扣	母亲	女	1929年8月	汉

家庭大事	1994年，建两层楼房7间180平方米； 2018年，购商品房。

家庭成员	姓名	与户主关系	性别	出生年月	民族
	陆志良	户主	男	1944年2月	汉
	陆文华	儿子	男	1973年2月	汉
	凌艳红	儿媳	女	1978年5月	汉
	陆秋诚	孙子	男	2009年11月	汉

家庭大事	2002年，自建两层别墅6间220平方米； 2011年，购入第1辆汽车，现有2辆； 2013年，购商品房。

家庭成员	姓名	与户主关系	性别	出生年月	民族
	宋存喜	户主	男	1969年8月	汉
	周罗芬	妻子	女	1967年4月	汉
	宋丹	女儿	女	1993年7月	汉
	朱鹏	女婿	男	1989年5月	汉
	朱珮宁	孙女	女	2019年8月	汉

家庭大事	1992年，建两层楼房7间220平方米； 2010年，购商品房； 2012年，朱鹏毕业于苏州大学； 2014年，购入第1辆汽车，现有1辆； 2015年，宋丹毕业于金陵科技学院。

	姓名	与户主关系	性别	出生年月	民族
	张汉弟	户主	男	1966年4月	汉
	吴秀妹	妻子	女	1966年1月	汉
家庭成员	张 莉	女儿	女	1989年10月	汉
	许 飞	女婿	男	1985年12月	汉
	张许晨	孙子	男	2012年12月	汉

家庭大事	1994年，购商品房； 2005年，自建两层别墅10间240平方米； 2012年，购入第1辆汽车，现有1辆。

	姓名	与户主关系	性别	出生年月	民族
	罗红生	户主	男	1960年7月	汉
	姚根山	妻子	女	1962年4月	汉
	姚罗燕	女儿	女	1983年4月	汉
	姚 萍	女儿	女	1989年5月	汉
家庭成员	倪 津	女婿	男	1983年2月	汉
	姚成樑	女婿	男	1988年8月	汉
	姚奕辰	孙子	男	2011年11月	汉
	倪纪辰	孙子	男	2009年5月	汉
	姚永凤	岳父	男	1935年8月	汉
	蒋巧红	岳母	女	1938年8月	汉

家庭大事	2000年，购商品房； 2004年，购入第1辆汽车，现有3辆； 2005年，建两层别墅10间240平方米； 2005年，姚罗燕毕业于南京师范大学； 2005年，倪津大学毕业； 2011年，姚成樑大学毕业； 2012年，姚萍毕业于苏州大学。

	姓名	与户主关系	性别	出生年月	民族
家庭成员	夏荣富	户主	男	1965年10月	汉
	王惠芬	妻子	女	1967年11月	汉
	夏振兴	儿子	男	1989年9月	汉
	唐丽萍	儿媳	女	1988年9月	汉
	夏俊彦	孙子	男	2014年10月	汉
	赵珍扣	母亲	女	1939年2月	汉
家庭大事	1986年，建两层楼房7间200平方米； 2000年，购商品房； 2011年，夏振兴毕业于南京财经大学； 2012年，唐丽萍毕业于上海中医药大学； 2014年，购入第1辆汽车，现有1辆。				

	姓名	与户主关系	性别	出生年月	民族
家庭成员	顾建华	户主	男	1968年2月	汉
	陈建芬	妻子	女	1966年12月	汉
	顾竹婧	女儿	女	1989年4月	汉
	顾竹婷	女儿	女	1989年4月	汉
	顾铭轩	孙子	男	2013年7月	汉
	顾家菱	孙女	女	2017年11月	汉
家庭大事	2000年，建两层别墅10间240平方米； 2009年，购入第1辆汽车，现有2辆； 2015年，购商品房。				

家庭成员	姓名	与户主关系	性别	出生年月	民族
	赵建国	户主	男	1964年5月	汉
	顾香珍	妻子	女	1966年8月	汉
	赵丽萍	女儿	女	1990年3月	汉
	赵　磊	儿子	男	1994年11月	汉
	张　瑜	儿媳	女	1993年6月	汉
	朱九小	母亲	女	1933年3月	汉

家庭大事	1987年，建两层楼房7间220平方米； 2012年，购商品房； 2013年，赵磊应征入伍，2015年退伍； 2016年，购入第1辆汽车，现有1辆。

家庭成员	姓名	与户主关系	性别	出生年月	民族
	张汉青	户主	男	1955年7月	汉
	林连珍	妻子	女	1955年1月	汉
	张　健	儿子	男	1980年4月	汉
	刘维娜	儿媳	女	1982年1月	汉
	张刘宇	孙子	男	2004年7月	汉

家庭大事	1984年，建两层楼房6间200平方米； 2002年，购商品房； 2014年，购入第1辆汽车，现有1辆； 2019年，购商品房。

大渔村志·村民家庭记载

	姓名	与户主关系	性别	出生年月	民族
家庭成员	王中喜	户主	女	1949年11月	汉
	赵爱萍	女儿	女	1971年10月	汉
	刘晓军	女婿	男	1966年12月	汉
	赵刘鑫	孙子	男	1992年8月	汉
	赵爱芳	女儿	女	1974年1月	汉

家庭大事	1985年，刘晓军应征入伍，1990年退伍； 1991年，建两层楼房7间220平方米； 2016年，赵刘鑫毕业于德国北黑森应用技术大学； 2016年，购商品房； 2016年，购入第1辆汽车，现有1辆。

	姓名	与户主关系	性别	出生年月	民族
家庭成员	赵观友	户主	男	1954年5月	汉
	谭 缤	妻子	女	1965年4月	汉

家庭大事	1976年，建平房2间50平方米； 2019年，购商品房。

	姓名	与户主关系	性别	出生年月	民族
家庭成员	赵观吉	户主	男	1957年2月	汉
	谢玉珍	妻子	女	1963年3月	汉
	赵国兴	儿子	男	1984年3月	汉
	潘双琴	儿媳	女	1988年3月	汉
	赵思彤	孙子	男	2009年1月	汉
	赵思泽	孙子	男	2014年1月	汉

家庭大事	1992年，建两层楼房7间220平方米； 2016年，购入第1辆汽车，现有1辆； 2018年，购商品房。

家庭成员	姓名	与户主关系	性别	出生年月	民族
	周秀云	户主	女	1955年3月	汉
	赵丽琴	女儿	女	1979年12月	汉
	陈剑华	女婿	男	1976年4月	汉
	赵宇诚	孙子	男	2001年6月	汉
家庭大事	1992年,建两层楼房7间220平方米; 1999年,陈剑华毕业于南京农业大学; 1999年,购商品房; 2015年,购入第1辆汽车,现有1辆; 2019年,赵宇诚就读于南京理工大学。				

大渔村第三十四村民小组

家庭成员	姓名	与户主关系	性别	出生年月	民族
	姜金根	户主	男	1952年1月	汉
	郭友兰	妻子	女	1953年7月	汉
	姜雪妹	女儿	女	1979年2月	汉
	姜陈毅	孙子	男	1998年3月	汉

家庭大事	1987年，建两层楼房7间220平方米； 2003年，自建两层别墅280平方米； 2003年，购商品房。

家庭成员	姓名	与户主关系	性别	出生年月	民族
	姜为男	户主	男	1968年6月	汉
	赵　芳	妻子	女	1969年12月	汉
	姜小康	儿子	男	1991年2月	汉
	施玉婷	儿媳	女	1993年8月	汉

家庭大事	1992年，建两层楼房7间220平方米； 2003年，自建两层别墅280平方米； 2014年，购入第1辆汽车，现有1辆； 2015年，施玉婷毕业于常州工业职业技术学院。

家庭成员	姓名	与户主关系	性别	出生年月	民族
	陈玉章	户主	男	1952年3月	汉
	于海英	妻子	女	1953年6月	汉
	陈国平	儿子	男	1976年11月	汉
	周松梅	儿媳	女	1980年9月	汉
	陈　浩	孙子	男	2002年11月	汉

家庭大事	1984年，建两层楼房6间200平方米； 1996年，陈国平应征入伍，2001年退伍； 2003年，自建两层别墅280平方米； 2013年，购入第1辆汽车，现有1辆。

家庭成员	姓名	与户主关系	性别	出生年月	民族
	陈　刚	户主	男	1981年11月	汉
	孙梅花	妻子	女	1982年11月	汉
	陈佳慧	女儿	女	2004年6月	汉
	陈奕涵	儿子	男	2012年6月	汉
	赵汉松	父亲	男	1955年3月	汉
	陈建珍	母亲	女	1958年8月	汉

家庭大事	1987年，购农村两层楼房7间220平方米； 2003年，自建两层别墅280平方米； 2009年，购入第1辆汽车，现有1辆； 2018年，陈刚毕业于苏州大学（自考）。

家庭成员	姓名	与户主关系	性别	出生年月	民族
	吴福根	户主	男	1957年6月	汉
	陈克俭	妻子	女	1963年5月	汉
	吴　琳	女儿	女	1985年2月	汉
	许壁怡	孙女	女	2008年8月	汉
	许轩宁	孙子	男	2013年5月	汉

家庭大事	1984年，建两层楼房6间200平方米； 2003年，自建两层别墅280平方米； 2009年，购入第1辆汽车，现有1辆。

	姓名	与户主关系	性别	出生年月	民族
家庭成员	姜为良	户主	男	1967年3月	汉
	张秀英	妻子	女	1966年11月	汉
	姜大力	儿子	男	1989年3月	汉
	郭冬梅	儿媳	女	1988年11月	汉
	姜文昊	孙子	男	2012年7月	汉
家庭大事	1986年，建两层楼房7间200平方米； 2003年，自建两层别墅280平方米； 2008年，姜大力应征入伍，2010年退伍； 2011年，购入第1辆汽车，现有1辆。				

	姓名	与户主关系	性别	出生年月	民族
家庭成员	陈忠平	户主	男	1971年5月	汉
	孙友娣	妻子	女	1971年10月	汉
	陈艳婷	女儿	女	1994年1月	汉
	李彩妹	母亲	女	1943年4月	汉
家庭大事	1987年，购农村平房4间100平方米； 1989年，陈忠平应征入伍，1991年退伍； 2003年，自建两层别墅280平方米； 2009年，购入第1辆汽车，现有2辆。				

	姓名	与户主关系	性别	出生年月	民族
家庭成员	陈永根	户主	男	1963年10月	汉
	赵和林	妻子	女	1964年8月	汉
	陈亚丽	女儿	女	1988年2月	汉
	刘星辰	孙女	女	2014年7月	汉
家庭大事	1984年，建两层楼房6间200平方米； 2003年，自建两层别墅280平方米； 2010年，陈亚丽大学毕业； 2017年，购入第1辆汽车，现有1辆。				

家庭成员	姓名	与户主关系	性别	出生年月	民族
	陈建平	户主	男	1964 年 10 月	汉
	钱梅珍	妻子	女	1966 年 5 月	汉
	陈　维	儿子	男	1988 年 2 月	汉
	马平平	儿媳	女	1988 年 6 月	汉
	陈俊宇	孙子	男	2011 年 5 月	汉

家庭大事	1995 年，建两层楼房 6 间 220 平方米； 2003 年，自建两层别墅 280 平方米； 2004 年，购入第 1 辆汽车，现有 1 辆。

家庭成员	姓名	与户主关系	性别	出生年月	民族
	沈凤兴	户主	男	1963 年 4 月	汉
	吴妙玲	妻子	女	1964 年 8 月	汉
	吴　琦	儿子	男	1989 年 12 月	汉
	吴　青	女儿	女	1986 年 10 月	汉
	吴多妹	岳母	女	1938 年 1 月	汉

家庭大事	1983 年，建两层楼房 6 间 200 平方米； 2003 年，自建两层别墅 280 平方米； 2009 年，吴青毕业于徐州师范大学； 2013 年，购入第 1 辆汽车，现有 2 辆。

	姓名	与户主关系	性别	出生年月	民族
家庭成员	曹克敏	户主	男	1942年12月	汉
	庄凤英	妻子	女	1944年12月	汉
	曹建忠	儿子	男	1965年12月	汉
	顾小芬	儿媳	女	1967年2月	汉
	曹 涵	孙子	男	1988年8月	汉
	曹钰钎	曾孙女	女	2015年6月	汉
	曹钰浩	曾孙子	男	2017年4月	汉
家庭大事	1983年，建两层楼房7间220平方米； 2003年，自建两层别墅280平方米； 2009年，购入第1辆汽车，现有2辆； 2010年，购商品房； 2011年，曹涵毕业于南京理工大学。				

	姓名	与户主关系	性别	出生年月	民族
家庭成员	陈永平	户主	男	1966年9月	汉
	谢喜红	妻子	女	1968年12月	汉
	陈 斌	儿子	男	1990年2月	汉
家庭大事	1986年，建平房4间100平方米； 2003年，自建两层别墅280平方米； 2009年，陈斌应征入伍，2011年退伍； 2014年，购入第1辆汽车，现有1辆。				

	姓名	与户主关系	性别	出生年月	民族
家庭成员	陈川德	户主	男	1963年11月	汉
	包进芬	妻子	女	1963年2月	汉
	陈 亮	儿子	男	1986年7月	汉
	陈诣文	孙子	男	2011年1月	汉
	方奕涵	孙子	男	2013年1月	汉
	杨祥娣	母亲	女	1933年4月	汉
家庭大事	1983年，建两层楼房6间200平方米； 2003年，翻建楼房； 2005年，购入第1辆汽车，现有2辆； 2009年，购商品房。				

	姓名	与户主关系	性别	出生年月	民族
家庭成员	陈庆女	户主	女	1951年12月	汉
	陈琴芬	女儿	女	1971年12月	汉
	陈 露	孙女	女	1993年7月	汉
家庭大事	1984年，建两层楼房6间200平方米； 2003年，自建两层别墅280平方米； 2015年，陈露毕业于南开大学； 2017年，购入第1辆汽车，现有1辆。				

	姓名	与户主关系	性别	出生年月	民族
家庭成员	吴坤元	户主	男	1950年1月	汉
	周月琴	妻子	女	1954年6月	汉
	吴国强	儿子	男	1974年12月	汉
	张国英	儿媳	女	1973年3月	汉
	吴思佳	孙女	女	1998年9月	汉
家庭大事	1989年，建两层楼房6间200平方米； 2003年，自建两层别墅280平方米； 2013年，购入第1辆汽车，现有1辆。				

姓名	与户主关系	性别	出生年月	民族
陈春根	户主	男	1950年7月	汉
顾有珍	妻子	女	1956年8月	汉
陈金荣	儿子	男	1980年12月	汉
刘承香	儿媳	女	1978年5月	汉
陈斯诺	孙女	女	2006年12月	汉
陈斯桐	孙女	女	2015年8月	汉

家庭大事：
1989年，建两层楼房6间220平方米；
2003年，自建两层别墅280平方米；
2009年，购入第1辆汽车，现有1辆；
2011年，购商品房。

姓名	与户主关系	性别	出生年月	民族
陈进德	户主	男	1952年1月	汉
柳巧珍	妻子	女	1954年7月	汉
陈亚明	儿子	男	1978年1月	汉
袁友兄	儿媳	女	1982年6月	汉
陈家俊	孙子	男	2004年6月	汉
陈家园	孙子	男	2017年9月	汉

家庭大事：
1980年，建两层楼房5间150平方米；
1990年，原地建三层楼房10间475平方米；
2003年，购商品房；
2005年，购商品房；
2009年，购入第1辆汽车，现有1辆。

姓名	与户主关系	性别	出生年月	民族
曹兰珍	户主	女	1978年12月	汉
夏金冬	丈夫	男	1966年12月	汉
曹佳熙	女儿	女	2010年7月	汉
陆白妹	母亲	女	1958年8月	汉

家庭大事：
1987年，建两层楼房6间200平方米；
2003年，购商品房；
2009年，购入第1辆汽车，现有1辆。

家庭成员	姓名	与户主关系	性别	出生年月	民族
	吴阿本	户主	男	1950 年 4 月	汉

家庭大事	1987 年，建两层楼房 6 间 200 平方米； 2003 年，自建两层别墅 280 平方米。

家庭成员	姓名	与户主关系	性别	出生年月	民族
	吴中明	户主	男	1970 年 3 月	汉
	吴佳忆	女儿	女	1995 年 5 月	汉
	吴福泉	父亲	男	1944 年 10 月	汉
	于菊珍	母亲	女	1945 年 1 月	汉

家庭大事	1984 年，建两层楼房 7 间 220 平方米； 1990 年，吴中明应征入伍，1993 年退伍； 2003 年，自建两层别墅 280 平方米； 2009 年，购入第 1 辆汽车，现有 2 辆； 2016 年，吴佳忆毕业于南京师范大学。

家庭成员	姓名	与户主关系	性别	出生年月	民族
	韩继德	户主	男	1948 年 7 月	汉
	韩菊英	妻子	女	1950 年 10 月	汉
	韩梅珍	女儿	女	1972 年 11 月	汉

家庭大事	1985 年，建两层楼房 6 间 200 平方米； 2003 年，自建两层别墅 280 平方米； 2009 年，购商品房； 2013 年，购入第 1 辆汽车，现有 1 辆。

家庭成员	姓名	与户主关系	性别	出生年月	民族
	苏凤岐	户主	男	1954 年 7 月	汉
	叶志英	妻子	女	1949 年 2 月	汉

家庭大事	随子女生活。

大渔村第三十五村民小组

	姓名	与户主关系	性别	出生年月	民族
家庭成员	周三男	户主	男	1946年1月	汉
	费根喜	妻子	女	1948年12月	汉
	周叶弟	儿子	男	1972年9月	汉
	周海英	儿媳	女	1974年6月	汉
	周佳燕	孙女	女	1994年11月	汉
家庭大事	1986年，建两层楼房7间220平方米； 1996年，购商品房； 2017年，购入第1辆汽车，现有1辆。				

	姓名	与户主关系	性别	出生年月	民族
家庭成员	夏伯兴	户主	男	1964年1月	汉
	李兰芳	妻子	女	1965年12月	汉
	夏 萍	女儿	女	1988年2月	汉
	屠羿豪	孙子	男	2017年6月	汉
	夏晨轩	孙子	男	2018年9月	汉
家庭大事	1986年，建两层楼房6间200平方米； 2009年，夏萍毕业于昆山广播电视大学； 2011年，购入第1辆汽车，现有1辆； 2015年，购商品房。				

	姓名	与户主关系	性别	出生年月	民族
家庭成员	顾玉龙	户主	女	1952年10月	汉
	周冬冬	儿子	男	1972年10月	汉
	陆进芬	儿媳	女	1973年2月	汉
	周敏超	孙女	女	1995年11月	汉
家庭大事	1985年，建两层楼房6间200平方米； 2013年，购商品房； 2018年，周敏超毕业于江苏师范大学； 2018年，购入第1辆汽车，现有1辆。				

家庭成员	姓名	与户主关系	性别	出生年月	民族
	包本兴	户主	男	1966 年 3 月	汉
	曹 娟	妻子	女	1967 年 1 月	汉
	包 静	女儿	女	1990 年 1 月	汉
	柳水英	母亲	女	1930 年 4 月	汉

家庭大事	1985 年，建两层楼房 6 间 200 平方米； 2006 年，购商品房； 2012 年，包静毕业于盐城师范学院； 2013 年，购入第 1 辆汽车，现有 1 辆。

家庭成员	姓名	与户主关系	性别	出生年月	民族
	费阿祖	户主	男	1941 年 11 月	汉
	李寿兰	妻子	女	1949 年 7 月	汉
	费 荣	儿子	男	1969 年 7 月	汉
	姚根英	儿媳	女	1969 年 7 月	汉
	费玲玉	孙女	女	1992 年 9 月	汉
	蒋小林	孙女婿	男	1987 年 8 月	汉
	蒋雨桐	曾孙女	女	2017 年 8 月	汉
	费雨萱	曾孙女	女	2019 年 10 月	汉

家庭大事	1983 年，建两层楼房 6 间 200 平方米； 2000 年，购入第 1 辆汽车，现有 1 辆； 2004 年，购商品房； 2007 年，蒋小林大学毕业； 2015 年，费玲玉毕业于苏州大学。

	姓名	与户主关系	性别	出生年月	民族
家庭成员	费小春	户主	男	1972年4月	汉
	姚建宏	妻子	女	1971年8月	汉
	费亦秋	女儿	女	1995年11月	汉
	费亦哲	儿子	男	2012年6月	汉
	张星妮	孙女	女	2018年5月	汉
	费祖全	父亲	男	1947年2月	汉
	周腊妹	母亲	女	1948年5月	汉
	费勤珍	姐姐	女	1969年11月	汉
	徐晨亮	外甥	男	1992年10月	汉
家庭大事	1986年，建两层楼房6间200平方米； 2012年，购入第1辆汽车，现有2辆； 2015年，购商品房； 2017年，费亦秋毕业于苏州大学； 2017年，徐晨亮毕业于南京师范大学泰州学院。				

	姓名	与户主关系	性别	出生年月	民族
家庭成员	高国旗	户主	男	1975年7月	汉
	张 彦	妻子	女	1975年9月	汉
	高彦杰	儿子	男	2003年10月	汉
	高宇杰	女儿	女	2008年5月	汉
	赵美华	母亲	女	1952年11月	汉
家庭大事	1986年，建两层楼房6间200平方米； 2006年，购商品房； 2008年，购入第1辆汽车，现有1辆。				

	姓名	与户主关系	性别	出生年月	民族
家庭成员	周雪弟	户主	男	1954年3月	汉
	包梅英	妻子	女	1955年2月	汉
	周 芳	女儿	女	1980年3月	汉
	周璐欣	孙女	女	2005年12月	汉
家庭大事	1972年，周雪弟应征入伍，1975年退伍； 1984年，建两层楼房6间200平方米； 2004年，购入第1辆汽车，现有1辆。				

	姓名	与户主关系	性别	出生年月	民族
家庭成员	周雪荣	户主	男	1949年11月	汉
	俞虎英	妻子	女	1951年1月	汉
	周志明	儿子	男	1976年4月	汉
	沈 莉	儿媳	女	1976年7月	汉
	周欣怡	孙女	女	1998年7月	汉
家庭大事	1986年，建两层楼房6间220平方米； 2001年，购商品房； 2017年，购入第1辆汽车，现有1辆； 2019年，周欣怡毕业于南京理工大学。				

	姓名	与户主关系	性别	出生年月	民族
家庭成员	夏根祥	户主	男	1965年1月	汉
	燕芬花	妻子	女	1964年11月	汉
	夏 燕	女儿	女	1988年1月	汉
	孙 辉	女婿	男	1988年3月	汉
	孙荣坤	孙子	男	2012年7月	汉
	夏翊诺	孙子	男	2017年5月	汉
	祁英兰	母亲	女	1938年1月	汉
家庭大事	1986年，建两层楼房6间200平方米； 2001年，购商品房； 2011年，购入第1辆汽车，现有1辆； 2013年，夏燕毕业于南通大学； 2013年，孙辉毕业于南通大学； 2019年，购商品房。				

	姓名	与户主关系	性别	出生年月	民族
家庭成员	夏阿根	户主	男	1957年1月	汉
	宋扣珍	妻子	女	1957年9月	汉
	夏永斌	儿子	男	1981年10月	汉
	许 萍	儿媳	女	1982年5月	汉
	夏绎林	孙子	男	2008年6月	汉
	夏诣涵	孙女	女	2013年3月	汉
家庭大事	1985年，建两层楼房7间220平方米； 2004年，夏永斌毕业于南通理工学院； 2013年，购商品房； 2015年，购入第1辆汽车，现有1辆； 2019年，购商品房。				

	姓名	与户主关系	性别	出生年月	民族
家庭成员	费小弟	户主	男	1953年12月	汉
	周兰孝	妻子	女	1954年12月	汉
	费秀英	女儿	女	1979年7月	汉
	王玉宽	女婿	男	1976年5月	汉
	王 毅	孙子	男	2003年9月	汉
家庭大事	1985年，建两层楼房7间220平方米； 2011年，购商品房； 2011年，购入第1辆汽车，现有1辆； 2019年，购商品房。				

	姓名	与户主关系	性别	出生年月	民族
家庭成员	费春香	户主	女	1981年6月	汉
	费亦佳	女儿	女	2007年11月	汉
	费成泉	父亲	男	1950年8月	汉
	王荷琴	母亲	女	1954年10月	汉
家庭大事	1988年，建两层楼房7间220平方米； 2015年，购商品房； 2018年，购入第1辆汽车，现有1辆； 2019年，购商品房。				

	姓名	与户主关系	性别	出生年月	民族
家庭成员	吴黑妹	户主	女	1957年8月	汉
	费振华	儿子	男	1984年12月	汉
	赵 琳	儿媳	女	1987年7月	汉
	费梓欣	孙女	女	2015年6月	汉
	费惠芳	父亲	男	1932年3月	汉
家庭大事	1989年，建两层楼房6间200平方米； 2012年，购商品房； 2014年，购入第1辆汽车，现有1辆； 2019年，购商品房。				

	姓名	与户主关系	性别	出生年月	民族
家庭成员	包林宝	户主	男	1954年8月	汉
	王林珍	妻子	女	1962年10月	汉
	包 琦	女儿	女	1990年7月	汉
	姜 磊	女婿	男	1992年6月	汉
	姜 荀	孙子	男	2014年6月	汉
	包昕桐	孙女	女	2017年5月	汉
家庭大事	1978年，建平房3间75平方米； 2009年，购商品房； 2015年，包琦毕业于南京审计大学； 2019年，购商品房。				

	姓名	与户主关系	性别	出生年月	民族
家庭成员	包雪清	户主	男	1970年12月	汉
	陈群芳	妻子	女	1972年12月	汉
	包晔昀	女儿	女	1996年7月	汉
家庭大事	1986年，建两层楼房6间200平方米； 1990年，包雪清应征入伍，1993年退伍； 2003年，购商品房； 2011年，购入第1辆汽车，现有2辆； 2012年，陈群芳毕业于江苏第二师范学院； 2018年，包晔昀毕业于南京晓庄学院； 2019年，购商品房。				

	姓名	与户主关系	性别	出生年月	民族
家庭成员	周水根	户主	男	1951年11月	汉
	罗巧女	妻子	女	1951年10月	汉
	周春弟	儿子	男	1977年12月	汉
	魏建芬	儿媳	女	1976年3月	汉
	周　静	孙女	女	2002年4月	汉
家庭大事	1983年，建两层楼房6间200平方米； 1998年，购商品房； 2003年，自建两层别墅280平方米； 2012年，购入第1辆汽车，现有1辆。				

	姓名	与户主关系	性别	出生年月	民族
家庭成员	包阿三	户主	男	1967年2月	汉
	马秋香	妻子	女	1969年7月	汉
	包　华	儿子	男	1992年5月	汉
	费银芬	母亲	女	1939年8月	汉
家庭大事	1984年，建两层楼房6间200平方米； 2003年，自建两层别墅280平方米； 2014年，购商品房； 2017年，购入第1辆汽车，现有1辆。				

	姓名	与户主关系	性别	出生年月	民族
家庭成员	周蓬根	户主	男	1935年7月	汉
	周东晓	儿子	男	1957年12月	汉
	蔡红娣	儿媳	女	1960年1月	汉
	周　华	孙子	男	1983年11月	汉
家庭大事	1982年，建两层楼房5间140平方米； 2003年，自建两层别墅280平方米； 2006年，购入第1辆汽车，现有1辆； 2017年，购商品房。				

家庭成员	姓名	与户主关系	性别	出生年月	民族
	周泉根	户主	男	1960年6月	汉
	周　飞	女儿	女	1986年10月	汉
	王茂新	女婿	男	1979年11月	汉
	周晨宇	孙子	男	2011年10月	汉

家庭大事	1984年，建两层楼房6间200平方米； 2003年，自建两层别墅280平方米房； 2004年，购商品房； 2009年，购入第1辆汽车，现有1辆。

家庭成员	姓名	与户主关系	性别	出生年月	民族
	包炳根	户主	男	1961年11月	汉
	王素琴	妻子	女	1962年1月	汉
	包玉明	儿子	男	1986年12月	汉
	包梓墨	孙子	男	2012年3月	汉

家庭大事	1984年，建两层楼房6间200平方米； 2003年，自建两层别墅280平方米； 2011年，购入第1辆汽车，现有1辆。

家庭成员	姓名	与户主关系	性别	出生年月	民族
	周阿龙	户主	男	1940年7月	汉
	高正仪	妻子	女	1943年3月	汉
	周玉琴	女儿	女	1968年6月	汉
	周　婷	孙女	女	1993年1月	汉

家庭大事	1983年，建两层楼房6间200平方米； 2003年，自建两层别墅280平方米； 2005年，周婷毕业于南京师范大学泰州学院； 2018年，购入第1辆汽车，现有1辆。

大渔村第三十六村民小组

	姓名	与户主关系	性别	出生年月	民族
家庭成员	骆文华	户主	男	1944年1月	汉
	赵晓弟	儿子	男	1971年8月	汉
	张　红	儿媳	女	1971年5月	汉
	赵　炀	孙子	男	1995年9月	汉
家庭大事	1989年，建两层楼房6间200平方米； 2014年，购商品房； 2016年，购商品房； 2019年，购入第1辆汽车，现有1辆。				

	姓名	与户主关系	性别	出生年月	民族
家庭成员	苏正英	户主	女	1962年11月	汉
	苏耀国	儿子	男	1983年9月	汉
	许丽琴	儿媳	女	1984年8月	汉
	苏雨轩	孙女	女	2010年4月	汉
	顾招娣	母亲	女	1942年11月	汉
家庭大事	1983年，建平房3间75平方米； 2003年，自建两层别墅280平方米； 2016年，购入第1辆汽车，现有1辆； 2018年，购商品房。				

家庭成员	姓名	与户主关系	性别	出生年月	民族
	陈兰英	户主	女	1936年4月	汉
	苏振林	儿子	男	1963年10月	汉
	张月琴	儿媳	女	1968年9月	汉
	苏思逸	孙子	男	1992年6月	汉

家庭大事	1987年，建平房3间75平方米； 2010年，购商品房； 2012年，购入第1辆汽车，现有1辆； 2018年，购商品房。

家庭成员	姓名	与户主关系	性别	出生年月	民族
	薛林珍	户主	女	1949年1月	汉

家庭大事	1988年，购农村两层楼房6间220平方米； 2016年，购商品房。

家庭成员	姓名	与户主关系	性别	出生年月	民族
	沈金福	户主	男	1959年11月	汉
	朱菊萍	妻子	女	1967年9月	汉
	王　静	女儿	女	1988年3月	汉
	支美新	女儿	女	1993年11月	汉

家庭大事	1983年，建两层楼房6间200平方米； 2018年，购商品房。

	姓名	与户主关系	性别	出生年月	民族
家庭成员	周美珍	户主	女	1943年3月	汉
	周庭夫	丈夫	男	1937年10月	汉
	周卫荣	儿子	男	1966年6月	汉
	张月芹	儿媳	女	1968年6月	汉
	周孟皓	孙女	女	1989年3月	汉
	袁周彤	曾孙女	女	2013年4月	汉
家庭大事	1983年，周卫荣应征入伍，1987年退伍； 1987年，建平房3间75平方米； 2008年，购商品房； 2010年，周孟皓毕业于常州轻工职业技术学院； 2015年，购入第1辆汽车，现有1辆； 2018年，购商品房。				

	姓名	与户主关系	性别	出生年月	民族
家庭成员	徐步荣	户主	男	1946年2月	汉
	李相兰	妻子	女	1949年1月	汉
	顾唐红	女儿	女	1980年8月	汉
	张小勇	女婿	男	1977年12月	汉
	张文轩	孙女	女	2006年11月	汉
	张徐涛	孙子	男	2009年4月	汉
家庭大事	1987年，购农村平房3间75平方米； 2010年，购入第1辆汽车，现有1辆； 2018年，购商品房。				

家庭成员	姓名	与户主关系	性别	出生年月	民族
	邱定根	户主	男	1954 年 12 月	汉
	章桂英	妻子	女	1961 年 7 月	汉
	邱小军	儿子	男	1988 年 9 月	汉
	邱若语	孙女	女	2014 年 6 月	汉

家庭大事	1997 年，建两层楼房 8 间 200 平方米； 2016 年，购商品房。

家庭成员	姓名	与户主关系	性别	出生年月	民族
	周玉英	户主	女	1962 年 8 月	汉
	徐义明	丈夫	男	1957 年 7 月	汉
	周　徐	儿子	男	1983 年 4 月	汉
	黄丹花	儿媳	女	1984 年 2 月	汉
	周　彤	孙女	女	2008 年 8 月	汉
	周　丹	孙女	女	2016 年 8 月	汉

家庭大事	1991 年，建两层楼房 6 间 200 平方米； 2009 年，购商品房； 2013 年，购入第 1 辆汽车，现有 1 辆； 2016 年，购商品房。

家庭成员	姓名	与户主关系	性别	出生年月	民族
	顾成义	户主	男	1956 年 6 月	汉

家庭大事	1985 年，建平房 3 间 75 平方米； 2000 年，出售房屋后随子女生活。

家庭成员	姓名	与户主关系	性别	出生年月	民族
	顾宝弟	户主	男	1969 年 5 月	汉
	张　芳	妻子	女	1967 年 11 月	汉
	顾国强	儿子	男	1995 年 3 月	汉

家庭大事	1985 年，建两层楼房 6 间 200 平方米； 2018 年，购商品房。

家庭成员	姓名	与户主关系	性别	出生年月	民族
	邱家福	户主	男	1964 年 2 月	汉
	王兰珍	妻子	女	1965 年 7 月	汉
	邱钲正	儿子	男	1988 年 12 月	汉
	邱泓鸣	孙子	男	2013 年 6 月	汉

家庭大事	1981 年，邱家福应征入伍，1983 年退伍； 1986 年，建两层楼房 6 间 200 平方米； 2003 年，购商品房； 2005 年，购入第 1 辆汽车，现有 1 辆。

家庭成员	姓名	与户主关系	性别	出生年月	民族
	邱家余	户主	男	1959 年 5 月	汉
	薛丰妹	妻子	女	1963 年 6 月	汉
	邱雅萍	女儿	女	1986 年 9 月	汉
	冯喜妍	孙女	女	2012 年 6 月	汉

家庭大事	1986 年，建两层楼房 7 间 220 平方米； 2012 年，购入第 1 辆汽车，现有 1 辆； 2016 年，购商品房。

大渔村第三十七村民小组

家庭成员	姓名	与户主关系	性别	出生年月	民族
	王龙婉	户主	女	1965年8月	汉
	何健龙	儿子	男	1984年1月	汉
	周素芹	儿媳	女	1984年12月	汉
	何宇轩	孙子	男	2006年10月	汉

家庭大事	1992年，建两层楼房7间220平方米； 2003年，自建两层别墅280平方米； 2015年，购入第1辆汽车，现有1辆。

家庭成员	姓名	与户主关系	性别	出生年月	民族
	吴伯兴	户主	男	1949年6月	汉

家庭大事	1984年，建平房3间75平方米； 2003年，出售宅基地后随李阿基居住。

家庭成员	姓名	与户主关系	性别	出生年月	民族
	李阿基	户主	男	1946年6月	汉
	赵北妹	妻子	女	1957年2月	汉
	李军	儿子	男	1977年7月	汉
	夏利红	儿媳	女	1979年8月	汉
	李向磊	孙子	男	2000年11月	汉

家庭大事	1987年，建两层楼房6间200平方米； 2003年，自建两层别墅280平方米； 2016年，购入第1辆汽车，现有1辆。

家庭成员	姓名	与户主关系	性别	出生年月	民族
	王妹妹	户主	女	1936年3月	汉
	张雪弟	儿子	男	1962年3月	汉
	王桂珍	儿媳	女	1960年4月	汉
	张 超	孙子	男	1987年12月	汉
	陈崇芬	孙媳	女	1987年10月	汉
	张晨茜	曾孙女	女	2011年12月	汉
家庭大事	1988年,建两层楼房6间200平方米; 2003年,自建两层别墅280平方米; 2010年,购入第1辆汽车,现有1辆。				

家庭成员	姓名	与户主关系	性别	出生年月	民族
	吴伯林	户主	男	1941年2月	汉
	吴 芳	女儿	女	1980年7月	汉
	吴鸿坤	孙子	男	2013年1月	汉
家庭大事	1985年,建平房3间75平方米; 2003年,自建两层别墅280平方米; 2014年,购入第1辆汽车,现有1辆; 2018年,吴芳毕业于西南科技大学。				

家庭成员	姓名	与户主关系	性别	出生年月	民族
	谢和兴	户主	男	1953年12月	汉
家庭大事	1999年,建平房4间100平方米; 2003年,自建两层别墅280平方米。				

	姓名	与户主关系	性别	出生年月	民族
家庭成员	吴水英	户主	女	1940年2月	汉
	吴青松	儿子	男	1970年3月	汉
	吴越成	孙子	男	1997年7月	汉
家庭大事	1986年，建平房3间75平方米； 2003年，自建两层别墅280平方米； 2007年，购入第1辆汽车，现有1辆。				

	姓名	与户主关系	性别	出生年月	民族
家庭成员	顾利明	户主	男	1967年6月	汉
	郑桂芳	妻子	女	1968年12月	汉
	顾　青	儿子	男	1991年3月	汉
家庭大事	1986年，建平房3间75平方米； 1986年，顾利明应征入伍，1990年退伍； 2003年，自建两层别墅280平方米。				

	姓名	与户主关系	性别	出生年月	民族
家庭成员	谢喜春	户主	男	1971年3月	汉
	沈雪珍	妻子	女	1972年3月	汉
	谢逸飞	儿子	男	1994年2月	汉
	陈秀英	母亲	女	1945年12月	汉
家庭大事	1986年，建两层别墅6间200平方米； 2003年，自建两层别墅280平方米； 2015年，谢逸飞毕业于江阴职业技术学院； 2015年，购入第1辆汽车，现有1辆。